Stefan Beißel
Security Awareness

Weitere empfehlenswerte Titel

IT-Sicherheit, 10. Auflage
Konzepte - Verfahren - Protokolle
Claudia Eckert, 2018
ISBN 978-3-11-055158-7, e-ISBN 978-3-11-056390-0

IT-Sicherheit
Eine Einführung
Hellmann, Roland, 2018
ISBN 978-3-11-049483-9, e-ISBN 978-3-11-049485-3

Understanding Security Issues
Scott Donaldson / Chris Williams / Stanley Siegel, 2018
ISBN 978-1-5015-1523-1, e-ISBN 978-1-5015-0650-5

Intelligent Multimedia Data Analysis
Hrsg. v. Siddhartha Bhattacharyya / Indrajit Pan / Abhijit Das /
Shibakali Gupta, 2019
ISBN 978-3-11-055031-3, e-ISBN 978-3-11-055207-2

Stefan Beißel

Security Awareness

———

Grundlagen, Maßnahmen und Programme
für die Informationssicherheit

DE GRUYTER

ISBN 978-3-11-066825-4
e-ISBN (PDF) 978-3-11-066826-1
e-ISBN (EPUB) 978-3-11-060826-7

Library of Congress Control Number: 2019946156

Bibliographic information published by the Deutsche Nationalbibliothek
The Deutsche Nationalbibliothek lists this publication in the Deutsche Nationalbibliografie; detailed
bibliographic data are available on the Internet at http://dnb.dnb.de.

Vorwort

Security Awareness ist aufgrund der steigenden Bedrohung durch Social Engineering und immer strengerer Compliance-Anforderungen mittlerweile unverzichtbar. Die moderne Informationstechnik ist in fast jedem Unternehmen ein integraler Bestandteil und oft auch ein wesentlicher Erfolgsfaktor. IT-Systeme und -Daten müssen geschützt werden, um Beeinträchtigungen des Geschäftsbetriebs zu vermeiden. Nur wenn sich alle Mitarbeiter über die Risiken bei ihrer Arbeit bewusst sind und sich in sicherheitsrelevanten Situationen korrekt verhalten, kann im Unternehmen ein angemessenes Sicherheitsniveau geschaffen werden.

Viele Angriffe zielen auf die Unwissenheit oder Nachlässigkeit von Personen ab. Diese „Schwachstellen" kann man nur mit geeigneten Awareness-Maßnahmen beseitigen. Aber welche Maßnahmen sind geeignet und wie können unterschiedliche Maßnahmen in ein strukturiertes Konzept eingebettet werden? Wenn man hierauf eine Antwort finden möchte, sind fachliche Grundlagen zur Security Awareness und Informationen zu den Gestaltungsmöglichkeiten von Awareness-Maßnahmen äußerst hilfreich. Die infrage kommenden Medien, Inhalte und Umsetzungsmerkmale sind vielfältig. Die passende Kombination für eine Awareness-Maßnahme zu finden, ist nicht einfach und eine einzelne Maßnahme oft nicht ausreichend, um das Awareness-Niveau im Unternehmen nachhaltig zu erhöhen. Daher macht es Sinn, alle Aktivitäten rund um die Security Awareness in einem Programm zu organisieren. Die überlegte Bearbeitung von Programm-Phasen hilft dabei, eine Kombination geeigneter Maßnahmen zu planen und umzusetzen. Damit kann die Security Awareness am effektivsten erhöht werden.

Dieses Buch deckt das gesamte Spektrum von den Grundlagen der Informationssicherheit und der Security Awareness bis zur individuellen Gestaltung und Umsetzung von Awareness-Maßnahmen im Unternehmen ab. Die verschiedenen Kapitel verhelfen zu einer schnellen Orientierung und ermöglichen eine gezielte Fokussierung auf bestimmte Themenbereiche. Die Zusammenfassung bringt die Kernaussagen des Buchs in komprimierter Weise auf den Punkt und ermöglicht einen schnellen Einblick in die Phasen eines Awareness-Programms.

Bergisch Gladbach, im Juli 2019   Stefan Beißel

https://doi.org/10.1515/9783110668261-202

Inhalt

Abbildungsverzeichnis

https://doi.org/10.1515/9783110668261-204

1 Einführung

1.1 Gefahren

Die **Informationstechnik** (IT) hat sich in den letzten Jahrzehnten zu einem wesentlichen Bestandteil unserer Gesellschaft entwickelt. Sowohl im Privat- als auch im Berufsleben sind wir ständig von IT-Systemen umgeben. Informationen werden zunehmend elektronisch gespeichert, übertragen und verarbeitet. Von der elektronischen Rechnung bis zur Online-Videothek – die traditionellen Medien werden zunehmend durch IT-Lösungen ersetzt. Aus den Perspektiven der Effizienz und Umweltfreundlichkeit ist dies in der Regel sehr vorteilhaft.

Allerdings entsteht dadurch auch eine stärkere **Abhängigkeit** zur IT. Ein abgestürzter Computer hindert Berufstätige daran, ihre Arbeit auszuführen, und ein defektes Smartphone erschwert alltägliche Dinge, z. B. einen Einkaufszettel abzurufen oder eine Verkehrsroute zu finden. Die Durchdringung der IT, und damit auch die Abhängigkeit zur IT, erhöhen sich zunehmend. Die Budgets für neue IT-Investitionen in Unternehmen steigen entsprechend an.

Durch die immer stärkere Verknüpfung wesentlicher Abläufe mit unserer IT-Umgebung entstehen nicht nur neue Möglichkeiten, sondern auch neue **Gefahren**. IT-Systeme und elektronisch gespeicherte Informationen sind immer davon bedroht, kompromittiert, manipuliert oder beschädigt zu werden. Vertrauliche Informationen (z. B. Zahlungsdaten, Patientenakten oder geheime Geschäftsstrategien) sind bei Hackern heiß begehrt. Sie versuchen ständig und mit immer professionellerem Vorgehen, diese Daten einzusehen und für ihre Zwecke zu missbrauchen. Mit geschickten Manipulationen können Hacker ebenfalls persönliche Vorteile erlangen. Sie ändern Daten auf ihrem Übertragungsweg oder an ihrem Speicherort, z. B. durch die unerlaubte Änderung von Preisen in Online-Shops oder durch die Änderung von Finanztransaktionen. Durch die Beschädigung von Daten und Systemen können Personen und Unternehmen in ihrer Arbeit gestört und finanziell geschädigt werden. Unternehmen sind ohne IT oft kaum noch arbeitsfähig, was zu starken Umsatzeinbußen und hohen Reputationsschäden führen kann.

Dass die Gefahren rund um die IT immer stärker ansteigen, verdeutlicht auch der tendenzielle Anstieg an **Sicherheitsvorfällen** innerhalb der letzten Jahre. Obwohl die Anzahl neuer Sicherheitslücken zeitweise rückläufig ist, nimmt die Breite der bedrohten Systeme weiter zu, sodass sich die Sicherheitslage insgesamt verschärft.

Neue **Trends** im IT-Umfeld, welche in der Regel auf Effizienzerhöhungen durch neue IT-Lösungen ausgerichtet sind, erhöhen die bestehenden Gefahren zusätzlich. Die Geschäftsprozesse werden immer stärker durch die IT durchdrungen. Häufig werden auf diese Weise der Arbeitsaufwand und die Kosten gesenkt. Gleichzeitig werden Unternehmen aber oft mit einer erhöhten Komplexität und mit einer größe-

https://doi.org/10.1515/9783110668261-001

ren Menge an Angriffsmöglichkeiten konfrontiert. Je moderner und neuer eine IT-Lösung ist, desto schwerer kann sie beherrscht und vor Gefahren abgesichert werden. Aufgrund der starken Abhängigkeit vieler Geschäftsprozesse von einer funktionierenden IT-Umgebung, führen Sicherheitsvorfälle oft zur Behinderung des Geschäftsbetriebs und zu gravierenden Schäden. In den letzten Jahren konnten sich viele Trends durchsetzen, unter anderem mobile Geräte, soziale Netzwerke und Cloud Computing:

– **Mobile Geräte**, z. B. Notebooks, Smartphones und Tablets, ermöglichen eine immer größere Flexibilität bei der Aufgabenerfüllung. Die Integration dieser Geräte in den IT-Verbund eines Unternehmens birgt jedoch hohe Gefahren. Sie können aufgrund des ständigen Transports schneller verloren gehen oder gestohlen werden. Beim mobilen Arbeiten befinden sich die Mitarbeiter oft in weniger sicheren Umgebungen, z. B. an vielbesuchten öffentlichen Orten. Dort können Daten leichter ausgespäht werden als in einer kontrollierten Einrichtung des Unternehmens. **Bring Your Own Device** (BYOD) bezeichnet die Möglichkeit, dass die Mitarbeiter eines Unternehmens ihre eigenen Geräte mitbringen. Die Geräte werden von den Mitarbeitern privat beschafft und administriert. Sie werden auf Wunsch des Mitarbeiters mehr oder weniger stark in die IT-Umgebung des Unternehmens integriert. Da das Unternehmen allerdings nur eine beschränkte Kontrolle über diese Geräte besitzt, können viele sicherheitsrelevante Einstellungen und Installationen nicht ohne weiteres vorgenommen werden. Außerdem können die Mitarbeiter während ihrer privaten Nutzung uneingeschränkt auf schadhafte Dateien oder Webseiten zugreifen. Selbst wenn im Unternehmen spezielle Richtlinien über den Umgang mit den Geräten vorhanden sind, werden sie aufgrund von fehlendem Verständnis oder mangelndem Sicherheitsbewusstsein oft nicht befolgt. Sollte ein Gerät erfolgreich angegriffen worden sein, sind nicht nur die persönlichen Daten des Mitarbeiters, sondern auch Unternehmensdaten gefährdet. Um die Gefahren beim BYOD abzumildern, kann auch ein Kompromiss zwischen reinen Firmengeräten und BYOD-Geräten gefunden werden. Hierbei werden bedeutende Sicherheitseinstellungen der Geräte zwar zentral verwaltet, jedoch wird den Mitarbeitern eine maximal mögliche Flexibilität bei der Nutzung der Geräte eingeräumt. Voraussetzung ist, dass die Mitarbeiter vor der Anbindung ihrer Geräte ins Unternehmensnetzwerk ihre Erlaubnis dazu erteilen, dass ihre Geräte durch das Unternehmen verwaltet und überwacht werden. Unabhängig davon, ob unternehmenseigene oder private Geräte im Unternehmen eingesetzt werden, gehen mit mobilen Geräten viele **Gefahren** einher, die ein Unternehmen kennen und bewältigen sollte:

  – Aufgrund des häufigen Transports und mobilen Einsatzes können mobile Geräte schneller abhandenkommen als stationäre Geräte. **Verlust oder Diebstahl** können nicht nur dazu führen, dass Informationen nicht mehr verfügbar sind, sondern auch, dass sie unberechtigt ausgelesen und missbraucht werden. Insbesondere wenn Daten unverschlüsselt auf den mobilen Geräten gespeichert werden, können Angreifer mit geringem Aufwand an sensitive Daten gelangen.

– Die **Datenübertragung** muss aufgrund der Mobilität zeitweise über öffentliche Netze erfolgen. Eine Beschränkung der Datenübertragung auf das interne Unternehmensnetzwerk ist nicht mehr praktikabel. Dadurch ergeben sich Gefahren für die Daten auf ihrem Übertragungsweg. Wenn sie nicht geschützt werden, können sie während der Übertragung von Angreifern mitgelesen, manipuliert oder beschädigt werden. Zusätzliche Gefahren können entstehen, wenn Datenprotokolle eingesetzt werden, über die das Unternehmen noch wenig Erfahrung besitzt. Fehler in der Sicherheitskonfiguration und unbekannte Schwachstellen bieten Unbefugten zusätzliche Angriffsmöglichkeiten.

– Die **Komplexität** der eingesetzten mobilen Geräte nimmt ständig zu. Nicht nur die Betriebssysteme und Applikationen werden zunehmend umfangreicher und mächtiger, auch die Heterogenität der auf dem Markt erhältlichen Geräte steigt kontinuierlich. Insbesondere, wenn BYOD-Geräte genutzt werden, ist die Vielzahl an unterschiedlichen Geräten und Konfigurationsmöglichkeiten immer schwerer zu überschauen. Unerkannte Details, z. B. seltene Applikationen oder Datenschnittstellen, bieten neue Angriffsmöglichkeiten. Werkseinstellungen sind meist unsicher und müssen je nach Geräteversion individuell angepasst werden. Auch der technische Support wird gefordert, mit seltenen oder kaum bekannten Geräten umzugehen, was zu ungelösten Problemen und frustrierten Mitarbeitern – sowohl im Support als auch bei den Benutzern – führen kann. Aufgrund mangelnder Kompatibilität von Sicherheitsprogrammen besteht zudem die Gefahr, dass diese unbemerkt deaktiviert werden oder sogar vorsätzlich umgangen werden.

– Die Entwicklung und Überwachung von geeigneten **Kontrollmaßnahmen** gestalten sich bei mobilen Geräten schwieriger. Je heterogener die Geräte sind, desto zeitaufwändiger und problemanfälliger wird die Implementierung von Kontrollmaßnahmen auf den Geräten. Schlecht abgestimmte Sicherheitssoftware könnte die Bedienung der Geräte beeinträchtigen. In der Folge sind die Mitarbeiter unzufrieden und versuchen, Sicherheitsprogramme zu deaktivieren oder zu umgehen. Da die Geräte oft lange unterwegs sind, können Probleme teilweise nur schwer behoben werden. Datenlöschungen und intensive Geräteüberwachung aus der Ferne sind kompliziert, wenn die Mitarbeiter mit den Geräten persönliche Daten einsehen und speichern, was vor allem bei BYOD-Geräten der Fall ist.

– Die **Kompatibilität** der mobilen Geräte zu vorhandenen Geschäftsprozessen und im Unternehmen etablierten Applikationen und Dateiformaten kann durch bestimmte Geräte unter Umständen nicht hergestellt werden.

Folglich wird entweder die Arbeit der betroffenen Mitarbeiter gestört, was das Sicherheitsziel der Verfügbarkeit betreffen würde, oder es werden Workarounds gesucht, die bestehende Kontrollmaßnahmen womöglich ebenfalls umgehen.

– **Regulatorische Vorgaben** zum Umgang mit Daten und Systemen müssen natürlich auch beim Einsatz mobiler Geräte eingehalten werden. Darunter fallen z. B. die Verschlüsselung oder Archivierung von Daten. Aufgrund der technischen Restriktionen von mobilen Geräten können einzelne Vorgaben allerdings nur schwer implementiert und überwacht werden. Auch die Vermischung von privater und geschäftlicher Nutzung mobiler Geräte kann zu Problemen führen, vor allem bei der Einhaltung des Datenschutzes.

Der Einsatz mobiler Geräte sollte also gut überlegt sein. Das Unternehmen sollte sich der vorhandenen Gefahren bewusst sein und auf jeden Fall passende und funktionierende Kontrollmaßnahmen einsetzen. Mit diesen Kontrollmaßnahmen sollten die Gefahren so weit wie möglich beseitigt oder eingegrenzt werden. Wichtige Kontrollmaßnahmen für mobile Geräte sind unter anderem Verschlüsselung, Mobile Device Management und geeignete Sicherheitsrichtlinien.

– **Soziale Netzwerke**, wie Facebook, Twitter und Xing, haben sich in den letzten Jahren zu einem wichtigen Kommunikationsmedium entwickelt. Sowohl aus dem privaten als auch geschäftlichen Umfeld sind sie kaum noch wegzudenken. Durch die Erstellung und den Austausch von benutzergenerierten Inhalten konnte bei den Benutzern eine hohe Akzeptanz und Verbreitung erreicht werden. Mit den neuen Nutzungsmöglichkeiten gehen aber auch neue Risiken einher, wie Reputationsschäden durch negative Inhalte. Da vor allem die Veröffentlichung negativer Kommentare für jede Person mit Internetzugang sehr einfach ist, sollte das Unternehmen möglichst schnell darauf reagieren können. Um innerhalb des eigenen Unternehmens die Nutzung zu kontrollieren, kann unter anderem der dafür autorisierte Benutzerkreis mit technischen Maßnahmen eingeschränkt werden. Außerdem ist eine Nutzungsrichtlinie für soziale Netzwerke vorteilhaft. Die **Gefahren**, die mit sozialen Netzwerken in Verbindung stehen, sind in erster Linie:

– Die **Vertraulichkeit** von sensitiven Informationen kann gefährdet werden, wenn Mitarbeiter Informationen in sozialen Netzwerken veröffentlichen. Aus mangelndem Sicherheitsbewusstsein wird oft nachlässig mit Informationen umgegangen. Selbst dann, wenn ein Verstoß gegen Sicherheitsvorgaben zeitnah erkannt wird und die Informationen wieder entfernt werden, können die Daten bereits von Unbefugten eingesehen und weiterverteilt worden sein. Durch die Veröffentlichung vertraulicher Daten werden oft auch verbindliche Regularien verletzt, was zu hohen Strafen, Schadensersatzforderungen und Imageverlusten führen kann. Insbesondere personenbezogene Daten und Zahlungsdaten sind hiervon betroffen. Wenn vertrauliche Daten über Reisepläne, Treffpunkte oder ähnliches öffentlich bekannt gemacht werden, kann auch eine Gefahr für Leib und Leben hochrangiger Mitarbeiter bestehen: Anschläge könnten mit diesen Informationen zielgenauer geplant werden.

- **Imageschäden** können entstehen, wenn Personen, die dem Unternehmen Schaden möchten oder einen Groll gegen das Unternehmen hegen, negative oder sogar verleumderische Kommentare veröffentlichen. Dazu gehören z. B. verärgerte ehemalige Angestellte oder Konkurrenten. Auch ein unachtsamer Umgang mit sozialen Netzwerken kann dazu führen, dass ungünstig formulierte Kommentare oder andere Inhalte veröffentlicht werden. Sie können ein Grund für negative Reaktionen durch die Öffentlichkeit sein. Imageschäden ziehen meist auch finanzielle Verluste nach sich, da unter anderem die Höhe von Umsätzen oder Aktienkursen beeinträchtigt werden kann. Imageschäden betreffen nicht nur das Unternehmen im Gesamten. Auch das Ansehen einzelner Personen kann von negativen Äußerungen betroffen sein. Das Unternehmen sollte grundlegende Überlegungen anstellen, wie mit negativen Inhalten verfahren werden soll und welche unternehmenseigenen Reaktionen angebracht sind, um die Gefahr von Imageschäden zu reduzieren.

- **Cloud Computing** bietet eine bedarfsgerechte Bereitstellung von IT-Ressourcen durch einen Dienstleister über ein Netzwerk. Für den Kunden führt dies zu einer hohen Flexibilität und einer niedrigen Komplexität beim Abruf von Ressourcen. Durch den gesunkenen Investitionsbedarf in Hard- und Software kann der Kunde außerdem von einer Kostenersparnis profitieren. Allerdings ergeben sich daraus neue Bedrohungen, denn es werden mehr Daten über das Netzwerk übertragen und in einer externen Einrichtung eines Dienstleisters gespeichert. Die Absicherung der Daten sollte also überdacht werden. Sowohl auf dem Übertragungsweg als auch beim Dienstleister können geschäftskritische Daten und Systeme stärker von Bedrohungen betroffen sein. Große Teile der Sicherheit müssen je nach **Servicemodell** vom Dienstleister bereitgestellt oder zumindest unterstützt werden. Im Speziellen unterscheidet das National Institute of Standards and Technology (NIST) drei verschiedene Modelle:[1]

- Beim **Software as a Service (SaaS)** kann der Kunde auf Applikationen, die der Dienstleister über die Cloud bereitstellt, zugreifen. Sie sind von verschiedenen Endgeräten zugänglich, z. B. über einen Web-Browser.
- Beim **Platform as a Service (PaaS)** hat der Kunde die Möglichkeit, selbst erstellte oder beschaffte Applikationen in der Softwareumgebung des Dienstleisters zu betreiben.
- Beim **Infrastructure as a Service (IaaS)** stellt der Dienstleister dem Kunden grundlegende IT-Ressourcen, wie Prozessorleistung, Speicherplatz und

---

1 Vgl. Mell u. Grance 2011, S. 2 f.

Netzwerke, bereit. Der Kunde kann darauf beliebige Software ausführen, inklusive selbst ausgewählter Betriebssysteme. Für die softwareseitige Administration der genutzten Systeme ist der Kunde selbst verantwortlich.

Daraus ergeben sich für den Kunden und den Dienstleister unterschiedliche **Verantwortlichkeiten** in Bezug auf die Administration.[2] Während beim SaaS der Kunde lediglich für die Daten und gegebenenfalls einige Schnittstellen verantwortlich ist, muss er beim IaaS das gesamte Spektrum von den Daten bis zur virtuellen Infrastruktur abdecken. Der Dienstleister verantwortet dann ausschließlich die physischen Geräte und Einrichtungen. Beim PaaS hingegen kümmert sich der Dienstleister zusätzlich um Betriebssysteme sowie virtuelle Systeme und Infrastruktur. Aus den verschiedenen Verantwortlichkeiten bei der Administration ergeben sich auch verschiedene Verantwortlichkeiten für die Umsetzung und Pflege von Kontrollmaßnahmen, die für eine angemessenen Sicherheit erforderlich sind. Während sich beim SaaS der Dienstleister selbstständig um Firewalls und die Härtung der Systeme kümmert, muss der Kunde beim PaaS und IaaS dabei mitwirken. Durch den Einsatz von Cloud Computing ergeben sich oft neue **Gefahren**, die zu gravierenden Schäden führen können, wenn man sich nicht mit ihnen auseinandersetzt:

- Die **Kontrollmaßnahmen** werden nicht mehr ausschließlich durch den Eigentümer der Daten entwickelt und betrieben. Wie oben bereits erwähnt geht die Verantwortung für viele Kontrollmaßnahmen auf den Dienstleister über. Der Kunde ist je nach Servicemodell gar nicht mehr dazu im Stande, bestimmte Kontrollmaßnahmen, z. B. die physische Zutrittskontrolle oder die Härtung von Betriebssystemen selbst durchzuführen. Der Kunde und der Dienstleister müssen nicht nur ein Bewusstsein darüber besitzen, welche Kontrollmaßnahmen erforderlich sind, sondern sich auch im Klaren darüber sein, wie die Verantwortlichkeiten aufgeteilt sind. Die bloße Annahme, dass sich der jeweils andere um bestimmte Kontrollmaßnahmen oder die Sicherheit im Allgemeinen kümmert, kann gravierende Folgen haben. Sollten nämlich fundamentale Kontrollmaßnahmen vernachlässigt oder sogar ganz übersehen werden, können das Sicherheitsniveau stark beeinträchtigt und sogar die gesamte Geschäftsfähigkeit gefährdet werden.
- Der Kunde sollte eine gewisse Skepsis gegenüber dem Dienstleister besitzen. Dieser kann aufgrund seiner privilegierten Zugriffsrechte grundsätzlich auf alle Daten in der Cloud zugreifen. Der Kunde sollte sich bewusst sein, dass keine betriebsfertigen technischen Barrieren gegen den **Missbrauch** der Daten durch den Dienstleister vorhanden sind. Zum einen sollte eine nachvollziehbare Vertrauensbasis vorhanden sein und zum anderen sollten Kontrollen entwickelt werden, welche dazu verhelfen, eventuellen

---

2 Vgl. PCI SSC 2013, S. 8.

Missbrauch zumindest zu erkennen. Unter anderem kann das Recht auf 2nd-Party-Audits (also Überprüfungen durch den Kunden) in der Dienstleistungsvereinbarung festgelegt werden. Nicht nur der beabsichtigte Missbrauch durch den Dienstleister sollte adressiert werden, sondern auch ein Missbrauch durch Dritte, der unter Umständen durch Unachtsamkeit oder mangelndes Sicherheitsbewusstsein beim Dienstleister ermöglicht wird. Sollte z. B. keine saubere Trennung der Daten verschiedener Kunden existieren, besteht die Gefahr, dass sich andere Kunden unberechtigten Zugriff auf Daten verschaffen oder dass Angriffe von Hackern die Daten mehrerer Kunden gleichzeitig gefährden.

– Die **Verfügbarkeit** der Daten kann beim Cloud Computing stark gefährdet werden. Im Fall von Störungen kann der Kunde womöglich wichtige Geschäftsprozesse nicht mehr ausführen – z. B. können wichtige Applikationen und Daten nicht mehr zugreifbar sein und Schnittstellen zu Geschäftspartnern und Kunden blockiert werden. Der Kunde sollte sich vor der Inanspruchnahme von Cloud-Services über die technische Zuverlässigkeit und Wiederherstellbarkeit informieren. Da nicht alle Arten von Störungen sinnvoll verhindert werden können, sollten Maßnahmen zur Wiederherstellung von Systemen und Daten entwickelt werden. Nur wenn Backups regelmäßig erstellt werden und bei Bedarf zuverlässig zurückgespielt werden können, kann ein dauerhafter Verlust von Daten verhindert werden. Aber auch die geschäftliche Überlebensfähigkeit des Dienstleisters sollte untersucht werden. Wenn der Dienstleister, z. B. wegen Zahlungsunfähigkeit, den Geschäftsbetrieb einstellen muss, müssen die Daten in angemessener Zeit an den Kunden zurückgegeben werden können.

– **Rechtliche und regulatorische Rahmenbedingungen** sollten ebenfalls nicht vernachlässigt werden. Rechtliche Folgen entstehen z. B. aus dem Standort und der Rechtsform des Dienstleisters. Darunter fallen z. B. der Gerichtsstand, die Haftbarkeit des Dienstleisters und eventuelle Konsequenzen aus einer landesüberschreitenden Datenübertragung. Der Dienstleister unterliegt womöglich weniger oder anderen Regularien als der Kunde. Dies könnte dazu führen, dass der Kunde eine falsche Vorstellung über das Sicherheitsniveau beim Dienstleister entwickelt oder dass er durch die Übertragung der Daten unbewusst gegen kritische Regularien verstößt. Der Kunde sollte sich im Vorfeld mit möglichen Problemen auseinandersetzen und die vorherrschenden Rahmenbedingungen bei der Auswahl des Cloud-Dienstleisters berücksichtigen.

– Zudem ergeben sich Risiken durch eine unkontrollierte Inanspruchnahme von öffentlich verfügbaren **Cloud-Diensten** durch die Mitarbeiter, insbesondere wenn die Cloud-Dienste im Unternehmen nicht zur Nutzung freigegeben wurden. Aufgrund des umfangreichen Angebots kostenloser Dienste könnten Mitarbeiter unüberlegt sensitive Daten in der Cloud speichern, ohne dass zuvor die IT informiert oder über die Sicherheit nachgedacht wurde.

Heutzutage ist es unabdingbar, sich mit Maßnahmen auseinanderzusetzen, welche die steigenden Bedrohungen im IT-Umfeld beherrschbar machen. Hier besteht die Verknüpfung zur **Security Awareness** (im Folgenden kurz Awareness): Sie hilft, das Bewusstsein über die Notwendigkeit von Sicherheitsmaßnahmen zu erhöhen und Kenntnisse über deren Einsatz und Gestaltung zu vermitteln. Awareness ist – insbesondere vor dem Hintergrund der steigenden Abhängigkeit zur IT und den stärkeren Bedrohungen – ein wesentlicher Bestandteil der Informationssicherheit.

1.2 Bedeutung der Awareness

Awareness ist ein Mittel, um das **Sicherheitsniveau** eines Unternehmens zu erhöhen. Daher dient sie dem Interesse der Stakeholder. Gleichzeitig beeinflusst sie die Stakeholder, die im Unternehmen arbeiten. Sie führt nämlich zu einer Verhaltensanpassung, die darauf abzielt, Systeme und Informationen besser zu schützen. Unternehmen werden von verschiedenen **Stakeholdern** beeinflusst. Der Begriff Stakeholder ist sehr weit gefasst und meint alle Personen und Personengruppen, die ein Interesse am Zustand oder Erfolg des Unternehmens besitzen. Im weiteren Sinne werden dabei auch Interessenhalter einbezogen, die nur indirekt oder temporär mit dem Unternehmen in Verbindung stehen, z. B. Laufkunden oder politische Interessengruppen.

Das Sicherheitsniveau eines Unternehmens – und damit auch das Awareness-Niveau – wird durch die Interessen der Stakeholder mehr oder weniger stark beeinflusst. Während einige Stakeholder, wie die Geschäftsleitung, direkten **Einfluss** auf die Ausgestaltung der Awareness besitzen, haben andere (z. B. Kunden) eher indirekten Einfluss darauf. Kunden beeinflussen die Umsatzzahlen eines Unternehmens und können ihren Interessen dadurch indirekt Bedeutung verleihen. Welchen Einfluss die Stakeholder in Bezug auf die Awareness eines konkreten Unternehmens besitzen, hängt von den individuellen Eigenschaften und Rahmenbedingungen des Unternehmens ab. Unternehmen, die z. B. in einem stark regulierten Sektor tätig sind, werden stärker von Kontrollorganen beeinflusst als andere. Unternehmen, die von Aktionären besessen werden, werden von ihren Eigentümern anders beeinflusst als Unternehmen in Familienbesitz.

Im Speziellen sind die individuellen Interessen und Machtpositionen der Stakeholder dafür ausschlaggebend, wie stark und in welcher Weise die Awareness in einem Unternehmen beeinflusst wird. Im Allgemeinen können die Stakeholder gemäß ihrer Einflussstärke geordnet werden (siehe Abb. 1.1). Dabei handelt es sich allerdings um pauschale Annahmen, die je nach Unternehmen auch davon abweichen können.

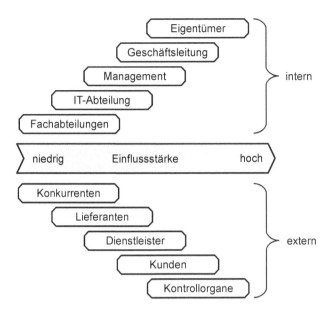

Abb. 1.1: Einflussstärke der Stakeholder auf die Awareness

Interne Stakeholder sind diejenigen Personen oder Gruppen, welche aufgrund ihrer Beziehungen zum Unternehmen wesentlich für die Geschäftstätigkeit sind und vom Erfolg des Unternehmens direkt betroffen sind. Hierzu gehören die Eigentümer und alle Mitarbeiter des Unternehmens:

– Die **Eigentümer** – auch Shareholder genannt – sind natürliche oder juristische Personen, die einen bestimmten Unternehmenserfolg anstreben. Dieser Erfolg muss nicht immer wirtschaftlich gemessen werden. Je nach Rechtsform des Unternehmens können auch ideelle, soziale oder kulturelle Erfolge angestrebt werden. Grundsätzlich kann ein Unternehmen von einer einzelnen natürlichen Person (dem Einzelunternehmer) oder von einem Zusammenschluss mehrerer Personen (z. B. in Form einer Gesellschaft bürgerlichen Rechts, offenen Handelsgesellschaft oder Kommanditgesellschaft) besessen werden. Hierbei haften die Eigentümer grundsätzlich mit ihrem Privatvermögen. Demgegenüber besitzt ein Unternehmen als juristische Person (z. B. in Form eines eingetragenen Vereins, einer Aktiengesellschaft, Gesellschaft mit beschränkter Haftung, Kommanditgesellschaft auf Aktien oder eingetragenen Genossenschaft) ihr eigenes Vermögen. Die Haftung weitet sich hier also nicht auf das Privatvermögen aus. Die Eigentümer haben den größten Einfluss auf die Awareness im Unternehmen. Durch die Finanzierung des gesamten Unternehmens können sie bestimmte Awareness-Maßnahmen oder -Programme beauftragen oder blockieren.

Selbst wenn sie das Unternehmen nur indirekt steuern, also andere Personen als Geschäftsführer eingestellt wurden, haben sie letztendlich, aufgrund der Besitzverhältnisse die entscheidende Machtposition. In der Regel befassen sich die Eigentümer allerdings nicht mit Detailfragen zur Awareness, sondern geben eher eine grobe Richtung vor.

- Die **Geschäftsleitung** ist mit der Führung der Geschäfte des Unternehmens betraut und vertritt es nach außen. Sie übernimmt die Steuerung und Regelung des gesamten Unternehmens, was auch als Governance bezeichnet wird. Dadurch ist sie direkt verantwortlich für grundlegende Strukturen, Prozesse und Vorgaben im Unternehmen. Auch auf die Awareness hat die Geschäftsleitung einen wesentlichen Einfluss. Zum einen gibt sie grob vor, welche Maßnahmen implementiert werden sollen und welches Sicherheitsniveau geschaffen werden soll, und zum anderen kontrolliert sie umfangreiche Programme oder Maßnahmen durch die Zuweisung von Ressourcen und ihre Befürwortung. Durch die Auswahl der zu befolgenden Regularien und Standards ergeben sich ebenfalls Einflüsse auf die Awareness. Regularien und Standards enthalten oft direkte oder indirekte Anforderungen an das Unternehmen. Diese Anforderungen bestimmen, ob und wie das Thema Awareness abgedeckt werden soll. Die Geschäftsleitung besitzt außerdem einen großen Einfluss auf die Unternehmenskultur. Mit ihrer Vorbildfunktion beeinflusst sie das Verhalten und die Einstellungen der Mitarbeiter, was sich wiederum auf das Sicherheitsniveau und die Awareness auswirkt.

- Das **Management** besteht aus allen Personen, die als Führungskräfte im Unternehmen eingesetzt werden. Sie befassen sich mit Führungsaufgaben, die zur Planung, Vorbereitung, Steuerung, Überwachung und Bewertung aller Tätigkeiten im Unternehmen wahrgenommen werden. Diese Führungsaufgaben lassen sich in fachliche und disziplinarische Aufgaben unterteilen: Fachliche Führungsaufgaben umfassen die Ausübung von Weisungsbefugnissen. Weisungen beziehen sich grundsätzlich auf den Arbeitseinsatz, also die geschäftlichen Tätigkeiten der geführten Mitarbeiter. Damit kann der Arbeitseinsatz zielgerichtet geplant und gesteuert werden und es kann auf Abweichungen reagiert werden. Disziplinarische Führungsaufgaben umfassen die Bewertung von Arbeitsergebnissen, die Förderung und Weiterentwicklung, die Maßregelung bei Verstößen sowie die Festlegung von Rahmenbedingungen (z. B. Arbeitszeit, Urlaub und Entlohnung). Awareness-Maßnahmen, an denen die Mitglieder des Managements teilnehmen, haben in der Regel nicht nur eine Verhaltensänderung der Manager zur Folge, sondern auch der geführten Personen. Manager haben eine Vorbildfunktion, welche sie bewusst oder unbewusst gegenüber ihren Mitarbeitern zur Wirkung bringen. Sicherheitsbewusstes Verhalten und der richtige Umgang mit sicherheitsrelevanten Informationen und Systemen können durch einen Manager vorgelebt werden. Außerdem können Manager ihr Wissen auch zielgerichtet weitergeben, indem sie z. B. kleinere Gruppen selbst beschulen.

Mit einem sogenannten Schneeballsystem können zunächst ausgewählte Personen geschult werden, die anschließend damit beauftragt werden, ihr erworbenes Wissen selbst weiterzugeben. Manager können das gewünschte Verhalten in sicherheitsrelevanten Situationen aktiv bei den Mitarbeitern einfordern und Verstöße mithilfe von disziplinarischen Maßnahmen direkt sanktionieren.

– Die **IT-Abteilung** besitzt aus Sicht der Sicherheit eine Doppelrolle: Einerseits ist sie interner Dienstleister und Lieferant für alle IT-Bedarfe im Unternehmen und andererseits beherbergt sie selbst Anwender und Nutzer von IT-Systemen. Die IT-Abteilung ist als Dienstleister und Lieferant in der Verantwortung, angemessene Sicherheitsmaßnahmen auszuwählen. Sie kombiniert physische, technische und organisatorische Maßnahmen, um eine ganzheitliche Sicherheit im Unternehmen zu schaffen. Dabei zählt die Awareness zum Bereich der organisatorischen Maßnahmen. Die IT-Abteilung besitzt also eine Schlüsselrolle bei der Auswahl und Umsetzung von Awareness-Maßnahmen. Mitglieder der IT-Abteilung sind auch selbst Teilnehmer an diesen Maßnahmen. Entwickler, Tester, Administratoren und andere Spezialisten arbeiten meist mit kritischen Systemen und Informationen. Ein verantwortungsvoller Umgang und ein sicherheitsbewusstes Verhalten können nicht als gegeben angesehen werden. Daher sollten gerade diese Personen mit zielgerichteten Awareness-Maßnahmen angesprochen werden. Die Vernachlässigung von Sicherheitsvorgaben kann insbesondere in der IT-Abteilung weitreichende Folgen haben, z. B. wenn neu entwickelte Software Sicherheitslücken besitzt oder Datenschnittstellen fehlerhaft sind.

– Die **Fachabteilungen** – also die Organisationseinheiten in einer Stab-Linien-Organisation, die mehrere gleichartige Stellen zusammenfassen und nicht zum IT-Bereich gehören – decken jeweils einen bestimmten, zusammenhängenden Aufgabenbereich im Unternehmen ab. Sie sind interner Auftraggeber von IT-Lösungen und Benutzer dieser Lösungen. Die Beauftragung erfolgt in der Regel durch ein – mehr oder weniger – formelles Fachkonzept, das alle funktionalen Anforderungen aus Sicht der jeweiligen Fachabteilung beschreibt. Im Rahmen der Aufgabenerfüllung werden die Mitglieder der Fachabteilungen mehr oder weniger stark mit sensitiven Informationen konfrontiert, sowohl in elektronischer als auch in papierbasierter Form. Eine hohe Awareness in den Fachabteilungen führt dazu, dass sich die Mitarbeiter bei ihrer täglichen Aufgabenerfüllung und auch bei der Beauftragung neuer IT-Lösung bewusst mit dem Thema Sicherheit auseinandersetzen. Dadurch kann ein unachtsamer Umgang mit sensitiven Systemen und Informationen vermieden werden und Änderungen oder Erweiterungen der eigenen Aufgaben können in Bezug auf eventuelle Sicherheitsprobleme kritisch betrachtet werden. Da einige Fachabteilungen ständig in Kontakt zu externen Kunden oder Geschäftspartnern stehen, haben viele Sicherheitsverletzungen eine direkte Außenwirkung. Vom ungewollten Datenabfluss bis zum nachhaltigen Imageschaden bestehen viele potenzielle Risiken, die mit der Aufgabenerfüllung der Fachabteilungen zusammenhängen können. Mitarbeiter mit Kundenkontakt sollten z. B. darüber Bescheid wissen, welche Informationen ein Kunde erhalten darf, und Angreifer erkennen können, die mit Social Engineering vertrauliche Informationen erlangen möchten.

Externe Stakeholder sind vom Erfolg des Unternehmens in der Regel eher indirekt betroffen. Sie stehen zwar teilweise mit dem Unternehmen in einer Geschäftsbeziehung, sind aber an der eigentlichen Aufgabenerfüllung im Unternehmen und an dessen Geschäftsergebnis nicht beteiligt. Es handelt sich um Konkurrenten, Lieferanten, Dienstleister, Kunden und Kontrollorgane:

- **Konkurrenten** haben meist ein Interesse an einer Minderung des Unternehmenserfolgs. Insbesondere in gesättigten Märkten, in denen ein Verdrängungswettbewerb stattfindet, kann der Misserfolg eines Unternehmens durch die Umverteilung der Marktanteile dem Erfolg eines anderen Unternehmens gleichkommen. Wenn die Konkurrenten eher passiv gegenüber dem Unternehmen auftreten, sind zwar keine zielgerichteten Angriffe zu erwarten, allerdings können ungewollt oder unüberlegt veröffentlichte Informationen von Konkurrenten eingesehen und zum Nachteil des Unternehmens eingesetzt werden (z. B. Kundendaten oder Geschäftsstrategien). Demgegenüber ist ein aktives Vorgehen, das gezielt Daten abziehen soll oder das Unternehmen negativ beeinträchtigen soll, eine noch größere Gefahr. Obwohl dies in der Regel gegen geltende Gesetze verstößt (z. B. § 202a StGB – Verbot des Ausspähens von Daten), können diesbezügliche Angriffe aufgrund der teilweise schweren Nachverfolgbarkeit oder der Rechtssituation bei ausländischen Angreifern oft nicht geahndet werden. Awareness spielt also auch hier eine Rolle, und zwar nicht die Awareness der Konkurrenten, sondern die Awareness zum Umgang mit den Konkurrenten: Die Kenntnis darüber, wie Konkurrenten an sensitive Informationen gelangen können und wie dies verhindert werden kann, ist bei den Mitarbeitern des eigenen Unternehmens von großer Bedeutung.
- **Lieferanten** werden in der Regel aufgrund eines Kaufvertrags, der mit dem Unternehmen geschlossen wurde, tätig. Mit diesem Vertrag verpflichten sie sich zur Übergabe einer Sache (z. B. Arbeitsmittel oder Rohstoffe) und das Unternehmen zur Zahlung des geschuldeten Kaufpreises. Lieferanten haben ein Interesse an der Zahlungsfähigkeit des Unternehmens. In Bezug auf die Awareness ist eine angemessene Vorsicht beim Umgang mit Informationen angebracht. Auch wenn der Lieferant dem Unternehmen aufgrund der bestehenden Geschäftsbeziehung grundsätzlich nicht schaden möchte, können bestimmte Informationen (z. B. Preisinformationen) bei bestimmten Adressaten (z. B. anderen Kunden des Lieferanten) für Unmut sorgen. Sofern der Lieferant nicht gerade informationsverarbeitende Geräte liefert, spielt die Awareness beim Lieferanten für das eigene Unternehmen eine eher untergeordnete Rolle. Wenn jedoch derartige Geräte geliefert werden, könnte die Awareness beim Lieferanten

dazu führen, dass die Geräte vom Lieferanten z. B. bereits mit sicherheitsrelevanten Einstellungen oder Software-Updates versorgt wurden.

- **Dienstleister** haben oft eine tiefere Verbindung zum Unternehmen und kommen dadurch häufiger mit sensitiven Informationen in Berührung. Insbesondere wenn IT-Dienstleistungen ausgeführt werden, können unter Umständen große Datenmengen durch den Dienstleister eingesehen und verarbeitet werden. Die Awareness sollte also dahingehend im Unternehmen ausgeprägt sein, dass die Sicherheit auf Seiten des Dienstleisters hinterfragt und die Datenübertragung zum Dienstleister abgesichert wird. In Bezug auf die Sicherheit beim Dienstleister können verschiedene Maßnahmen durchgeführt werden, die z. B. von vertraglichen Vereinbarungen bis zu speziellen Sicherheitsaudits reichen. Unter anderem sollte eine Awareness darüber bestehen, welche Zertifizierungen (z. B. ISAE 3402 zum Thema interne Kontrollen) von Dienstleistern häufig vorgewiesen werden und welche Rückschlüsse man auf das Sicherheitsniveau des Zertifikatsinhabers ziehen kann. Die Datenübertragung zum und vom Dienstleister sollte ebenfalls aus Sicherheitsaspekten beurteilt werden. Vertrauliche Daten sollten z. B. nicht unverschlüsselt über öffentliche Netzwerke übertragen werden.
- **Kunden** sind als Erwerber von Dienstleistungen oder Waren grundsätzlich an niedrigen Preisen und hoher Qualität interessiert. Allerdings gerät auch der Schutz von Kundendaten zunehmend in den Fokus. Kunden reagieren sensibel darauf, wenn Unternehmen Kundendaten nicht ausreichend schützen. Da Kunden im Falle einer Kompromittierung ihrer Daten gemäß Bundesdatenschutzgesetz (§ 42a) benachrichtigt werden müssen, kommen Sicherheitsvorfälle von Unternehmen schnell an die Öffentlichkeit. Dies kann zu empfindlichen Umsatzeinbußen oder sogar zu Schadensersatzforderungen führen. Kunden agieren häufig kritisch bei der Auswahl von Unternehmen. Das Kriterium Sicherheit, das z. B. anhand von Zertifikaten oder guter Presse beurteilt werden kann, spielt dabei oft eine wichtige Rolle. Das Interesse eines Unternehmens, eine möglichst gute, werbewirksame Sicherheit zu etablieren, beeinflusst auch die Awareness. Mit einem hohen Awareness-Niveau und den resultierenden Sicherheitsvorteilen versuchen Unternehmen, den Kunden ein weiteres Qualitätskriterium zu liefern. Die Vermeidung von Sicherheitsvorfällen und schlechter Presse ist für kundenorientierte Unternehmen essenziell, um am Markt bestehen zu können.
- **Kontrollorgane** sind darin interessiert, dass das Unternehmen vorgegebene Regeln einhält. Welche Regeln für ein Unternehmen relevant sind, hängt von verschiedenen Faktoren ab. Unter anderem spielen die Geschäftstätigkeit und Branche eine Rolle. Z. B. sind Unternehmen, die mit Zahlungskarten arbeiten, an den Payment-Card-Industry-Datensicherheitsstandard (PCI DSS) gebunden. In den USA börsennotierte Unternehmen müssen den Sarbanes Oxley Act (SOX) befolgen. Aktiengesellschaften und GmbHs sind zur Einhaltung des Gesetzes zur Kontrolle und Transparenz im Unternehmensbereich (KonTraG) verpflichtet.

Alle Unternehmen, die mit personenbezogenen Daten in Berührung kommen, sind an das Bundesdatenschutzgesetz (BDSG) und die Datenschutz-Grundverordnung (DSGVO) gebunden. Daneben existieren unzählige Standards, Best Practices und Modelle, die das Unternehmen freiwillig einhalten kann, z. B. weil es sich davon einen Marketingerfolg oder eine Effizienzsteigerung verspricht. Dazu gehören unter anderem ISO 27001, IT-Grundschutz, IT Infrastructure Library (ITIL), ISO 9000 und Control Objectives for Information and Related Technology (COBIT). Die einzuhaltenden Regeln sind oft relativ allgemein formuliert (siehe auch Kapitel 3.8). Beispielsweise findet man im BDSG eine indirekte Forderung zur Implementierung von Awareness-Maßnahmen. Konkreter ist z. B. das PCI DSS, wo sogar die Häufigkeit und Vielseitigkeit der Awareness-Maßnahmen thematisiert werden. Wie die Erfüllung der Regeln im Detail ausgestaltet werden soll und inwiefern bestimmte Awareness-Maßnahmen zur Erfüllung einzelner Regeln genutzt werden sollen, hängt auch von der individuellen Unternehmenssituation ab. Beispielsweise sollte ein Unternehmen mit einem hohen Automatisierungsgrad anders mit Awareness-Maßnahmen versorgt werden als ein Unternehmen mit vielen individuellen Datenverarbeitungsprozessen.

Eine strukturierte **Stakeholderanalyse** kann eingesetzt werden, um die Interessen der Stakeholder transparent zu machen. Dadurch können kooperierende Stakeholder gegenüber konkurrierenden abgrenzt werden, was für den Erfolg eines Vorhabens (z. B. einer Awareness-Kampagne) von großem Vorteil sein kann: Nach der Identifizierung der Stakeholder und ihrer Interessen können wichtige Entscheidungsträger im Unternehmen vom Vorhaben überzeugt werden und konkurrierende Stakeholder können von Widerständen abgehalten werden. Bei der Stakeholderanalyse werden grundsätzlich sechs Schritte durchlaufen:[3]

1. Zunächst werden weitere Rahmenbedingungen für die Analyse festgelegt (Ziel der Analyse, Betrachtungsausschnitt und Abstraktionsgrad).
2. Anschließend werden Stakeholder identifiziert und relevante ausgewählt.
3. Dann werden die Stakeholder in Bezug auf ihre Einflussstärke priorisiert.
4. Als nächstes werden die Interessen der Stakeholder identifiziert.
5. Basierend auf den bisher gewonnenen Informationen wird eine Stakeholdermap erstellt. Mit dieser können die Prioritäten sowie die Kongruenzen und Konflikte zwischen den Interessen der Stakeholder visualisiert werden.
6. Abschließend können die gewonnenen Daten genutzt werden, um Stakeholderinteressen zielgerichtet zu berücksichtigen. Dabei können die Interessen befriedigt, neu ausgerichtet oder ausbalanciert werden.

---

3 Vgl. Resch 2012, S. 128 ff.

Die Awareness im Unternehmen beeinflusst das **Verhalten** der Mitarbeiter (siehe Abb. 1.2). Und das Verhalten hat wiederrum einen essenziellen Einfluss darauf, wie Systeme geschützt werden und ob die Sicherheit von Informationen angemessen ist oder von Sicherheitsverletzungen bedroht ist.

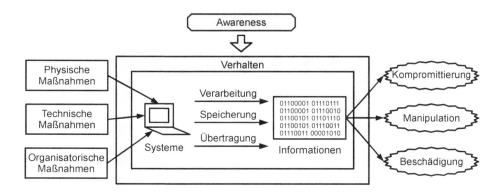

Abb. 1.2: Bedeutung der Awareness

Der Schutz von **Systemen** ist in zweifacher Hinsicht vom Verhalten der Mitarbeiter geprägt. Einerseits können Systeme nur dann umfassend geschützt werden, wenn passende Schutzmaßnahmen ausgewählt und implementiert werden. Nur wenn Mitarbeiter ein durchdachtes und strukturiertes Auswahlverfahren nutzen, können Schutzmaßnahmen mit einem angemessenen Kosten-Nutzen-Verhältnis gefunden werden. Andererseits ist die Akzeptanz der Maßnahmen und deren Unterstützung wichtig, um das Sicherheitsniveau dauerhaft aufrechtzuerhalten. Wenn Mitarbeiter aufgrund von Unwissenheit oder Bequemlichkeit Schutzmaßnahmen umgehen, kann die Sicherheit der Systeme stark gefährdet werden. Wenn physische Maßnahmen umgangen werden, sind Systeme ungeschützt gegenüber physischen Gefahren, z. B. Diebstahl oder Beschädigung von Systemen. Eine Zugangskontrolle kann keine Eindringlinge abhalten, wenn Mitarbeiter aus Bequemlichkeit Türen offenlassen. Auch technische Maßnahmen können ihre Wirkung verlieren, wenn Mitarbeiter sich nicht angemessen verhalten, z. B. wenn sie über Proxys auf gesperrte Webseiten zugreifen. Organisatorische Maßnahmen sind am stärksten vom Verhalten der Mitarbeiter abhängig. Im Gegensatz zu physischen und technischen Maßnahmen können sie nur funktionieren, wenn sie aktiv durch die Mitarbeiter innerhalb ihrer Tätigkeit umgesetzt werden. Z. B. kann eine Richtlinie nur eine Wirkung haben, wenn sie den Mitarbeitern bekannt ist und diese sich an die Inhalte halten.

Der Zweck von Systemen liegt darin, **Informationen** zu verarbeiten, zu speichern und zu übertragen: Informationen werden bei einer Speicherung auf einem Datenträger festgehalten. Grundsätzlich erfolgt dies in Form eines Binärcodes, der bei

Bedarf in Binär- oder Textdaten umgewandelt werden kann. Binärdaten müssen durch eine kompatible Applikation interpretiert werden. Textdaten können auch von Personen direkt interpretiert werden. Bei der Übertragung werden Informationen zwischen verschiedenen Systemen übermittelt. Je nach Standort der Systeme können lokale Netzwerke (engl. Local Area Networks), z. B. innerhalb eines Geschäftsgebäudes, und Weitverkehrsnetze (engl. Wide Area Networks), z. B. das Internet, für die Übermittlung genutzt werden. Die Verarbeitung dient der Überführung von Informationen in anders formatierte oder strukturierte Daten. Auf diese Weise werden Informationen z. B. zusammengeführt, verteilt, angereichert, abstrahiert oder transformiert. Oft ist die Verarbeitung ein wichtiger Bestandteil eines Geschäftsprozesses, z. B. die Aufbereitung von Informationen zur Bestellabwicklung bei einem E-Commerce-Händler. Das Verhalten beim Umgang mit Informationen ist ausschlaggebend dafür, ob Sicherheitsverletzungen ermöglicht und Informationen kompromittiert, manipuliert oder beschädigt werden können:

- Die **Kompromittierung** wird begünstigt, wenn Informationen unachtsam herausgegeben oder unsicher verarbeitet, gespeichert oder übertragen werden. Sobald Informationen weitergegeben werden, besteht die Gefahr, dass jemand unberechtigt von diesen Informationen Kenntnis erlangt. Die Bandbreite der Kompromittierung reicht von ungewolltem Aufschnappen von Informationen bis zur gezielten Ausspähung. Ein Verhalten der Mitarbeiter, bei dem die Sicherheit ständig berücksichtigt wird, führt zu einem sorgfältigen und vorsichtigen Umgang mit Informationen. Es sollte z. B. hinterfragt werden, wer Informationen mithören oder mitlesen kann und ob der vermeintliche Empfänger tatsächlich eine ausreichende Autorisierung besitzt. Systeme, die auf Informationen zugreifen, sollten zunächst in Bezug auf ein ausreichendes Sicherheitsniveau geprüft werden. Dabei sollte auch die Absicherung des Übertragungswegs (z. B. durch Verschlüsselung) berücksichtigt werden.
- Die **Manipulation** von Informationen kann dann auftreten, wenn Angreifer Zugriff auf Informationen an ihrem Speicherort oder während ihrer Übertragung erlangen können. Außerdem können Angreifer auch die Verarbeitung von Informationen manipulieren. Sie können dann Informationen zu ihrem Vorteil ändern, z. B. durch die Herabsetzung von Preisen in einem Online-Shop oder die Änderung von Zahlungsempfängern. Durch ein überlegtes Verhalten kann es Angreifern erschwert werden, an Anmeldedaten zu gelangen, z. B. sollten Passwörter niemals herausgegeben werden. Ein schnelles Reaktionsverhalten führt außerdem dazu, dass unberechtigt erlangte Zugriffe zeitnah erkannt und blockiert werden können.
- Die **Beschädigung** von Informationen kann ebenfalls durch unberechtigten Zugriff von Angreifern ermöglicht werden, aber auch durch unachtsames Verhalten von Mitarbeitern oder unkontrollierbare und teilweise unvorhersehbare Umweltereignisse. Mitarbeiter können durch unachtsames Verhalten die Gefahr erhöhen, dass Systeme und Informationen beschädigt werden. Zum einen kön-

nen sie durch unsicheres Verhalten (z. B. das Öffnen von Phishing E-Mails) Angreifern Zugriff auf Informationen verschaffen, was zur Beschädigung dieser Informationen führen kann. Zum anderen können sie selbst unbeabsichtigt Informationen oder Systeme physisch beschädigen, z. B. durch das Verschütten von Flüssigkeiten. Mittels einer bewussten Anpassung des Verhaltens können gefahrvolle Situationen vermieden werden.

Eine gute Awareness hat auch deswegen eine große **Bedeutung**, weil viele Angriffe auf die Unwissenheit oder Unachtsamkeit von Mitarbeitern ausgelegt sind. Diese Angriffe gehören meist zum Bereich des Social Engineerings, wobei Personen dazu beeinflusst werden, bestimmte Aktionen auszuführen (z. B. das Anklicken eines Weblinks) oder Informationen preiszugeben.

Viele zielgerichtete Angriffe auf Unternehmen werden mithilfe von Spear-Phishing-E-Mails ausgeführt. Spear Phishing ist im Gegensatz zum traditionellen Phishing ein gezielter Angriffsversuch, bei dem individuelle Informationen über das Opfer und seine Umgebung gesammelt und eingesetzt werden. Dadurch wirkt der getarnte Angriff authentischer und eine Erkennung wird erschwert.

Auch die Anfälligkeit gegenüber platzierten USB-Datenträgern ist in der Praxis sehr hoch. Viele platzierte USB-Datenträgern werden von unbedarften Mitarbeitern mitgenommen und darauf befindliche Dateien manchmal sogar geöffnet. Auf diese Weise können Angreifer Schadcode ins Unternehmen einschleusen.

Angreifer versuchen außerdem, das Prinzip der Reziprozität auszunutzen: Viele Personen, die vorab kleine Geschenke erhalten, geben im Gegenzug vertrauliche Informationen preis (z. B. ihr Passwort).

Da soziale Netzwerke häufig von Angreifern genutzt werden, um Erkenntnisse über Zugangsdaten und andere sensitive Informationen zu erlangen, ist auch der Umgang mit sozialen Netzwerken ohne eine gewisse Awareness gefährlich. Viele Mitarbeiter scheuen sich nicht, sich in sozialen Netzwerken mit Fremden zu verbinden, oder haben keine ausreichenden Zugriffsbeschränkungen auf ihren Social-Media-Profilen.

Der Mensch ist ein hoher Risikofaktor, da er oft leichter zu „hacken" ist als ein IT-System. Das Verhalten von Personen ist daher in vielen Fällen die Ursache von aufgetretenen Sicherheitsvorfällen.

Eine höhere Awareness bei den potenziellen Opfern von Social-Engineering-Angriffen würde zu einem wirksamen Schutz führen. Die Angreifer zielen nämlich auf ein bestimmtes Verhalten der Opfer ab, das mithilfe von Awareness-Maßnahmen größtenteils verhindert werden kann. Aber auch andere Arten von Angriffen werden durch das Verhalten von Personen direkt oder indirekt beeinflusst. Unter anderem ist der Umgang mit technischen Sicherheitsmaßnahmen ausschlaggebend für ihre Effektivität. Wenn z. B. Antivirenprogramme nach Belieben deaktiviert werden, wird der Schutz gegen Schadcode erheblich beeinträchtigt.

1.3 Ausblick

Um die Hintergründe der Awareness für Informationssicherheit umfänglich verstehen zu können, ist eine Auseinandersetzung mit den relevanten **fachlichen Grundlagen** unumgänglich.

Daher wird im Kapitel 2 zunächst eine Einführung in die Informationssicherheit gegeben. Hierdurch wird verdeutlicht, was es bedeutet, die IT zu schützen, und welche Ziele man dabei in der Regel verfolgt. Die Informationssicherheit, über die eine Awareness geschaffen werden soll, muss vom Initiator der Awareness-Maßnahmen erstmal verstanden und eingegrenzt werden. Erst wenn die Informationssicherheit nicht nur im Allgemeinen, sondern auch im unternehmensspezifischen Kontext definiert wurde, können geeignete Awareness-Maßnahmen ausgewählt werden. Jedes Unternehmen besitzt andere Schwerpunkte und Präferenzen bezüglich Informationssicherheit. Während ein Unternehmen stark auf Vertraulichkeit fokussiert sein kann, ist es für ein anderes Unternehmen womöglich wichtiger, dass die angebotenen Dienstleistungen ständig verfügbar sind. Mithilfe von diversen Sicherheitsmaßnahmen können verschiedene Schutzziele erreicht werden. Um einen Überblick über verbreitete Sicherheitsmaßnahmen zu bieten, werden sie aus mehreren Perspektiven betrachtet und unterschiedlichen Kategorien zugeordnet. Grundsätzlich dienen alle Sicherheitsmaßnahmen (einschließlich Awareness-Maßnahmen) zur Reduzierung oder – im Idealfall – zur Eliminierung von Risiken. Daher wird auch der Begriff Risiko, inklusive verschiedener Methoden und Verfahren zur Identifizierung, Bewertung und Bewältigung von Risiken, beschrieben. Außerdem ist es wichtig, den Umfang schützenswerter Objekte und den resultierenden Sicherheitsbedarf genau eingrenzen zu können. Auf diese Weise können Awareness-Maßnahmen zielgerichteter angewendet werden. Z. B. muss nicht das gesamte Personal über sichere Softwareentwicklung geschult werden, wenn nur eine kleine Personengruppe mit der Softwareentwicklung beauftragt wurde. Eine fundamentale Frage, die sich bei jeder Art von Investition – auch bei Awareness-Maßnahmen – stellt, ist die Frage nach der Wirtschaftlichkeit. Nur wenn der erwartete Nutzen die notwendigen Kosten übersteigt, lohnt sich eine Investition wirtschaftlich. Daher wird ebenfalls in diesem Kapitel betrachtet, wie Kosten und Nutzen berechnet und gegeneinander abgewogen werden können.

Nach der Auseinandersetzung mit der Informationssicherheit werden anschließend die Grundlagen zur Awareness erläutert. Die Definition und Hintergründe zur Verhaltenssteuerung – dem grundlegenden Ziel der Awareness – werden aus psychologischer Sicht beschrieben. Dabei wird aufgezeigt, was Awareness im Detail bedeutet und wie Lernprozesse zur Awareness-Erhöhung erfolgreich gemacht werden können. Auch die Facetten der Unternehmenskultur und der Kommunikation sowie die Zusammenhänge zur Awareness werden betrachtet. Durch die Berücksichtigung verschiedener Kommunikationsformen zwischen Sender und Empfänger kann ein Ansatz gefunden werden, der am besten zur individuellen Unternehmenssituation passt.

Die Governance der Awareness ist ein Teil der unternehmensweiten Governance, und somit ein Thema für die Unternehmensführung. Auch Awareness-Maßnahmen werden zur Steuerung und Regelung des Geschäftsbetriebs eingesetzt, weshalb eine Betrachtung aus der Governance-Sicht Sinn macht.

In Kapitel 3 werden **Awareness-Maßnahmen** umfassend betrachtet. Dabei werden die Ziele, die Adressaten, Medien, der Awareness-Zyklus, die Umsetzungsmerkmale, die Integration der Awareness ins Unternehmen, die Synergiemöglichkeiten und relevante Compliance-Vorgaben betrachtet.

Das grundlegende Ziel aller Awareness-Maßnahmen ist die Änderung des Verhaltens der Mitarbeiter. Daher wird zunächst erläutert, welche Verhaltensausprägungen aus Sicht der Informationssicherheit bedeutsam sind, welches Verhalten erwünscht ist und wie sich die Verhaltensausprägungen wechselseitig beeinflussen können.

Damit Awareness-Maßnahmen möglichst zielgerichtet gestaltet und umgesetzt werden können, müssen die Personen und Personengruppen, die durch die Maßnahmen adressiert werden sollen, bekannt sein. Es handelt sich nicht nur um Mitarbeiter, sondern auch um andere Stakeholder, die das Sicherheitsniveau des Unternehmens beeinflussen können.

Geeignete Medien sind das Fundament für die optimal gestaltete Awareness-Maßnahmen. Anhand der drei Bereiche Printmedien, audiovisuelle Medien und elektronischen Medien werden unterschiedliche Medien kategorisiert und im Hinblick auf ihren Einsatz in der Awareness beschrieben.

Der Awareness-Zyklus verdeutlicht, welche Stationen ein Mitarbeiter als Adressat von Awareness-Maßnahmen durchläuft. Vom Einstieg ins Unternehmen bis zu seinem Austritt wird er unterschiedlich mit Awareness konfrontiert.

Die Umsetzungsmerkmale zeigen auf, wie und warum Awareness-Maßnahmen umgesetzt werden können. Der Auslagerungsgrad entscheidet, inwieweit die erforderlichen Tätigkeiten mit externer Unterstützung erfolgen. Die Art der Auslösung von Awareness-Maßnahmen determiniert, was im Fokus der Umsetzung steht, z. B. Risiken oder Regularien. Außerdem stellt sich die Frage, wie die Adressaten der Awareness-Maßnahmen sinnvoll gruppiert werden können.

Die Integration beleuchtet, wie die Awareness im Unternehmen verankert werden kann, damit sie auch langfristig angemessen berücksichtigt wird. Dabei werden die institutionelle, funktionelle, instrumentelle und finanzielle Sicht thematisiert.

Die Synergiemöglichkeiten in der Awareness sind vor allem aus wirtschaftlicher Sicht interessant. Durch die Nutzung unterschiedlicher Ansätze können erhebliche Vorteile aus Kosten-, Zeit- und Qualitätssicht realisiert werden.

Aus dem Compliance-Bereich kommen viele Vorgaben, die sich mehr oder weniger direkt auf die Awareness im Unternehmen beziehen. Ein Unternehmen sollte wissen, welche Compliance-Vorgaben relevant sind, wenn Maßnahmen oder Programme zur Awareness gestaltet werden. Daher werden verbreitete Gesetze, Standards und Best Practices sowie ihre Verbindung zur Awareness betrachtet.

Ein hohes Sicherheitsniveau zu schaffen, ist in den meisten Unternehmen je nach Ist-Situation eine herausfordernde und langwierige Aufgabe. Dies trifft auch in ähnlichem Maß auf die Schaffung einer hohen Awareness zu. In der Regel ist eine einzelne Awareness-Maßnahme kaum ausreichend, um eine dauerhaft merkliche Verbesserung zu erzeugen. Vielmehr muss die Awareness kontinuierlich und schrittweise im Unternehmen angegangen werden. Wie das grundsätzlich erreicht werden kann, zeigt das Kapitel 4. Hier wird beschrieben, wie die Awareness im Unternehmen durch **Awareness-Programme** in strukturierter und durchdachter Weise erhöht werden kann. Dabei werden neun verschiedene Phasen beschrieben: In der Orientierung wird erstmal ein Verständnis über die verschiedenen Phasen geschaffen. In der Initiierung wird gezeigt, wie interne oder externe Faktoren zum Start des Programms beitragen. Die Befürwortung befasst sich mit der Unterstützung des Senior Managements. In der Anforderungsanalyse werden interne und externe Anforderungen identifiziert und analysiert. In der Bedarfsanalyse werden die Anforderungen mit dem Status-quo abgeglichen, um den individuellen Bedarf an Awareness zu ermitteln. Die Planung dient der Auswahl und Gestaltung von Awareness-Maßnahmen. Mit der Genehmigung wird sichergestellt, dass die Arbeitsaktivitäten bewilligt werden und die erforderlichen Ressourcen bereitstehen. Die Implementierung beinhaltet unter anderem die Erstellung von Inhalten, den Einsatz von Medien und die Koordination des gesamten Programmablaufs. In der Beurteilung werden der Erfolg der Awareness-Maßnahmen untersucht sowie Probleme und Unzulänglichkeiten bei der Zielerreichung identifiziert.

Mit der **Zusammenfassung** in Kapitel 5 wird die Möglichkeit geboten, die Kernaspekte des Buchs nochmals zu wiederholen und wichtige Inhalte zu festigen. Auch eine schnelle Auffrischung oder ein erstmaliger Einblick in das Thema Awareness sollen damit vereinfacht werden. Zunächst werden die wichtigsten Elemente aus der Informationssicherheit und der Awareness kurz dargestellt und mit den Phasen eines Awareness-Programms in Verbindung gebracht. Dadurch gewinnt man schnell einen Eindruck darüber, welche Grundlagen und Hintergründe für welche Programmphasen relevant sind. Der Inhalt eines Awareness-Programms wird anschließend komprimiert dargestellt. Dabei wird erläutert, welche Ergebnisse die einzelnen Phasen erzeugen und auf welchen Grundlagen sie aufbauen. Diese Strukturierung verhilft nicht nur zu einem schnellen Überblick über die Phasen, sondern bietet auch eine zusätzliche Perspektive, um die Detailinformationen der vorhergehenden Kapitel gedanklich nochmals zu ordnen. Durch die Verwendung von Kapitelreferenzen erschließt sich dem interessierten Leser schnell, wo im Buch weitere Informationen zu den verschiedenen Themen gefunden werden können.

2 Fachliche Grundlagen

2.1 Informationssicherheit

2.1.1 Grundbegriffe

Bevor die Grundlagen rund um Informationssicherheit betrachtet werden, wird zunächst der Begriff an sich veranschaulicht. **Informationssicherheit** bedeutet, dass Informationen und IT-Systeme derartig abgesichert sind, dass sie nicht kompromittiert, manipuliert oder beschädigt werden. Mit anderen Worten soll gewährleistet werden, dass die primären und – bei Bedarf – die davon abgeleiteten sekundären Sicherheitsziele erfüllt werden (siehe Kapitel 2.1.3).

Informationssicherheit bezieht sich allgemein auf alle Aspekte rund um die Sicherheit von Informationen. Dabei werden alle Informationen unabhängig von der Art der Speicherung, Verarbeitung und Übertragung betrachtet. Informationen, die lediglich auf Papier niedergeschrieben werden oder z. B. sprachlich übermittelt werden, sind genauso betroffen wie Informationen, die mit IT-Geräten in Kontakt kommen, also unter Einbeziehung von elektronischen Hilfsmitteln gespeichert, übertragen oder verarbeitet werden. Die **IT-Sicherheit** konzentriert sich hingegen auf letztere – auf diejenigen Informationen, die mit der IT-Umgebung eines Unternehmens in Berührung kommen. Dadurch kommen auch informationsverarbeitende Systeme und Netzwerke in den Fokus. Aspekte außerhalb der IT, wie physische Sicherheitsmaßnahmen oder der Umgang mit papierbasierten Informationen, werden durch die IT-Sicherheit nicht abgedeckt. Die IT-Sicherheit ist also der Teilbereich der Informationssicherheit, der sich ausschließlich auf die IT konzentriert (siehe Abb. 2.1). Dieser Teilbereich ist gleichzeitig auch der größte Bereich, da heutzutage die meisten Informationen elektronisch erfasst werden.

Für den Begriff **Security Awareness** (kurz Awareness) – einem Teilgebiet der Informationssicherheit und IT-Sicherheit – gilt in Bezug auf die oben dargestellte Abgrenzung entsprechendes: Awareness für Informationssicherheit (engl. Information Security Awareness) deutet auf Awareness hin, die sich auf alle Informationen bezieht, und Awareness für IT-Sicherheit (engl. IT Security Awareness) auf Awareness, die sich ausschließlich auf elektronisch gespeicherte, übertragene oder verarbeitete Informationen bezieht. Awareness für IT-Sicherheit ist also ein Teilbereich der Awareness für Informationssicherheit. Die Inhalte dieses Buches beziehen sich auf letztere, und decken damit beide Bereiche ab. Im Folgenden wird (der einfachen Schreibweise zugunsten) lediglich der Begriff Awareness verwendet, wenn Awareness für Informationssicherheit gemeint ist. Der englische Begriff Awareness wird anstelle des deutschen Synonyms Bewusstsein verwendet, da sich dieser Begriff in der Praxis und Literatur der Informationssicherheit etabliert hat.

https://doi.org/10.1515/9783110668261-002

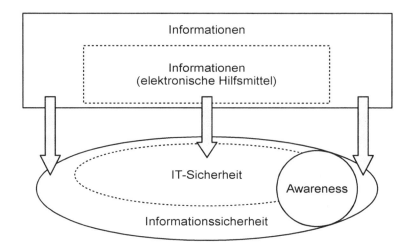

Abb. 2.1: Abgrenzung zwischen Informationssicherheit und IT-Sicherheit

Der Begriff **Awareness** bedeutet im Kontext der Informationssicherheit, dass eine Person oder eine Gruppe von Personen Wissen über Informationssicherheit besitzen – sich also über Informationssicherheit bewusst sind – und dieses Wissen bei ihrem Verhalten berücksichtigen.

In der Praxis verwendet man als Synonym für **Awareness-Maßnahmen** auch den Begriff Sensibilisierung, um die Erhöhung der Awareness von Mitarbeitern (also die Übermittlung von Informationen an Mitarbeiter zur Aneignung von Wissen über Informationssicherheit) zu beschreiben. Die sensibilisierten Personen werden sensibel, oder auch empfindlich, gegenüber sicherheitsrelevanten Reizen und Eindrücken gemacht.

Awareness-Maßnahmen werden von **Trainings- und Weiterbildungsmaßnahmen** abgegrenzt. Alle diese Maßnahmen dienen zwar der Aneignung von neuem Wissen mithilfe von Lernprozessen, allerdings besitzt das Wissen jeweils eine andere Fokussierung sowie andere Ausprägungen in Bezug auf den zeitlichen Rahmen, die Theorielastigkeit und das Anspruchsniveau.

Bei der Awareness geht es primär darum, allgemeines Wissen rund um die Informationssicherheit zu vermitteln und das Bewusstsein über die Bedrohungslage und Risikosituation des Unternehmens zu erhöhen. Es handelt sich in der Regel um eine zeitlich kurze Maßnahme, z. B. eine einstündige Präsentation oder sogar nur ein Blick auf ein Poster. Awareness-Maßnahmen sind oft sehr praktisch orientiert, also wenig theorielastig, und lerntechnisch wenig anspruchsvoll, da oft lediglich Anreize zur Bewusstseinserhöhung gegeben werden.

Trainingsmaßnahmen sind hingegen auf spezielle Technologien, Verfahren oder Fähigkeiten ausgerichtet. Der zeitliche Rahmen ist gering bis mittel, z. B. ein mehrstündiges Training-on-the-Job. Die Theorielastigkeit ist ebenfalls gering bis mittel, da zwar eine praktische Anwendung im Vordergrund steht, diese aber oft mit theoretischen Hintergründen verständlich gemacht wird. Der Anspruch an die Lernenden ist meist mittel, da von Ihnen die eigenständige Anwendung von neu erlernten Fähigkeiten erwartet wird.

Mit Weiterbildungsmaßnahmen werden wissenschaftlich fundierte Hintergründe adressiert. Es handelt sich dabei eher um langwierige Lernprozesse, z. B. mehrere Termine in einem Quartal, mit hohem theoretischem Anteil und anspruchsvollen Inhalten, die eigenständig auf neue praktische Situationen übertragen werden sollen. Am Beispiel des Themas Verschlüsselung wird die Abgrenzung deutlich (siehe auch Tab. 2.1):

— Beim Thema Verschlüsselung würde sich eine **Awareness-Maßnahme** darauf konzentrieren, den Lernenden ein Verständnis über den geschäftlichen Nutzen und die Risiken zu vermitteln. Die Lernenden würden sich darüber bewusst-werden, dass Verschlüsselung die Vertraulichkeit von Informationen schützt und ein Verzicht auf Verschlüsselung in bestimmten Situationen ein unangemessenes Risiko einer Kompromittierung von Informationen mit sich bringt. Insbesondere personenbezogene Daten und Geschäftsgeheimnisse sollten – zumindest bei der Übertragung an externe Empfänger – gegenüber Unbefugten abgesichert werden. Und die Verschlüsselung verhindert eine unbefugte Einsichtnahme in die Daten. Außerdem würde den Lernenden bekannt werden, dass eine unsachgemäße Verschlüsselung sogar zu Datenverlust führen kann, z. B. wenn der Schlüssel zur Entschlüsselung nicht aufbewahrt wird und keine Backups der Daten existieren. Awareness-Maßnahmen zur Verschlüsselung können z. B. aus einem kurzen E-Mail-Newsletter oder aus einem Kurzvortrag des Informationssicherheitsbeauftragten bestehen. Mit einem geringen Zeitaufwand für die Lernenden kann das Bewusstsein über die Notwendigkeit von Verschlüsselung bei der praktischen Arbeit erhöht werden.

— Die **Trainingsmaßnahme** zum Thema Verschlüsselung kann z. B. auf die Bedienung einer Verschlüsselungssoftware ausgerichtet sein. Die Lernenden würden hierbei den Umgang mit der Software erlernen. Sie würden Schlüssel und Schlüsselpaare erzeugen sowie Daten mit verschiedenen Algorithmen ver- und entschlüsseln. Dabei kann erlernt werden, wie ein Schlüsselpaar erstellt werden kann, wie der öffentliche Schlüssel geteilt werden kann, wie fremde öffentliche Schlüssel importiert werden können und wie der eigene private Schlüssel verwahrt und abgesichert werden kann. Außerdem können Funktionen zur Verschlüsselung von Daten mithilfe von symmetrischen und asymmetrischen Algorithmen, inklusive Hinweise für die Auswahl von geeigneten Funktionen, erklärt und gezeigt werden. Um ein erfolgreiches Training für Verschlüsselungssoftware zu gestalten, sollten alle für die Aufgabenerfüllung der Mitarbeiter relevanten Inhalte erklärt und vorgeführt werden. Informationen zu den theoretischen Hintergründen werden zwar manchmal referenziert, jedoch in der

Regel nicht inhaltlich ausgeführt. Um die relevanten Funktionen zu thematisieren, genügt meist ein überschaubarer Zeitrahmen, der einige Minuten bis Stunden umfasst.

– Die **Weiterbildungsmaßnahme** besitzt in der Regel einen größeren Umfang und anspruchsvollere Inhalte. Hier werden Hintergründe erklärt und vom Lernenden wird erwartet, das erlernte, theorielastige Wissen auf praktische Situationen zu projizieren. Bei der Verschlüsselung wird z. B. darüber informiert, aus welchen Gründen symmetrische und asymmetrische Verschlüsselungstechniken erfunden wurden und wie sie technisch funktionieren. Aus diesen Informationen können die Lernenden ein besseres Verständnis darüber erlangen, warum Unternehmen Verschlüsselung einsetzen und wie Angreifer Schwachstellen in der Verschlüsselung identifizieren und ausnutzen können. Die Lernenden wissen dadurch z. B., wie eine Brute-Force-Attacke funktioniert und wie man mit einem längeren Schlüssel diese Attacke erschweren kann. Die theoretischen Hintergründe zur Verschlüsselung sind durchaus umfangreich und können auch ein ganzes Studienfach ausfüllen, das über ein volles Semester gelehrt wird. Die Inhalte sind teilweise sehr anspruchsvoll und werden mitunter nur von Spezialisten verstanden. Die Adressaten einer Weiterbildungsmaßnahme zur Verschlüsselung sind daher eher IT-Spezialisten und selten kaufmännische Angestellte.

Tab. 2.1: Abgrenzung von Awareness zu Training und Weiterbildung

Art	Fokussierung	Beispiel zum Inhalt	Zeit	Theorie-anteil	An-spruch
Aware-ness	allgemeines Wissen, Bewusstsein	Absicherung von personenbezogenen Daten und Geschäftsgeheimnissen, Risiken bei externer Übertragung von Daten.	gering	gering	gering
Training	Technologien, Verfahren oder Fähigkeiten	Erzeugung von Schlüsseln und Schlüsselpaaren, Ver- und Entschlüsselung von Daten mit verschiedenen Algorithmen	gering bis mittel	gering bis mittel	mittel
Weiter-bildung	Hintergründe, Theorie	Hintergründe von symmetrischen und asymmetrischen Verschlüsselungstechniken, Identifikation und Ausnutzung von Schwachstellen	hoch	hoch	hoch

Die Awareness in der Informationssicherheit lässt sich aus verschiedenen **Perspektiven** betrachten: als Kompetenz, Funktion und Prinzip (siehe Abb. 2.2). Damit wird deutlich, dass die Awareness nicht nur eine Funktion der Informationssicherheit ist,

sondern auch als Grundprinzip der Informationssicherheit, als Kompetenz der Mitarbeiter und als Funktion des Personalmanagements verstanden werden kann.

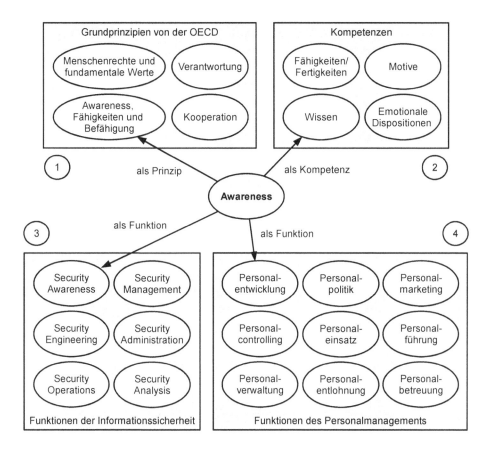

Abb. 2.2: Awareness als Kompetenz, Funktion und Prinzip

1. **Awareness als Prinzip** ist – wie auch andere Sicherheitsprinzipien – ein Ver-
    haltensgrundsatz, der zur Verbesserung der Sicherheit im Unternehmen verhel-
    fen soll. Es geht also im Allgemeinen darum, dass sich die Stakeholder eines
    Unternehmens bei allen betrieblichen Aktionen an bestimmte, abstrakt defi-
    nierte Regeln halten sollen. Die Prinzipien der Informationssicherheit wurden
    von der Organisation für wirtschaftliche Zusammenarbeit und Entwicklung be-
    schrieben.[4] Die Prinzipien sollen dabei helfen, das Management von digitalen

---

4 Vgl. OECD 2015, S. 9 ff.

Sicherheitsrisiken zu verbessern und damit die wirtschaftlichen und sozialen Vorteile von digitaler Offenheit zu optimieren. Stakeholder sind in diesem Kontext Behörden, Unternehmen und Personen, die sich bei ihren wirtschaftlichen und sozialen Aktivitäten auf die digitale Umgebung verlassen. Sie können eine oder auch mehrere verschiedene Rollen einnehmen. Die OECD hat in ihren Richtlinien Awareness als Teil von vier generellen Prinzipien aufgeführt:

– **Awareness, Fähigkeiten und Befähigung:** Alle Stakeholder sollten digitale Sicherheitsrisiken verstehen und wie man mit ihnen umgeht. Sie sollten sich darüber bewusst sein, dass digitale Sicherheitsrisiken die Erreichung ihrer wirtschaftlichen und sozialen Ziele beeinträchtigen können und dass ihr Management von digitalen Sicherheitsrisiken andere Personen beeinträchtigen kann. Die Stakeholder sollten mit der notwendigen Ausbildung und den notwendigen Fähigkeiten dazu in die Lage versetzt werden, digitale Sicherheitsrisiken zu verstehen und bei deren Bewältigung helfen zu können. Außerdem sollen sie die möglichen Auswirkungen ihrer Managemententscheidungen auf ihre Aktivitäten und auf die allgemeine digitale Umgebung beurteilen können.

– **Menschenrechte und fundamentale Werte:** Alle Stakeholder sollten digitale Sicherheitsrisiken in einer transparenten Weise und in Übereinstimmung mit Menschenrechten und fundamentalen Werten behandeln.

– **Verantwortung:** Alle Stakeholder sollten Verantwortung für das Management digitaler Sicherheitsrisiken übernehmen. Sie sollten verantwortungsvoll handeln und für das Management von digitalen Sicherheitsrisiken und der Berücksichtigung der möglichen Auswirkung ihrer Entscheidungen auf andere zur Verantwortung gezogen werden.

– **Kooperation:** Alle Stakeholder sollten miteinander kooperieren, auch grenzüberschreitend. Die globale Interkonnektivität führt zu Abhängigkeiten zwischen Stakeholdern und erfordert eine Kooperation beim Management digitaler Sicherheitsrisiken.

Neben den oben beschriebenen, generellen Prinzipien werden vom OECD auch vier operationale Prinzipien genannt, und zwar Risikobeurteilung und -bewältigung, Sicherheitsmaßnahmen, Innovation sowie Vorbereitung und Kontinuität.

2. **Awareness als Kompetenz** bedeutet, dass eine Person allgemeines Wissen über Informationssicherheit besitzt, wodurch ihr Verhalten im Hinblick auf Sicherheit profitiert. Dieses Wissen ist eines von mehreren Elementen der Kompetenz, die eine Person besitzen kann, um betriebliche Prozesse durchzuführen oder zu unterstützen. Kompetenz kann dabei als Konglomerat der Elemente Wissen, Fähigkeiten/Fertigkeiten, Motive und emotionale Dispositionen ver-

standen werden.[5] Kompetenz wird im Handeln sichtbar und erfassbar. Dies gilt auch für die Awareness, die das Verhalten beeinflusst, und sich damit im Handeln oder Nicht-Handeln widerspiegelt. Verhalten kann nämlich auch passiv sein, was dann zum Nicht-Handeln führen kann. Das wäre z. B. der Fall, wenn sich eine Person durch ihre Awareness dazu entscheidet, einer unbekannten Person die Nebentüre zum Bürogebäude nicht aufzuhalten. Wenn man Awareness als Kompetenz betrachtet, wird die enge Verbindung zum Personalmanagement deutlich. Das Personalmanagement befasst sich nämlich auch mit Kompetenzen. Im Speziellen befasst sich der Bereich Personalentwicklung (siehe unten) mit der Erhöhung von Kompetenz, inklusive der Awareness.

3. **Awareness als Funktion** in der Informationssicherheit ist – wie auch andere Sicherheitsfunktionen – als Sammlung von Aktivitäten zu verstehen, um zur Verbesserung der Sicherheit eines Unternehmens beizutragen. Neben der Awareness sind in der Informationssicherheit vor allem die Funktionen Security Management, Security Engineering, Security Administration, Security Operations und Security Analysis von Bedeutung:

   – Bei der Funktion **Security Awareness** geht es darum, Maßnahmen und Programme zu erstellen und umzusetzen, um das sicherheitsrelevante Verhalten der Mitarbeiter zu verbessern. Dazu gehören in erster Linie vorbereitende Tätigkeiten, wie die Erstellung oder Anpassung von Material, und umsetzende Tätigkeiten, wie die Durchführung von Schulungen oder die Distribution von Medien. Awareness kann übrigens auch als Teil des Security Managements verstanden werden, da es bei der Awareness unter anderem darum geht, die Inhalte von Richtlinien und Arbeitsanweisungen bei allen Mitarbeitern bekannt und verständlich zu machen. Somit ist Awareness ein Thema bei der Implementierung von Richtlinien und Arbeitsanweisungen, die beim Security Management im Mittelpunkt stehen. Daneben beinhaltet Awareness allerdings noch andere Themen, z. B. eine generelle Aufklärung über Informationssicherheit und IT-Risiken sowie rollen- oder fallbezogene Verhaltensempfehlungen.

   – Beim **Security Management** geht es darum, passende Richtlinien und Arbeitsanweisungen zu entwickeln, zu dokumentieren und zu implementieren. Um passende Richtlinien und Arbeitsanweisungen entwickeln zu können, bedarf es vorausgehende Aktivitäten, insbesondere eine Risikobeurteilung und eine Compliance-Analyse: Die Risikobeurteilung dient der Festlegung eines akzeptablen Risikoniveaus und der Beurteilung von Sicherheitsrisiken. In Anlehnung an die Ergebnisse können mehr oder weniger restriktive Vorgaben in den Richtlinien und Arbeitsanweisungen gemacht werden, um Risiken angemessen zu reduzieren. Mit einer Compli-

---

5 Vgl. Kaufhold S. 95 f.

ance-Analyse werden externe Vorgaben in Form von Gesetzen, Standards und Best Practices untersucht, um festzustellen, welche Vorgaben in welchem Maße durch die internen Richtlinien und Arbeitsanweisungen abgedeckt werden sollen. Das Security Management bezieht außerdem strategische Überlegungen ein: Wenn die Geschäftsführung eine Strategie vorgibt, kann sich das auf die Sicherheitsstrategie, und damit auch auf die Richtlinien und Arbeitsanweisungen, auswirken. Ein Beispiel wäre die Vorbereitung einer Fusion mit einem anderen Unternehmen: Compliance-Vorgaben, die das andere Unternehmen einhält, können dann in die eigenen Richtlinien und Arbeitsanweisungen integriert werden.

– Das **Security Engineering** umfasst alle Aktivitäten, die beim Design von Applikationen, Informationssystemen und Netzwerken zur Erhöhung der Sicherheit beitragen. Beispiele sind die Integration von Verschlüsselungstechniken, Authentifizierungsmethoden und Backupverfahren in neue Produkte.

– Die **Security Administration** kümmert sich um alle Tätigkeiten zur Verwaltung der Sicherheit von Informationssystemen und Netzwerken. Dazu gehören die Verwaltung von Benutzerkonten und -rechten (also das Identity and Access Management, oder kurz IAM), die sichere Konfiguration von Systemen (Härtung), die Erstellung und Anpassung von Firewall-Regeln sowie die Pflege von Sicherheitssoftware (z. B. Antivirensoftware, Application Management und Überwachungssoftware).

– Die Funktion **Security Operations** beinhaltet die Überwachung von Informationssystemen und Netzwerken, um Sicherheitsereignisse und Schwachstellen zu identifizieren sowie Abwehrmechanismen im Fall von Angriffen zu initiieren. Security Operations ist zu großen Teilen auf Alarmmeldungen angewiesen, die durch das Security Information and Event Management (SIEM) generiert werden.

– Die **Security Analysis** befasst sich mit allen Aktivitäten zur aktiven Suche nach Bedrohungen und Schwachstellen. Verschiedene interne und externe Daten werden analysiert, um Abweichungen zwischen dem akzeptierten Risikoniveau des Unternehmens und den tatsächlich vorhandenen Risiken aufzudecken – auch als Gap-Analysis (dt. Lückenanalyse) bezeichnet. Konkret werden z. B. Schwachstellenscans, Penetrationstests, Quellcodeanalysen oder die Analyse von Internetquellen genutzt, um Informationen über vorhandene Risiken zu erlangen.

4. Aufgrund der engen Verbindung zum **Personalmanagement**, die unter anderem bei der Betrachtung von Awareness als Kompetenz (siehe oben) deutlich wird, kann Awareness auch als Querschnittsfunktion zwischen den Funktionsbereichen Informationssicherheit und Personalmanagement angesehen werden. Beide Funktionsbereiche sind in der Regel als unterstützend anzusehen. Im Gegensatz zu primären Funktionsbereichen – bei produzierenden Unter-

nehmen sind das Eingangslogistik, Produktion, Ausgangslogistik, Marketing und Vertrieb sowie Kundenservice[6] – tragen sie in den meisten Unternehmen lediglich indirekt zur Wertschöpfung bei. Das Personalmanagement beinhaltet neben der Personalentwicklung außerdem die Funktionen Personalpolitik, Personalmarketing, Personalcontrolling, Personaleinsatz, Personalführung, Personalverwaltung, Personalentlohnung und Personalbetreuung.[7]

2.1.2 Bedrohungen

Informationen und IT-Systeme sind ständig diversen **Bedrohungen** ausgesetzt. Diese Bedrohungen haben ihren Ursprung nicht nur in potenziellen Angriffen, sondern auch in schadhaften Umweltzuständen und Problemen durch unsachgemäße Handhabung. Folglich sind schützenswerte Objekte oft auch von solchen Bedrohungen betroffen, die im Allgemeinen wenig bekannt oder oft vernachlässigt werden.

In welcher Weise mit diesen Bedrohungen umgegangen werden sollte, hängt von den vorhandenen Risiken (siehe Kapitel 2.1.4) und einer Kosten-Nutzen-Betrachtung ab (siehe Kapitel 2.1.7). Unter anderem macht es wenig Sinn, kostenintensive Sicherheitsmaßnahmen zu implementieren, wenn die voraussichtliche Schadenshöhe und die geschätzte Eintrittswahrscheinlichkeit sehr gering sind.

Bedrohungen zu kennen und zu verstehen, ist eine wichtige Voraussetzung, um ein ausreichendes Sicherheitsniveau herzustellen. Bedrohungen, die aus Unwissenheit übersehen oder nicht hinreichend beachtet werden, können im schlimmsten Fall zu inakzeptablen und existenzgefährdeten Risiken führen. Wenn die Bedrohungslage eines Unternehmens falsch eingeschätzt wird, werden sinnvolle Sicherheitsmaßnahmen oft vernachlässigt, sodass aus wirtschaftlicher Sicht ein unbefriedigender Zustand in Bezug auf die Sicherheit im Unternehmen vorherrscht.

Bedrohungen, die im Allgemeinen von Angreifern, Umwelteinflüssen oder Handhabungsproblemen ausgehen, werden im Folgenden genauer betrachtet (siehe Abb. 2.3).

---

6 Vgl. Porter 1985, S. 36 ff.
7 Vgl. Huber 2011, S. 4.

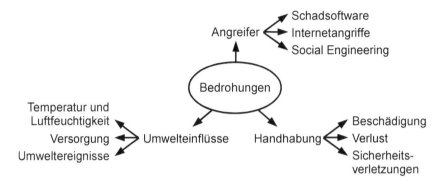

Abb. 2.3: Bedrohungen

Die Bedrohungslage durch **Angreifer** hat sich in den letzten Jahren drastisch verändert. Während Hacker früher oft keine schadhaften Absichten hatten, sondern eher ihre Fähigkeiten unter Beweis stellen wollten, stehen heutzutage meist kriminelle Organisationen hinter den Angriffen.

Durch ihre hohe Professionalität und strukturierte Arbeitsweise gehen sie gezielt gegen ihre vermeintlichen Opfer vor. Dabei haben sie in der Regel wirtschaftliche oder politische Ziele. Gut ausgebildete IT-Spezialisten werden unter anderem damit beauftragt, möglichst viele Daten abzugreifen, um sie anschließend finanziell auszunutzen.

Das Spektrum der verwertbaren Daten ist groß, z. B. Kreditkartendaten, Gesundheitsdaten und Zugangsdaten zu Online-Shops. Die Angreifer betreiben ein Gewerbe, das darauf ausgelegt ist, durch den Diebstahl von Informationen oder anderer krimineller Aktionen (z. B. Erpressung) einen Gewinn zu erwirtschaften. Die technischen Möglichkeiten der Angreifer, ihre kriminellen Ziele umzusetzen, sind vielfältig. Häufig kommen dabei Schadsoftware, Internetangriffe oder Social Engineering zum Einsatz:

– **Schadsoftware** ist ein Oberbegriff für sämtliche Software, die (aus Sicht des Anwenders) unerwünschte Aktionen ausführt, und damit dem Anwender bzw. seinen Informationen oder seinem System schadet. Es gibt verschiedene Arten von Schadsoftware, die sich in Bezug auf Verhaltensweise, Einsatzzweck und Schaden unterscheiden. Die bekanntesten Arten von Schadsoftware sind Viren, Würmer und Trojaner: Diese unterscheiden sich darin, dass Viren erst bei ihrer Ausführung aktiv werden. Würmer verbreiten sich selbständig über Netzwerke und werden auch selbständig aktiv. Trojaner verbergen sich in einem vermeintlich nützlichen Programm. Einige weitere bekannte Arten sind Zeitbomben, die erst nach einer bestimmten Wartezeit aktiv werden, und Ransomware, die den Zugriff auf Daten oder Computer verhindert und ein Lösegeld fordert. Weniger große Schäden werden z. B. durch Spyware, die z. B. das Anwenderverhalten und die besuchten Internetseiten aufzeichnet und weitergibt, und Grayware, die unnötig Rechenleistung beansprucht, angerichtet.

- **Internetangriffe** werden unter anderem durch das Ausführen von schadhaften Skripten und Denial-of-Service-Attacken umgesetzt: Skripte werden verwendet, um die Kontrolle über Applikationen oder ganze Computer zu erlangen oder um unberechtigte Manipulationen von bestimmten Daten durchführen zu können. Dabei handelt es sich um Exploits, wenn Angreifer aus dem abgeschotteten Speicherbereich einer Applikation ausbrechen, um erweiterte Zugriffsrechte zu erlangen. Beim Cross-Site-Scripting werden Informationen aus einer vertrauenswürdigen in eine schadhafte Umgebung umgeleitet, ohne dass der Nutzer dies bemerkt. Dadurch können vertrauliche Informationen (z. B. Zugangsdaten) abgegriffen werden. SQL-Injektion ist für Datenbanken kritisch, da Angreifer damit Datenbankbefehle einschleusen, um sensitive Daten zu manipulieren. Denial-of-Service-Attacken sind darauf fokussiert, Systeme so stark mit Anfragen zu überfluten, dass sie auf legitime Anfragen nicht mehr rechtzeitig reagieren können. Auf diese Weise kann z. B. der Zugriff auf Webseiten blockiert werden. Angreifer verwenden oft Botnetze, um solche Attacken auszuführen. Botnetze bestehen aus einer Gruppe von Computern, die zuvor durch Schadsoftware unter Kontrolle gebracht wurden. Anschließend können sie für gezielte Angriffe eingesetzt werden. Sie können aufgrund ihrer Vielzahl und Verteilung viel schwerer abgewehrt werden als einzelne Computer.

- **Social Engineering** ist der Bereich, der gezielt auf die Beeinflussung des Nutzerverhaltens abzielt: Angreifer versuchen, Nutzer dazu zu verleiten, eine bestimmte Aktion durchzuführen oder bestimmte Informationen preiszugeben. Dabei zielen Angreifer darauf ab, auf psychologischer Ebene eine Beeinflussung vorzunehmen. Häufige Anreize, die an Nutzer kommuniziert werden, damit sie diese Beeinflussung zulassen und auf die Anweisungen eines Angreifers eingehen, sind Vertrauen, Angst, Gier, Neugier, Sex und Druck (siehe Abb. 2.4):

  - Das **Vertrauen** eines Nutzers wird adressiert, wenn ein Angreifer vortäuscht, dass er einer allgemein bekannten und vertrauenswürdigen Organisation angehört (z. B. eine große Spedition, Bank oder Behörde). Die Kommunikation wird so angepasst, dass sie von einer solchen Organisation zu stammen scheint (z. B. mit gefälschten E-Mails). Insbesondere die Kommunikation von offensichtlich vertrauenswürdigen Organisationen wird von vielen Nutzern nicht genau betrachtet oder hinterfragt. Teilweise wird das entgegengebrachte Vertrauen eines Nutzers durch das Vorgaukeln einer Hilfsbedürftigkeit weiter verstärkt – in solchen Fällen ist der Nutzer eher dazu bereit, einen gewissen Vertrauensvorschuss zu geben: Ein Angreifer gibt nicht nur vor, vertrauenswürdig zu sein, sondern appelliert gleichzeitig an das Mitgefühl oder die Hilfsbereitschaft seines Kommunikationspartners. Sobald der Nutzer auf die übermittelten Anweisungen eingeht (z. B. durch Übermittlung von Login-Daten oder anderer persönlicher Informationen), ist der Social-Engineering-Angriff erfolgreich.

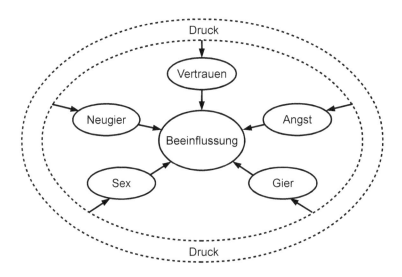

Abb. 2.4: Anreize im Social Engineering

-   Die **Angst** eines Nutzers wird geschürt, wenn ein Angreifer negative Konsequenzen in Aussicht stellt. Angeblich können diese Konsequenzen dann nur durch die Befolgung der Anweisungen des Angreifers abgewandt werden. Die möglichen Ausgestaltungen eines solchen Angriffs sind vielfältig. Ein Beispiel ist eine vorgegaukelte Bedrohung: Der Nutzer wird darüber informiert, dass sich ein bösartiger Virus oder ein Verschlüsselungstrojaner auf seinem Computer befindet; anschließend empfiehlt ihm der Angreifer eine Bereinigungssoftware (meist inklusive Schadcode) oder erpresst ein Lösegeld. Die Angst wird oft gleichzeitig mit dem Vertrauen der Nutzer angesprochen, und zwar wenn ein Angreifer vorgibt, dass die negativen Konsequenzen – oft empfindliche Geldstrafen – von einer bekannten Autorität ausgehen (z. B. von einer Strafverfolgungsbehörde oder dem Finanzamt). Ein anderer Ansatz ist die, oberflächlich betrachtet, harmlos anmutende Aufforderung zur Bestätigung von Login-Daten. Durch die Links in einer seriös scheinenden Nachricht wird der Nutzer dann allerdings auf die Webseite des Angreifers umgeleitet, die allein dem Abgreifen dieser Daten dient.
-   Die **Gier** eines Nutzers wird in der Regel dadurch ausgenutzt, dass ein hoher Geldbetrag in Aussicht gestellt wird. Angreifer versenden Nachrichten, die vermeintlich von Banken, anderen Finanzdienstleistern oder Lotteriegesellschaften kommen. Darin wird angekündigt, dass ein hoher Geldbe-

trag überwiesen, ein hoher Gewinn eingelöst oder ein lukratives Geschäft abgeschlossen werden soll, allerdings zuvor noch bestimmte Informationen benötigt werden. Diese – meist sehr sensitiven – Finanzdaten stehen im Interesse der Angreifer und werden anschließend für ihre Zwecke missbraucht. Oder Angreifer versuchen sich direkt an einer Zahlung durch das Opfer zu bereichern – hierbei wird oft die Begleichung einer Bearbeitungs- oder Transaktionsgebühr vorausgesetzt, damit der angebliche Geldbetrag ausgezahlt werden kann.

– Beim **Sex** als Anreiz im Social Engineering geht es um sexuelle Angebote, die von vermeintlichen Sexualpartnern oder Freunden ausgehen. Oft wird eine E-Mail verschickt, die angeblich ein freizügiges Bild oder Video enthält – in Wahrheit handelt es sich dabei allerdings um Schadcode, der auf dem Computer des Empfängers ausgeführt werden soll. Die Vorbereitung, die ein Angreifer für seinen Angriff investiert, hat in der Regel einen starken Einfluss auf den Erfolg – wenn die Nachricht eine persönliche Anrede und Details aus dem Umfeld des Opfers enthält, wird die Nachricht eher für echt gehalten und der Anhang geöffnet. Das Thema Sex wird auch häufig mit Angst oder Neugier kombiniert. Wenn z. B. das Bild einer prominenten Person angehängt sein soll, wird auf Neugier spekuliert. Angst kann z. B. dadurch erzeugt werden, dass das Bildmaterial angeblich vom Opfer stammen soll (z. B. eine unbemerkte Videoaufnahme über die Webcam des Computers). Die Kombination verschiedener Anreize macht den Erfolg des Angriffs wahrscheinlicher.

– Die **Neugier** ist grundsätzlich eine starke und treibende Kraft, die oft zu unvorsichtigem Handeln und zur Verharmlosung von Gefahren führt. Trotz einer vorhandenen Awareness beim Nutzer kann er seiner Neugier nachgeben und unsicheres Verhalten in Kauf nehmen. Womöglich möchte er seine Neugier so stark befriedigen, dass die vorhandenen Risiken unterbewertet werden – unter anderem kann er die Zuverlässigkeit technischer Sicherheitsmaßnahmen (z. B. Antivirensoftware) falsch einschätzen oder die Konsequenzen beim Öffnen einer Datei oder Anklicken eines Links ignorieren. Um die Neugier anzuregen, ködern Angreifer ihre Opfer mit eingeschränkten, aber oft brisanten Informationen und empfehlen Wege für die Nutzer, um an weitere Informationen zu gelangen – tatsächlich stecken jedoch schadhafte oder manipulierte Dateien oder Webseiten dahinter.

– Die Erzeugung eines zusätzlichen **Drucks** erschwert den Nutzern, gründlich über eine erhaltene Nachricht nachzudenken und ihren gesunden Menschenverstand einzusetzen. In der Regel werden sehr knappe Fristen gesetzt, innerhalb derer eine bestimmte Reaktion erfolgen soll – ansonsten drohen angeblich sehr nachteilige Konsequenzen (z. B. die Löschung von verschlüsselten Daten oder die Verhängung hoher Strafen). Mit diesem künstlich hergestellten Zeitdruck wollen Angreifer schnelle, übereilte Entscheidungen herbeiführen. Die Opfer sollen möglichst davon abgehalten werden, sich über die Situation und sinnvolle Handlungsoptionen zu informieren. Der Druck ist grundsätzlich ein Verstärker für die anderen Anreize: Den Opfern wird vorgetäuscht, dass sich eine bestimmte Situation verschlimmert (z. B. die Erhöhung von bereits angedrohten Strafen oder der Verfall eines angeblichen Gewinns), wodurch sie eher zur Erfüllung von Anweisungen bereit sind.

Die Beeinflussung kann mit verschiedenen Medien durchgeführt werden, z. B. per Telefon, E-Mail oder von Angesicht zu Angesicht. Während Angreifer vor einigen Jahren eher persönlich in Erscheinung traten, um Personen zu täuschen, hat sich das Vorgehen aufgrund von stärkerer Videoüberwachung und fortschrittlicher Zutrittskontrollsysteme in das digitale Umfeld verlagert. Die mittlerweile bekannteste Form von Social Engineering ist das sogenannte **Phishing**, das mithilfe von E-Mails erfolgt. Hierbei wird die Authentizität von gefälschten E-Mails vorgegaukelt, um einen Nutzer zum Anklicken von Links oder zur Ausführung einer angehängten Datei zu bewegen. Beim sogenannten Spear-Phishing gehen Angreifer noch gezielter vor und integrieren nutzerbezogene Informationen, z. B. die Information über eine bekannte Mitgliedschaft oder Kundenbeziehung des Nutzers. Weitere Formen sind z. B. **Pharming** (eine Manipulation von DNS-Anfragen zur Umleitung auf gefälschte Webseiten), **Tailgating** (das Umgehen von physischen Zutrittssystemen durch Hinterherlaufen), und **Dumpster-Diving** (das Durchsuchen von Abfallbehältern zur Informationsgewinnung).

Die IT eines Unternehmens ist ständig von **Umwelteinflüssen** betroffen. Unabhängig davon, ob es sich um einen stationären Server innerhalb eines Rechenzentrums oder um ein häufig transportiertes Notebook handelt, spielt die Umwelt immer eine Rolle. Allerdings befinden sich viele IT-Systeme in einer kontrollierten Umgebung, sodass die Bedrohungen durch Umwelteinflüsse oft weniger stark wahrgenommen werden als z. B. potenzielle externe Angreifer.

Im Gegensatz zu Angreifern, die meist auf die Kompromittierung und Manipulation von Informationen abzielen, haben schadhafte Umwelteinflüsse in der Regel eine Beschädigung zur Folge. Der resultierende Verlust von Daten oder die Blockierung des laufenden Geschäftsbetriebs können für ein Unternehmen empfindliche Folgen haben. Bedrohungen in Bezug auf die Umwelt betreffen primär Temperatur und Luftfeuchtigkeit, Versorgung und Umweltereignisse:

- **Temperatur und Luftfeuchtigkeit** sind deshalb wichtig, da grundsätzlich alle Geräte während ihres Betriebs, und teilweise auch während ihrer Lagerung, einen bestimmten vorgegebenen Bereich in Bezug auf Temperatur und Luftfeuchtigkeit nicht über- oder unterschreiten dürfen. Ansonsten können sie temporär gestört oder dauerhaft beschädigt werden. Teilweise sind die Konsequenzen weniger offensichtlich, z. B. wenn lediglich ihre voraussichtliche fehlerfreie Betriebsdauer reduziert wird. Mit einer Klimaanlage können Temperatur und Luftfeuchtigkeit kontrolliert werden. Insbesondere bei Servern ist eine angemessene Kühlung wichtig, da eine zu hohe Temperatur die Haltbarkeit von IT-Systemen beeinträchtigen und zu Systemabstürzen führen kann. Auch eine zu hohe Luftfeuchtigkeit muss verhindert werden, da sie Korrosionen hervorrufen kann. Eine zu niedrige Luftfeuchtigkeit kann ebenfalls schadhaft sein, da sie zur Entladung statischer Elektrizität führen kann. Um eine ununterbrochene Kontrolle von Temperatur und Luftfeuchtigkeit sicherzustellen, sollte die Stromversorgung der Klimaanlage gegen Ausfälle geschützt werden, z. B. mit einer unterbrechungsfreien Stromversorgung (USV). Sensoren sind hilfreich, um das Klima zu überwachen und im Fall von Abweichungen zu alarmieren.

– **Versorgung** bei IT-Systemen bedeutet vor allem die Zuführung von Energie und die Anbindung an Datennetzwerke. Im weiteren Sinne sind auch Wasser und Rohstoffe relevant. Allerdings sind Letztere nicht direkt für den Betrieb von IT-Systemen notwendig, sondern eher für die Aufrechterhaltung von Produktions- oder anderen Geschäftsprozessen. Ein Ausbleiben der Versorgung kann zu erheblichen Störungen führen. Ohne Strom können elektronische Geräte nicht funktionieren. Informationen können nicht mehr verarbeitet und abgerufen werden. Viele Geschäftsprozesse können ohne IT-Unterstützung nicht mehr ausgeführt werden. Eine abrupte Unterbrechung der Stromversorgung kann zu weiteren Problemen führen: Unter anderem können Dateien und Datenbanken beschädigt werden, wenn Schreibvorgänge unerwartet abgebrochen werden. Mithilfe einer USV kann ein kurzer Stromausfall überbrückt werden. Generatoren können zusätzlich eingesetzt werden, um auch längere Stromausfälle zu überbrücken.

– Zu bedrohlichen **Umweltereignissen** zählen z. B. Feuer, Hochwasser, Erdbeben und extreme Wettersituationen: Feuer kann sowohl auf natürliche Weise als auch durch technische Ursachen und brennbare Stoffe verursacht werden. Feuer kann sich schnell von einem Gebäudebereich zum anderen ausbreiten, wenn keine Feuerschutzwände und -türen installiert wurden. Das Vorhandensein von Feuerlöschsystemen ist ausschlaggebend für die Schnelligkeit bei der Brandbekämpfung. Hochwasser kann durch Flächendauerniederschläge hervorgerufen werden. Vor allem die Regionen, die sich großräumig entlang von Flussläufen befinden, können betroffen sein. Neben erheblichen Sachschäden können auch gesundheitliche Folgen (wie Tod, Verletzung und Infektionen) entstehen. Je nach verwendeter Raum- und Bauplanung (z. B. umgebende Mauern für Kellergeschosse) ist das Risiko des Eindringens von Wasser höher oder niedriger. Erdbeben, also Erschütterungen, die z. B. durch Masseverschiebung, vulkanische Aktivität, Einsturz oder Absenkung unterirdischer Hohlräume, Erdrutsch oder Bergsturz entstehen, können verheerende Schäden verursachen. Bedrohlich sind dabei auch zunächst unerkannte Beschädigungen von Gas-, Wasser- und Stromleitungen. Vor allem Gebiete mit einem hohen Erdbebenrisiko sind von der Bedrohung betroffen. Extreme Wettersituationen (z. B. Hitze- und Kältewellen, Starkniederschläge und Stürme) bedrohen hauptsächlich Personen sowie im Transport befindliche IT-Geräte. Sollten Personen (z. B. auf ihrem Arbeitsweg) betroffen sein, und dadurch arbeitsunfähig werden, kann sich das negativ auf den IT-Betrieb des Unternehmens auswirken, sofern diese Personen für den störungsfreien IT-Betrieb mitverantwortlich sind. Betroffene IT-Geräte, und damit auch darauf gespeicherte Daten, können in extremen Wettersituationen beschädigt oder verloren gehen.

Bedrohungen durch Probleme in der **Handhabung** sind immer dann ein Thema, wenn eine unsachgemäße oder fehlerhafte Handhabung zu Beschädigungen oder zum Verlust von IT-Geräten oder Informationen führt. Zudem können auch Sicherheitsverletzungen entstehen, wenn bestehende Sicherheitsmaßnahmen aufgrund falscher Handhabung umgangen werden.

- Eine **Beschädigung** kann vielfältige Ursachen haben, z. B. eine äußere Krafteinwirkung oder Flüssigkeiten. So kann bereits das Fallenlassen eines Notebooks oder einer mobilen Festplatte dazu führen, dass Daten nicht mehr ausgelesen oder nur noch mit aufwändigen Verfahren wiederhergestellt werden können. Geschäftsprozesse, die nur nach dem Zugriff auf die betroffenen Daten durchlaufen werden können, werden gestört und können womöglich nicht mehr beendet werden. Üblicherweise sollten immer Backups von wichtigen Daten vorhanden sein. Allerdings kann die Wiederherstellung von Backups einen gewissen Zeitraum in Anspruch nehmen, sodass die Verzögerung von Geschäftsprozessen selbst dann nicht ausbleibt.
- Der **Verlust** von IT-Geräten kann durch ein physisches Verlieren oder Liegenlassen verursacht werden. Daraus kann auch ein Verlust an Informationen resultieren. Insbesondere wenn keine Backups von wichtigen Dateien vorhanden sind, müssen die Dateien – wenn überhaupt möglich – mühsam neu erstellt werden. Auch Fehlbedienungen, z. B. das unbeabsichtigte Löschen von Dateien, können zum Verlust von Informationen führen.
- **Sicherheitsverletzungen** können dann auftreten, wenn Nutzer von IT-Systemen bestehende Sicherheitsmaßnahmen umgehen. Einerseits können sie aus Unwissenheit Aktionen ausführen, welche das Sicherheitsniveau des Unternehmens untergräbt. Dazu gehören z. B. der unachtsame Umgang mit sozialen Netzwerken, sodass vertrauliche oder diffamierende Informationen veröffentlicht werden. Andererseits können sie aus Bequemlichkeit oder anderen Gründen bewusst die bestehenden Sicherheitsvorgaben missachten und technische Sicherheitsmaßnahmen absichtlich umgehen. Beispiele sind das Notieren von Passwörtern auf sichtbaren Notizzetteln, die Weitergabe von Zugangsdaten an Kollegen und der Zugriff auf gesperrte Webseiten über Proxys.

2.1.3 Sicherheitsziele

Um die Auswirkung der verschiedenen Bedrohungen eingehend berücksichtigen zu können, muss zunächst klar sein, inwiefern Bedrohungen die Sicherheit eines Unternehmens beeinträchtigen können. Dazu geht man gedanklich einen Schritt zurück und überlegt, auf was **Sicherheit** im Allgemeinen abzielt: Sicherheit ist ein Zustand, bei dem relevante Sicherheitsziele erfüllt sind.

Welche **Sicherheitsziele** für ein Unternehmen im Speziellen relevant sind und wie wichtig sie im Einzelnen sind, wird bei der Ermittlung des Sicherheitsbedarfs festgelegt (siehe Kapitel 2.1.5). Voraussetzung für diese Festlegung ist allerdings die Kenntnis der wichtigsten Sicherheitsziele.

Grundsätzlich lassen sich die Sicherheitsziele in primäre und sekundäre Ziele unterteilen. Diese Ziele sind eng miteinander verwoben (zu ausgewählten Verbindungen siehe Abb. 2.5). Primäre Sicherheitsziele bilden die Grundlage für sekundäre Ziele, sodass die sekundären von den primären abgeleitet werden können. Wenn man also die drei primären Ziele gedanklich tiefer durchdringt, stößt man auf erstrebenswerte Unterziele – die sogenannten sekundären Sicherheitsziele.

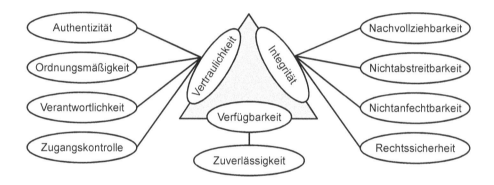

Abb. 2.5: Sicherheitsziele mit ausgewählten Verbindungen

Die **primären Sicherheitsziele** umfassen die Vertraulichkeit, Integrität und Verfügbarkeit von Informationen und IT-Systemen. Im Englischen hat sich dafür der Begriff der CIA-Triade etabliert. Das Akronym CIA leitet sich von den englischen Begriffen Confidentiality (dt. Vertraulichkeit), Integrity (dt. Integrität) und Availability (dt. Verfügbarkeit) ab.

- **Vertraulichkeit** bedeutet, dass diejenigen Informationen, die als vertraulich angesehen werden, nicht von unberechtigten Personen eingesehen werden dürfen. Sollten sich diese Personen unerlaubten Zugriff auf vertrauliche Informationen verschaffen oder zufällig Einblick in diese Informationen erhalten, gilt die Vertraulichkeit als verletzt und die Informationen werden als kompromittiert bezeichnet. Dies kann signifikante Auswirkungen auf ein Unternehmen haben: Unter anderem drohen hohe Strafzahlungen an Behörden, eine Beeinträchtigung des Unternehmens-Images gegenüber Kunden und der Verlust von Wettbewerbsvorteilen (besonders im Fall der Veröffentlichung geheimer Geschäftsstrategien). Aber auch Individuen können von einer Kompromittierung betroffen sein. Privatsphäre, Finanzen und sogar Leib und Leben können bedroht werden: Angreifer verkaufen personenbezogene Daten an werbebetreibende Unternehmen, missbrauchen Zahlungsdaten und erpressen Lösegelder für sensitive Patientendaten. Das Ziel der Vertraulichkeit kann erreicht werden, indem der Zugriff auf vertrauliche Informationen abgesichert wird. Mithilfe von geeigneten Sicherheitsmaßnahmen kann verhindert werden, dass unberechtigte Personen direkt oder (durch den Einsatz von IT-Systemen) indirekt Zugriff auf vertrauliche Informationen nehmen. Unter anderem sollten Zutritts- und Zugangskontrollen eingesetzt werden: Zutrittskontrollen stellen sicher, dass nur authentifizierte und autorisierte Personen bestimmte physische Bereiche (wie Rechenzentren und Büroräume) betreten dürfen. Zugangskontrollen stellen sicher, dass der virtuelle Zugang auf IT-Systeme, Applikationen und Dateien eingeschränkt wird. Grundsätzlich sollten Zutritts- und Zugangsberechtigungen auf ein Minimum beschränkt werden, sodass jede Person nur diejenigen Berechtigungen besitzt, die für ihre berufliche Aufgabenerfüllung erforderlich sind. Dadurch können nur die benötigten Informationen eingesehen werden (Need-to-know-Prinzip). Eine weitere wichtige Sicherheitsmaßnahme zum Schutz der Vertraulichkeit ist die Verschlüsselung: Hierbei werden Daten in ein unleserliches Format überführt, sodass die darin enthaltenen Informationen von keiner unberechtigten Person eingesehen werden können. Lediglich berechtigte Personen besitzen den passenden Schlüssel, um die Daten in ihr Originalformat zurückzuführen.

–   **Integrität** ist vorhanden, wenn Informationen und IT-Systeme vor Manipulationen oder Beschädigungen geschützt sind. Dadurch können Nutzer sicher sein, dass die verwendeten Informationen stets vollständig und korrekt sind (sofern sie einmal vollständig und korrekt eingegeben bzw. eingelesen wurden). Änderungen an diesen Informationen müssen kontrolliert werden, um Probleme zu vermeiden. Um die Integrität dauerhaft zu gewährleisten, müssen Sicherheitsmaßnahmen implementiert werden. Auf diese Weise können beabsichtigt und unbeabsichtigt verursachte Manipulationen und Beschädigungen verhindert werden. Sie sind beabsichtigt, wenn illegale oder zumindest unethische Versuche von Personen unternommen werden, um durch Manipulationen oder Beschädigungen einen eigenen Vorteil zu erlangen oder jemandem Schaden zuzufügen. Sie sind unbeabsichtigt, wenn z. B. technische Defekte auftreten oder Bedienungs- bzw. Eingabefehler gemacht werden. Mit passenden Sicherheitsmaßnahmen können Änderungen besser kontrolliert und Integritätsprobleme schneller erkannt werden. Unter anderem kann mit einem Prozess für das

Change-Management das Risiko reduziert werden, dass Daten oder Programme unsystematisch und nicht nachvollziehbar geändert werden. Mit dem sogenannten Hashing können wiederholt Prüfsummen gebildet werden, um unerwartete Änderungen an Daten oder Programmen zu erkennen. Bei einer Datenübertragung über Netzwerke können verschiedene Messwerte, wie Reihenfolge und Verzögerungszeiten, analysiert werden, um auf eventuelle Integritätsprobleme zu schließen.

- **Verfügbarkeit** ist dann gegeben, wenn alle benötigten Informationen und IT-Ressourcen in ausreichender Menge und in ausreichendem Maß für die geschäftliche Aufgabenerfüllung genutzt werden können. Die Verfügbarkeit steht also in Abhängigkeit zum Bedarf. Wenn z. B. nachts niemand arbeitet, brauchen auch die Desktop-Computer nicht eingeschaltet zu sein. Andererseits kann selbst ein laufendes System aus Sicht der Verfügbarkeit unzureichend sein, wenn es Anfragen nur mit starken Verzögerungen beantworten kann. Fehlende Kapazitäten von IT-Systemen können die allgemeine Verfügbarkeit stark beeinträchtigen. Praktisch gesehen sind dann einzelne Systeme überhaupt nicht mehr oder nur nach großer Verzögerung nutzbar. Beispiele sind überlastete Server und Programme mit beschränkter Nutzerzahl, z. B. wenn aus Lizenzgründen nur wenige Nutzer parallel arbeiten können. Nur mit einer umfassenden und langfristig ausgerichteten Kapazitätsplanung können Engpässe erkannt und vermieden werden. Grundsätzlich können Defizite in der Verfügbarkeit zu großen Problemen führen: Aus geschäftlicher Sicht müssen viele Prozesse innerhalb definierter Zeitvorgaben abgeschlossen werden, z. B. aufgrund von Kundenvereinbarungen oder Abhängigkeiten zu Folgeprozessen. Verzögerungen haben häufig Kostenerhöhungen, Umsatzeinbußen oder Vertragsstrafen zur Folge. Kritische Infrastrukturen haben besonders hohe Verfügbarkeitsanforderungen: Ein Ausbleiben von bestimmten Versorgungen (z. B. Strom oder Wasser) kann sogar die Gesundheit oder das Leben von Personen bedrohen. Indikatoren, die oft zur Beurteilung der Verfügbarkeit eingesetzt werden, sind z. B. Laufzeit (engl. Uptime) und Stillstandszeit (engl. Downtime) von IT-Systemen: Die Laufzeit gibt an, wie lange ein System bereits ohne Unterbrechungen oder Störungen in Betrieb ist. Die Stillstandszeit zeigt, wie lange ein System nicht verfügbar gewesen ist. Das Verhältnis von Laufzeit zur Gesamtzeit (Summe aus Laufzeit und Stillstandszeit) kann zur zahlenmäßigen Darstellung der Verfügbarkeit genutzt werden. Die Verfügbarkeit kann mit verschiedenen Sicherheitsmaßnahmen verbessert werden: Unter anderem dienen Backups dazu, dass verlorene oder beschädigte Daten schnell wiederhergestellt werden können, und damit die Stillstandszeit im Problemfall geringgehalten werden kann. Die Erhöhung der Widerstandsfähigkeit (engl. Resilience) dient der vorsorglichen Absicherung von Systemen gegen Ausfälle. Dies kann z. B. durch Redundanzen erreicht werden, wobei wichtige Komponenten oder sogar ganze Systeme mehrfach vorgehalten werden. Ein Beispiel ist ein Festplattenverbund (engl. Redundant Array of Independent Disks – RAID), bei dem der Ausfall einer einzelnen Festplatte durch geschickte Verteilung der Daten nicht zum Datenverlust führt. Netzteile werden in Server-Systemen oft zweifach eingebaut.

Da die **sekundären Sicherheitsziele** nicht immer offensichtlich sind, sondern vielmehr eine gewisse Interpretation erfordern, können sie nicht allein durch die Einhaltung der primären Ziele sichergestellt werden. Daher werden angestrebte sekundäre Ziel in der Praxis meist ausformuliert, um ein gemeinsames Verständnis im Unternehmen zu schaffen und Missverständnisse zu vermeiden.

Die möglichen sekundären Ziele sind vielfältig und werden stets individuell vom betreffenden Unternehmen ausgewählt. Die nachfolgende Aufzählung ist lediglich eine Zusammenstellung häufig verwendeter Ziele, die beliebig weitergeführt werden könnte.

Dabei werden die stärksten Verbindungen zu den primären Zielen aufgezeigt (siehe auch Abb. 2.5), auch wenn sie oft mit mehr als einem primären Ziel in Verbindung stehen: Z. B. hat das Ziel Zugangskontrolle eine Verbindung zur Vertraulichkeit, da es das unberechtigte Einsehen von Informationen verhindert. Gleichzeitig dient es auch der Integrität, da unberechtigte Personen ausgesperrt, und damit auch an Manipulationen und Beschädigungen gehindert werden. Außerdem ist es mit der Verfügbarkeit verbunden, da auch die unberechtigte Kapazitätsbelegung und Deaktivierung von Ressourcen verhindert werden.

– Die **Authentizität** bezieht sich darauf, dass jemand oder etwas eindeutig verifiziert werden kann. Dadurch kann die Entscheidung, inwieweit jemandem oder etwas vertraut werden sollte, erleichtert werden. Zutritts- und Zugangskontrollen sind darauf angewiesen, nach der Identifikation auch eine Authentifizierung durchzuführen: Nur auf diese Weise kann festgestellt werden, dass eine Identität tatsächlich echt ist. Ohne diese Prüfung könnte sich ein Angreifer erfolgreich als eine andere Person ausgeben, und Kontrollen ungehindert passieren. Die Authentifizierung wird mittels einer bestimmten Aktivität durchgeführt, z. B. der Eingabe eines Zugangscodes oder der Präsentation eines einzigartigen Merkmals (wie der Fingerabdruck). Man unterscheidet hierbei drei Authentifizierungsarten: Etwas, das man weiß, ist eine geheime Information, die ausschließlich die echte Person wissen sollte (z. B. ein Passwort). Etwas, das man hat, ist ein Objekt im Besitz der Person (z. B. ein Token). Etwas, das man ist, ist eine biometrische Eigenschaft (z. B. ein Fingerabdruck). Jede Authentifizierungsart besitzt eigene Vor- und Nachteile, z. B. können Passwörter erraten, Tokens gestohlen und Fingerabdrücke kopiert werden. Um eine höhere Sicherheit zu schaffen, werden in der Praxis häufig zwei Authentifizierungsarten miteinander kombiniert, was sich dann Zwei-Faktor-Authentifizierung nennt. Die Frage nach der Authentizität lässt sich allerdings nicht nur auf Personen, sondern auch auf Systeme, Dokumente, Webseiten und andere Dinge anwenden. Hierbei werden weitere Methoden, wie digitale Zertifikate oder Hashing angewendet, um die Echtheit zu bestimmen. Da die Authentizität eine hohe Bedeutung für Zutritts- und Zugangskontrollen besitzt, ist sie unter anderem mit dem primären Sicherheitsziel der Vertraulichkeit verbunden. Zusätzlich spielt sie auch für die Integrität eine wichtige Rolle. Z. B. kann die Manipulation einer Datenübertragung anhand einer fehlgeschlagenen Authentifizierung erkannt werden.

— Die **Ordnungsmäßigkeit** ist vorhanden, wenn die IT-Umgebung konform zu allen relevanten Regeln ist. Diese Regeln können einen internen oder externen Ursprung haben. Die intern aufgestellten Regeln dienen grundsätzlich dazu, die Erwartungen und Ansprüche des Managements zu formalisieren, z. B. mittels interner Richtlinien und Arbeitsanweisungen. Dabei werden auch externe Vorgaben berücksichtigt: Die oft allgemein gehaltenen Anweisungen aus Gesetzen und Standards werden unter Berücksichtigung der Unternehmenseigenarten detailliert. Unternehmen halten die extern aufgestellten Regeln zum Teil freiwillig ein (z. B. ISO-Standards aus Marketing- oder Performancegründen) und zum Teil aufgrund einer Verpflichtung (z. B. nationale Gesetze). Welche Regeln für ein Unternehmen verpflichtend sind, hängt von verschiedenen Faktoren, wie Standort und Branche, ab. Unter anderem müssen deutsche Unternehmen gemäß Bundesdatenschutzgesetz (BDSG) Sicherheitsregeln zum Schutz personenbezogener Daten einhalten. US-amerikanische Unternehmen müssen zum Thema Datenschutz eher branchenbezogene Gesetze einhalten, z. B. den Health Insurance Portability and Accountability Act (HIPAA) im Gesundheitswesen und den Gramm-Leach-Bliley Act im Finanzwesen. Die Anzahl der verfügbaren Regelwerke, die ein Unternehmen freiwillig einhalten kann, ist quasi unbegrenzt. Neben bekannten Standards, die z. B. von der International Organization for Standardization (ISO) und vom National Institute of Standards and Technology (NIST) veröffentlicht wurden, existieren auch unzählige Best Practices. Sie werden meist von großen Unternehmen oder Verbänden, z. B. ISACA und dem Center for Internet Security (CIS), erstellt und haben sich in der Praxis vielfach bewährt. Da insbesondere die verpflichtenden Regelwerke häufig einen engen Bezug zur Vertraulichkeit haben, kann die Ordnungsmäßigkeit vor allem diesem primären Sicherheitsziel zugeordnet werden.

— Die **Verantwortlichkeit** zielt darauf ab, jemanden oder etwas eindeutig identifizieren zu können und mit ausgeführten Aktivitäten in Verbindung bringen zu können. Dies kann anschließend als Grundlage für Sanktionen oder andere Maßnahmen genutzt werden. Die Verantwortlichkeit hängt stark mit der Nachvollziehbarkeit und Nichtabstreitbarkeit zusammen. In der Praxis ermöglicht die Nachvollziehbarkeit oft erst die Verantwortlichkeit, da ohne vorhandene Protokolle oder Aufnahmen gar keine Nachweise über unangemessenes Verhalten vorliegt. Man könnte dann lediglich anhand eines Zustands die Verantwortung zuweisen, was sich jedoch aus mangelndem Wissen über die Ursachen schwierig gestalten würde. Die Nichtabstreitbarkeit verhindert, dass identifizierte Personen nachträglich ihr Verhalten abstreiten können. Z. B. wäre die Eingabe eines Passworts unter Umständen abstreitbar, da es gehackt worden sein kann. Demgegenüber ist eine Authentifizierung mit Fingerabdruck schwerer abzustreiten. Die Verantwortlichkeit ist wichtig, um Sicherheitsverstöße ahnden zu können. Vor allem der unachtsame oder missbräuchliche Umgang mit vertraulichen Informationen kann oft verhindert werden, wenn die Nutzer durch signifikante Sanktionen abgeschreckt werden.

– Die **Zugangskontrolle** ist essenziell, um den Zugriff auf Ressourcen kontrollieren zu können. Insbesondere sensitive Informationen und kritische IT-Systeme sollten gegen unbefugten Zugang geschützt werden. Dabei sollten die Zugangsrechte so restriktiv wie möglich vergeben werden. Mit anderen Worten sollten nach dem sogenannten Need-to-know-Prinzip keine Rechte für Dinge vergeben werden, die nicht zwingend für die Erfüllung geschäftlicher Aufgaben notwendig sind. Nach dem Separation-of-Duties-Prinzip sollte auch auf die Trennung der Verantwortlichkeiten geachtet werden. Jeder Geschäftsprozess sollte von mehr als einem Anwender bearbeitet werden, um Manipulationen bemerken zu können. Außerdem sollte nach dem Least-Privilege-Prinzip eine Voreinstellung genutzt werden, die den Nutzern zunächst keine Rechte zuweist. Zugangsrechte sollten nämlich ausschließlich explizit an Nutzer oder Gruppen vergeben werden, um keine unnötigen Rechtevergaben zuzulassen. Zugangskontrollsysteme umfassen stets die drei Phasen Identifikation, Authentifizierung und Autorisierung: Bei der Identifikation wird die Identität eines Nutzers festgestellt, z. B. in Form eines Benutzernamens. Die Authentifizierung dient der Verifizierung der Identität, z. B. durch die Abfrage eines Passworts. Und die Autorisierung dient abschließend der Überprüfung, ob die gewünschte Aktion des Nutzers anhand der hinterlegten Zugangsrechte erlaubt werden kann. Das Ziel, eine angemessene Zugangskontrolle zu betreiben, lässt sich mit jedem Primärziel verbinden. Vor allem aber dient es dem Schutz der Vertraulichkeit, da sowohl zufällige als auch gewollte Einsichten von unberechtigten Personen in sensitive Informationen vermieden werden.

– Die **Nachvollziehbarkeit** ist gegeben, wenn Aktivitäten und Entscheidungen verstanden und die Gründe und Umstände ihres Zustandekommens gedanklich zurückführbar sind. In der Informationssicherheit wird Nachvollziehbarkeit vor allem durch die Erstellung von Protokollen und durch Überwachungsmaßnahmen ermöglicht. Durch die Nachvollziehbarkeit ergeben sich zwei wichtige Vorteile: Zum einen entsteht ein gewisses Verständnis, sodass Konsequenzen aus unerwünschten Aktivitäten schneller und zielgerichteter behoben werden können. Z. B. kann eine Datensicherung wiederhergestellt werden, die kurz vor der Inbetriebnahme einer fehlerhaften Software erstellt wurde. Zum anderen wird das Ziel der Verantwortlichkeit gestützt. Nur wenn man nachvollziehen kann, wer welche Aktionen ausgeführt hat, können die entsprechenden Personen für fehlerhafte oder missbräuchliche Aktionen zur Rechenschaft gezogen werden.

Z. B. kann ein Nutzer für die grobe Fehlbedienung einer Produktionsanlage nur dann verantwortlich gemacht werden, wenn die Identität und die Handlungen des Nutzers anhand von Aufnahmen oder Protokollen festgestellt werden können. Ohne Nachvollziehbarkeit können Probleme schwerer erkannt und nicht zielgerichtet behoben werden. Auch die Hemmschwelle für illegale Aktionen kann nach Bekanntwerden einer fehlenden Nachvollziehbarkeit stark sinken. Der verwendete Detailgrad bei Protokollen hängt von den Anforderungen der Systemeigentümer bzw. des Unternehmens und von den verfügbaren Kapazitäten ab. Sollte ein wenig detailliertes Protokoll verwendet werden, könnten z. B. ausschließlich sicherheitsrelevante Vorgänge gespeichert werden. Diese können schnell durchsucht werden und neue Einträge können schnell eingeordnet werden. Demgegenüber würde ein sehr detailliertes Protokoll zwar eine bessere Nachvollziehbarkeit ermöglichen, aber viel mehr Speicherplatz benötigen, schlechter durchsucht werden können und wichtige Einträge schlechter sichtbar machen. Protokolle und Aufnahmen können selbst ebenfalls sensitive Informationen sein, die ein zusätzliches Sicherheitsrisiko darstellen, wenn sie nicht angemessen geschützt werden. Ohne eine Nachvollziehbarkeit wäre in erster Linie die Integrität gefährdet, da Manipulationen und Beschädigungen länger unerkannt bleiben würden und ein integrer Zustand schwerer identifiziert und wiederhergestellt werden könnte.

– Die **Nichtabstreitbarkeit** steht im Zusammenhang mit dem Senden und Empfangen von Daten. Das Ziel ist erfüllt, wenn eine Person das Senden oder Empfangen nachträglich nicht mehr abstreiten kann. Der Grund, dass Personen versuchen könnten, etwas abzustreiten, liegt in der Regel darin, dass sie die Konsequenzen ihrer Handlungen vermeiden möchten. Unter anderem könnte jemand abstreiten, eine Kartenzahlung durchgeführt zu haben, damit sein Konto nicht belastet wird. Um eine Nichtabstreitbarkeit zu erreichen, müssen genügend Informationen gesammelt werden, um Handlungen zu beweisen und Personen eindeutig einer Handlung zuweisen zu können. Die Verwendung eindeutiger Zugangskonten ist eine wichtige Voraussetzung, um im Nachhinein belegen zu können, welche Person welche Aktivitäten ausgeführt hat. Die Authentizität ist als wichtiger Bestandteil von Zutritts- und Zugangskontrollen stark mit der Nichtabstreitbarkeit verbunden. Ohne jemanden zu authentifizieren, kann keine eindeutige Zuordnung, und damit auch keine Nichtabstreitbarkeit, hergestellt werden. Bei der Kommunikation über das Internet, bei dem in der Regel kein übergreifendes Zugangskontrollsystem zur Anwendung kommt, werden häufig digitale Zertifikate eingesetzt. Die Identität und Authentizität eines Senders werden mit einer Signatur belegt. Diese Signatur wird erstellt, indem der Hashwert einer Nachricht mit dem privaten Schlüssel des Senders verschlüsselt wird. Der Empfänger kann den Hashwert nur mit dem öffentlich verfügbaren Schlüssel des Senders entschlüsseln. Wenn die Entschlüsselung mit dem öffentlichen Schlüssel also einen Hashwert ergibt, der zum Inhalt der

Nachricht passt, kann der Empfänger davon ausgehen, dass die Nachricht tatsächlich vom Absender stammt und nicht nachträglich manipuliert wurde. Die Nichtabstreitbarkeit kann dem primären Sicherheitsziel der Integrität zugeordnet werden. Sollten nämlich bestimmte Handlungen abgestritten werden, können sie oft nicht mehr als integer bezeichnet werden. Man muss dann in Betracht ziehen, dass unberechtigte Personen diese Handlungen unter Tarnung ihrer eigentlichen Identität ausgeführt haben könnten. Da die Nichtabstreitbarkeit für legitime Nutzer eine abschreckende Wirkung besitzt, kann sie auch mit der Vertraulichkeit und Verfügbarkeit in Verbindung stehen. Aktionen, die z. B. mit dem unberechtigten Einsehen von Informationen oder der unerlaubten Nutzung von IT-Systemen zusammenhängen, können nachträglich einer Person zugeordnet werden. Diese Person kann ihre Aktionen dann nicht mehr abstreiten, um dadurch die erwarteten Sanktionen zu umgehen.

- Die **Nichtanfechtbarkeit** ist weniger eine technische als vielmehr eine rechtliche Angelegenheit. Aus rechtlicher Sicht können bestimmte Rechte oder Pflichten als nichtig angesehen werden, wenn ein wirksamer Grund für eine Anfechtung vorliegt. Diese sogenannten Anfechtungsgründe sind im Bürgerlichen Gesetzbuch (BGB) aufgeführt. Demnach sind ein Irrtum bezüglich Erklärung, Inhalt oder Eigenschaften (§ 119), falscher Übermittlung (§ 120) und Täuschung oder Drohung (§ 123) gültige Anfechtungsgründe. Viele Verträge und Vereinbarungen können eine Relevanz für die Informationssicherheit besitzen, z. B. die Beauftragung von IT-Dienstleistern oder der Abschluss von Versicherungen. Wenn wichtige Verträge oder Vereinbarungen ihre Gültigkeit verlieren, können gravierende Risiken für ein Unternehmen entstehen. Wenn z. B. angemietete Notfallarbeitsplätze nicht mehr verfügbar sind oder eine Cyber-Versicherung keinen finanziellen Schutz gegen Angriffe bietet, sind bereits getroffene Sicherheitsmaßnahmen unwirksam und können meist nicht sofort ersetzt werden. Da nach einer Anfechtung die Intaktheit von Verträgen oder Vereinbarungen beeinträchtigt wird, kann das Ziel der Nichtanfechtbarkeit am ehesten der Integrität zugeordnet werden.

- Die **Rechtssicherheit** bezieht sich ebenfalls auf rechtliche Angelegenheiten. Es geht um die Frage, ob die Rechte und Pflichten, die aus den durchgeführten Rechtsgeschäften entstehen, in angemessener Weise verstanden werden können, vorhersagbar und kontrollierbar sind. Sollte dies in angemessener Weise geschehen, kann ein Unternehmen die eigenen Risiken in Bezug auf Rechtsgeschäfte besser planen und eventuelle Schäden besser kalkulieren. Unter anderem verhilft die Rechtssicherheit dazu, dass Vertragspartner ihre Verträge einhalten müssen und bei Verstößen zum Schadensersatz verurteilt werden können. Zu den möglichen Schäden, die aus Verstößen resultieren, zählen unter anderem Umsatzeinbußen, Reputationsverlust und Strafzahlungen an Behörden oder andere Geschäftspartner. Mithilfe von kompetentem Personal kann die Rechtssicherheit erhöht werden. Hierzu müssen alle Verträge in Bezug auf die Einhaltung rechtlicher Vorgaben überprüft werden. Außerdem sollte lückenlos nachgewiesen werden können, dass Verträge vom rechtlichen Standpunkt ordnungsmäßig abgeschlossen wurden und befolgt werden. Auch unterschiedliche Rechtssituationen in verschiedenen Ländern sollten dabei berücksichtigt werden. Die Rechtssicherheit lässt sich ebenfalls der Integrität zuordnen, da auch hier ein Bezug zu intakten Verträgen und Rechtsgeschäften im Allgemeinen vorhanden ist.

— Die **Zuverlässigkeit** kann als Eigenschaft einer Person oder eines Systems angesehen werden. Sie gibt an, inwieweit vorgegebene Regeln oder Vorgaben angemessen erfüllt werden. Das Risiko einer Nichterfüllung soll dabei so gering sein, dass es durch alle beteiligten Stakeholder akzeptiert werden kann. Es besteht also ein Zusammenhang zwischen Ordnungsmäßigkeit und Zuverlässigkeit. Während die Ordnungsmäßigkeit verlangt, dass alle relevanten Regeln und Vorgaben erfüllt werden, besagt die Zuverlässigkeit, dass das Risiko durch eine Nichterfüllung geringgehalten werden muss. Zuverlässigkeit geht zudem über rein formalisierte Regeln und Vorgaben hinaus. Auch implizit vorhandene Erwartungen, wie die generelle Lauffähigkeit eines Computers, werden von der Zuverlässigkeit abgedeckt. Qualitätseigenschaften von IT-Systemen fallen also auch darunter. Fehler in Software und Hardware, die zu Störungen und Ausfällen führen können, sollen also ebenfalls geringgehalten werden. Probleme in der Zuverlässigkeit können vor allem die Verfügbarkeit beeinträchtigen, da geforderte Funktionen, die nicht in erwarteter Weise, zuverlässig verfügbar sind, den Geschäftsablauf stören können.

2.1.4 Sicherheitsrisiken

Viele Bedrohungen können die Sicherheitsziele eines Unternehmens gefährden. Als Resultat können gravierende, wenn nicht sogar existenzbedrohende Schäden entstehen. Allerdings ist das tatsächliche Eintreten eines Schadens meist ungewiss. Wenn z. B. eine Sicherheitslücke in einem Webserver nicht behoben wird, kann sie zwar theoretisch ausgenutzt werden, es ist jedoch nicht mit Sicherheit vorhersagbar, ob das auch tatsächlich geschieht. Angreifer könnten sie z. B. übersehen.

Ein Unternehmen könnte also entweder davon ausgehen, dass nichts passiert, und die Kosten für passende Sicherheitsmaßnahmen einsparen oder einen Angriff erwarten und sich gegen alle möglichen Schäden so gut wie möglich schützen, wozu viel Geld investiert werden muss. Um die beste Entscheidung – in der Regel ein Mittelweg – treffen zu können und unvorhersehbare Situationen sinnvoll zu beurteilen, muss ein Unternehmen mit Wahrscheinlichkeiten umgehen.

Die Wahrscheinlichkeitsrechnung ermöglicht, die bestehende Sicherheit bzw. Unsicherheit in Form von Prozentwerten abzubilden. Diese Prozentwerte können genutzt werden, um von der maximalen Schadenshöhe einen sogenannten erwarteten Schaden abzuleiten. Die Kombination von Wahrscheinlichkeit und Schadenshöhe ergibt das **Risiko**, das eine wichtige Entscheidungsgrundlage in der Informationssicherheit darstellt. Ein Risiko kann dazu genutzt werden, um eine wirtschaftlich fundierte Investitionsentscheidung zu treffen.

Oft sind die Ressourcen, die für den Aufbau von Sicherheitsmaßnahmen eingesetzt werden können, stark begrenzt. Ein Unternehmen muss sich also entscheiden, welchen Bedrohungen in welcher Reihenfolge entgegnet werden soll. Risikobasierte Kennzahlen sind eine gute Möglichkeit, um diese Entscheidungen nachvollziehbar und überlegt treffen zu können.

Bevor Risiken als Entscheidungsgrundlage genutzt werden können, müssen sie erstmal identifiziert und in quantitativer oder qualitativer Weise beurteilt werden. Erst danach können Entscheidungen zur Risikobewältigung getroffen werden.

Die **Risikoidentifikation** basiert auf der Analyse der schützenswerten Umgebung und der vermutlich vorhandenen Schwachstellen. Anschließend kann festgestellt werden, welche konkreten Bedrohungen das Unternehmen betreffen und ob sie aufgrund von bestehenden Schwachstellen tatsächlich einen Schaden verursachen können.

Ein Unternehmen, dass z. B. ausschließlich Linux als Betriebssystem einsetzt, ist von Angriffen auf Windows-Schwachstellen gar nicht betroffen. Hingegen ist ein Unternehmen, das einen Online-Shop betreibt, von verschiedenen Bedrohungen betroffen, z. B. Denial-of-Service-Attacken und Kapazitätsengpässe.

Die identifizierten Risiken können sehr unterschiedliche Schäden und Wahrscheinlichkeiten beinhalten. Z. B. kann ein starkes Erdbeben verheerende Folgen haben, aber am Standort des Unternehmens höchst unwahrscheinlich sein. Ein Stromausfall könnte hingegen je nach Region sehr wahrscheinlich sein, würde aber für ein Unternehmen mit geringen Verfügbarkeitsanforderungen lediglich geringe Schäden mit sich bringen.

Die **Risikobeurteilung** verhilft dazu, mit den oft sehr unterschiedlichen Risiken sinnvoll umgehen zu können. Kritische Risiken können priorisiert angegangen werden und unkritische Risiken bei Bedarf bewusst akzeptiert werden, ohne dafür Ressourcen aufzubringen. Die Risikobeurteilung kann entweder quantitativ oder qualitativ erfolgen.

Mit der quantitativen Methode können Risiken zahlenmäßig beurteilt werden, also z. B. mit einem Geldbetrag, der den erwarteten Schaden repräsentiert. Demgegenüber wird bei der qualitativen Methode lediglich eine Skala mit qualitativen Messgrößen verwendet, z. B. niedrig, mittel und hoch.

Die quantitative Methode liefert genauere Ergebnisse, verlangt aber auch die Eingabe von konkreten Beträgen zum Wert von Objekten und zur Höhe von Schäden. Da diese Beträge oft nicht bekannt sind und nur schwer in Erfahrung gebracht werden können, wird in der Praxis sehr häufig die qualitative Methode eingesetzt. Hierbei werden Expertenurteile, Erfahrungen und Intuitionen berücksichtigt, um eine qualitative Einschätzung zu erlangen. Trotz der geringeren Genauigkeiten und vorhandenen Subjektivität kann auch hiermit eine gute Grundlage für folgende Arbeitsschritte erzielt werden. Unter anderem können Arbeitsschritte priorisiert und Ressourcen zielgerichteter zugewiesen werden, wenn bekannt ist, welche Risiken hoch, mittel oder niedrig sind.

– Die **quantitative Risikobeurteilung** (siehe Abb. 2.6) basiert auf dem finanziellen Wert eines Vermögensobjekts (engl. Asset Value oder kurz AV).

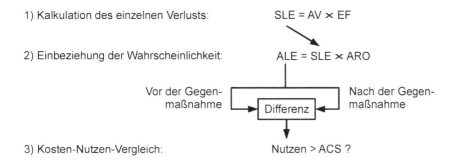

Abb. 2.6: Quantitative Risikobeurteilung

1) Um daraus den erwarteten einzelnen Verlust (engl. Single Loss Expectancy oder kurz SLE) – also den finanziellen Verlust in Euro, den ein Vermögenswert bei Eintreten einer Bedrohung erleidet – zu berechnen, wird der AV mit dem Expositionsfaktor (engl. Exposure Factor oder kurz EF) – dem finanziellen Verlust in Prozent des Vermögenswerts bei Eintreten einer Bedrohung – multipliziert.

2) Die Wahrscheinlichkeit wird durch die Jahresrate des Auftretens (engl. Annualized Rate of Occurrence oder kurz ARO) einbezogen. Sie repräsentiert die wahrscheinliche Häufigkeit des Auftretens einer Bedrohung innerhalb eines Jahres. Damit kann dann die jährliche Verlusterwartung (engl. Annualized Loss Expectancy oder kurz ALE) berechnet werden: Sie ist das Produkt von SLE und ARO. Wenn man die ALE vor und nach einer Gegenmaßnahme berechnet, kann man daraus die Differenz bilden, und dadurch zu einer Kosten-Nutzen-Betrachtung kommen.

3) Die Differenz repräsentiert den Nutzen, den ein Unternehmen mit dieser Gegenmaßnahme erzielen konnte. Um die Kosten der Gegenmaßnahme mit diesem Nutzen vergleichen zu können, müssen sie für den Zeitraum von einem Jahr berechnet werden. Der Wert der jährlichen Kosten für die Gegenmaßnahme (engl. Annual Cost of the Safeguard oder kurz ACS) sollte geringer als die Veränderung der ALE (der Nutzen) sein. Ansonsten ist die Gegenmaßnahme für das Unternehmen nicht lohnenswert.

– Bei der **qualitativen** Risikobeurteilung werden Szenarien genutzt, um Risiken auf einer Skala einzuordnen. Die Wahrscheinlichkeiten und Schäden werden nicht mit konkreten Werten, sondern lediglich aus qualitativer Sicht beurteilt. Experten identifizieren und analysieren die Szenarien mithilfe ihres Wissens und ihren Erfahrungen. Dabei ordnen sie jedem Szenario eine Schadenshöhe, Wahrscheinlichkeit und potenzielle Gegenmaßnahme zu. Das Team, das die qualitative Risikobewertung durchführt, sollte möglichst heterogen sein. Wenn die Beteiligten aus verschiedenen Fachabteilungen stammen, können die Ergebnisse verbessert werden und die Gefahr, dass wichtige Punkte übersehen werden, kann verringert werden. Die Techniken, die das Team einsetzen kann, umfassen unter anderem Interviews, Umfragen, Brainstorming und die Delphi-Technik: In Interviews werden Experten einzeln und direkt befragt. Schriftliche Umfragen können zeitlich flexibel beantwortet und strukturiert ausgewertet werden. Im Brainstorming werden neuen Ideen unter kreativitätsfördernden Rahmenbedingungen gesucht, ohne direkt Kritik auszuüben. Die Delphi-Technik beinhaltet die Sammlung und Bewertung von anonymen Antworten in einer Gruppe. Damit ermöglicht sie die wiederholte Befragung von Experten. Das abschließende Ergebnis der qualitativen Risikobewertung ist in der Regel eine sogenannte Risikomatrix (siehe Abb. 2.7). Risiken werden hier mithilfe von Kategorien (z. B. niedrig, mittel und hoch) in Bezug auf Schadenshöhe und Wahrscheinlichkeit eingeordnet und bei Bedarf einer Risikoklasse zugewiesen.

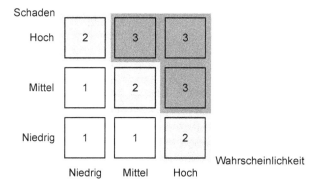

Abb. 2.7: Risikomatrix mit den Risikoklassen 1 bis 3

Risikoklassen werden anhand der Ausprägungen von Schadenshöhe und Wahrscheinlichkeit definiert, z. B. kann die niedrige Risikoklasse so definiert werden, dass beide Ausprägungen niedrig sind oder eine Ausprägung niedrig und eine mittel ist.

Anhand der Ergebnisse der Risikobeurteilung kann anschließend überlegt werden, wie mit den Risiken umgegangen werden soll. Dabei kommen grundsätzlich vier Methoden der **Risikobewältigung** in Frage:

1. Die Verminderung von Risiken (im Extremfall bis zur Eliminierung) mithilfe von Gegenmaßnahmen ist die wohl häufigste Methode.
2. Die Akzeptanz von Risiken ist dann sinnvoll, wenn Schäden oder Wahrscheinlichkeiten so gering sind, dass ein Schutz nicht notwendig erscheint.
3. Beim Transfer von Risiken wird ein eventueller Schaden auf eine andere Partei (z. B. eine Versicherung) übertragen.
4. Bei der Vermeidung von Risiken werden sie durch eine Anpassung bzw. ein Unterlassen von risikobehafteten Aktivitäten umgangen (z. B. die Deaktivierung eines Online-Shops und die Beschränkung des Verkaufs auf das Präsenzgeschäft).

Der Ablauf aller Tätigkeiten rund um die Analyse von Risiken kann sehr umfangreich und die Anzahl und Komplexität der Risiken können sehr hoch sein. Daher ist es in der Praxis oft sinnvoll, den Ablauf mit einem strukturierten **Rahmenwerk** zum Thema Risikomanagement zu unterstützen.

Wenn Rahmenwerke eingesetzt werden, werden die Nachvollziehbarkeit und Transparenz grundsätzlich erhöht. Folglich sind Vorgänge im Risikomanagement sowohl für Kollegen als auch für Außenstehende besser verständlich. Die Vergleichbarkeit von Risiken unterschiedlicher Abteilungen und Unternehmen kann gesteigert werden, wenn ein einheitliches Vorgehen anhand eines Rahmenwerks verwendet wird. Zudem kann auch externe Unterstützung effizienter eingesetzt werden, wenn ein bekanntes Vorgehen genutzt werden soll.

Bekannte Rahmenwerke sind z. B. COBIT, CRAMM, FAIR, FRAAP, ISO 31000, OCTAVE, RMF und TARA (siehe auch Tab. 2.2). Obwohl sie alle auf das Thema Risikomanagement fokussiert sind, besitzen sie sehr unterschiedliche Ansätze und Ziele.

– **COBIT** (Control Objectives for Information and Related Technology) wurde von ISACA – einem gemeinnützigen Verband für IT-Auditoren, Wirtschaftsprüfer und Experten der Informationssicherheit und IT-Governance – entwickelt. Inhaltlich ist dieses Rahmenwerk auf das Management und die Governance von IT ausgerichtet. IT-Risikomanagement ist nur ein kleiner Bestandteil des sehr umfangreichen Rahmenwerks. Für das IT-Risikomanagement in COBIT gelten – wie für andere Inhalte auch – einige übergreifende COBIT-Prinzipien, und zwar die Berücksichtigung von Stakeholder-Interessen, die Ganzheitlichkeit, die Einheitlichkeit, der holistische Ansatz und die Trennung zwischen Governance und

Management.[8] Beim IT-Risikomanagement in COBIT werden vier Phasen durchlaufen:[9]

1. Die Risikoidentifikation beinhaltet das Verstehen der Geschäftsziele und der Verbindung dieser Ziele zur IT, um daraus Risiken unter der Berücksichtigung von Schwachstellen ableiten zu können.

2. In der Risikoevaluation wird eine Priorisierung von Risiken mithilfe einer qualitativen Analyse vorgenommen, um festzulegen, welches Risiko zuerst behandelt werden sollte und welches später behandelt werden kann.

3. Das Ziel der Risikobewältigung liegt darin, das vorhandene Risiko dem Risikoprofil des Unternehmens möglichst kosteneffizient anzugleichen, indem für jedes Risiko eine passende Bewältigung ausgewählt wird.

4. In der letzten Phase erfolgen eine Überwachung von Risiken und Kontrollen sowie eine Berichterstattung, um sicherzustellen, dass durch die Risikobewältigung die Risiken dauerhaft im Toleranzbereich des Unternehmens gehalten werden.

– **CRAMM** (CCTA Risk Analysis and Management Method) wurde von der Central Computer and Telecommunications Agency (CCTA) der britischen Regierung erstellt. Heute ist CRAMM in Besitz der Firma Insight Consulting, die zur Siemens Enterprise Communications Ltd. gehört. CRAMM unterstützt dabei, Vermögensobjekte zu analysieren, daraus Risiken abzuleiten und diese effektiv abzuschwächen.[10] Die Grundlage für die Risikoableitung ist die Analyse der primären Sicherheitsziele: Vertraulichkeit, Integrität und Verfügbarkeit. Vermögenswerte müssen in eine der vorgegebenen Kategorien (Daten, Applikationen/Software, physische Objekte) eingeordnet werden und daraufhin untersucht werden, inwiefern sich eine Beeinträchtigung von Vertraulichkeit, Integrität oder Verfügbarkeit auf die Vermögensobjekte auswirken würde. CRAMM umfasst drei Phasen:

1. Die Identifikation und Bewertung von Vermögensobjekten dienen der Einordnung dieser Objekte in eine Kategorie und der Bestimmung ihres Werts und der potenziellen Schäden.

2. Bei der Evaluation von Bedrohungen und Schwachstellen werden (unter der Berücksichtigung aller bereits erhobenen Daten) Risiken für die Vermögensobjekte abgeleitet.

3. Abschließend werden passende Gegenmaßnahmen ausgewählt und es wird eine Empfehlung darüber erstellt, wie die identifizierten Risiken bewältigt werden können. Optional kann spezielle CRAMM-Software mit einer Bibliothek von über 3000 Gegenmaßnahmen hinzugezogen werden.

---

8 Vgl. ISACA 2015, S. 13.
9 Vgl. ISACA 2015, S. 17 ff.
10 Vgl. Marquis 2008.

- **FAIR** (Factor Analysis of Information Risk) bietet neben einem Phasenmodell auch eine standardisierte Nomenklatur für das IT-Risikomanagement. Sie beinhaltet eine Taxonomie und eindeutige Begriffsdefinitionen. In FAIR existieren vier Phasen für das IT-Risikomanagement:[11]
  1. In der ersten Phase erfolgt die Identifikation von sogenannten Szenario-Komponenten (vor allem Vermögensobjekte), die zur Zusammenstellung von Bedrohungsszenarien verwendet werden können.
  2. In der zweiten Phase wird die Häufigkeit von Schadensereignissen evaluiert, indem mehrere Variablen kalkuliert und miteinander in Verbindung gebracht werden.
  3. In der dritten Phase wird dann die erwartete Schadenshöhe evaluiert, wobei Schadenshöhe und Wahrscheinlichkeit in Verbindung gebracht werden.
  4. Daraus werden dann in der vierten Phase die Risiken abgeleitet und in eine zweidimensionale Matrix mit beliebigen Risiko-Leveln eingeordnet.
- **FRAAP** (Facilitated Risk Analysis and Assessment Process) besitzt eine Sonderrolle innerhalb der verschiedenen Rahmenwerke, da es auf besonders schnelle Ergebnisse ausgelegt ist.[12] In FRAAP können Ergebnisse besonders schnell erzielt werden, da es immer nur auf genau ein Vermögensobjekt (z. B. ein System, eine Applikation oder ein Prozess) fokussiert ist. Ein Analyse-Team, das aus Vertretern der Fachbereiche und der IT besteht, führt dazu eine qualitative Risikoanalyse durch. FRAAP besteht aus drei Phasen:
  1. Das Pre-FRAAP ist ein einführendes Meeting, mit dem die generellen Rahmenbedingungen festgelegt werden und ein gemeinsames Verständnis über die Ziele zu entwickelt wird.
  2. In der FRAAP-Session wird ein Brainstorming durchgeführt, um mögliche Schwachstellen zu identifizieren, jeder Bedrohung ein Risiko-Level zuzuordnen und Gegenmaßnahmen zu suchen und zu beurteilen.
  3. Abschließend wird im Post-FRAAP eine Analyse der Ergebnisse durchgeführt und ein zusammenfassender Abschlussbericht für das Management erstellt. Da die längste Phase – die FRAAP-Session – lediglich vier Stunden benötigt, können bereits innerhalb eines Arbeitstags brauchbare Ergebnisse erarbeitet werden.
- **ISO 31000** beinhaltet grundlegende Prinzipien und einen allgemeingültigen Ablauf für das IT-Risikomanagement. Die beschriebenen Schritte können auf unterschiedliche Objekte (z. B. das gesamte Unternehmen, Teilbereiche, Funktionen, Projekte oder Aktivitäten) angewendet werden und sollen dabei an den spezifischen Kontext des Unternehmens angepasst werden. In Anlehnung an

---

11 Vgl. The Open Group 2009, S. 25 ff.
12 Vgl. Peltier 2014, S. 45 ff.

die ISO-Norm 31000 wurde auch das Management of Risk, oder kurz M_o_R, entwickelt:[13] Es stellt nicht nur den allgemeinen Ablauf eines IT-Risikomanagements heraus, sondern beschreibt auch, wie es im Hinblick auf verschiedene Ziele des Unternehmens spezifisch ausgestaltet werden kann. Die Schritte aus der ISO-Norm werden grundsätzlich sequenziell durchlaufen. Zusätzlich können jederzeit Kommunikation und Beratung stattfinden. Die Überwachung und Bewertung des Riskmanagements erfolgen nicht nur zum Schluss, sondern auch parallel zum gesamten Ablauf.

1. Kontext schaffen: Das Unternehmen artikuliert seine Ziele, definiert interne und externe Parameter für das Risikomanagement und spezifiziert den Umfang und die Kriterien für den folgenden Prozess.

2. Risiken identifizieren: Das Unternehmen soll hierbei Risikoquellen, betroffene Bereiche, Ereignisse sowie Ursachen und Konsequenzen identifizieren.

3. Risiken analysieren: Diese Phase dient der Schaffung eines Verständnisses über die Risiken. Dabei werden Risikoquellen, Ursachen, positive und negative Konsequenzen sowie Wahrscheinlichkeiten berücksichtigt.

4. Risiken bewerten: Diese Phase dient der Unterstützung von Entscheidungen zur Risikobehandlung. Die gefundenen Informationen zu den identifizierten Risiken werden mit den zuvor spezifizierten Kriterien abgeglichen und auf den zugrunde liegenden Kontext bezogen. Dadurch lassen sich Handlungsempfehlungen ableiten.

5. Risiken behandeln: Um die Risiken angemessen zu beeinflussen, werden in dieser Phase verschiedene Handlungsoptionen bedacht und die beste Option ausgewählt. Die Toleranzschwelle des Unternehmens für Risiken und die Effektivität der Handlungsoptionen werden ebenfalls berücksichtigt.

6. Überwachung und Bewertung: Das Unternehmen soll periodisch oder ad hoc untersuchen, ob Maßnahmen zur Risikobewältigung effektiv sind und ob sie durch weiter verbessert werden können. Außerdem soll erkannt werden, ob aus neuen Ereignissen gelernt werden kann, wichtige Änderungen aufgetreten sind oder neue Risiken entstanden sind.

– **OCTAVE** (Operationally Critical Threat, Asset and Vulnerability Evaluation) wurde durch das CERT/CC (Coordination Center des Computer Emergency Response Team) vom SEI (Software Engineering Institute) der Carnegie-Mellon-Universität entwickelt. In OCTAVE liegt der Fokus auf der wirtschaftlichen Perspektive des IT-Risikomanagements. Vor einigen Jahren wurde OCTAVE in zwei Versionen gespalten: OCTAVE-S[14] ist für kleine Unternehmen mit einer flachen

---

13 Vgl. Axelos 2010.
14 Vgl. Alberts et al. 2005.

Hierarchie vorgesehen. Das umfangreichere OCTAVE Allegro[15] ist hingegen auf große Unternehmen mit komplexen Organisationsstrukturen ausgerichtet. Im Folgenden werden die drei Phasen von OCTAVE-S erläutert, da es stärker verbreitet ist und größere Parallelen mit dem traditionellen OCTAVE aufweist:

1. Zunächst werden Bedrohungsprofile erstellt, indem die Eigenschaften der Organisation untersucht werden und für jedes Vermögensobjekt ein Bedrohungsprofil ermittelt wird.
2. Dann werden Infrastruktur-Schwachstellen identifiziert, wobei untersucht wird, inwiefern der Betreiber der Infrastruktur und zugriffsberechtigte Parteien für eine angemessene Sicherheit sorgen.
3. Zuletzt werden Sicherheits-Strategie und -Plan entwickelt, um die Risiken der kritischen Vermögensobjekte wirkungsvoll zu reduzieren.

–   **RMF** (Risk Management Framework) ist ein Rahmenwerk vom NIST (National Institute of Standards and Technology), das auf den Lebenszyklus von IT-Systemen ausgerichtet ist. Es beschreibt einen davon abgeleiteten Sicherheitslebenszyklus, der aus sieben Phasen besteht und den Umgang Risiken erleichtert:[16]

1. Vorbereitung: In Phase 1 werden der Kontext und die Prioritäten für das Risikomanagement festgelegt.
2. Kategorisierung: In Phase 2 werden das betrachtete IT-System und die durch das System verarbeiteten, gespeicherten oder übertragenen Informationen einer Risikokategorie zugeordnet.
3. Auswahl: In Phase 3 werden Sicherheitskontrollen ausgewählt und angepasst, um die Risiken angemessen zu reduzieren.
4. Implementierung: In Phase 4 werden die ausgewählten Sicherheitskontrollen implementiert und dokumentiert.
5. Bewertung: In Phase 5 werden die Sicherheitskontrollen daraufhin bewertet, ob sie korrekt arbeiten und die erwarteten Ergebnisse liefern.
6. Autorisierung: In Phase 6 wird der Betrieb des IT-Systems und der Sicherheitskontrollen autorisiert, wenn das Restrisiko akzeptabel ist.
7. Überwachung: In Phase 7 erfolgt die laufende Überwachung der Sicherheitskontrollen im Hinblick auf ihre Effektivität. Diese Phase beinhaltet außerdem Aktivitäten rund um die Änderung der Dokumentation, weitere Risikoanalysen und die Berichterstattung.

–   **TARA** (Threat Agent Risk Assessment) von Intel ist auf eine hohe Wirtschaftlichkeit ausgerichtet, und deshalb darauf fokussiert, aus der enormen Anzahl möglicher Sicherheitsangriffe die kritischsten herauszufiltern. Dabei konzentriert sich TARA auf Agenten – also Personen oder Personengruppen, von

---

15 Vgl. Caralli et al. 2007.
16 Vgl. NIST 2018, S. 8 f.

denen Angriffe ausgehen – und ihre Motivation, Methoden und Ziele. Anstelle von Systemen und Schwachstellen stehen bei TARA die Angreifer im Mittelpunkt. TARA besteht aus sechs Phasen:[17]

1. In Phase 1 werden die aktuellen Risiken durch Agenten mittels Brainstormings identifiziert und gemessen.
2. In Phase 2 werden die Agenten mit hohen Risiken, die vom Unternehmen nicht akzeptiert werden können, identifiziert.
3. In Phase 3 werden die Ziele dieser Agenten (z. B. Diebstahl oder Sabotage) abgeleitet.
4. In Phase 4 werden Methoden, die von den Agenten wahrscheinlich zur Durchführung ihrer Angriffe genutzt werden, identifiziert.
5. In Phase 5 werden, unter Berücksichtigung vorhandener Sicherheitskontrollen, die wichtigsten Bedrohungen festgestellt.
6. In Phase 6 wird die Unternehmensstrategie angepasst, um die wichtigsten Bedrohungen zu bewältigen.

Tab. 2.2: Rahmenwerke im Überblick

	Identifikation	Beurteilung	Bewältigung
COBIT	1. Risikoidentifikation	2. Risikoevaluation	3. Risikobewältigung 4. Überwachung von Risiken und Kontrollen sowie Berichterstattung
CRAMM	1. Identifikation und Bewertung von Vermögensobjekten	2. Evaluation von Bedrohungen und Schwachstellen	3. Selektion von Gegenmaßnahmen und Empfehlung
FAIR	1. Identifikation von Szenario-Komponenten	2. Evaluierung der Häufigkeit von Schadensereignissen 3. Evaluierung der erwarteten Schadenshöhe	4. Ableitung von Risiken
FRAAP	1. Pre-FRAAP	2. FRAAP-Session	3. Post-FRAAP
ISO 31000	1. Kontext schaffen 2. Risiken identifizieren 3. Risiken analysieren	4. Risiken bewerten	5. Risiken behandeln 6. Überwachung und Bewertung

---

17 Vgl. Intel 2009, S. 5 f.

	Identifikation	Beurteilung	Bewältigung
OCTAVE-S	1. Erstellung von Bedrohungsprofilen	2. Identifikation von Infrastruktur-Schwachstellen	3. Entwicklung von Sicherheits-Strategie und -Plan
RMF	1. Vorbereitung	2. Kategorisierung eines IT-Systems	3. Auswahl von Sicherheitskontrollen 4. Implementierung von Sicherheitskontrollen 5. Bewertung von Sicherheitskontrollen 6. Autorisierung des IT-Systems und der Sicherheitskontrollen 7. Überwachung der Sicherheitskontrollen
TARA	1. Identifikation und Messung von aktuellen Risiken durch Agenten 2. Identifizieren von Agenten mit hohen Risiken	3. Ableiten der Ziele von Agenten 4. Identifizieren von Methoden 5. Feststellung der wichtigsten Bedrohungen	6. Anpassen der Unternehmensstrategie zur Bewältigung der wichtigsten Bedrohungen

Alle beschriebenen Rahmenwerke beinhalten Phasen, die den Umgang mit Risiken strukturieren und erleichtern sollen. Inhaltlich werden dabei stets die Identifikation, Beurteilung und Bewältigung von Risiken thematisiert. Daher können die Phasen aus den Rahmenwerken diesem übergreifenden Ablauf zugeordnet werden (siehe Tab. 2.2). Einige Rahmenwerke (CRAMM, FRAAP und OCTAVE-S) besitzen genau drei Phasen, die sich eins zu eins der Identifikation, Beurteilung und Bewältigung zuordnen lassen. Andere Rahmenwerke besitzen mehr Phasen, sodass mindestens einem dieser übergreifenden Themen mehrere Phasen zugeordnet werden können. Häufig werden die Beurteilung und Bewältigung von Risiken durch mehrere Phasen abgedeckt. Teilweise ist die Trennung der Phasen etwas unscharf, z. B. wird in der Vorbereitungsphase im RMF bereits mit der Risikobeurteilung des IT-Systems begonnen.

2.1.5 Sicherheitsbedarf

Der **Sicherheitsbedarf** spielt eine zentrale Rolle für das Management der Informationssicherheit im Unternehmen. Er wird von Bedrohungen, Sicherheitszielen und -risiken beeinflusst und bestimmt die Auswahl der Sicherheitsmaßnahmen und deren Wirtschaftlichkeit (siehe Abb. 2.8).

Um den Sicherheitsbedarf eines Unternehmens zu ermitteln, werden alle vorangegangenen Erkenntnisse verarbeitet. Dabei sollten auch die Erwartungen des Unternehmens an die Informationssicherheit, die einzuhaltenden Regularien und der Umfang der schützenswerten Umgebung berücksichtigt werden:

- Die **Erwartungen** eines Unternehmens an die Informationssicherheit sind davon geprägt, wie stark und wie umfangreich sich das Unternehmen gegen Bedrohungen schützen will, welche Sicherheitsziele für das Unternehmen wichtig sind, wie es grundsätzlich mit Risiken umgehen möchte und welche Schäden maximal akzeptiert werden können. Da eine hundertprozentige Sicherheit aufgrund des schnelllebigen IT-Umfelds praktisch nahezu unmöglich ist, muss das Unternehmen einen Kompromiss zwischen einer angemessenen Sicherheit und einer ausreichenden Wirtschaftlichkeit finden. Dabei sollten die Kosten und der Nutzen von Sicherheitsmaßnahmen in einem guten Verhältnis stehen. Andernfalls würden entweder die eingesetzten Sicherheitsmaßnahmen so hohe Kosten verursachen, dass das Unternehmen langfristig in finanzielle Schwierigkeiten geraten würde, oder das Unternehmen wäre mit signifikanten Risiken konfrontiert, die zu existenzbedrohenden Schäden führen können. Wie die Erwartungen konkret aussehen, hängt auch von den individuellen Präferenzen des Unternehmens ab: So sind z. B. junge Start-up-Unternehmen tendenziell eher bereit, hohe Risiken zugunsten einer höheren Gewinnmöglichkeit in Kauf zu nehmen, als konventionelle Unternehmen. Auch die Wichtigkeit der Sicherheitsziele ist von Unternehmen zu Unternehmen unterschiedlich: Unter anderem kann die Verfügbarkeit der IT-Systeme für Betreiber von Online-Shops eine andere Wichtigkeit besitzen als für Händler mit reinen Präsenzgeschäften. Die Vertraulichkeit ist z. B. für Unternehmen aus dem Finanz- und Gesundheitswesen oft wichtiger als für andere Unternehmen. Auch die subjektiven Erfahrungen und Einstellungen bedeutender Stakeholder haben einen starken Einfluss auf die Sicherheitsziele im Unternehmen, z. B. können bestimmte Kundenerwartungen zum Schutz von Daten oder zur Verfügbarkeit von IT-Systemen vorliegen. Diese Kundenerwartungen finden sich auch häufig in Verträgen mit dem Unternehmen wieder. Im Allgemeinen besteht also eine starke Abhängigkeit zwischen den Erwartungen an die Informationssicherheit und diversen individuellen und subjektiven Faktoren.
- Auch **Regularien** beeinflussen den Sicherheitsbedarf eines Unternehmens. Verpflichtungen zur Einhaltung von Regularien können z. B. aufgrund von Gesetzen bestehen (z. B. das BDSG). Außerdem kann ein Unternehmen freiwillig fakultative Regularien einhalten, z. B. für ein imageförderndes Zertifikat. Regularien können mit ihren Anforderungen verschiedene Sicherheitsziele adressieren. Folglich wirken sich Regularien auf den individuellen Sicherheitsbedarf eines Unternehmens aus: Wenn ein Gesetz z. B. auf die Vertraulichkeit von bestimmten Daten ausgerichtet ist, erhöht sich dadurch der Sicherheitsbedarf eines Unternehmens in Bezug auf Vertraulichkeit.

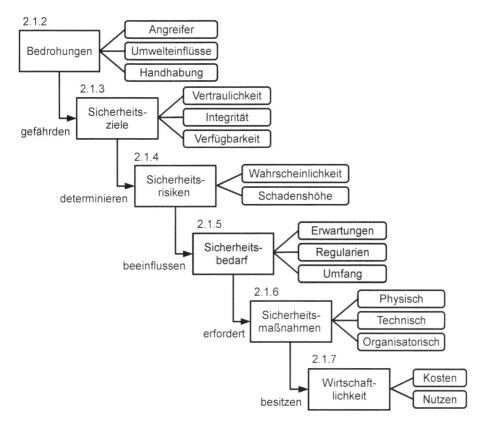

Abb. 2.8: Sicherheitsbedarf im Kontext (mit Kapitelreferenzen)

–   Der **Umfang** der schützenswerten Umgebung eines Unternehmens kann eingegrenzt werden, um den Schutzbedarf auf weniger Objekte zu beziehen, wodurch
Arbeitsaufwand und Kosten eingespart werden können. Oftmals ist es wirtschaftlicher, einen höheren Schutzbedarf auf ausgewählte Objekte anzuwenden, anstatt einen etwas geringeren Schutzbedarf auf das gesamte Unternehmen. Durch die Eingrenzung können vorhandene Ressourcen zielgerichteter
eingesetzt werden und sensitive Informationen und Systeme besser geschützt
werden. Das Risiko einer Kompromittierung, Manipulation oder Beschädigung
kann effektiver vermindert werden. Auch wenn für eine Eingrenzung erstmal
Investitionskosten anfallen können, verringern sich dadurch meist die laufenden Kosten. Investitionskosten umfassen z. B. Anschaffungskosten für neue
Hardware und Software, Installationskosten und Kosten für organisatorische
Tätigkeiten. Zu den laufenden Kosten gehören Wartungskosten, Administrati-
onsaufwand und Kosten für Compliance-Prüfungen. Wenn das Sicherheitsziel

Vertraulichkeit im Vordergrund steht, kann der Umfang der schützenswerten Umgebung unter anderem mit folgenden Techniken eingegrenzt werden:

- Bei der **Tokenisierung** werden schützenswerte Daten (z. B. mit Hashing-Techniken) durch anonyme Zeichenfolgen ersetzt. Die originalen Daten können aus diesen Zeichenfolgen nicht mehr ausgelesen werden, aber eine eindeutige Identifikation der Daten ist weiterhin möglich. Dadurch, dass die Zeichenfolgen nicht zurückgewandelt werden können, können sie auch in weniger sicheren Umgebungen eingesetzt werden. Systeme, die ausschließlich eine eindeutige Identifikation der Daten und nicht die schützenswerten Daten selbst benötigen, können aus der sicheren Umgebung eines Unternehmens herausgenommen werden.
- Die **Punkt-zu-Punkt-Verschlüsselung** ermöglicht die Verschlüsselung von Daten auf ihrem Übertragungsweg. Die Daten werden am Startpunkt durch den Sender verschlüsselt und erst am Endpunkt durch den Empfänger wieder entschlüsselt. Alle zwischenliegenden Kommunikationspunkte brauchen sich nicht mehr in einer sicheren Umgebung zu befinden, da die Daten dort aufgrund ihrer Verschlüsselung nicht von Unbefugten gelesen werden können.
- Die **Netzwerksegmentierung** grenzt einen besonders schützenswerten Teil des Netzwerks ab, um verschiedene Arten von Angriffen zu blockieren. Damit dient sie neben der Vertraulichkeit auch anderen Sicherheitszielen. Sie kann mithilfe von Firewalls, Routern oder Switches mit Zugriffssteuerungslisten umgesetzt werden. Sensitive Systeme werden logisch einem eigenen virtuellen lokalen Netzwerk (engl. Virtual Local Area Network oder kurz VLAN) zugeordnet, und dadurch von den weniger sensitiven Systemen abgegrenzt. Nur kontrollierter und gefilterter Datenverkehr darf in das VLAN übertragen werden oder von Systemen aus dem VLAN versendet werden. Auf diese Weise können schadhafte Verbindungen verhindert werden.

2.1.6 Sicherheitsmaßnahmen

Sicherheitsmaßnahmen können von Unternehmen genutzt werden, um den individuellen Sicherheitsbedarf zu decken. Es handelt sich dabei um alle Arten von Kontrollmaßnahmen, die zur Reduzierung – im Extremfall also auch zur Eliminierung – von Risiken eingesetzt werden können. Das Ziel besteht darin, die Risiken so weit zu reduzieren bzw. zu eliminieren, dass das Restrisiko vom Unternehmen akzeptiert werden kann.

Sicherheitsmaßnahmen können aus der funktionalen und zeitlichen Perspektive betrachtet werden. Beide Perspektiven ermöglichen die Einordnung der Sicherheitsmaßnahmen in verschiedene Kategorien.

Aus der **funktionalen Perspektive** lassen sich Sicherheitsmaßnahmen in physische, technische und organisatorische Maßnahmen unterteilen. Diese Kategorisierung ist daran angelehnt, wie stark sich die Maßnahmen manifestieren. Während es sich bei physischen Maßnahmen um physische Barrieren (z. B. Zäune und Türen) handelt, sind technische lediglich in der virtuellen Umgebung von Computern zu erkennen (z. B. Antivirensoftware). Organisatorische Maßnahmen existieren meist in Dokumenten und in den Köpfen der Mitarbeiter (z. B. eine Datenklassifikation).

– **Physische Maßnahmen** dienen dem Schutz von schützenswerten Objekten vor physischen Einflüssen. Diese Einflüsse umfassen das Eindringen von unbefugten Personen, auf physische Weise verursachte Beschädigungen und negative Umwelteinflüsse (inklusive extreme Wettersituationen und Naturkatastrophen). Beispiele für Maßnahmen aus dieser Kategorie sind Wachpersonal, Alarmanlagen, Zäune und Feuerlöschanlagen.

– **Technische Maßnahmen** basieren auf technischen Hilfsmitteln, die zum Schutz von schützenswerten Objekten eingesetzt werden. Sie kontrollieren die virtuelle Ebene. Sie sind auf elektronische Gefahren ausgerichtet, die mit der Übertragung, Speicherung oder Verarbeitung von Daten zusammenhängen. Es handelt sich bei diesen Maßnahmen unter anderem um Zugriffskontrollen, Antivirenprogramme, Verschlüsselung, Integritätsprüfungen und eine unterbrechungsfreie Stromversorgung (USV).

– **Organisatorische Maßnahmen** sollen in erster Linie das Verhalten und die Arbeitsweise von Personen regeln. Sie sind z. B. in Form von Verträgen, Richtlinien, Arbeitsanweisungen und etablierten Prozessen zu finden. Auch Awareness-Maßnahmen zählen dazu. Im Gegensatz zu physischen und technischen Maßnahmen können sie nur funktionieren, wenn sie aktiv und kontinuierlich durch die Mitarbeiter umgesetzt werden. Organisatorische Maßnahmen, wie das Tragen des Dienstausweises, das Sperren des Computer-Bildschirms bei Abwesenheit und die Begleitung von Besuchern, können nur dann erfolgen, wenn die Mitarbeiter sich aktiv dazu entscheiden.

Aus der **zeitlichen Perspektive** sind Sicherheitsmaßnahmen präventiv, detektiv oder korrektiv. Mit anderen Worten wirken sie vor, während oder nachdem ein Sicherheitsvorfall eintrifft.

Obwohl es grundsätzlich am vorteilhaftesten wäre, wenn alle Sicherheitsvorfälle durch präventive Maßnahmen vermieden werden, haben auch die anderen Maßnahmen eine Daseinsberechtigung: Sie verhelfen dazu, unvorhersehbare Vorfälle nachträglich zu bewältigen, oder sie sind aus wirtschaftlicher Betrachtung günstiger. Z. B. kann es sich kaum ein Unternehmen leisten, sich präventiv vor großen Naturkatastrophen abzusichern. Korrektive Maßnahmen (z. B. Notfallarbeitsplätze und Backups) werden eher vorgehalten, um gravierende, aber unwahrscheinliche Fälle bewältigen zu können.

- **Präventive Maßnahmen** werden wirksam bevor ein Sicherheitsvorfall eintreten kann. Sie stellen von Vorneherein sicher, dass ein unerwünschter Sicherheitsvorfall verhindert wird oder ein sicherer Zustand tatsächlich geschaffen wird. Sie sind bei der Deckung des individuellen Sicherheitsbedarfs eines Unternehmens grundsätzlich am effektivsten. Allerdings sind sie meist auch mit höheren Kosten verbunden. Eine hundertprozentige Abdeckung mit präventiven Maßnahmen ist praktisch sogar nahezu unmöglich, da nicht alle potenziellen Sicherheitsvorfälle vorausgesagt werden können. Dies ist nicht nur in der Vielzahl der vorhandenen Bedrohungen begründet, sondern auch in der ständigen Neuentwicklung von Angriffen.
- **Detektive Maßnahmen** werden während des Eintretens eines Sicherheitsvorfalls wirksam. Sie sind auf das Erkennen von sicherheitsrelevanten Ereignissen fokussiert. Sie sorgen dafür, dass ein unerwünschtes Ereignis erkannt wird und entsprechend behandelt werden kann. Bei vielen Sicherheitsvorfällen ist es von kritischer Bedeutung, möglichst schnell zu reagieren und unerwünschte Vorgänge (z. B. Datenabflüsse und Manipulationen) so früh wie möglich zu stoppen. Da detektive Maßnahmen lediglich eine Erkennungsfunktion haben, sind sie in der Regel ein Auslöser für korrektive Maßnahmen. So würden z. B. nach dem Erkennen einer Denial-of-Service-Attacke bestimmte Adressbereiche in der Firewall korrektiv blockiert werden.
- **Korrektive Maßnahmen** werden nach dem Eintreten eines sicherheitsrelevanten Ereignisses wirksam. Auf diese Weise kann die Auswirkung eines Sicherheitsvorfalls begrenzt werden und ein sicherer Zustand wiederhergestellt werden. Sie dienen durch ihre korrigierende Funktion also der nachträglichen Bewältigung von Ereignissen, ohne sie vor oder während ihres Eintretens beeinflussen zu können. Teilweise sind korrektive Maßnahmen fest mit detektiven Maßnahmen verknüpft oder sogar in einer Einheit verbunden, z. B. kann ein Wachmann ein Ereignis erkennen und anschließend korrektiv darauf reagieren. Weitere Beispiele für korrektive Maßnahmen sind Backups, Patch Management, Notfallarbeitsplätze und Versicherungen.

Jede Sicherheitsmaßnahme kann folglich aus der funktionalen (physisch, technisch, organisatorisch) und zeitlichen Perspektive (präventiv, detektiv, korrektiv) kategorisiert werden. Daraus ergibt sich eine zweidimensionale **Matrix** (siehe Abb. 2.9).

Funktion

Physisch	Zutrittskontrollen, Gebäudesicherheit, Diebstahl-Prävention, Hochwasserschutz, Klimaanlagen, Blitzschutzeinrichtungen, Überspannungsschutz, Brandschutzabschottung	Überwachungskameras, Alarmanlagen, Brandmeldeanlagen, Wachpersonal, Materielle Sichtprüfung, Bewegungserkennung	Feuerlöschanlagen, Not-Aus-Schalter, Selbsttätige Entwässerung, Stromgeneratoren, Wachpersonal
Technisch	Zugriffskontrollen, Anwendungssteuerung, Netzwerksicherheit, Härtung, Sichere Softwareentw., Verschlüsselung, Datenverlust-Prävention, Widerstandsfähigkeit	Schutz vor Schadprogrammen, Eindringungserkennung, Überwachung der Datei-Integrität, Protokolle	Patch-Management, Notfallwiederherstellung, Backups, Journaling-Dateisystem
Organisatorisch	Richtlinien, Verfahren, Need-to-Know-Prinzip, Funktionstrennung, Awareness-Maßnahmen, Hintergrundprüfungen, Datenklassifikation, Versionskontrolle, Outsourcing	Ereignismanagement, Tests, Beaufsichtigungen, Arbeitsplatzrotation, Urlaub, Berichterstattung	Geschäftskontinuitäts-management, Softwarehinterlegung, Vorfallsreaktion, Versicherungen
	Präventiv	**Detektiv**	**Korrektiv**

Zeit

Abb. 2.9: Matrix mit ausgewählten Sicherheitsmaßnahmen

Die diversen Kategorien und Ausprägungen von Sicherheitsmaßnahmen drängen die Frage auf, wie ein Unternehmen die bestgeeigneten Sicherheitsmaßnahmen finden kann. Dazu sollte festgestellt werden, ob eine Sicherheitsmaßnahme angemessen ist. Mit anderen Worten soll eine Sicherheitsmaßnahme den Sicherheitsbedarf eines Unternehmens auf eine angemessene Weise decken.

Das BSI (Bundesamt für Sicherheit in der Informationstechnik) hat die **Angemessenheit** von Sicherheitsmaßnahmen genauer definiert. Im Detail sind damit die Wirksamkeit, Eignung, Praktikabilität, Akzeptanz und Wirtschaftlichkeit einer Sicherheitsmaßnahme gemeint:[18]

– **Wirksamkeit** bedeutet, dass die Maßnahme effektiven Schutz vor möglichen Gefährdungen bieten soll, und somit den identifizierten Schutzbedarf abdecken soll. Wenn z. B. das Sicherheitsziel der Vertraulichkeit im Mittelpunkt steht und

---

18 Vgl. BSI 2017b, S. 143 f.

sensitive Informationen geschützt werden sollen, dann sollte eine Schutzmaß-
nahme effektiv vor der unbefugten Einsichtnahme schützen. Wirksame Maßnahmen können dann z. B. Verschlüsselung, Maskierung und Hashing von Daten sein. Nicht wirksam wäre hingegen das bloße Klassifizieren von Daten mit
Schlüsselwörtern wie „Geheim", „Vertraulich" und „Öffentlich" – zumindest
dann nicht, wenn daran keine weiteren technischen oder organisatorischen
Maßnahmen gebunden werden.

- **Eignung** bezieht sich darauf, dass die Maßnahme in der Praxis tatsächlich umsetzbar sein soll, also z. B. nicht die Organisationsabläufe behindert oder andere Sicherheitsmaßnahmen aushebelt. Geeignet wäre z. B. eine E-Mail-
  Verschlüsselung, die auf den Gateway-Systemen eingerichtet wird und die Daten auf dem Übertragungsweg verschlüsselt, ohne dass die Nutzer zusätzliche
  Arbeitsschritte durchführen müssen. Ungeeignet wäre hingegen die Verschlüsselung aller ausgehenden Daten durch den Nutzer, ohne dass vorher der
  Schlüsselaustausch und die Kompatibilität mit den Empfängern thematisiert
  wurden.
- **Praktikabilität** ist vorhanden, wenn die Sicherheitsmaßnahme leicht verständlich, einfach anzuwenden und wenig fehleranfällig ist. Ein Zugangskontrollsystem mit Chip-Karten wäre eine praktikable Maßnahme. Demgegenüber könnte
  ein biometrisches Zugangskontrollsystem unter Umständen impraktikabel sein.
  Bei einem schlecht abgestimmten System könnten zu viele Falscherkennungen
  dazu führen, dass Mitarbeiter ausgesperrt werden, unbefugte Personen Zugang
  zu sensitiven Bereichen erhalten oder ständige Reparaturen und Konfigurati-
  onsänderungen erforderlich sind.
- **Akzeptanz** ist bei einer Maßnahme gegeben, wenn sie für alle Benutzer anwendbar (barrierefrei) ist und niemanden diskriminiert oder beeinträchtigt. Die
  Verwendung eines Telefons im Rahmen einer Zwei-Faktor-Authentifizierung
  dürfte aus Sicht der Akzeptanz keine Probleme bereiten. Sollte aber z. B. ein To-
  ken-Generator verwendet werden, der Tokens in Form von Zeichenfolgen in
  kleiner Schrift generiert, wären Personen mit einer Sehschwäche in der Anwendung beeinträchtigt.
- **Wirtschaftlichkeit** bedeutet, dass mit den eingesetzten Mitteln ein möglichst
  gutes Ergebnis erreicht werden soll. Die Maßnahme sollte also einerseits das Risiko bestmöglich minimieren und andererseits sollten die Kosten in geeignetem
  Verhältnis zu den zu schützenden Werten stehen. Die Beurteilung der Wirtschaftlichkeit kann sehr umfangreich und komplex sein. Daher wird sie im
  nächsten Kapitel im Detail betrachtet.

2.1.7 Wirtschaftlichkeit

Aufgrund der Vielzahl an verfügbaren Sicherheitsmaßnahmen ist die **Auswahl** der bestgeeigneten Sicherheitsmaßnahmen für ein Unternehmen teilweise sehr anspruchsvoll. Sicherheitsmaßnahmen gleichen Investitionen, mit denen ein möglichst großer Mehrwert (in Form einer guten Risikobewältigung) erzielt werden soll. Eine unerwünschte Überschneidung oder sogar Konflikte mit Sicherheits- und Geschäftszielen sollten dabei vermieden werden.

— **Überschneidungen** zwischen Sicherheitsmaßnahmen ergeben sich, wenn mehrere Sicherheitsmaßnahmen denselben Zweck erfüllen. Sie dienen also der Erreichung desselben Sicherheitsziels und fallen aus funktionaler und zeitlicher Sicht in dieselbe Kategorie. Außerdem ähneln sie sich in ihrer Methode und im erzielten Ergebnis. So würde z. B. die Verschlüsselung von Daten wenig Sinn machen, wenn die Daten bereits maskiert worden sind. Ein weiteres Beispiel ist die Installation von zwei Antivirenprogrammen auf einem Computer. Sie dienen beide in ähnlichem Maße dem Schutz vor Schadsoftware, aber benötigen beide separate Ressourcen und verursachen Lizenz- und Wartungskosten. Allerdings gibt es auch Gründe, Überschneiden zwischen Sicherheitsmaßnahmen bewusst zu erzeugen. Ein sehr hoher Schutzbedarf in Bezug auf Schadsoftware kann z. B. ein Grund sein, um zwei Antivirenprogramme verschiedener Hersteller parallel zu betreiben. Durch unterschiedliche Updates und Erkennungsmechanismen kann dadurch die Gesamterkennungsrate erhöht werden.

— **Konflikte** mit Sicherheits- oder Geschäftszielen können auftreten, wenn durch eine Sicherheitsmaßnahme ein unerwünschter Nebeneffekt auftritt, der das Erreichen einzelner Sicherheits- oder Geschäftsziele erschwert. Eine Maßnahme, die sich auf die Vertraulichkeit bezieht, könnte z. B. die Verfügbarkeit beeinträchtigen: Wenn Daten verschlüsselt werden, wird zwar das Risiko einer unberechtigten Einsichtnahme reduziert, aber das Risiko, dass die Daten auch von berechtigten Personen nicht mehr eingesehen werden können, könnte sich erhöhen. Unter anderem kann eine mangelhafte Schlüsselverwaltung dazu führen, dass Daten nicht mehr entschlüsselt werden können, weil der digitale Schlüssel nicht mehr vorhanden ist. Mindestens ebenso problematisch ist der Konflikt mit Geschäftszielen. Sicherheitsmaßnahmen, welche die Durchlaufzeit von kritischen Geschäftsprozessen merklich verlängern oder sogar blockieren, sind nicht nur wirtschaftlich problematisch, sondern auch aus der Sicherheitsperspektive. Sie werden nämlich häufig nicht akzeptiert und von den Nutzern umgangen. Vorteilhafter wäre es, die Sicherheitsmaßnahmen am Geschäft auszurichten (engl. Alignment). Durch eine intensive Auseinandersetzung mit den Aktivitäten im Unternehmen und den geschäftlichen Zielen, können Sicherheitsmaßnahmen identifiziert werden, die besser zum Unternehmen passen. Z. B. könnte anstelle einer ausschließlichen zentralen Speicherung von Daten auf den Unternehmensservern, die vor allem für Reisende schwer erreichbar sein können, eine sichere lokale Kopie von bestimmten Daten zugelassen werden. Eine manuelle Verschlüsselung von E-Mails durch den Sender könnte durch eine automatische Verschlüsselung am Gateway-Server ersetzt werden.

Ein grundlegendes Thema bei der Auswahl von Sicherheitsmaßnahmen stellen die **Kosten** dar. Allerdings umfassen diese Kosten nicht nur die reinen Anschaffungskosten, sondern auch diverse andere Kostenarten. Sogar beim Verzicht auf Sicherheitsmaßnahmen entstehen Kosten, und zwar die Kosten, die mit einem Sicherheitsvorfall einhergehen.

Um als Entscheidungsträger eine sinnvolle und überlegte Auswahl treffen zu können, sollten zunächst die relevanten Kostentreiber rund um die Informationssicherheit bekannt sein (siehe Abb. 2.10).

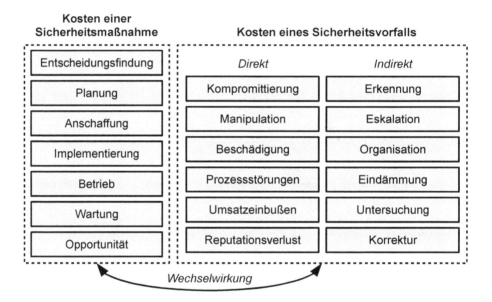

Abb. 2.10: Kostentreiber in der Informationssicherheit

Grundsätzlich stehen die Kosten einer Sicherheitsmaßnahme mit den Kosten eines Sicherheitsvorfalls in **Wechselwirkung**. Durch eine Investition in Sicherheitsmaßnahmen können die Sicherheitsvorfälle stark reduziert oder vollständig vermieden werden, und damit auch die durch Sicherheitsvorfälle verursachten Kosten. Andererseits werden Sicherheitsvorfälle viel wahrscheinlicher und häufiger auftreten, wenn auf Sicherheitsmaßnahmen ganz oder teilweise verzichtet wird.

Die **Kosten einer Sicherheitsmaßnahme** stehen mit allen Aktivitäten und Ressourcen in Verbindung, die erforderlich sind, um die Sicherheitsmaßnahme einsatzfähig zu machen und kontinuierlich zu betreiben:

— Die **Entscheidungsfindung** ist erforderlich, um geeignete Sicherheitsmaßnahmen zu finden. Dabei sind die individuellen Rahmenbedingungen und der Sicherheitsbedarf des Unternehmens zu berücksichtigen. Die damit verbundenen Kosten sollten nicht unterschätzt werden, da sie bei komplexen Lösungen einen erheblichen Umfang annehmen können. Entscheidungsträger investieren oft viel Zeit mit der Informationsbeschaffung und -auswahl. Außerdem werden oft interne und externe Spezialisten hinzugezogen, um die Entscheidungsfindung zu unterstützen. Insbesondere wenn ein Unternehmen über eine große Infrastruktur verfügt, können die Identifikation und Bewertung von Vermögensobjekten, die Risikoanalyse und die Kostenschätzung viel Aufwand erfordern.

— Die **Planung** beinhaltet das Design und die Anpassung von Sicherheitsmaßnahmen sowie eine Vorgehensplanung für ihre Implementierung. Dabei werden verschiedene Experten benötigt, um sowohl die technische und fachliche Perspektive als auch das Projektmanagement abzudecken. Bei Bedarf können externe Berater eingesetzt werden, um die Planungsphase zu unterstützen. Die Planung sollte sehr sorgfältig durchgeführt werden, da spät erkannte Defizite sehr hohe Kosten für die Nacharbeitung mit sich bringen können.

— Die **Anschaffung** bezieht sich auf Hardware und Software, die für die Sicherheitsmaßnahme eingekauft werden müssen. Hardware umfasst grundsätzlich alle physischen Objekte, also vor allem IT-Systeme, Bestandteile von IT-Systemen oder Objekte, die mit ihnen verbunden werden können. Software umfasst Programme und Daten, die für den Betrieb eines IT-Systems und die Herstellung einer erwünschten Funktionalität notwendig sind. Je nach Art der Sicherheitsmaßnahme können unterschiedliche Kombinationen von Hardware- und Software-Komponenten benötigt werden. Wenn die Sicherheitsmaßnahme z. B. ein Antivirenprogramm ist, muss in der Regel keine zusätzliche Hardware angeschafft werden. Bei einer separaten Firewall wird oft eine Appliance verwendet – ein eigenständiges IT-System, das vom Hersteller gewartet wird. Manche Sicherheitsmaßnahmen erfordern ausschließlich eine physische Komponente, z. B. eine Sichtschutzfolie für Laptops.

— Die **Implementierung** enthält alle Aktivitäten, die zur Inbetriebnahme der Sicherheitsmaßnahme durchgeführt werden. Dazu gehören Aktivitäten zur Installation sowie eventuelle Infrastruktur- und Organisationsänderungen. Die Installation beinhaltet unter anderem die Speicherung und Konfiguration von Software auf den betroffenen IT-Systemen, den Aufbau und Anschluss von Hardware sowie die Prüfung der Betriebsfähigkeit und die Dokumentation. Infrastrukturänderungen können sich daraus ergeben, dass aufgrund der Sicherheitsmaßnahme neue Netzwerkverbindungen oder veränderte Umweltbedingungen notwendig werden. Dabei ist festzulegen, welche Art der

Netzwerkverbindung am geeignetsten ist, z. B. Glasfaser, Kupfer oder drahtlose Übertragungstechniken. Auch Änderungen an Netzwerkgeräten (wie Router, Switches oder Firewalls) können damit verbunden sein. Umweltbedingungen betreffen z. B. die Stromversorgung und das Klima. Wenn z. B. zusätzliche Server in einem Rechenzentrum betrieben werden sollen, ändern sich Anforderungen an die Kapazitäten der USV und der Klimaanlage. Organisationsänderungen betreffen die Strukturen im Unternehmen. Unter anderem können für den Betrieb der Sicherheitsmaßnahme neue Abteilungen, Teams oder Rollen erforderlich sein. Auch Prozesse können geändert werden, z. B. um die Sicherheitsmaßnahme besser in den Geschäftsablauf des Unternehmens zu integrieren.

- Der **Betrieb** verursacht Kosten, da die Sicherheitsmaßnahme kontinuierlich betriebsbereit gehalten werden muss, um das gewünschte Sicherheitsniveau aufrechtzuerhalten. Wenn keine Maßnahmen nach der initialen Inbetriebnahme durchgeführt werden, wird das Sicherheitsniveau in der Regel kontinuierlich abnehmen. Z. B. würde ein Antivirenprogramm, das nicht mehr mit Signatur- und Programmupdates versorgt wird, keine neuen Viren erkennen und mit der Zeit eine immer geringere Erkennungsrate besitzen. Außerdem können Kosten anfallen, die durch periodische Lizenzgebühren, administrative Änderungen und Fehlerbehebungen anfallen. Änderungen und Fehlerbehebungen werden dabei entweder durch internes Personal oder – im Falle von komplexeren Problemstellungen – durch spezialisierte Anbieter oder den Hersteller durchgeführt.

- Die **Wartung** ist darauf ausgerichtet, mithilfe von geeigneten Änderungen aktuelle oder zukünftig erwartete Fehler zu beheben, Verbesserungen umzusetzen oder die Sicherheitsmaßnahme an geänderte Umweltbedingungen anzupassen. Ein Beispiel ist die Änderung eines Geschäftsprozesses, die dazu führt, dass auch die Sicherheitsmaßnahme angepasst werden muss (z. B. wenn anstelle von Verträgen in Papierform nun ausschließlich elektronische Dokumente verwendet werden sollen und eine andere, elektronische Sicherheitsmaßnahme nötig ist). Kosten im Rahmen einer Wartung entstehen nicht nur durch die eigentliche Änderung der Sicherheitsmaßnahme, sondern auch durch abhängige Aktivitäten, wie die Anpassung von Handbüchern, Richtlinien und Verfahrensbeschreibungen sowie erforderliche Schulungsmaßnahmen.

- Die **Opportunität** verursacht rechnerisch ebenfalls Kosten. Sie bezieht sich darauf, dass das investierte Kapital zweckmäßig an die ausgewählte Sicherheitsmaßnahme gebunden wird, und somit nicht mehr für alternative Investitionen zur Verfügung steht. Die Gewinne, die durch eine andere Investition in selber Höhe hätten erzielt werden können, sind die sogenannten Opportunitätskosten.

Ein Sicherheitsvorfall, also die Verletzung von Sicherheitszielen des Unternehmens, kann gravierende Folgen haben. Im Extremfall kann ein Unternehmen aufgrund horrender Kosten sogar geschäftsunfähig werden. Die **Kosten eines Sicherheits-vorfalls** umfassen direkte Kosten aufgrund der Schäden, die aus dem Vorfall resultieren, und indirekte Kosten durch die Bewältigung des Vorfalls.

Die **direkten Kosten** eines Sicherheitsvorfalls entstehen durch Kompromittierung, Manipulation, Beschädigung, Prozessstörungen, Umsatzeinbußen und Reputationsverlust:

– Eine **Kompromittierung** kann Auswirkungen auf die Unternehmensstrategie und auf einzelne Personen besitzen. Strategien und ihre Umsetzung können beeinträchtigt werden, wenn z. B. wettbewerbsrelevante Informationen (wie geheime Forschungsergebnisse oder Produktpläne) an die Öffentlichkeit oder in die Hände von Konkurrenten gelangen. Durch eine Kompromittierung können außerdem Nacharbeiten erforderlich werden, welche die Umsetzung von Strategien verzögern. Außerdem können strategisch bedeutende Kunden, Geschäftspartner oder Kapitalgeber abgeschreckt werden. Einzelne Personen können dadurch betroffen sein, dass personenbezogene, finanzielle oder gesundheitsbezogene Informationen veröffentlicht und missbraucht werden. Neben Rufschädigung und Scham können Personen auch erheblichen finanziellen Schaden erleiden, insbesondere durch die Folgen von Identitätsdiebstahl und Missbrauch.

– Eine **Manipulation** von IT-Systemen und Daten kann von Angreifern durchgeführt werden, um missbräuchliche oder betrügerische Aktivitäten umzusetzen oder um einem Unternehmen zu schaden. In der Regel versucht ein Angreifer seine Spuren nach der Manipulation so gut wie möglich zu verwischen, indem er z. B. Protokolldateien ebenfalls manipuliert. Je länger eine Manipulation durch ein Unternehmen unentdeckt bleibt, desto größer können die Folgeschäden sein. Z. B. würden manipulierte Preise in einem Online-Shop zu immer mehr Bestellungen führen, die storniert werden müssen, und damit die Reputation gegenüber den Kunden zunehmend schädigen. Nach der Feststellung einer Manipulation fallen in der Regel arbeitsintensive Wiederherstellungsmaßnahmen an, da das betroffene Unternehmen wieder einen integreren Zustand der IT-Systeme und Daten herstellen muss. Wie viele Daten dabei verloren gehen, hängt von der Regelmäßigkeit und der Rotation der Backups ab. Falls z. B. jeden Tag dasselbe Backup-Tape genutzt wird und sich die Manipulation vor zwei Tagen ereignet hat, wurden die integren Daten bereits mit manipulierten Daten überschrieben. In diesem Fall wäre eine erneute Beschaffung der betroffenen Daten notwendig, was allerdings sehr zeitaufwändig und sogar reputationsschädigend sein kann (aufgrund der Involvierung von Kunden und Geschäftspartnern bei der Datenbeschaffung).

– Eine **Beschädigung** kann sowohl materielle Objekte (z. B. Server, Datenträger, Datenleitungen) als auch immaterielle Objekte (z. B. Betriebssysteme, Programme und Datenbanken) betreffen. Eine Beschädigung bedeutet nicht immer, dass das betroffene Objekt vollständig zerstört und wertlos ist. Oft betrifft die

Beschädigung lediglich einen Teil des Objekts. Folglich ist nicht immer ein vollständiger Austausch erforderlich, sondern es genügt eine Reparatur. Das Ausmaß einer Beschädigung wird auch bei der quantitativen Risikobeurteilung einbezogen (siehe Kapitel 2.1.4). Hierbei beschreibt der Expositionsfaktor den prozentualen Anteil der Beschädigung.

– **Prozessstörungen** treten auf, wenn wichtige Geschäftsprozesse des Unternehmens temporär verzögert oder dauerhaft blockiert werden. Sicherheitsvorfälle können Prozesse auf vielfältige Weise beeinflussen. Unter anderem können wesentliche Kundenprozesse betroffen sein (z. B. Bestellungen und Zahlungsvorgänge). Aber auch Prozesse ohne direkte Kundenrelevanz (z. B. Steuerungs- und Überwachungsprozesse) können durch Sicherheitsvorfälle beeinträchtigt werden. Dadurch ergeben sich weniger direkte, sondern eher indirekte Folgen: Die Risiken, dass bestehende Vorgaben nicht eingehalten werden und weitere Sicherheitsvorfälle folgen, steigen meist erheblich. Die Kosten für das Überbrücken und Wiederherstellen betroffener Prozesse können sehr hoch sein. Außerdem entstehen durch Prozessstörungen oft negative Effekte auf die Motivation des Personals und auf das Image gegenüber den Kunden.

– **Umsatzeinbußen** können die Folge von Prozessstörungen, Reputationsverlust oder anderen Konsequenzen von Angriffen oder Sicherheitsproblemen sein. Umsatzeinbußen entstehen, wenn das Unternehmen seine normale Geschäftstätigkeit (das Verkaufen von Waren oder das Anbieten von Dienstleistungen) nicht weiter ausführen kann. Außerdem können Umstände eintreten, welche die Geschäftstätigkeiten zwar nicht vollständig verhindern, aber stark verkomplizieren. In diesem Fall kann durch Workarounds weiterhin Umsatz erzielt werden, jedoch weitaus langsamer und insgesamt weniger hoch. Umsatzeinbußen sind grundsätzlich mit entgangenem Gewinn verbunden. Außerdem sind Vertragsstrafen möglich, die in der Nichteinhaltung von fest vereinbarten Liefermengen begründet sind. Langanhaltende Umsatzeinbußen können zu Liquiditätsproblemen und im Extremfall zu Zahlungsunfähigkeit und Insolvenz führen.

– Ein **Reputationsverlust** tritt auf, wenn das Image eines Unternehmens gegenüber der Öffentlichkeit nachhaltig beschädigt wird. Ein Sicherheitsvorfall kann die öffentliche Meinung über das Unternehmen stark verändern, insbesondere wenn Kunden dadurch direkt betroffen sind. Das Unternehmen könnte als unseriös, verantwortungslos oder fahrlässig angesehen werden. Ein Reputationsverlust führt nicht zu direkten Schäden des Unternehmens, ist jedoch mit sehr negativen Konsequenzen verbunden: Kunden könnten zu Konkurrenten abwandern, sodass gleichzeitig die Umsätze sinken. Geschäftspartner könnten Ihre Verträge kündigen oder auslaufen lassen. Auch die Entwicklung neuer Geschäftsbeziehungen wird erschwert, z. B. die Aufnahme eines Kredits. Sollte es sich beim betroffenen Unternehmen um eine Aktiengesellschaft handeln, können die Aktienkurse als Resultat des Reputationsverlusts fallen. Je mehr Kunden ein Unternehmen besitzt und je kurzfristiger die Transaktionen mit den Kunden sind, desto stärker wird es von einem Reputationsverlust betroffen sein. Wenn ein Unternehmen wenige, langfristig gebundene Kunden besitzt, wird sich ein Reputationsverlust nicht so schnell und in der Regel weniger stark auswirken. Durch eine überlegte Kommunikation mit der Presse kann ein Unternehmen im Fall eines Sicherheitsvorfalls die öffentliche Meinung etwas beeinflussen und den erwarteten Reputationsverlust abschwächen.

Die **indirekten Kosten** werden durch ein Unternehmen, das von einem Sicherheitsvorfall betroffen ist, selbst verursacht. Sie entstehen durch erforderliche Aktivitäten, um den Vorfall zu bewältigen und die negativen Auswirkungen zu begrenzen. Es handelt sich um Kosten für die Erkennung, Eskalation, Organisation, Eindämmung, Untersuchung und Korrektur:

— Die **Erkennung** eines Sicherheitsvorfalls ist Voraussetzung dafür, diesen bewältigen zu können und weitere angemessene Aktivitäten zu starten. Detektive Sicherheitsmaßnahmen sind genau darauf fokussiert, Sicherheitsvorfälle, oder zumindest Indizien darauf, zu erkennen. Häufig können aus den vorliegenden Daten lediglich Indizien abgeleitet werden. Erst durch eine Zusammenführung mehrerer Indizien und weitergehende Analysen können Sicherheitsvorfälle hinreichend erkannt werden. Z. B. kann eine erheblich gestiegene Zugriffsrate auf die Webseite eines Unternehmens auf eine Denial-of-Service-Attacke hindeuten. Andererseits kann es sich auch lediglich um eine gestiegene Anzahl der legitimen Zugriffe durch interessierte Kunden handeln. Erst die Analyse der Quellen und der Art der Zugriffe lassen auf einen tatsächlichen Sicherheitsvorfall schließen.

— Die **Eskalation** ist ein wichtiger Schritt, um die angemessene Bewältigung eines Sicherheitsvorfalls zu initiieren. Die Person, die den Sicherheitsvorfall entdeckt hat, berichtet ihn an ihren Vorgesetzten oder an den Beauftragten für Informationssicherheit. Im nächsten Schritt wird der Vorfall in der Hierarchie weiter nach oben kommuniziert bis die Geschäftsführung informiert wurde. Hierdurch soll gewährleistet werden, dass eine entscheidungsbefugte Person möglichst schnell vom Sicherheitsvorfall erfährt. Einerseits erzeugt dieses Vorgehen eine Transparenz im Unternehmen, welche die Geschäftsführung auch benötigt, um eine angemessene IT-Governance durchzuführen. Andererseits kann die Geschäftsführung alle erforderlichen Ressourcen freigeben, um den Sicherheitsvorfall zu bewältigen und andauernde Probleme zügig zu beseitigen. Häufig kann eine angemessene Reaktion auf den Sicherheitsvorfall nicht allein durch Mitarbeiter erfolgen, die parallel das Tagesgeschäft erledigen. Die Geschäftsführung hat die Möglichkeit, Mitarbeiter zur Bewältigung des Sicherheitsvorfalls für einen beliebigen Zeitraum vom Tagesgeschäft freizustellen oder externe Unterstützung zu beauftragen.

- Die **Organisation** sollte angegangen werden, sobald die Geschäftsführung die Bewältigung des Sicherheitsvorfalls befürwortet hat. Sie dient dazu, die Folgeschritte zur Eindämmung, Untersuchung und Korrektur des Sicherheitsvorfalls zu planen. Für diese Schritte sollten Personen mit adäquaten Kenntnissen und Fähigkeiten eingesetzt werden. Die Identifikation dieser Personen kann schwierig werden, insbesondere wenn aufgrund von internen Engpässen oder Mangel an geeignetem Personal externe Personen hinzugezogen werden sollen. Hierbei sollte auf die Seriosität und Reputation der Personen bzw. Unternehmen und auf die Vertragsgestaltung geachtet werden, damit das entgegengebrachte Vertrauen nicht missbraucht wird. Die Zeit beim Umgang mit Sicherheitsvorfällen ist meist kritisch. Eine kurzfristige Einsatzbereitschaft von Experten kann jedoch problematisch sein. Im Idealfall wurde bereits im Vorfeld ein Notfallteam mit geeigneter Besetzung zusammengestellt, sodass bei einem Sicherheitsvorfall keine Zeit für die Personalbeschaffung aufgewendet werden muss.
- Die **Eindämmung** ist essenziell, um die Kontrolle über die Objekte zurückzuerlangen, die von einem Sicherheitsvorfall betroffen sind, und die negativen Konsequenzen des Sicherheitsvorfalls so gut wie möglich zu reduzieren. Ohne Eindämmungsmaßnahmen können die resultierenden Schäden kontinuierlich ansteigen, z. B. kann eine ausgenutzte Sicherheitslücke wiederholt ausgenutzt werden, um immer umfangreichere Daten abzugreifen oder weitere Systeme zu beschädigen. Wenn die Sicherheitslücke schnell beseitigt wird und die Angreifer blockiert werden, können weitere Schäden vermieden werden. Welche Maßnahmen im Einzelfall angemessen sind, hängt von der speziellen Sicherheitslücke und dem ausgeführten Angriff ab. Z. B. sollten Angriffe auf das Unternehmensnetzwerk möglichst am Netzwerk-Perimeter blockiert werden, die Nutzung unsicherer Software sollte umgehend untersagt werden und kompromittierte Systeme sollten sofort deaktiviert werden.
- Die **Untersuchung** dient der Erkenntnisgewinnung über den Sicherheitsvorfall und die Umstände, um in Zukunft ähnliche Vorfälle vermeiden zu können. Unter anderem können die vorhandenen Überwachungsmaßnahmen so angepasst werden, dass sie bestimmte Angriffsmuster in Zukunft besser berücksichtigen. Um den Sicherheitsvorfall genau verstehen und nachvollziehen zu können, müssen zunächst umfangreiche Analysen durchgeführt werden. Dabei werden auch Beweise gesichert, um die Verantwortlichen zur Rechenschaft ziehen zu können. Insbesondere bei Gerichtsverfahren spielt eine lückenlose Beweissicherung eine fundamentale Rolle.
- Die **Korrektur** zielt darauf ab, den negativen Zustand, der beim Auftreten des Sicherheitsvorfalls entstanden ist, zu beseitigen. Betroffene System werden repariert, Daten wiederhergestellt und Softwareprobleme behoben. Dadurch werden weitere Angriffe, die auf dem behobenen Problem hätten aufgebaut werden können, verhindert. Die Korrektur wird durch korrektive Sicherheitsmaßnahmen gestützt: Unter anderem sind Backups notwendig, um betroffene Daten

wieder in einen integren Zustand versetzen zu können. Korrekturmaßnahmen können physisch (z. B. die Reparatur einer Eingangstüre), technisch (z. B. das Update einer Software) oder organisatorisch (z. B. die Kündigung eines Mitarbeiters) sein.

Im Gegensatz zu Investitionen, die zur Umsatzgenerierung, und damit direkt zur Gewinnerzielung, beitragen, haben Sicherheitsmaßnahmen eher einen indirekten Einfluss auf den Gewinn. Der **Nutzen** einer Sicherheitsmaßnahme besteht darin, dass Sicherheitsvorfälle vermieden oder weniger wahrscheinlich werden und deren Schäden reduziert werden. Kurz gesagt: Der Nutzen liegt in der Reduzierung der Kosten eines Sicherheitsvorfalls. Solange also die Kosten einer Sicherheitsmaßnahme geringer als die Reduzierung der Kosten eines Sicherheitsvorfalls sind, lohnt sich aus wirtschaftlicher Perspektive die Investition in diese Sicherheitsmaßnahme.

Eine lohnende Sicherheitsmaßnahme ist allerdings nicht automatisch die wirtschaftlich beste Maßnahme. In der Regel existieren nämlich diverse Maßnahmen mit ähnlichem Zweck, aber unterschiedlichen Eigenschaften. Beispielsweise gibt es dutzende Antivirenprogramme, die von einem Unternehmen eingesetzt werden können. Von mehreren Alternativen die beste auszuwählen, kann sich daher als sehr schwierig erweisen.

Um den Kostenaspekt genauer zu analysieren, können verschiedene **finanzielle Indikatoren** eingesetzt werden. Sie helfen insbesondere dabei, die verschiedenen Zahlungsströme von Alternativen vergleichbar zu machen. Grundsätzlich kann zwischen statischen und dynamischen Indikatoren unterschieden werden.

– Die **statischen Indikatoren** berücksichtigen die Zeitpunkte der Zahlungsflüsse einer Investition nicht. Kosten, die direkt am Anfang einer Periode beglichen werden müssen, werden mit Kosten gleichgesetzt, die erst am Ende beglichen werden. Die Periode, die bei statischen Indikatoren oft genutzt wird, ist ein Jahr. Verbreitete Varianten sind der reine Kostenvergleich, bei dem die Gesamtkosten innerhalb einer Periode addiert werden und ein eventueller Liquidationserlös am Ende der Periode subtrahiert wird, und der Return-on-Investment, bei dem der Nutzen mit den Kosten ins Verhältnis gesetzt wird. Mit dem Return-on-Investment kann man also nicht nur verschiedene Sicherheitsmaßnahmen im Hinblick auf ihre Kosten vergleichen, sondern auch sehen, ob eine Sicherheitsmaßnahme grundsätzlich lohnend ist.

– Die **dynamischen Indikatoren** berücksichtigen im Gegensatz zu den statischen Indikatoren die zeitliche Perspektive. Dadurch werden beim Vergleich von Sicherheitsmaßnahmen nicht nur die Höhe der Zahlungsflüsse, sondern auch ihr Zeitpunkt einbezogen. Um dies zu bewerkstelligen, werden Zinsen berechnet. Zahlungsflüsse werden auf- oder abgezinst, um alle Zahlungsflüsse auf einen festgelegten Zeitpunkt zu beziehen, und damit vergleichbar zu machen. Bei der Kapitalwertmethode werden alle zukünftigen Zahlungen abgezinst, um sie auf den heutigen Tag zu beziehen. Bei der Annuitätenmethode werden alle

Zahlungen in eine sogenannte Annuität – ein einheitlicher Betrag für jedes Jahr über den gesamten Zeitraum – umgerechnet. Bei der Internen-Zinsfuß-Methode wird eine jährliche Rendite berechnet, die sich aus einer Kosten-Nutzen-Betrachtung ergibt.

Grundsätzlich sind neben der reinen Kostenfrage noch weitere Kriterien zu berücksichtigen. Der Standard **ISO 25010** gibt einen guten Überblick über verschiedene Kriterien, die bei einer Auswahlentscheidung hinzugezogen werden können.[19] Der Fokus des Standards liegt auf der Produktqualität von Systemen und Software. Der Standard bietet daher Inhalte, die auch auf Sicherheitsmaßnahmen gut adaptiert werden können. Die acht Hauptkategorien der Kriterien für **Produktqualität** lauten:
- **Funktionalität** ist das Ausmaß, in dem ein Produkt oder System Funktionen anbietet, um den Bedarf von Nutzern unter gegebenen Bedingungen zu erfüllen. In Bezug auf Sicherheitsmaßnahmen beziehen sich diese Funktionen auf das Erfüllen von angestrebten Sicherheitszielen, z. B. kann eine Funktion die Vertraulichkeit von Daten schützen.
- **Zuverlässigkeit** ist das Ausmaß, in dem ein Produkt oder System Funktionen unter gegebenen Bedingungen und innerhalb eines gegebenen Zeitraums anbietet. Zuverlässigkeit ist wichtig in der Informationssicherheit, denn eine unzuverlässige Sicherheitsmaßnahme würde zu höheren Risiken führen: Es wäre kein kontinuierlicher Schutz gegeben.
- **Gebrauchstauglichkeit** ist das Ausmaß, in dem ein Produkt oder System durch festgelegte Nutzer eingesetzt werden kann, um bestimmte Ziele zu erfüllen. Dabei werden die Effektivität, Effizienz und Zufriedenheit innerhalb eines Anwendungsszenarios betrachtet. Sicherheitsmaßnahmen sind oft in die täglichen Aktivitäten von Nutzern integriert. Außerdem werden Sicherheitsmaßnahmen von bestimmten Mitarbeitern, z. B. Sicherheitsadministratoren, konfiguriert und betrieben. Dabei ist unter anderem eine leicht verständliche und gut bedienbare Oberfläche ein wichtiger Faktor der Gebrauchstauglichkeit.
- **Sicherheit** ist das Ausmaß, in dem ein Produkt oder System Informationen und Daten schützt, sodass Personen und Systeme nur die Zugriffsrechte auf Daten besitzen, für die sie aus geschäftlicher Sicht autorisiert sind. Jedes Objekt, auch eine Sicherheitsmaßnahme, sollte im Hinblick auf Sicherheit analysiert werden. Z. B. kann eine Firewall zwar eine Erhöhung des Sicherheitsniveaus mit sich bringen, aber die Sicherheit der Firewall selbst, z. B. die Administrationsoberfläche, muss ebenfalls berücksichtigt werden.
- **Effizienz** wird an der Leistung gemessen, die von einem Produkt oder System unter festgelegten Bedingungen erreicht werden kann. Eine Sicherheitsmaßnahme, die sehr viele Ressourcen benötigt, um ein Sicherheitsziel zu erreichen,

---

19 Vgl. ISO 2011.

wird unter dieser Kategorie schlecht bewertet. Unter anderem sollte ein Antivirenprogramm sparsam mit den Ressourcen eines Computers (z. B. Prozessorleistung und Speicherbelegung) umgehen.

— **Wartbarkeit** ist das Ausmaß, in dem ein Produkt oder System effektiv und effizient durch das betreffende Wartungspersonal modifiziert werden kann. Modifikationen können in der Informationssicherheit sehr wichtig und zeitkritisch sein. Neue Bedrohungen oder technologische Entwicklungen können dazu führen, dass Sicherheitsmaßnahmen erst nach einer Modifikation wieder effektiv eingesetzt werden können. Ein Beispiel dafür ist eine Firewall, die nach einem Anstieg des Netzwerkverkehrs keine zeitgerechte Filterung mehr durchführen kann. Erst die Modifikation der Firewall in Form eines schnelleren Prozessors und einer Erweiterung des Arbeitsspeichers würde das Problem lösen.

— **Portabilität** ist das Ausmaß, in dem ein Produkt oder System effektiv und effizient von einer Hardware oder Software bzw. einer Umgebung auf eine andere transferiert werden kann. Eine Sicherheitsmaßnahme, z. B. eine lokale Firewall, die auf jedem System eines Unternehmens betrieben werden soll, erfüllt nur dann das Kriterium der Portabilität, wenn tatsächlich alle Systeme unterstützt werden. Gerade in heterogenen IT-Umgebungen kann dies sehr schwierig werden.

— **Kompatibilität** ist das Ausmaß, in dem ein Produkt oder System Informationen mit anderen Produkten oder Systemen austauschen kann. Auch die Lauffähigkeit auf geteilten Umgebungen ist eine Eigenschaft der Kompatibilität. Sicherheitsmaßnahmen tauschen z. B. kritische Informationen mit anderer Software aus, wenn Protokolldateien analysiert, Alarme generiert oder Konfigurationen abgefragt werden. Die Kompatibilität ist erfüllt, wenn ein Datenaustausch möglich ist und ordnungsmäßig funktioniert.

Neben der Produktqualität behandelt der ISO-Standard auch die **Einsatzqualität** (engl. Quality in Use). Sie bezieht sich auf einen konkreten Nutzungskontext und kann nicht generell beurteilt werden. Vielmehr spielen die spezifische Umgebung und die Ziele der Anwendung eine entscheidende Rolle in der Beurteilung. Hierbei wird anhand der Kriterien Effektivität, Effizienz, Zufriedenheit, Risikofreiheit und kontextbezogene Abdeckung analysiert, inwieweit ein Produkt tatsächlich für den praktischen Einsatz geeignet ist.

Sicherheitsmaßnahmen werden also in Bezug auf einen bestimmten Einsatz in einer bestimmten Umgebung beurteilt. Z. B. funktioniert eine Datenabflusskontrolle (engl. Data Leakage Prevention) je nach Einsatz und Umgebung unterschiedlich gut. Wenn gut erkennbare, strukturierte Daten (z. B. Kreditkartennummern) überwacht werden sollen, könnte die Maßnahme ganz anders funktionieren als bei schlecht erkennbaren, weniger strukturierten Daten (z. B. Unternehmensstrategien). Auch die Umgebungsbedingungen können Einfluss auf die Einsatzqualität haben. Wenn

z. B. die Nutzer leicht an lokale Administrationsrechte gelangen können, lassen sich manche Maßnahmen einfach deaktivieren.

Die Entscheidung, welche Sicherheitsmaßnahme durch ein Unternehmen ausgewählt werden soll, wird durch eine fundierte Kriterienauswahl sehr gut gestützt. Ein **Auswahlverfahren** sollte eine strukturierte Technik nutzen, um von den zahlreichen Detailinformationen zu einer übergreifenden Entscheidung zu gelangen. Ohne eine Technik würde die Gefahr bestehen, dass wesentliche Schritte übersehen oder nicht vollständig durchdrungen werden. Unter anderem könnte das zugrundeliegende Entscheidungsproblem nicht ausreichend definiert und verstanden worden sein. Die Qualität der Auswahlentscheidung kann dadurch stark beeinträchtigt werden. Die Transparenz wäre nicht gewährleistet, sodass Außenstehende die Entscheidung schwer nachvollziehen könnten. Auch eine fehlende Aufteilung in Phasen würde die Transparenz und vor allem auch die Abgrenzung und Weiterverwendung von Zwischenergebnissen sehr erschweren.

Die verbreitetsten Techniken für Auswahlverfahren mit mehreren Kriterien sind die Nutzwertanalyse (NWA) und der Analytic Hierarchy Process (AHP):

– Die **NWA**[20] ist sehr verbreitet und kann einfach und intuitiv angewendet werden. Jede Alternative wird im Hinblick auf die festgelegten Kriterien bewertet, und dadurch werden Punktwerte generiert. Mithilfe von Gewichten können bestimmte Kriterien gegenüber anderen Kriterien hervorgehoben werden. Durch eine einfache Addition der gewichteten Punktwerte erhält man den Nutzwert einer Alternative. Die Alternative mit dem höchsten Nutzwert wird als beste Alternative angesehen und kann ausgewählt werden. Eine wichtige Voraussetzung ist die Festlegung von möglichen Ausprägungen der Kriterien und die Zuweisung von entsprechenden Punktwerten. Um zu vermeiden, dass einzelne Alternativen selbst dann insgesamt gut bewertet werden können, wenn sie einzelne, überaus wichtige Kriterien nicht erfüllen, können die Kriterien in Ausschluss- und Vergleichskriterien unterteilt werden. Ausschlusskriterien müssen von den Alternativen zwingend erfüllt werden. Nur die Alternativen, die allen Ausschlusskriterien genügen, werden anschließend anhand der Vergleichskriterien mit Punktwerten bewertet. Die unkomplizierte Anwendung der Nutzwertanalyse bringt allerdings auch einige Nachteile mit sich: Unter anderem können die Bewertungsergebnisse leicht verzerrt werden, z. B. durch starke Abhängigkeiten zwischen den Kriterien (wie bei Kosten und Qualität) oder wenn sehr viele Kriterien eingesetzt werden, und dadurch einzelne Kriterien in der Menge untergehen. Außerdem sind die Ergebnisse leicht manipulierbar, da mit genauen Zahlen und Rechenverfahren eine Objektivität unter Umständen nur vorgetäuscht wird.

---

20 Weiterführende Informationen in Zangemeister 1976.

– Der **AHP**[21] ist eine Technik, die auf Paarvergleichen basiert. Sowohl die Kriterien als auch die Alternativen werden mithilfe von paarweisen Vergleichen beurteilt. Die Paarvergleiche von Kriterien untereinander führen zu Gewichten. Die Paarvergleiche von Alternativen werden im Hinblick auf die Erfüllung des jeweils betrachteten Kriteriums durchgeführt und führen zu Bewertungen, welche denselben Zweck wie die Punktwerte beim NWA besitzen: Eine Addition dieser Bewertungen führt zu einer Gesamtbewertung der jeweiligen Alternative, sodass dadurch wieder die beste Alternative ausgewählt werden kann. Die Komplexität der AHP-Technik ist darin begründet, dass relativ viele Paarvergleiche erforderlich sind und diese in normierte Evaluationsmatrizen überführt werden müssen. Zusätzliche Konsistenzprüfungen erfordern sogar iterative Berechnungen, sodass spezielle Computer-Software für die Anwendung sehr empfehlenswert ist.

Aber auch beim Einsatz einer Technik können unvorhergesehene **Herausforderungen** oder sogar Probleme auftreten. Während des gesamten Auswahlverfahrens wird ein Unternehmen ständig mit den Aspekten Kosten, Zeit und Qualität konfrontiert. Außerdem können auch Beziehungen zur Umwelt das Auswahlverfahren beeinflussen oder von ihm beeinflusst werden.

– Während des Auswahlverfahrens werden oft umfangreiche Ressourcen benötigt, die zu hohen **Kosten** führen können. Da in der Regel die Kosten der Sicherheitsmaßnahme im Vordergrund stehen, besteht die Gefahr, dass die Kosten für die Durchführung des Auswahlverfahrens in den Hintergrund geraten. Insbesondere wenn sehr komplexe Entscheidungen getroffen werden, z. B. unter Einbeziehung vieler schwer verständlicher Kriterien, wird das Unternehmen hohe Kosten decken müssen. Grundsätzlich besitzt das Ergebnis eines Auswahlverfahrens einen gewissen Wert: Wenn z. B. eine neue Sicherheitsmaßnahme ausgewählt wird, die weitaus günstiger betrieben werden kann als eine bereits implementierte, kann der zukünftig eingesparte Betrag als Wert des Auswahlverfahrens betrachtet werden. Wenn nun die Kosten des Auswahlverfahrens den erwarteten Wert des Ergebnisses übersteigen, ist die Durchführung des Auswahlverfahrens wirtschaftlich nicht sinnvoll. Da es oft schwierig ist, die Kosten eines Auswahlverfahrens im Voraus festzustellen, müssen meist Schätzungen zu den benötigten Kosten erstellt werden. Einen wesentlichen Bestandteil machen dabei die Personalkosten aus. Zum einen muss sich mindestens eine Person auf das Entscheidungsverfahren konzentrieren. Zum anderen wird in der Regel Expertenwissen einbezogen, das z. B. im Rahmen von Interviews oder schriftlichen Ausarbeitungen erhoben werden kann. Auch externe Berater können hinzugezogen werden, um das Auswahlverfahren an sich oder die dazu notwendige Informationsbeschaffung zu unterstützen. Für zusätzlich benötigte

---

21 Weiterführende Informationen in Saaty 1994, 2000.

Hard- und Software können ebenfalls Kosten entstehen, z. B. für eine dedizierte Software für Auswahlverfahren oder für Testsysteme zur Beurteilung der identifizierten Alternativen. Die Schaffung einer hohen Diversität kommt der Qualität der Ergebnisse des Auswahlverfahrens zu Gute. Unter anderem können verschiedenartige Testsysteme oder unterschiedliche Techniken (z. B. die NWA und der AHP) parallel eingesetzt werden. Dadurch können mehr Informationen gesammelt und mehrere Perspektiven und Aspekte berücksichtigt werden. Allerdings erhöht der damit verbundene, zusätzliche Ressourcenaufwand ebenfalls die Kosten.

–   Die benötigte **Zeit** für das Auswahlverfahren kann von der anfänglichen Planung oder den vorhandenen Erwartungen stark abweichen. Alle Ereignisse, die den zeitlichen Ablauf des Auswahlverfahrens auf unvorhergesehene Weise verzögern, sind grundsätzlich nachteilig. Häufig führen Veränderungen, Prozessmängel oder eine mangelnde Ressourcenverfügbarkeit zu zeitlichen Schwierigkeiten: Veränderungen in der Situation oder in den Zielen eines Unternehmens können von innen (aus dem Unternehmen heraus) oder von außen (aus der Unternehmensumwelt) initiiert werden. Veränderungen von innen hängen oft mit neuen Ansichten oder Zielen des Unternehmens oder bedeutender Stakeholder zusammen, z. B. wenn der Sponsor des Auswahlverfahrens wechselt und andere Prioritäten vorgibt. Veränderungen von außen können unter anderem aufgrund neuer technischer Trends, geänderter Regularien oder einem anderen Kunden- oder Geschäftsverhalten begründet sein. Unabhängig davon, ob Veränderungen von innen oder außen initiiert wurden, muss in der Folge stets zusätzliche Zeit investiert werden, um die Auswirkungen auf das Auswahlverfahren zu analysieren. Im schlimmsten Fall können die neuen Anforderungen an die Sicherheitsmaßnahme so stark von den anfänglichen Anforderungen abweichen, dass das gesamte Auswahlverfahren neu begonnen werden muss. Aber auch kleinere Veränderungen sollten nicht unterschätzt werden, da sie bei wiederholtem Auftreten dazu führen können, dass sich das Auswahlverfahren ständig verlängert. Prozessmängel innerhalb eines Auswahlverfahrens können zu unnötigen Wartezeiten und unvorhergesehenen Verzögerungen führen. Prozessschritte sollten daraufhin untersucht werden, ob sie z. B. unnötig sind, ausgelagert, kombiniert, parallelisiert, verschoben oder beschleunigt werden können, um den Ablauf zu verbessern. Eine mangelnde Ressourcenverfügbarkeit kann zu unerwünschten Wartezeiten führen, die bei besserer Planung womöglich hätten vermieden werden können. Ressourcen können temporär oder permanent nicht verfügbar sein, wenn sie bereits durch andere Aktivitäten belegt oder aufgrund von bestimmten Ereignissen (z. B. ein Defekt oder eine Wartungsmaßnahme) nicht betriebsbereit sind.

–   Die **Qualität** des Auswahlverfahrens besitzt einen direkten Einfluss auf den Wert der Ergebnisse. Sollte das Verfahren z. B. von vielen Fehlern geprägt sein, wird die resultierende Auswahlentscheidung wahrscheinlich weniger gut dazu geeignet sein, Risiken effizient zu reduzieren und Kosten gering zu halten. Auch das Übersehen wichtiger Informationen kann zu einer veränderten Rangfolge der betrachteten Alternativen führen. Die Qualität wird durch die aufgebrachten Kosten und die investierte Zeit stark beeinflusst. Wenn z. B. an hochwertigen Ressourcen oder qualifiziertem Personal gespart wird, werden die Ergebnisse eher von Fehlern geprägt sein. Neben der Qualifikation des Personals in Bezug auf Entscheidungsverfahren und Informationssicherheit sind auch weitere Aspekte für die Qualität relevant. Dazu gehören unter anderem die Motivation der Beteiligten, die Genauigkeit und Klarheit der entscheidungsrelevanten Ziele, die Vermeidung von bewussten oder unbewussten Manipulationen der verwendeten Informationen, eine professionelle Kommunikation und die Berücksichtigung neuer Trends. Außerdem ist es grundsätzlich vorteilhaft, wenn regelmäßige Qualitätskontrollen in das Auswahlverfahren integriert werden, sodass qualitätsbeeinträchtigende Zustände frühzeitig identifiziert und beseitigt werden können.

— **Beziehungen zur Umwelt** besitzt nahezu jedes Unternehmen. Daher wird auch die Auswahl von Sicherheitsmaßnahmen oft durch diese Beziehungen beeinflusst. Dabei kann es Effekte geben, die vor, während oder nach der Auswahlentscheidung wirksam werden. Vorausgehende Effekte beeinflussen oder initiieren das Auswahlverfahren. Beispiele sind Kunden, die der Informationssicherheit ihres Dienstleisters bzw. Lieferanten eine hohe Bedeutung beimessen und unter Umständen das Risiko von Sicherheitsvorfällen vertraglich auf ihren Dienstleister bzw. Lieferanten übertragen haben, Angreifer, die neue Bedrohungen geschaffen haben, und neue oder veränderte Regularien, die das Unternehmen zur Implementierung bestimmter Sicherheitsmaßnahmen verpflichten. Während des Auswahlverfahrens macht sich z. B. ein bestimmtes Sicherheitsniveau bemerkbar, das durch mehrere Geschäftspartner unterstützt werden muss. Ein Beispiel wäre ein neues Verschlüsselungsverfahren, das auch vom Kommunikationspartner beherrscht werden muss. Die Wettbewerbssituation eines Unternehmens kann sich durch die Auswahl und Implementierung von Sicherheitsmaßnahmen verbessern. Nach der Auswahlentscheidung kann es vorkommen, dass sich die selektierten Sicherheitsmaßnahmen als unzureichend herausstellen und durch resultierende Sicherheitsvorfälle auch die Geschäftspartner und Kunden betroffen sind. Sollten die Sicherheitsmaßnahmen hingegen besonders effektiv sein, könnten Konkurrenten diese Maßnahmen kopieren. Angreifer werden ebenfalls durch Sicherheitsmaßnahmen beeinflusst, da sie daraufhin ihre Angriffsmethoden mehr oder weniger stark ändern können.

Awareness-Maßnahmen sollten, genauso wie andere Sicherheitsmaßnahmen, aus Kosten-Nutzen-Aspekten betrachtet werden. Sie verhindern Verluste, die durch das unerwünschte Verhalten von Mitarbeitern ermöglicht oder zumindest nicht vermieden werden. Sie verhindern z. B. den sorglosen Umgang mit Arbeitsmitteln oder eine falsche Reaktion auf Sicherheitsvorfälle.

Erst in der Konsequenz einer unzureichenden Awareness entstehen Schäden für das Unternehmen. Der Zusammenhang zwischen fehlender Awareness und schadhaften Konsequenzen ist nicht immer eindeutig, aber zumindest tendenziell hängen beide Aspekte stark zusammen. Eine hohe Awareness hilft, sicherheitsrelevante Vorgänge besser einzuschätzen und angemessen darauf zu reagieren, wodurch resultierende Schäden reduziert oder sogar vermieden werden können.

2.1.8 Sicherheitsaudits

Sicherheitsaudits sind möglichst unabhängige Prüfungen der Informationssicherheit im Unternehmen. Die **Unabhängigkeit** soll gewährleisten, dass die beteiligten Auditoren die Prüfungen so objektiv wie möglich durchführen und beurteilen. Interessenkonflikte und Verzerrungen sollen vermieden oder zumindest offengelegt werden:

- **Interessenkonflikte** entstehen, wenn die Auditoren selbst an der Erstellung der geprüften Objekte oder Prozesse beteiligt waren (z. B. an der Programmierung einer Softwarekomponente oder am Design eines Prozesses) oder ein bestimmtes Interesse an den Prüfungsergebnissen besitzen (z. B. wenn sie finanziell am Unternehmen beteiligt sind und eine Verlängerung der Zertifizierung gefährdet ist).
- **Verzerrungen** können z. B. dann entstehen, wenn die Auditoren immer dasselbe Unternehmen prüfen und keine Vergleichsbasis haben. Außerdem können sie ihre Feststellungen unbewusst verharmlosen oder dramatisieren. Immer wenn Beurteilungen getroffen werden, sind Verzerrungen möglich (ähnlich wie bei den Teilnehmern einer Awareness-Maßnahme, die ihre Zufriedenheit beurteilen sollen – siehe Kapitel 4.9).

Die grundsätzlichen **Prüfungsbereiche** bei einem Sicherheitsaudit sind die Einhaltung von Sicherheitsvorgaben und die Funktionalität von Sicherheitsmaßnahmen:

- **Vorgaben** können aus diversen internen und externen Quellen stammen: Interne Quellen für Vorgaben sind vor allem Sicherheitsrichtlinien, Arbeitsanweisungen und Verfahrensbeschreibungen (dort können z. B. Vorgaben zum Vier-Augen-Prinzip bei bestimmten Prozessschritten oder Regelungen zum Empfang von Besuchern enthalten sein). Externe Quellen sind Gesetze, Standards und Best Practices. Normalerweise ist für ein Unternehmen lediglich die Einhaltung von Gesetzen verpflichtend; allerdings haben manche Branchen-Standards eine so große Akzeptanz gefunden, dass ein Unternehmen nicht an ihrer Einhaltung vorbeikommt, ohne Wettbewerbsnachteile zu erlangen.

– **Sicherheitsmaßnahmen** können physisch, technisch oder organisatorisch ausgeprägt sein (siehe Kapitel 2.1.6). Da sie nur einen Nutzen erzeugen, wenn sie auch tatsächlich funktionieren, werden in einem Sicherheitsaudit ihre Effektivität und Effizienz überprüft: Risiken müssen effektiv reduziert werden (z. B. ist eine Firewall nur effektiv, wenn der Netzwerkverkehr durch sie gefiltert wird und nicht etwa an ihr vorbeigeleitet wird) – auch die Aktualität der Maßnahmen kann eine große Rolle dabei spielen (z. B. ist ein Antivirenprogramm weniger effektiv, wenn es nicht regelmäßig mit Signatur-Updates versorgt wird). Die Effizienz – also das Kosten-Nutzen-Verhältnis – von Maßnahmen kann schwanken und unter Umständen mit der Zeit abnehmen (z. B. kann das Patch Management sehr aufwändig werden, wenn die IT-Umgebung mit der Zeit zunehmend komplexer und heterogener wird). Durch eine regelmäßige Prüfung der Maßnahmen kann sichergestellt werden, dass sie weiterhin ihren Zweck erfüllen und immer noch wirtschaftlich sind.

Einen Zusammenhang zwischen Sicherheitsaudits und **Awareness** gibt es in beide Richtungen: Einerseits kann Awareness das Prüfungsthema eines Sicherheitsaudits sein – wenn also geprüft wird, ob die Mitarbeiter im Unternehmen eine ausreichende Awareness besitzen und anforderungsgerechte Maßnahmen implementiert wurden – und andererseits kann ein Sicherheitsaudit von einer hohen Awareness im Unternehmen profitieren – die Mitarbeiter verstehen dann den Zweck und Nutzen eines Audits und sind eher zur Mitwirkung und Unterstützung bereit. Awareness als Prüfungsthema kann sich auf die Vorgaben beziehen, die ein Unternehmen in Bezug auf Awareness umsetzen muss (z. B. die Vorgabe, eine regelmäßige Awareness-Maßnahme für das Personal umzusetzen – siehe auch Kapitel 3.8). Außerdem sind Awareness-Maßnahmen ebenfalls Sicherheitsmaßnahmen, die hinsichtlich ihrer Effektivität und Effizienz geprüft werden können.

Die **Prüfungsthemen** können – je nachdem, welches Objekt oder welche Tätigkeiten betrachtet werden sollen – noch weiter differenziert werden. Häufige Themengebiete rund um die IT-Umgebung eines Unternehmens sind (Awareness ist dabei primär den Themen Prozesse und Personen untergeordnet):

– **Daten:** Die Sicherheit von Daten muss während ihrer Speicherung, Übertragung und Verarbeitung gewährleistet werden. Wichtige Punkte bei der Prüfung sind der Zugriffsschutz (Sind Daten vor unbefugter Einsicht und Manipulation geschützt?), Verschlüsselung (Welche Daten sind wie gut verschlüsselt?), Datenintegrität (Werden Änderungen von wichtigen Dateien überwacht?), Verfügbarkeit (Gibt es eine redundante Speicherung und Backups?), Datenkontrolle (Werden Daten klassifiziert und der Datenfluss kontrolliert?), Protokollierung (Gibt es Protokolle über Zugriffe auf und Änderungen von Daten?) und Compliance (Werden personenbezogene Daten richtig behandelt?).

– **Applikationen:** Sie sind wichtig, um viele Funktionen und Prozesse im Unternehmen zu unterstützen oder sogar erst zu ermöglichen. Durch die große Heterogenität von Applikationen (neben Standardsoftware für unterschiedliche Einsatzgebiete kann ein Unternehmen auch selbstentwickelte Applikationen nutzen) kann das Erreichen eines angemessenen Sicherheitsniveaus sehr anspruchsvoll sein. Applikationen sollten nicht nur sicher entwickelt worden sein (z. B. mit guten Zugriffskontrollmechanismen und einem sicheren Quellcode), sondern auch kontinuierlich gepflegt und analysiert werden (Werden Sicherheitsaktualisierungen installiert sowie Schwachstellenscans und Penetrationstests durchgeführt?). Außerdem sollten die Nutzung von Applikationen kontrolliert (Welche Nutzer haben welche Rechte und wie werden neue Applikationen lizensiert?) sowie Installationen und Änderungen nachvollziehbar gemacht werden (Erstellung einer Dokumentation, Protokollierung von Änderungen, Tests vor Inbetriebnahme).

– **Systeme:** Hardwarekomponenten werden mit Software (ein Betriebssystem und verschiedene Applikationen) kombiniert, um ein betriebsbereites IT-System zu schaffen. Das Betriebssystem verwaltet die Hardwareressourcen des Systems (z. B. Prozessorzeit, Speicherbelegung und Festplattenzugriffe) und ermöglicht die Kommunikationen zwischen den Applikationen und der Hardware. Auch bei Systemen sind Zugriffsschutz, Verschlüsselung und Sicherheitsaktualisierungen wichtig. Ein besonderes Interesse sollte außerdem dem Schutz vor Schadsoftware (z. B. Viren, Würmer, Trojaner und Rootkits) gelten. Weitere wichtige Punkte sind Redundanzen (z. B. Failover-Systeme) und Protokollierung (von Sicherheitsereignissen und Systemzuständen).

– **Netzwerke:** Die Kommunikation zwischen Systemen erfolgt über Netzwerke. Switches, Router und Firewalls dienen der Weiterleitung und Kontrolle des Datenverkehrs in Netzwerken: Switches ermöglichen die Kommunikation innerhalb eines Netzwerks oder zwischen Netzwerksegmenten und besitzen keine Sicherheitsfunktionen oder Filtermöglichkeiten (außer Zugriffssteuerungslisten). Router nutzen Routing-Tabellen, um Datenpakete zwischen Netzwerken mit verschiedenen Adressbereichen oder Architekturen bestmöglich weiterzuleiten. Firewalls besitzen zusätzliche Filterungsmechanismen und können Verbindungsversuche bei Bedarf blockieren. Der Datenverkehr sollte angemessen geschützt und kontrolliert werden. Datenverbindungen sollten bei Bedarf z. B. verschlüsselt, signiert und redundant ausgelegt werden. Angriffsversuche sollten blockiert und wichtige Ereignisse protokolliert werden. Auch Switches, Router und Firewalls müssen gepflegt und, falls erforderlich, mit neuen Sicherheitsaktualisierungen versorgt werden.

– **Prozesse:** Die Prozesse eines Unternehmens – also zusammengehörige Abfolgen von Ereignissen und Tätigkeiten – können relativ komplex sein: Neben sequenziellen Abläufen können auch parallele, repetitive und alternative Prozessabläufe im Unternehmen vorhanden sein. Prozesse sind notwendig, um Eingabe- in Ausgabeobjekte umzuwandeln, und dadurch einen Wert zu erzeugen. Gerade weil die Prozesse für die Wertgenerierung wichtig sind, sollte auf eine angemessene Sicherheit geachtet werden. Wichtige Sicherheitsverbesserungen von Prozessen bieten das Need-to-know-Prinzip (zur Einschränkung von Zugriffsrechten), Funktionstrennungen (um Manipulationen durch einzelne Personen zu erschweren), Change Management (zur kontrollierten Durchführung von Änderungen), Business Continuity (zur Reduzierung von Störungen oder Verzögerungen), Disaster Recovery (zur Wiederherstellung nach Ausfällen) sowie Incident und Problem Management (zum Umgang mit Ereignissen und Problemen). Awareness kann auch in Form von Prozessen eine Rolle spielen – wenn z. B. Prozesse zur Einführung neuer Mitarbeiter oder zur Veranstaltung regelmäßiger Schulungen existieren. Da Awareness-Prozesse zwar wichtig sind, aber selten sensitive Informationen beinhalten und nicht direkt zur Wertgenerierung beitragen, haben sie in der Regel einen geringen Sicherheitsbedarf.

– **Projekte:** Hierbei handelt es sich um zeitlich begrenzte und zielgerichtete Vorhaben, die insgesamt einmalig sind und für den Geschäftserfolg eines Unternehmens wesentlich sein können (z. B. wenn ein neues Produkt entwickelt wird). Ein gutes Projektmanagement sollte Sicherheitsaspekte im Projekt berücksichtigen. Unter anderem sind der sichere Umgang mit der Projektdokumentation und den Projektdaten, die Kontrolle von Änderungen und die Überwachung des Projekts von Bedeutung.

– **Personen:** Mit einem Unternehmen stehen normalerweise viele verschiedene Personen in Beziehung. Vor allem die Mitarbeiter des Unternehmens sollten aus der Sicherheitsperspektive genauer betrachtet werden. Die Awareness der Mitarbeiter ist ein wesentlicher Punkt, für den das Unternehmen sorgen muss. Daneben sind z. B. Verpflichtungserklärungen (z. B. zur Vertraulichkeit oder zum Umgang mit IT-Systemen), Bewerberprüfungen (vor Neueinstellungen) und andere Maßnahmen (wie Jobrotation oder Überwachung) möglich, um das Sicherheitsniveau zu erhöhen.

Sicherheitsaudits können von unterschiedlichen Auditoren, an unterschiedlichen Orten und zu unterschiedlichen Zeiten durchgeführt werden. Aus diesen Perspektiven können Sicherheitsaudits in verschiedene **Arten** eingeteilt werden (siehe Abb. **2.11**):

– Die Partei, die die Rolle des **Auditors** wahrnimmt, kann in unterschiedlichen Beziehungen zum geprüften Unternehmen stehen: Wenn das Unternehmen selbst den Auditor stellt, redet man von einem 1st Party Audit oder internen Audit. Die Auditoren können entweder auf Sicherheitsaudits spezialisiert sein oder operative Mitarbeiter können ihre eigenen Tätigkeiten und Ergebnisse prüfen (Selbstbewertung). Das Unternehmen kann mit dem 1st Party Audit einen Eindruck über die eigene IT-Umgebung erlangen und proaktiv nach Mängeln suchen (z. B. vor einem 3rd Party Audit). Das 2nd Party Audit wird von einer externen Partei, die in einer aktuellen oder zukünftigen Geschäftsbeziehung mit dem Unternehmen steht bzw. stehen wird, vorgenommen. In der Regel handelt es sich dabei um Kunden oder Lieferanten des Unternehmens, die für eine Risiko-minimierung oder Unterstützung einer Auswahlentscheidung weitere Informa-tionen über die Sicherheit des Unternehmens erlangen möchten. Das 3rd Party Audit wird durch eine unabhängige dritte Organisation oder Person durchge-führt. Oft handelt es sich dabei um eine Zertifizierungsstelle, die dem Unter-nehmen nach dem Audit ein Zertifikat ausstellen kann. Das 3rd Party Audit ist grundsätzlich die beste Wahl, um Interessenkonflikte zu vermeiden und die Ob-jektivität der Auditoren zu maximieren. Beteiligte Organisationen bieten häufig auch Beratungsleistungen an, um die Behebung von festgestellten Abweichun-gen zu unterstützen.

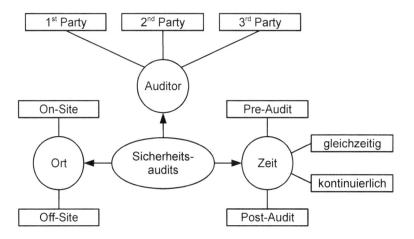

Abb. 2.11: Arten von Sicherheitsaudits

- Der **Ort** eines Sicherheitsaudits kann entweder innerhalb des Unternehmens (On-Site) oder außerhalb (Off-Site) sein. Welchen Aufenthaltsort der Auditor während des Audits wählt, hängt davon ab, welche Themen geprüft werden sol-len und inwiefern der Auditor Objekte oder Prozesse vor Ort inspizieren oder beobachten muss. Wenn er z. B. Zutrittskontrollen von Gebäuden prüfen oder produktive Abläufe beobachten möchte, wäre ein Off-Site Audit schwierig. Auch wenn er mehrere Personen interviewen möchte, macht eine Anreise des Audi-tors in der Regel mehr Sinn als die Reise der Interviewten zum Auditor. Hinge-gen können Prüfungen von Dokumenten und bestimmten Systemen (sofern ein Fernzugriff eingerichtet wurde) auch gut aus der Ferne erfolgen. Oft werden On- und Off-Site Audits kombiniert, so dass, je nach Prüfungsinhalt, individuell ent-schieden wird, wo sich der Auditor während der Prüfung aufhält.
- Die **Zeit** des Sicherheitsaudits bezieht sich auf ein bestimmtes, sicherheitsrele-vantes Ereignis (z. B. eine fehlerhafte Transaktionsverarbeitung, ein Hacker-

Angriff oder eine Fusion mit einem anderen Unternehmen). Das Audit kann vor diesem Ereignis (Pre-Audit), gleichzeitig dazu, kontinuierlich (also über einen längeren Zeitraum, unabhängig vom Zeitpunkt des Ereignisses) oder danach (Post-Audit) erfolgen. Das Pre-Audit gibt einem Unternehmen die Möglichkeit, wahrscheinliche Abweichungen bei geplanten oder erwarteten Ereignissen bereits im Vorfeld zu identifizieren; dadurch können daraus resultierende Probleme verhindert oder verringert werden (z. B. kann eine neue Software vor der Inbetriebnahme geprüft werden oder ein internes Audit kann vor einem Zertifizierungsaudit durchgeführt werden). Das gleichzeitige Audit wird zur selben Zeit durchgeführt wie das betreffende Ereignis. Dies funktioniert natürlich nur, wenn der Zeitpunkt des Ereignisses im Voraus bekannt ist (z. B. bei einer geplanten Systemumstellung oder einem zeitgesteuerten Batch-Prozess) oder Indikatoren für ein zeitnahes Eintreten existieren (z. B. eine Erhöhung von Anfragen über das Internet vor einer Denial-of-Service-Attacke oder die Eingabe bestimmter Daten vor einer Transaktionsverarbeitung). Beim kontinuierlichen Audit werden Prüfungstätigkeiten automatisiert (z. B. mit einer integrierten Softwarekomponente oder mit zeitgesteuerten Skripts) und in kurzen Intervallen oder dauerhaft durchgeführt, wodurch sogar unerwartete Abweichungen nahezu in Echtzeit erkannt werden können. Das Post-Audit findet nach einem Ereignis statt und dient der Erkennung von Auswirkungen und Ursachen des bereits eingetretenen Ereignisses. Auch das forensische Audit, das nach einer vermeintlich kriminellen Handlung durchgeführt wird, gehört zu dieser Kategorie.

Mit dem Bereich der Sicherheitsaudits ist auch die **Forensik** verbunden – ein spezialisiertes Prüfungsverfahren, das für die Beweissicherung nach offensichtlichen oder zumindest vermuteten kriminellen Handlungen eingesetzt wird. Staatsanwaltschaft und Polizei benötigen Beweise zur Strafverfolgung. Nur wenn sie im Rahmen eines Gerichtsverfahrens hinreichende Beweise vorlegen können, werden Sachverhalte transparent und Schuldzuweisungen ermöglicht. Die sogenannte Beweismittelkette spielt eine wesentliche Rolle in der Forensik: Eine vollständige und lückenlose chronologische Dokumentation über den Umgang mit Beweismitteln soll gewährleisten, dass Manipulationen der Beweise und Fehlverhalten der Behörden ausgeschlossen werden können.

Informationen zur Forensik eignen sich auch gut als Inhalte von Awareness-Maßnahmen. Wenn die Mitarbeiter im Unternehmen über die grundlegende Bedeutung der Forensik und den korrekten Umgang mit Beweisen informiert werden, sinkt die Wahrscheinlichkeit, dass Beweise durch falsches Verhalten unbrauchbar gemacht oder vernichtet werden (z. B. wird durch das Ausschalten eines Computers der volatile Speicher gelöscht, wodurch Spuren eines Angreifers verloren gehen können). Sobald eine kriminelle Handlung vermutet wird, sollten die Mitarbeiter unüberlegte und überstürzte Handlungen vermeiden.

2.2 Verhaltenssteuerung

2.2.1 Lernprozesse

Mithilfe von Awareness-Maßnahmen sollen einzelne Personen oder Gruppen zu bestimmten **Verhaltensweisen** bewegt werden. Diese Verhaltensweisen sollen den Personen dazu verhelfen, sich in verschiedenen, beruflich bedingten Situationen aus Sicht der Informationssicherheit angemessen zu verhalten. Dabei sollen sichere Verhaltensweisen erworben, unausgereifte Verhaltensweisen verändert und unsichere, geschäftlich verzichtbare Verhaltensweisen abgebaut werden. Diese Verhaltensänderungen sollen zudem möglichst stabil sein.

Bei der Auseinandersetzung mit dem Thema der Verhaltensänderungen ist die Befassung mit Lernprozessen naheliegend. Lernen bedeutet nämlich, neue Verhaltensmöglichkeiten kennenzulernen und bestehendes Verhalten besser zu verstehen.

Aus psychologischer Sicht können **Lernprozesse** vor allem durch die klassische und operante Konditionierung, Versuch und Irrtum, Lernen durch Beobachtung, Lernen durch Einsicht und Lernen mit mentalen Modellen gestützt werden:
– Die **klassische Konditionierung** ist eine der ersten Theorien zur Erklärung von Lernprozessen. Der russische Mediziner und Physiologe Iwan Petrowitsch Pawlow führte im frühen 20. Jahrhundert Experimente durch, um den Zusammenhang zwischen Reizen und Reaktionen zu belegen. Er erzeugt bei der Fütterung von Hunden einen Glockenton, was dazu führte, dass später alleine der Glockenton genügte, um einen Speichelfluss bei den Tieren auszulösen. Wenn also eine Verbindung zwischen einem nicht-konditionierten Reiz (Futtergabe) mit einer Reaktion (Speichelfluss) besteht und dieser Reiz mit einem anderen, neutralen Reiz (Glockenton) gleichzeitig abgegeben wird, wird die Reaktion nach mehrfachen Wiederholungen auch ausgelöst, wenn alleine der neutrale Reiz abgegeben wird. Es konnte ebenfalls belegt werden, dass auch Menschen auf diese Weise „konditioniert" werden können. Von dem US-amerikanischen Psychologen John Broadus Watson wurde weiterhin gezeigt, dass nicht nur der nicht-konditionierte Reiz durch einen neutralen Reiz ersetzt werden kann (Reizsubstitution), sondern auch, dass die nicht-konditionierte Reaktion durch eine neutrale Reaktion ersetzt werden kann (Reaktionssubstitution). Dabei wird also eine andere Reaktion auf denselben Reiz angelernt. Die neuen Verbindungen zwischen Reiz und Reaktion, die bei Reiz- und Reaktionssubstitutionen entstehen, gehen nach einer bestimmten Zeitspanne wieder verloren (Extinktion). Dies ist bei unerwünschten Verbindungen natürlich von Vorteil. In der Informationssicherheit könnte eine klassische Konditionierung z. B. so aussehen, dass halbjährlich die Hintergrundbilder aller Arbeitsplatzrechner geändert werden und der jeweilige Vorgesetzte zeitnah eine Aktualisierung aller Arbeitsanweisungen fordert. Nach mehreren Wiederholungen würde das alleinige Wechseln

der Hintergrundbilder dazu führen, dass die Mitarbeiter die Arbeitsanweisungen aktualisieren, ohne dass der Vorgesetzte dies explizit fordert.

— Die **operante Konditionierung** ist die Weiterentwicklung der klassischen Konditionierung durch die Nutzung von sogenannten Verstärkern. Die ersten Forschungsergebnisse dazu erzielte der US-amerikanische Psychologe Burrhus Frederic Skinner. Er veranschaulichte die Wirkung von Verstärkern mit der sogenannten Skinner-Box, einem Tierkäfig mit Vorrichtungen, um erwünschtes Verhalten zu belohnen, also positiv zu verstärken (z. B. mit einem Futterspender), und unerwünschtes Verhalten zu bestrafen, also negativ zu verstärken (z. B. mit einem elektrischen Reiz). Bei der operanten Konditionierung können – im Gegensatz zur klassischen – neue Reaktionen entwickelt werden. Die Reaktionen können nun nämlich durch Verstärkungen gezielt angelernt werden. Im Zusammenhang mit der operanten Konditionierung hat die österreichische Psychologin Lotte Schenk-Danzinger eine Kategorisierung von Verstärkern vorgenommen. Sie unterschied dabei primäre, materielle, symbolische und soziale Verstärker (siehe Tab. 2.3). Die jeweiligen Verstärker sind grundsätzlich positiv, wenn etwas Erwünschtes (z. B. eine Anerkennung) zugeführt wird oder etwas Unerwünschtes (z. B. eine Bloßstellung) entzogen wird; bei negativen Verstärkern gilt dies entsprechend umgekehrt.

Tab. 2.3: Kategorien und Beispiele für Verstärker

Kategorie	Beispiele
Primäre Verstärker	Schlaf, Nahrung
Materielle Verstärker	Geschenke
Symbolische Verstärker	Vermerk, Bewertung
Soziale Verstärker	Lob, Anerkennung

In Bezug auf Informationssicherheit könnte den Benutzern mithilfe der operanten Konditionierung z. B. angelernt werden, Phishing-E-Mails bei den internen Informationssicherheits-Beauftragten zu melden. Mit Phishing-E-Mails versuchen Angreifer, unter falschen Vorgaben vertrauliche Informationen zu erlangen, um anschließend finanzielle Vorteile zu erzielen (z. B. durch das Vorgaukeln eines seriösen Instituts, das aus bestimmten Gründen die Anmeldeinformationen eines Online-Kontos abfragt). Zum Zweck der operanten Konditionierung können z. B. Test-E-Mails generiert werden, die den Anschein einer echten Phishing-E-Mail besitzen. Anschließend werden die Benutzer mit einer Anerkennung gelobt, wenn sie die E-Mail melden, oder mit einem Tadel von ihren Vorgesetzten bestraft, wenn sie es nicht tun oder wenn sie z. B. einen Link aus dieser E-Mail anklicken.

–   Das Erfahren von **Versuch und Irrtum** wurde ebenfalls als ein Lernprozess erkannt. Edward Lee Thorndike, ebenfalls US-amerikanischer Psychologe, zeigte durch einen Versuchsaufbau mit einer verschlossenen Box, die durch einen versteckten Mechanismus geöffnet werden konnte, dass Tiere nach mehreren Wiederholungen die Box schneller öffnen konnten. Sie durchliefen also eine Lernkurve und wurden auf eine bestimmte Reaktion (die Auslösung des Öffnungsmechanismus) konditioniert. Die Reaktion konnte zusätzlich verstärkt werden, indem nach der Öffnung der Box der Zugang zu Futter gewährt wurde. Versuch und Irrtum kann aus Sicht der Informationssicherheit natürlich gefährlich sein, da fehlgeschlagene Versuche zu gravierenden Konsequenzen führen können. Z. B. sollte auf keinen Fall eine neue Webanwendung öffentlich zugänglich gemacht und produktiv eingesetzt werden, um festzustellen, ob sie gehackt werden kann. Andererseits wäre die erzeugte Lernkurve für das Unternehmen sehr vorteilhaft. Um Versuch und Irrtum auf sichere Weise einzusetzen, müssen die Konsequenzen von fehlgeschlagenen Versuchen bedacht und möglichst eingedämmt werden. Dies kann z. B. so ausgestaltet werden, dass eine abgeschottete Testumgebung ohne vertrauliche Daten oder kritische Systeme aufgebaut und für Versuche genutzt wird. Auch sogenannte Honeypots (isolierte und überwachte Systeme für die ausschließliche Erkennung und Analyse von Angriffen) können eingesetzt werden, um die Sicherheit neuer Anwendungen oder Systeme zu testen.

–   **Lernen durch Beobachtung**, auch Imitationslernen oder Modelllernen, bedeutet, dass Menschen beobachtetes Verhalten nachahmen, wenn es belohnt wird, also mit positiven Verstärkern versehen wird. Der kanadische Psychologe Albert Bandura zeigte auf, dass Vorschulkinder aggressives Verhalten nachahmten, nachdem es belohnt wurde. Verhalten, das bestraft wurde oder mit keinem Verstärker versehen wurde, wurde hingegen kaum von den Kindern nachgeahmt. Ob ein Verhalten nachgeahmt wird, ist auch von weiteren Faktoren abhängig, wie der Wertschätzung des Beobachteten, die Umsetzbarkeit, die Verständlichkeit und sprachliche Beschreibungen oder Anleitungen. In der Informationssicherheit können viele erwünschte Praktiken durch Beobachtung angelernt werden. Dies betrifft nicht nur das allgemeine Verhalten im Unternehmen, z. B. das ständige sichtbare Tragen eines Dienstausweises, sondern auch spezielles abteilungs- oder aufgabenbezogenes Verhalten, z. B. die angemessene Durchführung von Sicherheitstests oder die sichere Aufbewahrung vertraulicher Dokumente. Durch die gezielte Unterstützung des gewünschten Verhaltens mit Anleitungen, Richtlinien und öffentlich bekanntgemachten Verstärkern (z. B. die Verleihung eines „Informationssicherheits-Preises") können das Lernen durch Beobachten erleichtern.

– **Lernen durch Einsicht** ist aus der Theorie entstanden, dass der Mensch Denkprozesse durchläuft, durch die er kreative Lösungen finden, ein eigenes Verständnis schaffen und autonome Entscheidungen treffen kann. Anstelle der äu-
   ßeren Einflüsse stehen bei dieser Lernmethode die kognitiven Denkprozesse im
   Gehirn im Mittelpunkt. Lernen durch Einsicht gehört damit zum Bereich des
   Kognitivismus. Den Ursprung des Kognitivismus begründete Wilhelm Wundt,
   ein deutscher Physiologe, Psychologe und Philosoph, der das Thema der
   Selbstbeobachtung, auch Introspektion, untersuchte. Hierbei wurde die
   menschliche Fähigkeit betrachtet, die eigenen Eigenschaften, Fähigkeiten und
   Möglichkeiten richtig und mit einer gewissen Objektivität beurteilen zu können.
   Lernen durch Einsicht ist eine bedeutende Möglichkeit, um ein überlegtes Verhalten anzulernen, ohne allein auf die Vorgaben von Außenstehenden vertrau-
   en zu müssen. Daher können auf diesem Weg auch Verhaltensweisen angelernt
   werden, die besser zur eigenen Person passen und womöglich sogar bestehende
   Defizite im vorgegebenen Verhalten umgehen. In Bezug auf die Informationssicherheit sollte das Lernen durch Einsicht auf jeden Fall berücksichtigt und
   wenn möglich sogar angeregt werden. Indem die Mitarbeiter mit einschlägigen
   Informationen über Gefahren und Risiken versorgt werden, können sie dazu
   angeregt werden, eigene Denkprozesse zu vollziehen und sich selbst Verhaltensweisen anzueignen, die ihrem Verständnis zur Informationssicherheit entsprechen. Dadurch können sich unter Umständen selbst die Mitarbeiter, die
   spezielle Aufgaben erledigen und durch allgemeine Awareness-Maßnahmen
   nicht zielgerichtet adressiert werden, eigenständig ein sichereres Verhalten an-
   eignen. Beispiele dafür sind Marketing-Mitarbeiter, die einen ständigen Datenaustausch mit Dritten vollziehen und selbst entscheiden, welche Daten besser
   geschützt werden sollten, und Administratoren, die zur Fehlerreduzierung mehrere, optisch leicht zu unterscheidende Terminals für verschiedene Systeme einsetzen.
– **Lernen mit mentalen Modellen** basiert auf der Annahme, dass die lernenden
   Personen im Zuge des Lernens ein mentales Abbild der Realität konstruieren.
   Sie schaffen also in ihren Gedanken eine individuelle, subjektive, meist verein-
   fachte Repräsentation, die auf den eigenen Wahrnehmungen, Erfahrungen und
   dem jeweiligen Vorwissen basiert. Diese Theorie wird als Konstruktivismus bezeichnet und wurde durch den italienischen Philosophen Giambattista Vico bekannt. Personen, die sich in Bezug auf die Informationssicherheit ein mentales
   Abbild der Realität schaffen, haben unter anderem eine spezielle Vorstellung
   über den aktuellen Bedrohungsgrad durch Angreifer. Sie haben z. B. verschiedene Pressemitteilungen wahrgenommen, eigene Erfahrungen mit Angriffen
   gemacht und besitzen ein Vorwissen aus ihrer Aus- und Weiterbildung. Ihr
   mentales Abbild kann mehr oder weniger stark von der realen Situation entfernt
   sein. Sie können folglich zu unvorsichtig oder zu vorsichtig bei der Nutzung der
   unternehmenseigenen IT-Systeme und im Umgang mit Informationen sein. Das

Unternehmen kann einer eventuellen Abweichung des mentalen Abbilds entgegenwirken, indem es Informationen vermittelt, die von den betroffenen Personen genutzt werden können, um ihr mentales Abbild anzupassen oder neu zu konstruieren.

Bei der Betrachtung der zugrundeliegenden **Lerntheorien** ist zu erkennen, dass die ersten vier Modelle dem sogenannten Behaviorismus zugerechnet werden, bei dem das Lernen eher als passive Wissensaufnahme verstanden wird. Das fünfte Modell ist dem Kognitivismus zuzurechnen, bei dem Wissen verarbeitet und selbst eine passende Problemlösung gefunden wird. Das letzte Modell gehört zum Konstruktivismus – der Lernende konstruiert sein eigenes Realitätsabbild als Grundlage seines Verhaltens (siehe Tab. 2.4).

Tab. 2.4: Lernprozesse und Beispiele aus der Informationssicherheit

Lerntheorie	Lernmodell	Beispiele aus der Informationssicherheit
Behaviorismus	Klassische Konditionierung	Wechsel der Hintergrundbilder regt die Aktualisierung von Arbeitsanweisungen an
	Operante Konditionierung	Versand von Phishing-E-Mails mit anschließendem Lob oder Tadel
	Versuch und Irrtum	Nutzung von abgeschotteten Testumgebungen oder Honeypots
	Lernen durch Beobachtung	Öffentlich sichtbares Verhalten (z. B. das Tragen von Ausweisen) verstärken, Verleihung eines „Informationssicherheits-Preises"
Kognitivismus	Lernen durch Einsicht	Marketing-Mitarbeiter sichern Datenaustausch, Administratoren setzen mehrere Terminals ein
Konstruktivismus	Lernen mit mentalen Modellen	Mitarbeiter schaffen ein mentales Abbild über den Bedrohungsgrad durch Angreifer

2.2.2 Unternehmenskultur

Genauso wie sich in verschiedenen Ländern verschiedene Verhaltens- und Ausdrucksformen und auch abweichende Wertvorstellungen etabliert haben, kann sich dies auch innerhalb von Unternehmen in einem bestimmten Maß entwickeln. Die daraus entstehenden, teilweise nicht sofort sichtbaren Prinzipien eines Unternehmens werden als **Unternehmenskultur** bezeichnet. Sie beeinflusst das gesamte Unternehmen aus interner und externer Sicht, also inklusive der Interaktion mit Außenstehenden.

Auch die Informationssicherheit kann von der Unternehmenskultur beeinflusst werden. Es stellt sich die Frage, wie man einerseits mithilfe von gezielten Awareness-Maßnahmen die Unternehmenskultur zu Gunsten einer verbesserten Informationssicherheit beeinflussen kann und wie man andererseits die Awareness-Maßnahmen optimal in die Unternehmenskultur integriert, und damit eine maximale Wirkung erzielt.

Um die Eigenarten einer Unternehmenskultur besser zu verstehen, kann das **Kulturebenen-Modell** von Schein[22] herangezogen werden. Es beschreibt die grundsätzliche Struktur einer Unternehmenskultur mithilfe von drei Ebenen, die untereinander in Beziehung stehen und sich gegenseitig beeinflussen:

– Auf der **Ebene 1** befinden sich die sogenannten Artefakte. Sie umfassen die von Menschen geschaffenen Verhaltens- und Ausdrucksformen, die sichtbar oder hörbar sind. Dazu gehören unter anderem visuelle und auditive Sprachelemente und offene Verhaltensmuster. Auch wenn die Artefakte nach außen offen und direkt wahrnehmbar sind, sind sie für Außenstehende aufgrund der notwendigen Interpretation nicht immer verständlich. Beispiele für Artefakte in der Informationssicherheit sind Klassifikatoren, die zur Kennzeichnung von Daten eingesetzt werden. Dokumente können z. B. mit dem Aufdruck öffentlich, intern, vertraulich oder geheim versehen werden. Die Mitarbeiter eines Unternehmens wissen in der Regel, wie sie diese Aufdrucke interpretieren müssen. Je nach Unternehmen können sie allerdings anders interpretiert werden. Während z. B. interne Dokumente in einem Unternehmen nur von Mitarbeitern des eigenen Unternehmens eingesehen werden dürfen, kann es in einem anderen Unternehmen erlaubt sein, sie auch an vertrauenswürdige Geschäftspartner zu übermitteln.

– Auf der **Ebene 2** stehen die Werte im Mittelpunkt. Wenn die kognitiv erfahrenen Artefakte zu einem dauerhaften Standard transformiert werden, bilden sich Werte. Sie spiegeln sich z. B. in Form von Geboten und Verboten sowie Verhaltensrichtlinien wider. Diese werden durch die Mitarbeiter teilweise bewusst und teilweise unbewusst befolgt und als richtig erachtet. In einem Unternehmen mit hohen Sicherheitsanforderungen können sich Sicherheitsrichtlinien als Werte sogar gegenüber kulturell bedingter Höflichkeit durchsetzen. In solch einem Unternehmen könnte z. B. das Aufhalten der Eingangstüre für folgende Personen als falsch angesehen werden. Personen sollten sich nämlich zunächst (z. B. mit einer Chipkarte) erfolgreich authentifizieren bevor sie Zutritt zum Gebäude erlangen.

– Die **Ebene 3** bezieht sich auf die tiefste Ebene der Unternehmenskultur. Hier sind die sogenannten Grundannahmen verankert. Sie werden von den Mitarbeitern als Teil der Realität angesehen und können aus ihrer Sicht nicht in Frage

---

22 Vgl. Schein 2010, S. 23 ff.

gestellt oder angefochten werden. Sie werden als normal und wahr empfunden. Im Gegensatz zu den Ausprägungen der anderen Ebenen treten die Ausprägungen der Ebene 3 ausschließlich unsichtbar und implizit auf. Sie sind oft im Unterbewusstsein verankert. Eine Unternehmenskultur, die z. B. von sehr offenen und freundschaftlichen Grundannahmen über zwischenmenschliche Beziehungen geprägt ist, könnte aus Sicht der Informationssicherheit eher angreifbar sein. Das Entgegenkommen und die Hilfsbereitschaft der Mitarbeiter lassen sich womöglich durch skrupellose Angreifer ausnutzen, um an vertrauliche Informationen oder sensitive Zugänge zu gelangen. Sollten die Grundannahmen über zwischenmenschliche Beziehungen hingegen von Zweifel und Paranoia gekennzeichnet sein, dürften Angreifer wenig Erfolg auf zwischenmenschlicher Ebene haben. Da die Informationssicherheit neben anderen Bereichen (z. B. Kundenservice) existieren muss, wäre jedoch eine extreme Ausprägung von Zweifel und Paranoia keine Ideallösung. Auch die Einstellung zur Risikobereitschaft der Mitarbeiter ist in den Grundannahmen verankert. Dies wirkt sich z. B. darauf aus, wie intensiv eine neue Software vor dem produktiven Einsatz getestet wird oder wie gut die Vermögensobjekte eines Unternehmens durch die Mitarbeiter im Alltag geschützt werden.

Wenn diese Ebenen der Unternehmenskultur verstanden worden sind und bekannt ist, wie sie auftreten und erkannt werden können (siehe Tab. 2.5), können sie auch bei der Zusammenstellung von Awareness-Maßnahmen eine angemessene **Berücksichtigung** finden. Falls die Unternehmenskultur nicht verstanden wird, können unter Umständen die Auswirkungen anderer Einflussfaktoren als Ursache von Kommunikationsproblemen fehlgedeutet werden, z. B. Klimabedingungen, Organisation oder Kommunikationsmedien. Probleme wären dann schwieriger zu verstehen und zu bewältigen.

Tab. 2.5: Ebenen der Unternehmenskultur

Ebene	Auftreten	Erkennbarkeit	Beispiele
1) Artefakte	Ausdrücke, Verhalten	Bewusst und sichtbar	Klassifikatoren
2) Werte	Gebote, Verbote, Richtlinien	Teilweise bewusst und sichtbar	Sicherheitsrichtlinien
3) Grundannahmen	Realitätsansicht, Wahrheit	Unbewusst und unsichtbar	Paranoia, Risikobereitschaft

Mithilfe von Awareness-Maßnahmen kann zwar eine **Änderung** der Unternehmenskultur erreicht werden, jedoch sollte dabei überlegt vorgegangen werden. Grundsätzlich befindet sich die Unternehmenskultur in einem ständigen Wandel, der durch neue Erkenntnisse und Erfahrungen der Mitarbeiter begründet ist. Eine gezielte Änderung kann zwar theoretisch durchgeführt werden, allerdings kann es schnell zu Schwierigkeiten in der Umsetzung und schließlich zum Scheitern des Änderungsversuchs kommen.

Der einfachste Ansatzpunkt für eine Änderung befindet sich auf der **Ebene 1**. Neue Artefakte der Informationssicherheit können hier gezielt eingeführt werden und mit Awareness-Maßnahmen bekannt gemacht und verstärkt werden. Die tatsächliche Nutzung der Artefakte kann jedoch bei geringer oder zeitlich begrenzter Verstärkung im Laufe der Zeit abnehmen und schließlich ganz eingestellt werden.

Eine etwas langfristigere Möglichkeit bietet die **Ebene 2**. Hier können neue Gebote, Verbote oder Richtlinien verankert werden. Eine starke Ausprägung der Informationssicherheit auf dieser Ebene kann sogar dazu führen, dass die Mitarbeiter eigenständig neue Artefakte entwerfen, um die etablierten Werte zu stützen (z. B. durch die Integration von zusätzlichen Sicherheitsereignissen in die laufende Berichterstattung).

Aufgrund der starken Fundierung der Grundannahmen lässt sich die **Ebene 3** nur schwer beeinflussen. Ein gescheiterter Versuch führt schnell zu Akzeptanzproblemen der eingesetzten Maßnahme oder der Initiatoren. Sollte der Versuch hingegen erfolgreich sein, bilden sich nachhaltige und solide Ansichten bei den Mitarbeitern, die für ein hohes Sicherheitsniveau sehr vorteilhaft sein können. Die Ebene 3 sollte daher nur mit viel Bedacht angegangen werden.

Eine sinnvolle Herangehensweise könnte z. B. die kontinuierliche und sequenzielle Adressierung der **verschiedenen Ebenen** sein. Beginnend bei Ebene 1 startet man mit der Fokussierung auf ausgewählte Artefakte. Dann versucht man auf der Ebene 2, zugehörige Werte mithilfe von passenden Richtlinien zu etablieren. Und schließlich erleichtert man den Übergang von Werten zu den schwer beeinflussbaren Grundannahmen auf Ebene 3.

Der wichtigste Aspekt bei der Änderung der Unternehmenskultur ist das Verständnis der drei Ebenen. Sollten diese Ebenen bei der Durchführung von Awareness-Maßnahmen unbeachtet bleiben, könnten nämlich unbekannte Werte oder Grundannahmen der Mitarbeiter zu fehlender Aufmerksamkeit, mangelndem Verständnis und Akzeptanzproblemen führen. In einem Unternehmen, in dem z. B. der Kundenservice aus Sicht der Mitarbeiter den höchsten Wert besitzt, könnte es problematisch werden, die Mitarbeiter zu mehr Skepsis und Misstrauen gegenüber den Kunden anzuregen. Die Mitarbeiter sind es womöglich eher gewohnt, den Kunden stark entgegenzukommen und Abläufe für Kunden zu vereinfachen. Die Integration von zusätzlichen Sicherheitskontrollen könnte bei den Mitarbeitern deshalb zu Unverständnis führen.

2.2.3 Kommunikation

Kommunikation ist eine wesentliche Voraussetzung für das Zustandekommen von Lernprozessen. Sie ist notwendig, um die Informationen von den Lehrenden zu den Lernenden zu transferieren, und dadurch die Lernprozesse überhaupt erst zu ermöglichen.

Eine Kommunikation besteht aus den drei **Elementen** Sender, Übertragung und Empfänger. Der Sender kodiert eine Information zu einer Nachricht und initiiert die Übertragung. Anschließend gelangt diese Nachricht zum Empfänger, der sie daraufhin dekodiert, um die Information zu erhalten.[23] Sowohl der Lehrende als auch der Lernende können die Rollen von Sender oder Empfänger einnehmen. Innerhalb einer Awareness-Maßnahme können die Rollen auch temporär getauscht werden, z. B. wenn innerhalb einer Präsenzveranstaltung Fragen durch die Teilnehmer gestellt werden. Die Übertragung kann durch die Verwendung eines Kommunikationsmittels gestützt werden, also einem technischen Hilfsmittel (wie ein Telefon oder Computer).

Bei der Anwendung von Lerntheorien findet stets eine Kommunikation statt. Im Behaviorismus werden z. B. Reize und Verstärker zur Kommunikation mit den Lernenden genutzt, im Kognitivismus basiert z. B. das Vorleben erwünschten Verhaltens auf Kommunikation und im Konstruktivismus führen die Mitarbeiter mithilfe von Kommunikationsmedien Recherchen zur Informationsbeschaffung durch.

Die üblichen **Kommunikationsarten** zu kennen, kann vorteilhaft sein, um die bestmögliche Herangehensweise an neue Lernprozesse zu identifizieren. Unter anderem sollten Verstärker, die vom ganzen Personal erkannt werden sollen, nicht ausschließlich in einer Eins-zu-eins-Kommunikation zwischen Sender und Empfänger übermittelt werden. In diesem Fall wäre eine Eins-zu-viele-Kommunikation besser geeignet, damit andere Mitarbeiter durch Beobachten lernen können.

Die **Unterscheidung** der Kommunikationsarten, die häufig zum Zweck der Awareness eingesetzt werden, kann vor allem anhand der Teilnehmer, Kanäle, Darstellung, Taktart, dem Rangunterschied und der Verdecktheit (siehe Abb. 2.12) durchgeführt werden:

– Bei der Anzahl der **Teilnehmer** wird unterschieden, ob ein Teilnehmer mit einem anderen Teilnehmer (eins zu eins) oder mit vielen anderen Teilnehmern (eins zu vielen) kommuniziert oder ob viele Teilnehmer mit vielen anderen Teilnehmern (viele zu viele) kommunizieren:

  – Die **Eins-zu-eins-Kommunikation** wird häufig in Form von persönlichen Gesprächen von Angesicht zu Angesicht durchgeführt. Sie kann auch mithilfe diverser Kommunikationsmedien wie Telefon, E-Mail oder Brief erfolgen. In der Awareness ist diese Kommunikationsart in der Regel wenig effi-

---

23 Vgl. Ellis u. Beattie 1986, S. 4.

zient, da sie alleine auf einen einzelnen Empfänger fokussiert ist. In Ausnahmefällen, z. B. bei einem groben Verstoß gegen Sicherheitsvorgaben, ist es natürlich unabdingbar, diese Kommunikationsart anzuwenden. Allerdings können mit den anderen Kommunikationsarten mehrere Empfänger gleichzeitig erreicht werden, wodurch die Effizienz gesteigert werden kann.

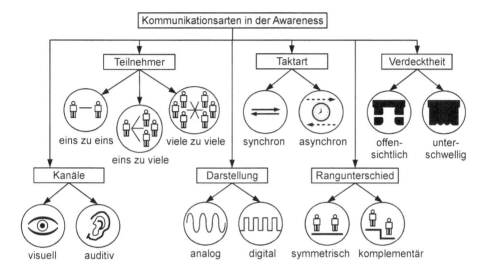

Abb. 2.12: Kommunikationsarten

- Bei der **Eins-zu-viele-Kommunikation** sollten ein Lehrender und viele Lernende beteiligt sein. In diesem Fall ist sie die effizienteste Form der Kommunikation. Wenn hingegen viele Lehrende und nur ein Lernender beteiligt wären, wäre die Eins-zu-viele-Kommunikation noch ineffizienter als die Eins-zu-eins-Kommunikation. Wenn ein Lehrender mit vielen Lernenden kommuniziert, sollte er auf eine angemessene Wahl der Inhalte achten. Zum einen können in heterogenen Gruppen verschiedene Wissensstände, Einstellungen und Motivationen vorhanden sein. Hier ist der Lehrende gefordert, ein Niveau zu erzeugen, dass nicht zu anspruchsvoll oder zu anspruchslos ist. Sollte das Niveau ungünstig gewählt werden, wird ein Teil der Gruppe wahrscheinlich schnell das Interesse verlieren und keine Aufnahmebereitschaft für neue Informationen zeigen. Zum anderen dürfen keine unangemessenen Informationen vermittelt werden, die nicht für die Gesamtheit der Gruppe zugänglich sein sollten. Wenn eine Gruppe z. B. aus Mitarbeitern mit verschiedenen Sicherheitsfreigaben besteht, dürfen nur die Informationen vermittelt werden, die für alle freigegeben sind. Außerdem sollten keine Informationen bekannt gemacht werden, die einzelne

Lernende bloßstellen. Derartige Informationen sollten der Eins-zu-eins-Kommunikation vorbehalten sein.

– Die **Viele-zu-viele-Kommunikation** mit vielen Lehrenden und vielen Lernenden ist relativ selten anzutreffen und ist lediglich dann wirklich sinnvoll, wenn sich das Wissen der Lehrenden wenig überschneidet und gleichzeitig gut ergänzt. Würden nämlich die Lehrenden über ähnliches Wissen verfügen, würde grundsätzlich auch einer aus dieser Gruppe für die Kommunikation genügen. Würde sich das Wissen nicht gut ergänzen lassen, z. B. zu den Themen sichere Softwareentwicklung und physische Zugangskontrolle, könnten die Lehrenden auch sequenziell kommunizieren, also die Eins-zu-viele-Kommunikation in getrennten Terminen durchführen. Dadurch wären die Lehrenden zeitlich weniger stark gebunden.

– Die **Kanäle** der Kommunikation beziehen sich auf die Sinne der Kommunikationsteilnehmer. Grundsätzlich existieren fünf klassische Sinne, mit denen Reize wahrgenommen, und dadurch Informationen aufgenommen werden können: Sehen, Hören, Riechen, Schmecken und Tasten. Davon spielen Riechen, Schmecken und Tasten in der Awareness allerdings kaum eine Rolle. Dass diese drei Sinne hier zur Anwendung gelangen, wäre eine Ausnahme, z. B. ein sehbehinderter Teilnehmer, der seinen Tastsinn benutzt, um Blindenschrift zu lesen. Die primär adressierten Sinne in der Awareness sind Sehen und Hören.

– Der Sehsinn ermöglicht die **visuelle** Wahrnehmung von optischen Reizen. Hierüber werden sämtliche Informationen vermittelt, die schriftlich oder bildlich dargestellt werden. Auch Blickkontakt, Gestik und Mimik von Kommunikationspartnern gehören dazu und können gezielt eingesetzt werden. Zudem sind starke optische Stimuli (z. B. grelle Farben) von Vorteil, um wichtige Informationen hervorzuheben, wie fundamentale Sicherheitsregeln auf einer PowerPoint-Präsentation.

– Der Hörsinn ist mit der **auditiven** Wahrnehmung von Schall verbunden. Er kann im Rahmen von Awareness-Maßnahmen entweder ausschließlich (z. B. bei Podcasts oder Audio-CDs) oder parallel zu visuellen Reizen adressiert werden (z. B. bei Vorträgen oder Webinaren). Für sich gesehen ist die auditive Vermittlung von Inhalten der visuellen unterlegen. Allerdings hat sich eine Kombination von visuell und auditiv wahrnehmbaren Inhalten als besonders vorteilhaft für das Behalten der Inhalte durch die Lernenden erwiesen.[24]

– Die **Darstellung** der Inhalte kann bei einer Kommunikation analog oder digital erfolgen. Diese Unterscheidung bezieht sich auf die Verwendung vorgegebener Zeichen in der Kommunikation zwischen Sender und Empfänger.

---

24 Vgl. Paechter 1996, S. 74.

– Bei der **analogen** Kommunikation werden indirekte, bildhafte und beschreibende Zeichen verwendet, die eine Ähnlichkeit zu bekannten oder erlebten Wahrnehmungen besitzen. Dazu gehören z. B. Gestik, Mimik, Körperhaltung und Tonfall. Die Interpretation erfolgt bei der analogen Kommunikation sehr subjektiv, sodass oft nicht klar ist, wie diese indirekten Signale vom Empfänger verstanden werden. Die analoge Kommunikation wird häufig parallel zur digitalen Kommunikation eingesetzt. Sie wird dann primär für die Beziehungsebene verwendet, während die digitale Kommunikation stärker auf die reine Vermittlung von Inhalten, also die Inhaltsebene, fokussiert ist.

– Bei der **digitalen** Kommunikation werden Informationen mithilfe bekannter Zeichen, wie Zahlen und Wörtern, vermittelt. Anhand von festgelegten Definitionen bestehen Zuordnungen von sprachlichen Ausdrücken und schriftlichen Zeichen zu bestimmten Objekten, Aktivitäten und Eigenschaften. Sofern Sender und Empfänger über die gleichen Sprach- und Zeichenkenntnisse verfügen, können sie digital kommunizieren. In der Awareness wird vorrangig die digitale Kommunikation eingesetzt, um Inhalte zu vermitteln. So finden sich in nahezu allen Awareness-Maßnahmen sprachliche Elemente.

– Die **Taktart** der Kommunikation bezieht sich auf die Zeitdauer, die zwischen dem Senden und Empfangen von Informationen liegt. Die Zeitdauer ist entweder so gering, dass sie kaum auffällt, oder so hoch, dass Wartezeiten entstehen.

– Bei der **synchronen** Kommunikation finden Senden und Empfangen nahezu in Echtzeit statt, z. B. bei Telefonaten, Videokonferenzen, Chats und Präsenzveranstaltungen. Es entstehen also keine merklichen Verzögerungen. Allerdings muss der Empfänger auch verfügbar sein, damit die synchrone Kommunikation sinnvoll eingesetzt werden kann. Wenn ein Informationssicherheits-Beauftragter einen Mitarbeiter z. B. telefonisch über eine neue Bedrohung in Kenntnis setzen möchte, muss dieser Mitarbeiter das Telefon während der Kommunikation auch tatsächlich nutzen.

– Demgegenüber ist bei der **asynchronen** Kommunikation stets eine Verzögerung zwischen dem Senden und Empfangen vorhanden, z. B. bei E-Mails, Briefen sowie Audio- und Videoaufzeichnungen. Dass der Empfänger zum Zeitpunkt des Sendens nicht verfügbar sein muss, kann ein großer Vorteil sein. Z. B. bereitet es einem Unternehmen mitunter große Schwierigkeiten, das gesamte Personal gleichzeitig von der Arbeit freizustellen, um an einer Awareness-Maßnahme teilzunehmen. Durch die Nutzung der asynchronen Kommunikation können die Mitarbeiter sich zu verschiedenen Zeiten mit den Inhalten befassen, z. B. kann eine Videoaufzeichnung dann angesehen werden, wenn der Empfänger gerade keine operativen Aufgaben erledigen muss.

– Der **Rangunterschied** bezieht sich auf den sozialen Rang der Kommunikationspartner während der aktuellen Kommunikation. Falls beide Partner gleichgestellt sind, ist die Kommunikation symmetrisch. Falls hingegen einer der Partner einen anderen Rang besitzt, handelt es sich um eine komplementäre Kommunikation. Der Rangunterschied wird von der hierarchischen Stellung der Kommunikationspartner beeinflusst. Die Stellung ist allerdings nicht allein ausschlaggebend, da auch andere Faktoren relevant sind, z. B. Lautstärke und Verhaltensweisen während der Kommunikation.

  – Die **symmetrische** Kommunikation wird zwischen Sender und Empfänger durchgeführt, wenn beide Personen denselben Rang besitzen. Das kann z. B. bei Kollegen der Fall sein, aber sogar ein Vorgesetzter kann mit seinem Mitarbeiter eine symmetrische Kommunikation aufbauen, wenn er z. B. gleichviel und gleichlaut wie sein Mitarbeiter redet. Unter anderem sollte ein Moderator einer Awareness-Veranstaltung darauf achten, dass die Teilnehmer untereinander möglichst symmetrisch kommunizieren.

  – Die **komplementäre** Kommunikation entsteht, wenn Kommunikationspartner mit einem unterschiedlichen Rang miteinander kommunizieren. Einer von beiden wird dabei in der Regel den Kommunikationsablauf steuern und ein stärkeres Gewicht besitzen. Im besten Fall ergänzen sich die Kommunikationspartner. Dann besteht zwischen ihnen eine komplementäre Beziehung. Wenn z. B. der Vorgesetzte seinem Mitarbeiter ausführliche Sicherheitsanweisungen gibt, hört der Mitarbeiter wahrscheinlich die meiste Zeit schweigend zu.

– Die **Verdecktheit** der Kommunikation bezieht sich darauf, dass die Informationen, die der Sender zu vermitteln versucht, entweder direkt und offen sichtbar (offensichtlich) oder eher verdeckt (unterschwellig) übertragen werden.

  – Die **offensichtliche** Kommunikation basiert auf einer meist eindeutigen und direkten Äußerung, die beim Empfänger ein bestimmtes Verhalten erzeugen soll. Z. B. können die Mitarbeiter eines Unternehmens klar dazu angewiesen werden, ihren Bildschirm beim Verlassen des Arbeitsplatzes zu sperren.

  – Bei der **unterschwelligen** Kommunikation erfolgt die Informationsvermittlung durch implizite Äußerungen und den Aufbau eines bestimmten emotionalen Klimas. Der Empfänger entwickelt daraufhin eine bestimmte Einstellung. Diese Einstellung führt dazu, dass er sich aus freien Stücken zu einem erwünschten Verhalten entschließt. Daher ist die Motivation zu diesem Verhalten häufig stärker und nachhaltiger. Z. B. kann die genaue Beschreibung der Bedrohungen und Gefahren, die mit einem unbeaufsichtigten Arbeitsplatz zusammenhängen, bei den Mitarbeitern den eigenen Wunsch hervorrufen, den Bildschirm bei Abwesenheit zu sperren.

Pauschale Aussagen über die **Eignung** einer bestimmten Kommunikationsart können nur schwer getroffen werden, da jedes Unternehmen und dessen Umweltbedingungen individuell sind. Welche Kommunikationsart am besten geeignet ist, hängt von diversen Faktoren ab.

Wenn z. B. sehr viele Teilnehmer adressiert werden sollen, ist eine Eins-zu-viele-Kommunikation wahrscheinlich am effizientesten. Demgegenüber können wenige Teilnehmer mit stark unterschiedlichen Aufgabengebieten und Wissensständen womöglich besser mit einer Eins-zu-eins-Kommunikation erreicht werden.

Die verfügbaren Kommunikationsmittel und die Ausstattung (z. B. multimediale Webportale und Lautsprechersysteme an den Arbeitsstationen) beeinflussen die Auswahl von Kanal und Darstellung der Kommunikation. Auch die persönlichen Eigenschaften und Präferenzen der Teilnehmer sollten berücksichtigt werden: Manche Personen sind z. B. für eine auditive Kommunikation empfänglicher als für eine visuelle.

Die zeitliche Verfügbarkeit der Teilnehmer, welche z. B. von den geographischen Einsatzorten, der Teamgröße und der Arbeitslast abhängt, ist für die Entscheidung relevant, ob eine synchrone oder asynchrone Kommunikation favorisiert werden sollte.

Teilnehmer mit einer geringen Motivation können womöglich eingängiger mit einer komplementären Kommunikation erreicht werden als mit einer symmetrischen.

Die Ziele, die der Sender mit der Kommunikation anstrebt, sollten bei der Wahl der Verdecktheit berücksichtigt werden. Z. B. kann mit einer unterschwelligen Kommunikation eher eine kreative Lösungsfindung angeregt werden und mit einer offensichtlichen eher eine reine Regelbefolgung.

Sollte ein Unternehmen nun eine oder mehrere Kommunikationsarten ausgewählt und eingesetzt haben, kann es allerdings nicht immer davon ausgehen, dass die Kommunikation zu der angestrebten Informationsaufnahme durch die Adressaten geführt hat. Eine Kommunikation kann nämlich von diversen **Kommunikationsstörungen** betroffen sein. Diese Störungen haben grundsätzlich einen persönlichen, organisatorischen oder medialen Ursprung (siehe Abb. 2.13):

- **Persönlich** bedingte Kommunikationsstörungen treten auf, wenn die Informationsvermittlung durch die spezifischen Eigenschaften oder Verhaltensweisen, die mit einer Person in Verbindung stehen, beeinträchtigt wird. Sowohl auf der Seite des Senders als auch auf der Seite des Empfängers können sich persönliche Faktoren auf die Kommunikation auswirken. Empfänger weisen z. B. häufig subjektive Wahrnehmungsfilter auf. Sie sind ausschlaggebend dafür, welche Reize in welcher Weise durch einzelne Personen wahrgenommen werden. Unter anderem führen die individuell gemachten Erfahrungen zu unterschiedlichen Wahrnehmungen. Wenn z. B. eine Person bereits selbst Opfer einer Phishing-Attacke wurde und negative Konsequenzen daraus erlebt hat (z. B. den Missbrauch ihrer Zugangsdaten zum Online-Banking), wird diese Person die Ausführungen zur Erkennung von Phishing-E-Mails in einer Präsenzveranstaltung viel aufmerksamer verfolgen als eine Person, die noch keinerlei diesbezügliche Erfahrungen gemacht hat. Das Verhalten von Personen kann z. B. durch die – womöglich sogar unbewusste – Verwendung eines Dialekts oder einer aggressiven Körpersprache geprägt sein. Das kann auf der Seite des Kommunikationspartners Verständnisprobleme oder Unbehagen auslösen. In der Folge können die Informationen schwerer vermittelt werden.

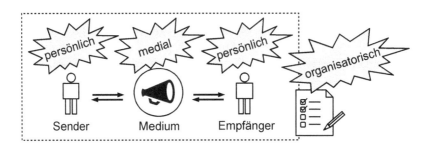

Abb. 2.13: Ursprünge von Kommunikationsstörungen

– Störungen, die einen **organisatorischen** Ursprung haben, stehen mit den vorherrschenden Rahmenbedingungen der Kommunikation in Verbindung. Zum einen können ungünstige Rahmenbedingungen in einer mangelnden Vorbereitung begründet sein und zum anderen können die sinnvoll nutzbaren Kommunikationsmöglichkeiten zu stark begrenzt oder nicht beeinflussbar sein. Eine erhebliche Umgebungslautstärke, die die Kommunikation erschwert, hätte womöglich durch die Reservierung eines geeigneten Schulungsraums vermieden werden können. Dass während einer Präsenzveranstaltung die Hälfte der Teilnehmer aufgrund eines unerwartet aufgetretenen Produktionsausfalls der laufenden Kommunikation entzogen werden, kann hingegen kaum vorhergesagt oder durch bessere Vorbereitung vermieden werden.
– **Medial** verursachte Störungen entstehen durch die vorhandenen Einschränkungen der genutzten Kommunikationsmedien. Die Medien können entweder allgemeinen Beschränkungen unterliegen, also in jeder Umgebung und in jedem Unternehmen gleichermaßen eingeschränkt sein, oder von speziellen Beschränkungen gekennzeichnet sein, also in einer bestimmten Umgebung weniger gut funktionieren als in einer anderen. Eine Telefonkonferenz ist durch die Beschränkung auf eine verbale Kommunikation für bestimmte Informationsvermittlungen, insbesondere bei komplexen Themen (z. B. Verschlüsselungstechniken), allgemein schlecht geeignet. Demgegenüber kann die E-Mail-Kommunikation in einem Unternehmen gut funktionieren, während sie in ei-

nem anderen Unternehmen aufgrund einer ständigen „E-Mail-Flut" in einer großen Menge belangloser Informationen untergeht.

Potenzielle Kommunikationsstörungen und ihre Ursprünge sind vielfältig. Der **Idealzustand**, der allerdings in der Praxis kaum erreicht werden kann, ist eine vollkommen störungsfreie Kommunikation. Aufgrund der dabei oft kaum beherrschbaren Faktoren ist dieser Idealzustand mit angemessenen Mittel praktisch nicht erreichbar.

Viel sinnvoller ist es, die Abweichungen vom Idealzustand möglichst genau zu antizipieren und eindeutig zu identifizieren. Im Anschluss daran können diese Abweichungen gezielt behandelt werden. Indem z. B. zusätzliche Kommunikationsmedien ergänzt werden, können die Nachteile durch Beschränkungen wieder ausgeglichen werden.

Wenn z. B. eine Gruppe von Systemadministratoren zum Thema Härtung von Betriebssystemen geschult wird, besteht die Möglichkeit, dass diese Gruppe ganz oder teilweise aufgrund von Problemen mit produktiven Systemen von der Schulung abgezogen wird. Es wäre kaum realisierbar, ein Zeitfenster für diese Gruppe fest zu reservieren. Bei auftretenden Problemen, deren Behebung in der Regel höher priorisiert wird als die Schulung, kann die Gruppe nicht von der erforderlichen Arbeit abgehalten werden. Die Antizipation dieser potenziellen Kommunikationsstörung und eine entsprechende Ergänzungsmaßnahme können sehr hilfreich sein, um die Störungen zu bewältigen. Im vorliegenden Fall können z. B. mehrere Zeitfenster eingeplant werden, um die Teilnahme flexibler zu gestalten. Falls einzelne Systemadministratoren oder sogar die ganze Gruppe an einem Termin verhindert sind, können sie auf einen anderen Termin ausweichen.

Eine besondere Beachtung erfordert zudem die **interkulturelle Kommunikation**, mit anderen Worten die Kommunikation zwischen Personen aus unterschiedlichen Kulturen. Auch wenn durch eine größere Mobilität und Arbeitsteilung die Grenzen zwischen verschiedenen Kulturen aufweichen, spielen verschiedene Verhaltens- und Ausdrucksweisen eine wichtige Rolle bei der Kommunikation.

Oft werden kulturell bedingte Verhaltens- und Ausdrucksweisen lediglich unterbewusst wahrgenommen. Ihre Wirkung auf die Kommunikation darf allerdings nicht unterschätzt werden, denn sie können zu erheblichen Kommunikationsstörungen führen. Wenn z. B. ein Europäer in China starke Beschwerden zum Ausdruck bringt und dabei sehr direkt auftritt, könnte er mit einem unsicheren Grinsen oder Lächeln konfrontiert werden. Er könnte daraus folgern, nicht ernst genommen zu werden, was wiederum die Kommunikation erschwert oder sogar blockiert. Unter der Kenntnis, dass lautstarkes und direktes Auftreten für Chinesen kulturell bedingt höchst unüblich ist und dass die Reaktion ein Ausdruck von Unannehmlichkeit ist, wäre die Kommunikation vermutlich anders verlaufen.

Aufgrund der stetigen Globalisierung von Unternehmen und vieler international verwendbarer Kommunikationsmedien (wie E-Mail und Video-Chat) steigen interkulturelle Kommunikationskontakte tendenziell weiter an. Die Auseinandersetzung mit und das Verstehen von anderen Kulturen sind für eine störungsfreie Kommunikation daher von großer Bedeutung.

Unternehmen, die eine Awareness-Maßnahme mit interkulturellen Elementen oder Teilnehmern planen, sollten folglich kulturelle Schwierigkeiten antizipieren und durch gezieltes Vorgehen, wie eine vorausgehende Informationsvermittlung über kulturelle Unterschiede, möglichst reduzieren.

2.2.4 Erfolgsfaktoren

Lernprozesse ermöglichen eine Änderung von Verhalten, um die Informationssicherheit im Unternehmen zu verbessern. Sie sind die fundamentale Basis für den Erfolg von Awareness: Damit Awareness funktioniert, müssen bei den Mitarbeitern Lernprozesse stattfinden. Dabei stellt sich die Frage, wie man das Engagement der Mitarbeiter für das Lernen erhöhen kann und Lernprozesse im Unternehmen erleichtern kann. Um dies zu gewährleisten, sollten grundsätzlich fünf **Erfolgsfaktoren** bedacht werden, die durch verschiedene Prinzipien ausgestaltet werden.[25] Im Folgenden werden diese Prinzipien erläutert und auf das Lernen rund um Informationssicherheit projiziert:

– Die **Lernkultur** ist Teil der Unternehmenskultur (siehe Kapitel 2.2.2). Demnach setzt sie sich ebenfalls aus den Ebenen Artefakte, Werte und Grundannahmen zusammen. Prinzipien dieser Ebenen sind, wenn sie einen Bezug zum Lernen im Unternehmen besitzen, nicht nur Bestandteil der Unternehmenskultur, sondern gleichzeitig auch der Lernkultur. Sie bilden einen Rahmen, mit dem die Wahrnehmungen, Verarbeitungsprozesse und Verhaltensweisen rund um das Lehren und Lernen abgestimmt werden können. Um die Lernkultur im Unternehmen zu verbessern, sollen die Prinzipien Wertschätzung und Synergie, Gelassenheit, Sicherheit und Zukunft im Unternehmen verankert werden:

    – **Wertschätzung und Synergie:** Wertschätzung ist gegeben, wenn sich die Mitarbeiter selbst und andere als wertvoll betrachten und wenn sie überzeugt sind, dass sie gemeinsam mehr erreichen können als jeder Einzelne allein. Daraus entsteht eine Vernetzung von Sichtweisen, die zu positiven Synergieeffekten führt. Wenn z. B. Softwareentwickler und Kundenberater in einer Lernumgebung zusammen lernen, kann sich die technische mit der betriebswirtschaftlichen Sichtweise vernetzen. Unter anderem könnte der Softwareentwickler verstehen, inwieweit Kunden an der Informationssicherheit interessiert sind, und der Kundenberater, zu welchen Risiken unsichere Software führen kann.

---

25 Vgl. Kern 2012, S. 112 ff.

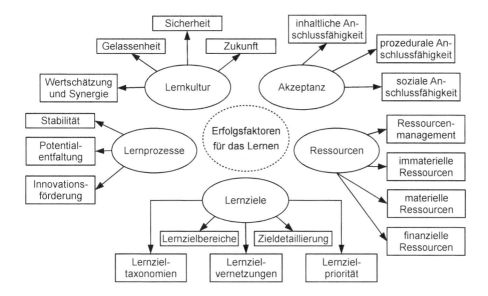

Abb. 2.14: Erfolgsfaktoren und Prinzipien

- **Gelassenheit:** Ein tieferes Verständnis über neue Sichtweisen erzeugt oft Konflikte. Diese Konflikte sollen mithilfe einer gewissen Gelassenheit toleriert werden können. Mithilfe dieser Gelassenheit soll auch die Offenheit gegenüber Unerwartetem erhöht werden. In der Praxis werden die Mitarbeiter in der Regel mit knappen Ressourcen und herausfordernden Zielerwartungen konfrontiert. Daraus ergeben sich individuelle Prioritäten, die von der jeweiligen Person und ihrer Rolle abhängen. Ein Risiko-Manager sollte eine gewisse Gelassenheit aufbringen, wenn er feststellt, dass sich ein Vertriebsmitarbeiter noch gar nicht den möglichen IT-Risiken gewidmet hat, die bei seiner Arbeit relevant sind. Andererseits haben Spezialisten aus den Bereichen Governance, Risk und Compliance (GRC) vielleicht noch nicht die Muße gehabt, sich aus der wirtschaftlichen Perspektive mit den wertschöpfenden Kernprozessen des Unternehmens auseinanderzusetzen.
- **Sicherheit:** Zwischen Interaktionspartnern soll eine gewisse Sicherheit aufgebaut werden: Zum ersten sollen von einem „Machthaber" (z. B. der Vorgesetzte), der nicht unbedingt in der Lernumgebung anwesend sein muss, die geforderten Wahrnehmungs-, Verarbeitungs- und Verhaltensweisen bewusst vorgelebt werden. Ein Vorgesetzter, der sich z. B. nicht an das Clean-Desk-Prinzip hält, obwohl seine Mitarbeiter dies in einer Schulungsmaßnahme verinnerlichen sollten, schafft eine unsichere Lernsituation. Zum zweiten sollen sich die beteiligten Personen in der Lernumgebung gegenseitig Vertrauen entgegenbringen und sich dadurch die Möglichkeit er-

öffnen, untereinander frei zu kommunizieren. Wenn in einer Schulung z. B. ein interner Auditor anwesend ist und die Teilnehmer die Befürchtung haben, dass sie sich durch frei kommunizierte Informationen belasten können, ist eine sichere Lernumgebung nicht gegeben. Zum dritten sollen hierarchische Beziehungen transparent gestaltet werden, sodass Interaktionen, Strukturen und Prozesse nachvollziehbar sind. Schulungen oder andere Awareness-Maßnahmen, an denen alle Mitarbeiter teilnehmen sollen, ohne dass jemand weiß, warum oder von wem das entschieden wurde, können eine sichere Lernumgebung ebenfalls beeinträchtigen.

– **Zukunft:** Dieses Prinzip sieht vor, die Potenzialentfaltung der Lernenden mithilfe von Zielvereinbarungen zu nutzen. Die Ziele sollen sich dabei auf ungenutzte Ressourcen beziehen. Neben den aktuellen Fähigkeiten der Lernenden sollen auch neue Möglichkeiten, die durch Lernaktivitäten entwickelt werden, berücksichtigt werden. Mit dem Prinzip Zukunft wird das Verständnis von Sinn und Zweck des Lernens erhöht. Hierbei soll deutlich werden, ob z. B. ein Erkenntnisgewinn oder die Aneignung neuer Handlungsformen durch das Lernen angestrebt werden. Ein Ziel könnte sein, neue Meldewege für Sicherheitsereignisse zu nutzen und bei Erkennen geeignete Sofortmaßnahmen einzusetzen. Die Lernenden wissen dadurch, dass sie neue Handlungsformen für den Umgang mit Sicherheitsereignissen erlernen, die sie in der Praxis einsetzen können.

– Die **Akzeptanz** beschreibt eine Wahrnehmung, mit der von der Außenwelt angebotene Informationen als neuartig und nützlich beurteilt werden. In diesem Fall entsteht eine Austauschbeziehung zwischen dem Gehirn und den neuen Informationen der Außenwelt. Damit diese Austauschbeziehung funktioniert, müssen die Lerninhalte, die Lernprozesse und die Beziehungen zwischen Lernenden und Lehrenden anschlussfähig sein:

– **Inhaltliche Anschlussfähigkeit:** Sie ist gegeben, wenn der Lerninhalt die bisherigen Erfahrungen des Lehrenden nicht völlig infrage stellt und mit ihnen gedanklich verbunden werden kann. Jede neue Information wird vom Lernenden daraufhin überprüft, ob sie in die Struktur seiner etablierten Wahrnehmungs-, Verarbeitungs- und Handlungsschemata hineinpasst. Sollte dies nicht der Fall sein, wird die neue Information nicht in seine Struktur aufgenommen und als „Blödsinn" abgetan. Ein nicht-IT-affiner Lernender, der mit den modernen Angriffsmethoden professioneller Hacker konfrontiert wird, kann diese Informationen womöglich nicht in seine Struktur einordnen. Ihm fehlen Hintergrundinformationen für fortgeschrittene Informatik-Vorgänge, sodass er die Information nicht verarbeiten kann.

– **Prozedurale Anschlussfähigkeit:** Hierbei geht es um geeignete Vermittlungsprozesse beim Lernen. Ob diese für einen Lernenden geeignet erscheinen, hängt von der Betrachtungsweise des Lernenden und von der

Lernkultur ab. Dabei ist es von Bedeutung, wo der Lernende die Faktoren für den Lernerfolg sieht (Lokalisierung), ob er diese Faktoren als veränderbar ansieht (Stabilität) und ob sie beeinflussbar sind (Kontrolle). Wenn ein Lernender also die Faktoren für den Lernerfolg ausschließlich in seiner Person sieht und als wenig veränderbar oder beeinflussbar betrachtet, wird er sich in einer Awareness-Schulung nicht auf die angebotenen Lernprozesse einlassen wollen. Demgegenüber wird sich ein Lernender, der diese Faktoren anders betrachtet, eher auf externe Lernangebote einlassen. Die Lernkultur sollte so gestaltet werden, dass sie zwar positive Lernvorstellungen entwickeln helfen, aber gleichzeitig vorhandene Lernmuster nicht zu sehr infrage stellen und zur Unternehmenskultur passen. Die Lernkultur muss also eine Balance schaffen zwischen einer zu radikalen Abweichung von Bestehendem und einer zu starken Angleichung. Ersteres würde zu einer Lernverweigerung führen und Letzteres zu einer wahrgenommenen Homogenität, die eine neue Informationsverarbeitung verhindert. Bei einer Awareness-Schulung sollten also Freiräume geboten werden, um auch bestehende Lernmuster der Teilnehmer zu nutzen, z. B. bei einer Gruppenarbeit mit offener Aufgabenstellung.

– **Soziale Anschlussfähigkeit:** Dies bezieht sich auf die soziale Beziehung zwischen den Lernenden untereinander. Die Emotionen und Gefühle der Lernenden sind stehts mit der Informationsverarbeitung beim Lernen verbunden. Daher haben sie auch einen bedeutenden Einfluss auf den Lernerfolg. Wenn ein Lernender die Lehr-Lern-Beziehung subjektiv als negativ oder neutral empfindet, sinkt die Fähigkeit des Lernenden zur Informationsverarbeitung. Insbesondere das kreative Potential ist davon betroffen. Einige Aspekte erhöhen die Wahrscheinlichkeit, dass eine Beziehung als positiv empfunden wird: Vertrauen, Vorbildfunktion des Lehrenden, gute Laune und die Möglichkeit zur Reflexion. Ein Lehrender, der eine Awareness-Schulung leitet, kann also eine größere soziale Anschlussfähigkeit schaffen, wenn er z. B. in derselben Abteilung arbeitet (Vertrauen durch Ähnlichkeit), Sicherheitsvorgaben selbst lebt (Vorbildfunktion, z. B. durch Clean Desk), viel lächelt und aufmunternde Worte spricht (gute Laune) und bewusst Zeitfenster zur Besprechung der Beziehung einsetzt (Selbstreflexion der Beteiligten).

– **Ressourcen** sind eine wesentliche Voraussetzung dafür, dass Lernen überhaupt ermöglicht werden kann. Die wichtigste Ressource ist frei verfügbare Zeit, die zu den immateriellen Ressourcen zählt. Daneben sind auch materielle Ressourcen erforderlich, wie Material und Lernräume. Unter der Betrachtung, dass Awareness-Maßnahmen zu den Sicherheitsmaßnahmen zählen, die die Kosten eines möglichen Sicherheitsvorfalls reduzieren, sind die finanziellen Aufwendungen für die benötigten materiellen und immateriellen Ressourcen in der Regel lohnend (siehe Kapitel 2.1.7). Aus wirtschaftlicher Perspektive gilt es jedoch, auf ein angemessenes Kosten-Nutzen-Verhältnis zu achten, was ein gutes Ressourcenmanagement erfordert. Mit dem sogenannten Schneeballsystem könnte man zunächst jeweils eine Person aus jeder Abteilung schulen und diese Person dann damit beauftragen, ihre Kollegen ebenfalls zu schulen.

– **Ressourcenmanagement:** Zu den Aufgaben in diesem Bereich gehören die Bereitstellung und das Controlling von Ressourcen. Beispielsweise stehen die folgenden Tätigkeiten mit den Lernzeiten in Verbindung: Beim Start eines Awareness-Programms werden die erforderlichen Lernzeiten geplant und priorisiert. Dabei kann z. B. überlegt werden, wie sich der Besuch einer Schulungsveranstaltung für alle Mitarbeiter auf die Produktionsprozesse auswirken kann und wie man bei Konflikten sinnvoll priorisiert. Bei der Durchführung von ausgewählten Awareness-Maßnahmen werden die Lernzeiten kontrolliert und bei Abweichungen Steuerungsmaßnahmen vereinbart. Falls mehrere Mitarbeiter nicht zur Schulungsveranstaltung erscheinen können, kann ein Nachholtermin geplant werden oder es können alternative Medien (z. B. ein Webinar) angeboten werden. Nach der Umsetzung werden die Lernzeiten in Bezug zu den Methoden und Ergebnissen des Lernens gesetzt und Erfahrungswerte für nachfolgende Projekte generiert. Mithilfe von Kennzahlen, die z. B. mit simulierten Phishing-Angriffen erhoben werden, können Indizien für den Lernerfolg gesammelt werden und daraus Verbesserungsansätze für die nächste Awareness-Maßnahme abgeleitet werden.

– **Immaterielle Ressourcen:** Die Zeit ist die mit Abstand wichtigste immaterielle Ressource. Nicht nur die Lernzeit im engeren Sinn, also die durch Lernende aufgewendete Zeit zur Informationsaufnahme, sondern auch der Zeitaufwand zur Planung, Vorbereitung, Durchführung und Nachbereitung der Awareness-Maßnahmen sollten beim Ressourcenmanagement berücksichtigt werden. Diese Aufgaben können z. B. durch Fachpersonal der Informationssicherheit wahrgenommen werden oder an externe Unternehmen ausgelagert werden. Letzteres würde eine Aufwandsreduzierung bei der immateriellen Ressource Zeit und gleichzeitig eine Aufwandserhöhung bei den finanziellen Ressourcen bedeuten. Zeit, die durch Teilnehmer investiert wird, sollte sich durch die Reduzierung von zukünftigen Sicherheitsvorfällen und Betriebsstörungen wieder ausgleichen lassen. Bei einem übermäßigen Zeitbedarf wäre das allerdings kaum noch zu gewährleisten. Das Kosten-Nutzen-Verhältnis wäre dann unvorteilhaft. Außerdem werden in der Awareness oft virtuelle Medien und Lernräume eingesetzt, z. B. bei einer interaktiven computergestützten Lernplattform. Sie sind von physischen, materiellen Medien und Lernräumen abzugrenzen (siehe unten).

– **Materielle Ressourcen:** Diese Ressourcen umfassen hauptsächlich die benötigten physischen Medien und Lernräume. Lernräume werden als „lernwirksam" bezeichnet, wenn sie unter anderem interaktiv, multimedial, sicher und ästhetisch ansprechend sind. Für das Beispiel einer Schulungs-veranstaltung würde das bedeuten, dass z. B. eine kreisförmige Sitzord-nung, eine Kombination analoger und digitaler Medien, eine Abtrennung zum Arbeitsplatz und eine förderliche Licht- und Farbgestaltung verwendet werden sollten.

- **Finanzielle Ressourcen:** Sie sind die Grundvoraussetzung für den Erwerb materieller und immaterieller Ressourcen. Die finanziellen Ressourcen werden zur Deckung von fixen und variablen Kosten verwendet: Fixe Kos-ten liegen vor, wenn eine Erhöhung oder Verminderung der Beschäftigung – im Fall von Awareness-Maßnahmen die Lerntätigkeit – keine Auswirkung auf die Höhe der Kosten haben. Fixe Kosten fallen also immer an, selbst wenn keine Lerntätigkeit stattfindet. Beispiele sind Mieten für Lernräume und Abschreibungen für Drucker. Bei variablen Kosten führen Beschäfti-gungsänderungen hingegen zu einer direkten Änderung der Kostenhöhe. In der Awareness sind variable Kosten von Lerntätigkeiten abhängig. Beispie-le sind Materialkosten und Reisekosten von Teilnehmern. Fixe und variable Kosten können beim Erwerb materieller und immaterieller Ressourcen an-fallen. Lizenzkosten für ein Computer-Lernprogramm (eine immaterielle Ressource) können fix sein, wenn sie unabhängig von den Benutzern mit einer Pauschale beglichen werden, oder variabel, wenn pro Benutzer ein bestimmter Betrag anfällt. Lernmaterial kann fixe Kosten verursachen, wenn es an die Lernenden ausgeliehen wird, oder variable Kosten, wenn für jeden Lernenden neues Lernmaterial angeschafft wird.

- **Lernziele** sollten vor allem realisierbar gestaltet werden. Der Wissenshunger der Lernenden oder die Erwartungen der Lehrenden können schnell zu hoch angesetzt werden. Durch die heutzutage leicht zugänglichen, großen Mengen an Informationen wird dies noch begünstigt. Die Lernziele sollten daher in Be-zug auf Lernzielbereiche, Zieldetaillierung, Lernzieltaxonomien, Lernzielver-netzungen und Lernzielpriorität genau bedacht werden.

  - **Lernzielbereiche:** Sie beschreiben die Inhalte fürs Lernen und umfassen grundsätzlich drei Bereiche: Der fachlich-qualifikatorische Lernbereich be-inhaltet mitarbeiterabhängiges, fachspezifisches Wissen. Dabei handelt es sich z. B. um Sicherheitsrisiken bei der Softwareentwicklung oder Besu-cherregelungen beim Empfang. Dieses Wissen kann leicht verbalisiert wer-den und kann daher auch problemlos weitergegeben werden. Der proze-dural-methodische Lernbereich bezieht sich auf ein situationsabhängiges Vorgehen, das mithilfe von organisationsspezifischem Wissen und persön-lichen Kompetenzen erlernt werden soll. Ein Beispiel ist, bei einem Sicher-heitsereignis schnell die zuständigen Mitarbeiter zu informieren und pas-sende Sofort-Maßnahmen auszuwählen, um den Schaden zu begrenzen. Der emotional-soziale Lernbereich ist auf die emotionale Reflexion von Wahrnehmungs-, Bewertungs- und Handlungsmustern ausgerichtet. Hier werden das Individuum und seine Interaktion mit der sozialen Umwelt betrachtet, also z. B. die Frage, wie sich jemand gegenüber einem Kollegen verhalten sollte, der gegen Sicherheitsvorgaben verstoßen hat.

- **Zieldetaillierung:** Bei der Zieldetaillierung werden Fein-, Grob- und Richtziele festgelegt. Dadurch lassen sich die Feinziele in einen strategischen Rahmen einordnen. Richtziele werden von der Unternehmensleitung sehr global formuliert, gelten für alle Mitarbeiter und beziehen sich auf einen längeren Zeitraum. Die etwas detaillierteren Grobzielen beziehen sich auf Abteilungen oder Teams. Die sehr detaillierten Feinziele werden zwischen einem Vorgesetztem und einem einzelnen Mitarbeiter direkt vereinbart. Je detaillierter die Ziele sind, desto häufiger werden sie überprüft. Ein Richtziel für das Thema Awareness (im fachlich-qualifikatorischen Bereich) könnte sein, das allgemeine Verständnis über Informationssicherheit zu erhöhen, ein Grobziel, den Umgang mit sensitiven Daten zu verbessern, und ein Feinziel, dass ein Mitarbeiter die Funktionen von Verschlüsselungssoftware erlernt.

- **Lernzieltaxonomien:** Sie beschreiben die Kategorisierung der Lernziele mithilfe von drei Lernzielstufen. Die Lernzielstufe Wissen/Verstehen erreicht ein Lernender, wenn ihm z. B. die Sicherheitsrisiken bei der Benutzung von elektronischen Hilfsmitteln bekannt sind und er versteht, wie man sie reduzieren kann. Die Lernzielstufe Anwenden wird erreicht, wenn dieses Wissen im Rahmen der Aufgabenerfüllung angewendet wird (z. B. das Verschließen von vertraulichen Unterlagen bei Verlassen des Arbeitsplatzes). Die dritte Stufe ist die eigenständige Handlungskompetenz. Sie bezieht sich auf den selbständigen Umgang mit neuen Situationen und die Anwendung von Wissen auf neue Fälle. Ein Beispiel ist, wenn ein Mitarbeiter eine neue Technologie einsetzen soll, zu der bisher wenig Anweisungen herausgegeben wurden, und Sicherheitsvorgaben zu anderen, gut bekannten Technologien selbständig auf die neue Technologie projizieren kann.

- **Lernzielvernetzungen:** Wenn verschiedene Lernbereiche miteinander in zeitlichen, inhaltlichen oder personellen Bezug gesetzt werden, redet man von einer Lernzielvernetzung. Sie ermöglicht die Erzeugung neuer Erkenntnisse. Sie kann innerhalb der drei oben gennannten Lernzielbereiche angewendet werden und sich auf vergangene, gegenwärtige und zukünftige Aspekte beziehen. Im fachlich-qualifikatorischen Lernbereich kann diese Vernetzung z. B. durch Datenbankadministratoren mit folgenden Fragen angegangen werden: Welche Anforderungen an die Datensicherheit wurden vom Unternehmen und durch externe Regularien vorgegeben (vergangen)? Welches Fachwissen über Datenbanken und Sicherheit ist jetzt relevant (gegenwärtig)? Welches Fachwissen wird in Zukunft zur Absicherung der Datenbanken benötigt (zukünftig)?

– **Lernzielpriorität:** Lernaktivitäten stehen im Hinblick auf die erforderlichen Ressourcen meist in einem Spannungsfeld mit anderen Aktivitäten im Unternehmen. Lernzielprioritäten unterstützen die Einteilung der Lernaktivitäten in solche, die direkt umgesetzt werden sollen, und solche, die aufgrund der Ressourcenknappheit nur verzögert oder gar nicht umgesetzt werden können. Mit Lernzielprioritäten können auch die Lernmöglichkeiten einzelner Mitarbeiter berücksichtigt werden, wodurch Überforderungen vermieden werden. Innerhalb einer beschränkten Lernzeit kann nur eine begrenzte Anzahl an Lernzielen erreicht werden. Durch die Priorisierung aller infrage kommenden Lernziele kann eine eindeutige Reihenfolge bzw. Auswahl von Zielen erzeugt werden. Damit diese Priorisierung auch von den beteiligten Mitarbeitern akzeptiert wird, sollten sie in den Prozess einbezogen werden. In der Informationssicherheit bieten sich Risikobetrachtungen an, um Lernziele zu verschiedenen Themen zu priorisieren. Hierbei können die Lernziele, die die höchsten Risiken reduzieren helfen, hoch priorisiert werden. Z. B. könnte es in der Vergangenheit viele Unachtsamkeiten beim Betreten des Gebäudes gegeben haben, wodurch das Risiko unbefugten Betretens angestiegen wäre. Ein Lernziel, das physische Zutrittskontrollen und entsprechende Angriffsmethoden betrifft, sollte dann sehr hoch priorisiert werden.

– **Lernprozesse** sollen einen Rahmen schaffen, der es den Lernenden einfacher macht, sich Lerninhalte anzueignen und vorgegebene Lernziele zu erreichen. Die Gestaltungsprinzipien, die darauf hinwirken, sind die Stabilität der Lehr-Lern-Prozesse sowie die Potentialentfaltung und die Innovationsförderung bei den Lernenden.

– **Stabilität:** Um die Stabilität von Prozessen zu gewährleisten, sollten Lehr- und Lernaktivitäten transparent, verbindlich und eindeutig gestaltet werden. Dabei kann z. B. die ISO-Norm 9001 unterstützend eingesetzt werden. Sie ist auf die Qualität von Prozessen und Prozessergebnissen ausgerichtet und beinhaltet Anforderungen an ein Qualitätsmanagementsystem. Wichtig ist, dass insbesondere die lernrelevanten Rahmenbedingungen verstanden werden, damit das Lernen an festgelegten Anforderungen ausgerichtet werden kann und auch daran gemessen werden kann. Die Lernprozesse können anhand eines Kennzahlensystems beurteilt und anschließend gezielt verbessert werden. Unter anderem können Evaluationen von den Lernenden eingeholt werden, um z. B. das Verständnis der Lerninhalte zu beurteilen. Wenn die Mehrzahl der Lernenden angeben würde, dass sie das Konzept der Verschlüsselung von vertraulichen Daten nicht versteht, könnte man gezielt an den betroffenen Lehrinhalten und -methoden arbeiten, und damit die Lernprozesse verbessern.

– **Potentialentfaltung:** Hierbei geht es um die Freisetzung von Lernpotentialen auf Seite der Lernenden. Um dies zu erreichen, sollten eine Kooperation zwischen den Lernenden und eine kontinuierliche Auseinandersetzung mit den Lerninhalten angeregt werden. Die Erwartungen der Organisation und der Lernenden sollten bewusst gemacht und miteinander abgeglichen werden. Dazu notwendige Rahmenbedingungen sollten frühzeitig mittels einer didaktischen Analyse thematisiert werden. Entsprechende Lernwünsche und -bedürfnisse, Lerninhalte, Lernziele, Lernwege und Lernzeiten können bei Bedarf explizit vereinbart werden. Die Lernprozesse sollten kontinuierlich zum Weiterlernen motivieren. Das kann z. B. dadurch unterstützt werden, dass der Vorgesetzte in regelmäßigen Abteilungsmeetings auf ein computerbasiertes Trainingsmodul hinweist, das abgearbeitet werden soll, und hierfür auch die notwendigen Zeitressourcen seiner Mitarbeiter einplant.

– **Innovationsförderung:** Lernen soll Innovationen fördern, und dadurch die Entwicklung einzelner Mitarbeiter, von Abteilungen und Teams sowie der gesamten Organisation voranbringen. Dies wird ermöglicht, wenn die Lernenden fachliche, methodische oder emotionale Vernetzungen reflektieren und neu aufbauen. Dadurch sollen vertraute Deutungsmuster und Handlungsschemata überschritten werden. Innovationsfördernde Lernwege sind jedoch häufig von drei Problembereichen betroffen: Sie werden von Externen womöglich als nicht-zielführend betrachtet. Innovationen können Abwehrreaktionen erzeugen, wenn sie in die Organisation eingebunden werden. Und die Stabilität der Lernprozesse wird nicht aufrechterhalten, wenn sie zur Innovationsförderung an die Lernenden angepasst werden. Mit diesen Problembereichen kann besser umgegangen werden, wenn unterschiedliche Perspektiven betrachtet werden (Dann werden z. B. nicht nur fachliche, sondern auch methodische oder soziale Fortschritte als Erfolg angesehen.) und wenn eine bedingte Offenheit herbeigeführt wird (am besten durch iterative Lernschleifen, mit denen Lernprozesse reflektiert und neu ausgerichtet werden können). Awareness-Schulungen können z. B. in mehrere Termine unterteilt werden. Zum Ende eines jeden Termins kann über Lernvorstellungen, Lernstile, Lernkompetenzen und Motivationsstrukturen reflektiert werden. Im Hinblick auf mögliche Innovationen kann der Lernprozess dann neu ausgerichtet werden (Z. B. kann der Einsatz neuer Identifikationstechniken, wie Biometrie, bei den Lerninhalten ergänzt werden).

Tab. 2.6: Beispiele zu den Prinzipien erfolgreichen Lernens

Erfolgs-faktor	Prinzip	Beispiele in der Awareness
Lernkul-tur	Wertschätzung und Synergie	Softwareentwickler und Kundenberater vernetzen technische und betriebswirtschaftliche Sichtweisen.
	Gelassenheit	Risiko-Manager übt Gelassenheit gegenüber Vertriebsmitarbeitern.
	Sicherheit	Vorgesetzter lebt das Clean-Desk-Prinzip vor.
	Zukunft	Ziel: Neue Meldewege für Sicherheitsereignisse nutzen.
Akzep-tanz	Inhaltliche Anschlussfähig-keit	Ein nicht-IT-affiner Lernender benötigt Hintergrundinformationen, um Lerninhalte zu verstehen.
	Prozedurale Anschlussfähig-keit	Eine Awareness-Schulung beinhaltet Gruppenarbeiten, in der bestehende Lernmuster genutzt werden.
	Soziale An-schlussfähigkeit	Der Schulungsleiter ist ein gut gelaunter Kollege, der sich an Sicherheitsvorgaben hält und auch Beziehungen thematisiert.
Res-sourcen	Ressourcenma-nagement	Lernzeiten werden geplant, priorisiert, kontrolliert und beurteilt.
	Immaterielle Ressourcen	Lernzeit sowie Zeitaufwand zur Planung, Vorbereitung, Durchführung und Nachbereitung der Awareness-Maßnahmen.
	Materielle Res-sourcen	Ein Lernraum, der interaktiv, multimedial, sicher und ästhetisch ansprechend ist.
	Finanzielle Ressourcen	Grundvoraussetzung für den Erwerb materieller und immaterieller Ressourcen.
Lernzie-le	Lernzielbereiche	Sicherheitsrisiken bei der Softwareentwicklung.
	Zieldetaillierung	Richtziel: Verständnis, Grobziel: Umgang mit sensitiven Daten, Feinziel: Funktionen von Verschlüsselungssoftware.
	Lernzieltaxono-mien	Risiken sind bekannt, vertrauliche Dokumente werden weggeschlossen und neue Technologien werden sicher eingesetzt.
	Lernzielvernet-zungen	Was wurde zur Datenbanksicherheit vorgegeben, was ist jetzt relevant und was wird in Zukunft benötigt?
	Lernzielpriorität	Priorisierung von Lernzielen mithilfe von Risiken, z. B. das Risiko unbefugten Zutritts.
Lern-prozes-se	Stabilität	Lernprozesse werden verbessert, nachdem Evaluierungen Verständnisprobleme zur Verschlüsselung gezeigt haben.
	Potentialentfal-tung	In Abteilungsmeetings werden Hinweise auf computerbasierte Trainingsmodule gegeben.
	Innovationsför-derung	Schulungstermine werden reflektiert und im Hinblick auf Innovationen neu ausgerichtet, z. B. Ergänzung von Biometrie.

2.3 Governance der Awareness

2.3.1 Überblick zur Governance

Governance ist die transparente, rechenschaftspflichtige, faire und verantwortungsvolle Konzeption und Umsetzung aller Maßnahmen, die durch ein Unternehmen zur Steuerung und Regelung des Geschäftsbetriebs eingesetzt werden können, unter Beachtung von Grundsätzen der Professionalität und Ethik.

Die Informationssicherheit, darunter auch die Awareness, ist ein wichtiger Teil der Governance, denn sie erfordert ebenfalls eine gewisse Steuerung und Regelung, damit im Unternehmen ein angemessenes Sicherheitsniveau erreicht werden kann. Andererseits unterstützt die Awareness auch die Steuerung und Regelung des Unternehmens.

Die Awareness ist gleichzeitig Maßnahme und Ziel. Als Maßnahme dient sie der Erreichung von sicherheitsrelevanten Zielen, die sich mehr oder weniger direkt auf die Gewinne und Verluste des Unternehmens auswirken. Sie kann aber auch selbst Ziel sein, und zwar im Sinne eines angestrebten Bewusstseinszustands, der von den Mitarbeitern erreicht werden soll und der sich in der Unternehmenskultur widerspiegelt.

Awareness kann auch Taktik, Strategie oder – in seltenen Fällen – Vision des Unternehmens sein. Je nachdem, welchen Stellenwert die Awareness einnimmt, auf welchen Zeithorizont sie ausgerichtet ist und wie abstrakt sie formuliert wurde, kann sie anders gedeutet werden.

Der Begriff der Governance umfasst eine funktionelle und eine institutionelle Perspektive. Die **funktionelle Perspektive** bezieht sich auf die Art und Weise, wie die Funktionen der Governance ausgeübt werden sollen: Transparenz, Rechenschaftspflicht, Fairness und Verantwortung – die Prinzipien der Governance – sollen dabei eingehalten werden. Sie beschreiben die Verhaltensgrundsätze, die bei allen Aktivitäten rund um die Steuerung und Regelung des Geschäftsbetriebs durch die betreffenden Manager umgesetzt werden sollen.

– **Transparenz** bedeutet, dass Informationen zu wesentlichen finanziellen und nichtfinanziellen Sachverhalten vollständig, zeitnah und präzise gegenüber den betroffenen Stakeholdern offengelegt werden müssen. Zu diesen Informationen zählt alles, was die finanzielle Lage, die Eigentumsverhältnisse oder die Leitung des Unternehmens betrifft (z. B. Gewinne oder Verluste des Unternehmens, Kapitalbeteiligungen, Verteilungen der Stimmrechte, Kooperationen oder Partnerschaften mit anderen Unternehmen, Strategien und Ziele des Unternehmens, Methoden der Governance und ihr Umsetzungsstand, Pläne zu organisatorischen Änderungen sowie Entscheidungen zur personellen Besetzung von Schlüsselpositionen). Auch wesentliche Informationen rund um Awareness können von der Transparenzforderung betroffen sein, z. B. wenn fehlende Awareness-Maßnahmen eine wichtige Zertifizierung gefährden.

– **Rechenschaftspflicht** dient der Überwachung und Kontrolle des Managements, um die Effektivität der Unternehmensleitung zu gewährleisten. Bei Bedarf können die Shareholder oder andere Aufsichtsorgane eine Intervention oder sogar eine Neubesetzung von Positionen im Management durchführen. Diese Aufsichtsorgane sollten unabhängig, also ohne Interessenkonflikte, agieren und kompetente Entscheidungen treffen können. Manager sind auch in Bezug auf die Awareness im Unternehmen rechenschaftspflichtig. Dies wäre z. B. dann relevant, wenn ein großer Sicherheitsvorfall im Unternehmen mit einer unzureichenden Awareness in Verbindung gebracht werden würde.
– **Fairness** steht für eine Gleichbehandlung von Stakeholdern, die im Unternehmen dieselbe Funktion ausführen bzw. dieselbe Stellung besitzen. Unter anderem betrifft dies das Verhalten gegenüber Aktionären, z. B. sollten an gleichartige Aktien auch dieselben Rechte geknüpft sein und alle Aktionäre in gleicher Weise mit relevanten Informationen versorgt und zur Ausübung von Stimmrechten befähigt werden. Aber auch innerhalb des Unternehmens spielt Fairness eine Rolle, z. B. sollten alle Mitarbeiter mit ähnlichen Funktionen auch zur Teilnahme an ähnlichen Awareness-Maßnahmen verpflichtet werden.
– **Verantwortung** verdeutlicht, dass das Management alle eventuellen Auswirkungen seiner Handlungen auf das Unternehmen, die Gesellschaft und die Umwelt berücksichtigen und konfliktäre Interessen gewissenhaft gegeneinander abwägen sollte. Wenn die Auswirkungen nicht mit Sicherheit vorhergesagt werden können, sollten Methoden des Risikomanagements angewandt werden, damit Entscheidungen auf kalkulierten Eintrittswahrscheinlichkeiten und Schadenshöhen gestützt werden können. Das Risikomanagement kann auch gut verwendet werden, um eine angemessene Budgetzuweisung für die Awareness und die Auswahl von Awareness-Maßnahmen zu unterstützen.

Die **institutionelle Perspektive** der Governance ist auf die Eigenschaften und das Verhalten der ausübenden Personen, bei denen es sich in der Regel um Mitglieder des Managements handelt, ausgerichtet. Die Eigenschaften und das Verhalten sollen mit den Grundsätzen der Professionalität und Ethik in Einklang stehen.
– Die Grundsätze der **Professionalität** werden abgedeckt, wenn die spezifischen beruflichen Anforderungen für die Erfüllung von Aufgaben der Corporate Governance respektiert und beachtet werden. Sie setzen sich aus Qualifikationen und Kompetenzen zusammen:
  – **Qualifikationen** umfassen das Wissen und die Fertigkeiten, um konkrete berufliche Tätigkeiten anforderungsgerecht ausüben zu können. Die Führungskraft sollte nicht nur Qualifikationen in fachlichen und organisatorischen Gebieten besitzen, sondern auch im Umgang mit Menschen. Diejenigen Führungskräfte, die Awareness-Programme im Unternehmen verantworten, sollten Qualifikationen in Bezug auf fachliches und organisatorisches Wissen über Informationssicherheit, inklusive Awareness, be-

sitzen. Sie sollten auch geeignete Qualifikationen besitzen, um im Umgang mit Menschen die Notwendigkeit für Awareness verdeutlichen zu können.

- **Kompetenzen** sind vor allem Fähigkeiten, mit denen man sich in der komplexen Umwelt eines Unternehmens zurechtfinden kann. Ein Manager sollte die Zusammenhänge und Hintergründe von geschäftsrelevanten Vorgängen schnell erfassen können. Dabei sollte er ein Verständnis über die technischen, organisatorischen und sozialen Gegebenheiten aufbauen können. Awareness selbst kann ebenfalls als Kompetenz aufgefasst werden (siehe Kapitel 2.1.1). Dementsprechend dient die Awareness eines Managers dazu, ein Verständnis über Informationssicherheit und die relevanten Zusammenhänge und Hintergründe zu erlangen.

- Die **Ethik** soll das Verhalten des Managements positiv beeinflussen. Wenn sich Manager aus ethischen Gründen dazu entscheiden, integer, vertraulich, unabhängig und motiviert zu arbeiten, können langfristig die größten Vorteile aus den Maßnahmen der Governance erlangt werden.

  - Ein Manager ist **integer**, wenn sein gesamtes Handeln und seine Entscheidungen mit seinen ethischen Werten in Einklang stehen. Er sollte ehrlich, wahrheitsgetreu und genau arbeiten. Dazu gehört auch, Drohungen und Verlockungen durch Kollegen oder Außenstehende zu widerstehen. Awareness-Maßnahmen könnten von manchen, teilweise auch sehr einflussreichen Mitarbeitern als unnötig oder unwirtschaftlich angesehen werden, weshalb sie eine Einflussnahme versuchen könnten.

  - Ein Manager sollte **vertraulich** arbeiten, damit keine unbefugten Personen Kenntnis über vertrauliche Informationen erlangen können. Er darf mit seinen Handlungen die vorhandenen Regelungen zur Vertraulichkeit von unternehmensinternen Informationen nicht verletzen. Vertraulichkeit ist eines der primären Schutzziele der Informationssicherheit (siehe Kapitel 2.1.3), und daher auch wesentlicher Bestandteil der Awareness. Mithilfe von Awareness-Maßnahmen kann die Vertraulichkeit bei der Arbeit aller Mitarbeiter, inklusive der Manager, erhöht werden.

  - **Unabhängig** zu sein bedeutet, dass der Manager keine Vorurteile besitzt, und somit auch keine voreingenommenen Schlussfolgerungen vornimmt. Unter anderem sollte er von einzelnen Eindrücken (z. B. ein neuer Sicherheitsvorfall) nicht vorschnell auf das Awareness-Niveau des Unternehmens schließen. Außerdem sollte er jegliche Art von Interessenkonflikten vermeiden oder, wenn nicht anders möglich, diese transparent machen. Z. B. könnte er in einem Auswahlverfahren für Awareness-Maßnahmen mitwirken, bei dem ein Dienstleister beteiligt ist, dessen Eigentümer mit dem Manager verwandt oder befreundet ist. Dies sollte er im Unternehmen transparent machen.

  - Inwiefern der Manager **motiviert** ist, hängt von seiner extrinsischen und intrinsischen Motivation ab. Die extrinsische Motivation wird von externen

Faktoren beeinflusst, und zwar von Vorteilen, die der Manager erlangen möchte, und von Nachteilen, die er vermeiden möchte. Beim Manager gehören dazu oft eine hohe Vergütung und eine hohe Anerkennung. Außerdem kann das externe Selbstverständnis von Außenstehenden über die Rolle eines Managers dazu führen, dass er selbst eine hohe Arbeitsqualität anstrebt. Die intrinsische Motivation wird von internen Faktoren beeinflusst, die in der Governance selbst begründet sind. Der Manager möchte die Steuerung und Regelung des Geschäftsbetriebs um ihrer selbst willen erledigen. Er empfindet Freude daran und sieht seine Arbeit als Herausforderung oder Interessenbefriedigung. In Bezug zur Awareness sollte überlegt werden, wie die Awareness mit extrinsischer und intrinsischer Motivation unterstützt werden kann. Dabei können Awareness-Ziele in die Zielvereinbarungen der Manager integriert werden oder Erfolge mit besonderer Anerkennung versehen werden. Außerdem sollten vorwiegend diejenigen Manager mit Awareness betraut werden, die eine intrinsische Motivation für das Thema besitzen.

Governance wird häufig mit Risikomanagement und Compliance in Verbindung gebracht, was auch durch das entsprechende, häufig verwendete Akronym **GRC** zum Ausdruck gebracht wird.

Die **Compliance** fließt in die Governance ein und sorgt für die Einhaltung externer Vorgaben. Die Steuerung und Regelung des Geschäftsbetriebs kann von bestimmten Gesetzten oder anderen Regularien stark beeinflusst werden, was sich dadurch auch in der Gestaltung der Governance widerspiegelt. So sind z. B. Sicherheitsvorschriften wesentlicher Bestandteil von Unternehmen aus der Zahlungskartenindustrie, die durch den PCI DSS reguliert wird (siehe auch Kapitel 3.8).

Das **Risikomanagement** unterstützt die Festlegung von Prioritäten für der Umsetzung von Maßnahmen, die durch die Governance gefordert werden. Damit wird dem wirtschaftlichen Umgang mit knappen Ressourcen Rechnung getragen. Dies gilt zum einen für die Ressourcen-Priorisierung bei Lernprozessen im Rahmen von Awareness-Maßnahmen (siehe auch Kapitel 2.2.4) und zum anderen für die Priorisierung von Awareness-Zielen (untereinander und gegenüber anderen unternehmensrelevanten Zielen).

Das **Management** besitzt eine starke Überschneidung mit der Governance. Es ist ebenfalls auf die Steuerung und Regelung des Geschäftsbetriebs eines Unternehmens ausgerichtet. In Bezug auf die Zuständigkeiten, Fokussierung, zeitliche Ausrichtung und den Abstraktionsgrad kann allerdings eine Abgrenzung erfolgen:

- Die **Zuständigkeit** für das Management liegt bei jedem Mitarbeiter, der dauerhafte Weisungsbefugnisse (durch seine Position in der Hierarchie der Organisation) oder temporäre Weisungsbefugnisse (durch seine Rolle in einem Projekt) besitzt. Die Zuständigkeit für die Corporate Governance liegt in erster Linie bei der Geschäftsführung. Im Hinblick auf Awareness ist ein Manager womöglich nur damit beauftragt, die Teilnahme seiner Mitarbeit an Awareness-Maßnahmen sicherzustellen, während ein Geschäftsführer eher damit befasst ist, das erwünschte Awareness-Niveau zu definieren und die grundsätzliche Herangehensweise festzulegen.

- Die **Fokussierung** bei der Governance ist eher nach außen gerichtet, da die Berücksichtigung der externen Umgebung des Unternehmens und die Interessenbefriedigung externer Interessengruppen einen hohen Stellenwert besitzen. Demgegenüber steht beim Management die Wahrnehmung von Führungsaufgaben zur Kontrolle von internen geschäftsrelevanten Tätigkeiten im Mittelpunkt. Die Geschäftsführung bedenkt also eher die Außenwirkung von Awareness, z. B. durch die Vermeidung von Sicherheitsvorfällen und den Erhalt von Zertifikaten, während das Management die direkten und indirekten Auswirkungen auf die Arbeitsleistung der Mitarbeiter betrachtet.
- Die **zeitliche Ausrichtung** ist bei der Governance weit in die Zukunft gerichtet. Es geht primär um die Fragestellung, wie Visionen erreicht werden können, und mit welchen Strategien das Unternehmen in die gewünschte Richtung gelenkt werden kann. Unter anderem kann Awareness Teil einer Marketingstrategie sein, die zur Erhöhung von Kundenaufträgen führen soll. Beim Management liegt die zeitliche Ausrichtung stärker auf der Gegenwart und nahen Zukunft. Hier werden die Vision und die Strategien konkretisiert und deren Umsetzung veranlasst. Das Management kümmert sich also unter anderem um die Auswahl von konkreten Awareness-Maßnahmen und die Berücksichtigung von Awareness bei der Arbeit der Mitarbeiter.
- Der **Abstraktionsgrad** ist bei der Governance grundsätzlich höher als beim Management. Die Entscheidungen und Umsetzungsmaßnahmen, die in der Governance festgelegt werden, sind sehr viel allgemeiner und abstrakter formuliert als im Management. Dass Awareness wichtig ist und die Unternehmenskultur zur Erhöhung der Awareness verbessert werden soll, wird eher durch die Governance festgelegt. Die Vorgaben aus der Governance zu konkretisieren und in den operativen Geschäftsbetrieb zu überführen, liegt jedoch primär in der Verantwortung des Managements.

2.3.2 Entscheidungsträger

Um die Governance im Unternehmen zu etablieren, werden entsprechende Entscheidungen benötigt. Innerhalb eines Unternehmens existieren diverse Rollen, welche zu diesen Entscheidungen beitragen. Zunächst wird beschrieben, welche Entscheidungen in der Governance, konkret im IT-Bereich der Governance, üblicherweise getroffen werden. Anschließend werden die dazu benötigten Rollen und die zugehörigen Entscheidungsbefugnisse, insbesondere im Hinblick auf die Governance der Awareness, genauer betrachtet.

Weill[26] beschreibt fünf grundlegende **Entscheidungsbereiche** der IT-Governance: Prinzipien, Architektur, Infrastruktur-Strategien, Anwendungsbedarf sowie Investition und Priorisierung. Wenn eine inhaltliche Verbindung zur Awareness aufgebaut wird, können diese fünf Entscheidungsbereiche auf die Governance der Awareness projiziert werden:

– Die **Prinzipien** sind abstrakte Aussagen darüber, wie Awareness im Geschäfts-umfeld etabliert werden soll. Awareness selbst kann bereits als Prinzip verstanden werden (siehe Kapitel 2.1.1). Das Prinzip Awareness kann jedoch noch weiter ausdifferenziert werden. Beispiele dafür könnten sein:

  – Überlegungen zur Informationssicherheit sollen integraler Bestandteil jeder Geschäftsentscheidung sein.
  – Relevante Risiken rund um die Speicherung, Übertragung und Verarbeitung von Informationen im Unternehmen sollen angemessen eingeschätzt werden können.
  – Die erforderliche Ausbildung für eine angemessene Awareness soll durch das Unternehmen rechtzeitig bereitgestellt werden.
  – Mit Hinweisen auf sicherheitsrelevante Ereignisse soll stets mit der notwendigen Sorgfalt und in angemessener Zeit umgegangen werden.

– Die **Architektur** ist in der IT-Governance grundsätzlich eine Sammlung von Regeln und Richtlinien für den Umgang mit der IT, die Vorgaben für die Art und Weise der Aufgabenerfüllung enthalten. Regeln und Richtlinien beinhalten normalerweise viele sicherheitsrelevante Vorgaben, die somit einen Teilbereich der Architektur darstellen. In Bezug auf die Awareness – wiederum ein Teilbereich der sicherheitsrelevanten Vorgaben – werden unter anderem Details darüber genannt, in welcher Art und Weise eine angemessene Awareness im Unternehmen sichergestellt werden soll. Dazu gehört z. B. die Regel, dass jeder Mitarbeiter bei der Einstellung und mindestens einmal jährlich an einer Awareness-Schulung teilnehmen soll. Außerdem können Vorgaben über die Art der Awareness-Maßnahmen erstellt werden, z. B. darüber, dass jedes Jahr Maßnahmen aus mindestens zwei verschiedenen Kategorien eingesetzt werden sollen (wie Online- und Offline-Maßnahmen oder formelle und informelle Veranstaltungen). Zusätzlich kann gefordert werden, dass die Effektivität von Awareness-Maßnahmen mithilfe von aussagekräftigen Kennzahlen beurteilt werden soll. Auch die Behandlung von Spezialthemen und die Zielgruppenorientierung können eine Rolle spielen. Grundsätzlich sollten alle relevanten Compliance-Vorgaben (siehe Kapitel 3.8) in den Regeln und Richtlinien, die zur Architektur gehören, aufgehen.

– Die **Infrastruktur-Strategien** bestimmen die Leistungsfähigkeit der IT oder, in Bezug auf Awareness, die Leistungsfähigkeit der Awareness-Maßnahmen. We-

---

26 Vgl. Weill 2004, S. 4.

sentliche Teile der Infrastruktur-Strategien sind die Ressourcenbereitstellung und die Zweckbestimmung dieser Ressourcen. Ressourcen sind ein wichtiger Erfolgsfaktor von Lernprozessen, und damit auch von Awareness (siehe Kapitel 2.2.4). Die Bereitstellung von immateriellen Ressourcen (wie Lernzeit) und materiellen Ressourcen (wie Lernmaterial und physische Lernräume) hat einen starken Effekt darauf, wie Awareness-Maßnahmen im Unternehmen gestalten werden können und wie sie das Awareness-Niveau im Unternehmen verbessern. Infrastruktur-Strategien können unter anderem beeinflussen, ob Awareness-Maßnahmen eher mit technischen Mitteln (z. B. Lernprogramme) oder mithilfe von Dozenten und Trainern bewerkstelligt werden sollen. Auch die Verfügbarkeit und der Ort der Awareness-Maßnahmen können thematisiert werden: Sind sie z. B. jederzeit im Intranet verfügbar und von überall abrufbar oder ist die Teilnahme an den Maßnahmen nur zu bestimmten Zeitfenstern und an bestimmten Lokationen möglich?

— Der **Applikationsbedarf** spezifiziert, welche Softwareanwendungen zur geschäftlichen Aufgabenerfüllung grundsätzlich benötigt werden und ob sie intern entwickelt oder extern beschafft werden müssen. Bezüglich Awareness handelt es sich dabei in der Regel um Applikationen, welche Lernprozesse im Unternehmen ermöglichen oder unterstützen sollen. Sie dienen direkt oder indirekt der Vermittlung von Wissen. Dazu zählen vor allem Applikationen für das computerbasierte Training (CBT), also solche Applikationen, die zum Lernen mithilfe von digitalen Medien erforderlich sind. Das Bereitstellen und Abrufen von Lerninhalten funktionieren oft applikationsbasiert: Wenn ein Lernender z. B. Informationen aus dem Intranet abruft, benötigt er einen Webbrowser; wenn er eine Video- oder Audio-Datei abspielt, startet er einen Multimedia-Player; und wenn er eine digitale Broschüre öffnet, benötigt er einen PDF-Viewer. Auch zur Vorbereitung von Awareness-Maßnahmen sind meist Applikationen notwendig, z. B. Office-Applikationen zur Erstellung von Präsentationen oder für das Gestalten von Printmedien (z. B. Broschüren).

— Der Bereich **Investition und Priorisierung** umfasst Entscheidungen darüber, wie viel und worin investiert werden soll. Konkret werden z. B. Projektanträge betrachtet und Auswahlentscheidungen getroffen. Ohne Investition stehen keine Ressourcen zur Verfügung und ohne Ressourcen wird sich kein Lernerfolg einstellen (siehe Kapitel 2.2.4). Eine Investition ist daher essenziell, um das Awareness-Niveau im Unternehmen anzuheben. Investitionen werden auch immer aus wirtschaftlicher Perspektive betrachtet. Awareness-Maßnahmen gehören zur Gruppe der Sicherheitsmaßnahmen. Bei einer entsprechenden Investition sollte also stets überlegt werden, ob die Kosten der Sicherheitsmaßnahme geringer ausfallen als die erwarteten Kosten eines Sicherheitsvorfalls, gegen den man sich mit der Maßnahme schützen möchte (siehe Kapitel 2.1.7). Um eine Investitionsentscheidung zu erleichtern, sollten Entscheidungsvorlagen erstellt werden, die auf den Ergebnissen geeigneter Entscheidungstechniken (z. B. der

Nutzwertanalyse) basieren. Dadurch wird die Objektivität beim Vergleich von Alternativen erhöht. In der Praxis wird ein Unternehmen oft mit einer Vielzahl von sinnvollen Investitionen konfrontiert. Aber selbst, wenn eine Investition wirtschaftlich sinnvoll ist, sind finanzielle Mittel und Liquidität für die Investition erforderlich. Aufgrund häufiger Engpässe an finanziellen Mitteln und Liquidität werden Priorisierungen verwendet. Einzelne Investitionen können erst dann getätigt werden, wenn ausreichende, liquide Mittel verfügbar sind und keine Engpässe aufgrund höher priorisierter Investitionen bestehen. Dies führt oft zu einer Wartezeit für Investitionen. Eine gute Priorisierung berücksichtigt alle relevanten Faktoren, wie Risikobetrachtungen, Liquidität und wirtschaftliche Kennzahlen, z. B. die Kapitalrendite (engl. Return on Investment).

Personen, die Entscheidungen in den oben genannten Entscheidungsbereichen treffen und unterstützen, bekleiden diverse **Rollen** auf unterschiedlichen Hierarchieebenen. Diese Rollen können in den meisten Unternehmen angetroffen werden, manchmal auch in abgeänderter Form.

Es handelt sich bei der folgenden Auflistung um übliche Rollenbezeichnungen, die mit dem individuellen Organigramm des betrachteten Unternehmens abgeglichen werden sollten. Unter anderem ist die Rolle Chief Information Security Officer in Unternehmen sehr heterogen vertreten. Sie wird oft anderes bezeichnet (z. B. als Leiter IT-Sicherheit oder Informationssicherheitsbeauftragter) und oft von Inhabern mehrerer Rollen wahrgenommen (z. B. vom IT-Leiter oder von einem Geschäftsführer). Rund um die Governance der Awareness sind folgende Rollen von besonderer Bedeutung:

– Alle Rollen auf der höchsten Hierarchieebene eines Unternehmens befinden sich auf der sogenannten **C-Ebene**, der obersten Führungsebene. Hier sind die Geschäftsführer positioniert, die eine bestimmte Rolle oder sogar mehrere Rollen gleichzeitig wahrnehmen. Die Rollen auf dieser Ebene, die eine starke Beziehung zur Awareness besitzen, sind:

  – Der **Chief Execution Officer** (CEO) ist der Vorsitzende der Geschäftsführung. Er bestimmt maßgeblich die strategische Ausrichtung des Unternehmens und gibt Ziele für das Unternehmen vor. Außerdem vertritt er die Strategie des Unternehmens nach außen, und zwar gegenüber Geschäftspartnern und anderen Interessengruppen. Der CEO ist fast immer als separate Rolle im Unternehmen anzutreffen, teilweise jedoch unter anderer Bezeichnung, wie Vorsitzender, Präsident oder Generaldirektor. Insbesondere in kleineren Unternehmen nimmt der CEO noch weitere Rollen auf der C-Ebene wahr. Strategien haben oft keinen direkten Bezug zur Awareness (siehe Kapitel 2.3.4). Allerdings werden Ziele, die durchaus einen starken Awareness-Bezug haben können, von Strategien abgeleitet. So kann z. B. von der Strategie „Stärkung des Kundenvertrauens" das Ziel „Kundendaten sicherer handhaben" abgeleitet werden, was wiederum durch Awareness-Maßnahmen erreicht werden kann. Der CEO hat im Rahmen von Strategie- und Zielgestaltung also einen gewissen Einfluss auf das Awareness-Niveau des Unternehmens.

– Der **Chief Information Security Officer** (CISO), der **Chief Security Officer** (CSO) und der **Chief Compliance Officer** (CCO) besitzen einen besonders starken Bezug zur Informationssicherheit, inklusive Awareness. Während sich der CISO vollständig auf Informationssicherheit konzentriert, betrachtet der CSO nicht nur die Sicherheit von Informationen, sondern auch die von Mitarbeitern und Vermögenswerten. Daher spielt die physische Sicherheit, wie das Beschützen von Personen in Gefahrensituationen und die Absicherung von Objekten, eine große Rolle für den CSO. Der CCO setzt sich mit allen relevanten externen und internen Regelwerken auseinander. Er ist für die Einhaltung von Vorgaben aus Gesetzen und anderen Regularien verantwortlich und veranlasst die Erstellung und Durchsetzung interner Richtlinien und Anweisungen. Darin sind meist auch mehr oder weniger konkrete Vorgaben für die Awareness im Unternehmen enthalten, z. B. die Vorgabe, dass bei Neueinstellungen und mindestens einmal im Jahr eine Awareness-Maßnahme für Mitarbeiter erfolgen soll.

– Aufgrund der engen Beziehung zwischen Awareness und Informationstechnik haben auch der **Chief Information Officer** (CIO) und der **Chief Technology Officer** (CTO) einen starken Einfluss auf das Awareness-Niveau eines Unternehmens. Der CIO ist mit der Leitung des IT-Bereichs beauftragt, während sich der CTO mit dem technischen Bereich im Unternehmen befasst. Beim CIO liegt der Schwerpunkt bei der Sicherstellung des IT-Betriebs, der die Aufgabenerfüllung aller Mitarbeiter unterstützt. Awareness-Maßnahmen sind häufig auf bestimmte Interaktionen mit IT-Systemen ausgerichtet und sollten daher auf den IT-Bereich zugeschnitten werden. Wenn Mitarbeiter z. B. auf die Gefahren unsicherer Passwörter hingewiesen werden, sollte auch kommuniziert werden, inwiefern komplexe Passwörter technisch unterstützt und eingefordert werden. Der CTO befasst sich mit technischen Lösungen zur Erweiterung des Produktangebots und zur Erhöhung der Gewinnspanne des Kundengeschäfts. Bei technischen Neuerungen sollten stets die Zusammenhänge mit der Awareness betrachtet werden. Unter anderem sollten Mitarbeiter wissen, dass neue Produkte, die personenbezogene Daten speichern, bei Rückgaben und Reparaturen abgesichert und bei Bedarf von sensiblen Daten bereinigt werden müssen. In manchen Unternehmen werden die beiden Rollen von derselben Person wahrgenommen, sodass der CTO dann die Rolle des CIO einverleibt oder andersrum.

– Weitere einflussstarke Rollen auf der C-Ebene sind insbesondere der **Chief Financial Officer** (CFO) und der **Chief Operating Officer** (COO). Der CFO ist der kaufmännische Geschäftsführer bzw. Finanzvorstand des Unternehmens. Er für alle finanziellen Tätigkeiten des Unternehmens verantwortlich. Er kümmert sich um die finanzielle Planung und überwacht die finanzielle Lage des Unternehmens. Da auch Awareness-Maßnahmen von verfügbaren finanziellen Ressourcen abhängen, hat der CFO indirekten Einfluss darauf, ob Awareness-Maßnahmen stattfinden können und in welcher Qualität und in welchem Umfang sie angeboten werden können. Der COO verantwortet das operative Geschäft des Unternehmens. Dazu gehört die Personalplanung, und damit auch die Personalentwicklung, inklusive Awareness.

– Die **Geschäftsbereiche** des Unternehmens sind normalerweise in funktionaler Weise unterteilt, also z. B. Produktion, Vertrieb, Buchhaltung, Marketing, Personal und IT. Diese Bereiche haben meistens daran das größte Interesse, die Effektivität und Effizienz in ihren eigenen Bereichen zu optimieren. Sie können bis zu einem bestimmten Grad entscheiden (abgesehen von Pflichtveranstaltungen), ob sie an den angebotenen Awareness-Maßnahmen teilnehmen und ob sie zusätzlichen Bedarf an Awareness kommunizieren. Dies hängt davon ab, ob Awareness als förderlich oder hinderlich angesehen wird: Als förderlich wird Awareness angesehen, wenn erkannt wird, dass die Aufgabenerfüllung durch Awareness stärker gegenüber Störungen und anderen Problemen abgesichert wird. So kann z. B. ein Vertriebsmitarbeiter Verträge mit neuen Kunden problemloser gestalten, wenn er seinen Computer nicht unbeabsichtigt durch das Öffnen einer infizierten Datei außer Betrieb setzt. Als hinderlich wird Awareness dann angesehen, wenn der Nutzen von Awareness nicht bekannt ist oder wenn die Opportunitätskosten für die Teilnahme an Awareness-Maßnahmen als zu hoch angesehen werden. Mit anderen Worten: Der Geschäftsbereich möchte die zu investierende Zeit lieber für die Erfüllung anderer Aufgaben nutzen, z. B. wenn ein komplexes Angebot in einer knappen Zeit ausgearbeitet werden soll. Außerdem kann Awareness selbst Teil der Aufgabenerfüllung sein, und zwar in dem Bereich, der sich mit Informationssicherheit befasst (z. B. im IT-Bereich).

– Auf der Ebene der **Mitarbeiter** befinden sich einzelne Personen oder kleine Gruppen mit speziellen Interessen. In der Regel werden sie im Unternehmen zur Teilnahme an Awareness-Maßnahmen angewiesen. Sie haben also selten die Möglichkeit, sich der Awareness komplett zu entziehen. Allerdings können sie entscheiden, wie intensiv sie sich gedanklich mit dem Thema auseinandersetzen und ob sie Zusatzangebote in Anspruch nehmen. Meist sind sie vorrangig daran interessiert, ihre Aufgabenerfüllung so zu optimieren, dass sie mit geringsten Mitteln vorgegebene Ziele erreichen (Minimalprinzip) oder mit vorgegebenen Mitteln einen möglichst großen Ertrag erzielen (Maximalprinzip). Ob Awareness als Teil der Zielerreichung angesehen wird, hängt davon ab, wie es von den Mitarbeitern verstanden wird und inwieweit die Mitarbeiter während ihrer Aufgabenerfüllung mit schützenswerten Informationen umgehen müssen. Ein Grafiker aus der Marketingabteilung kann der Awareness vermutlich nicht so viel abgewinnen wie z. B. ein Datenbankadministrator, der täglich mit hochsensitiven Daten in Kontakt kommt.

2.3.3 Charakter der Governance

Der **Charakter der Governance** lässt sich aus zwei verschiedenen Perspektiven betrachten: Einerseits hinsichtlich der Machtposition der Entscheidungsträger – Sie bestimmt, wie Entscheidungen getroffen werden und wie stark sie beeinflusst werden können. Andererseits existieren verschiedene Entscheidungsfaktoren – Sie determinieren die Ausrichtung der Governance im Unternehmen.

Die Entscheidungsträger in der Governance mit einem großen Einfluss auf die Awareness sind – wie oben beschrieben – auf der C-Ebene, in den Geschäftsbereichen und auf der allgemeinen Mitarbeiterebene anzutreffen. Anhand der vorherrschenden Machtposition, die diese Gruppen besitzen, unterscheidet Weill[27] zwischen sechs **Archetypen der IT-Governance** (siehe Abb. 2.15).

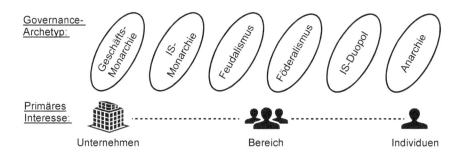

Abb. 2.15: Archetypen und primäre Interessen bei der Governance

Das primäre Interesse bei den Monarchien liegt eher beim Unternehmen (großer Einfluss der C-Ebene), bei der Anarchie liegt es bei kleinen Gruppen oder Individuen (großer Einfluss der Mitarbeiterebene) und bei den anderen Governance-Typen dazwischen (großer Einfluss der Geschäftsbereiche).

Auch hier lässt sich eine Projektion auf die Awareness vornehmen. Anstelle des IT-Bereichs steht dann der Bereich Informationssicherheit (IS) im Vordergrund:
- Bei der **Geschäfts-Monarchie** treffen Manager der C-Ebene alle Entscheidungen zur Governance, auch Entscheidungen zur Governance der Awareness. Die

---

27 Vgl. Weill 2004, S. 5 ff.

Gruppe kann sich z. B. in Form eines Komitees zusammenfinden, bei der alle Teilnehmer gleichberechtigt sind. Der CISO hat in diesem Fall die gleichen Rechte wie andere Manager. Daher kann es jedoch vorkommen, dass Initiativen zur Awareness zugunsten von Geschäftsinitiativen in den Hintergrund geraten. Bei wichtigen Entscheidungen werden die Manager mit Informationen aus diversen Quellen versorgt, z. B. mit Berichten aus den Abteilungen, Informationen zu Vertragsvereinbarungen und Kennzahlen zum Budget und zur Performance.

- Die **IS-Monarchie** ist dadurch gekennzeichnet, dass alle Entscheidungen rund um Informationssicherheit, wozu auch die Awareness gehört, von IS-Spezialisten getroffen werden. Dies kann auf verschiedene Arten umgesetzt werden. Es kann z. B. ein Komitee aus IS-Managern gebildet werden, um alle Entscheidungen mit Einfluss auf die Informationssicherheit autonom zu entscheiden. Auch eine Zusammensetzung des Komitees aus IS-Mitarbeitern, die verschiedenen Geschäftsbereichen und Hierarchieebenen zugeordnet sind, ist möglich.

- Der **Feudalismus** orientiert sich an alten englischen Traditionen, bei denen die einem Landesherrn unterstellten Gefolgsleute eigene Entscheidungen treffen, um ihre lokalen Bedürfnisse zu befriedigen. Bei der Governance entsprechen Mitarbeiter, die nach Geschäftsbereichen gruppiert sind, den unterstellten Gefolgsleuten. Die Bereiche würden dann eigenständig entscheiden, an welchen Awareness-Maßnahmen sie sich wie stark beteiligen. Diese Art der Machtverteilung ist in der Praxis wenig üblich, da die meisten Unternehmen nach Synergien zwischen den Bereichen suchen. Wenn ein Bereich eine Präsenzveranstaltung zur Awareness vorzieht und ein anderer ein computerbasiertes Training, bleiben Synergien ungenutzt.

- Beim **Föderalismus** werden die Verantwortlichkeiten auf zwei Organe aufgeteilt, sodass eine begrenzte Eigenständigkeit mit übergreifender Gesamtheit geschaffen wird. Die Organe befinden sich mindestens auf zwei Hierarchieebenen, wie bei der Aufteilung von Bundesländern und Bund. Im Unternehmen werden die Entscheidungen dann durch eine zentrale Einheit (die Geschäftsführung) und durch Vertreter der Geschäftsbereiche getroffen. Diese Vertreter sind meist die Leiter der Geschäftsbereiche oder die Geschäftsprozesseigentümer. Da die Geschäftsführung oft andere Ansichten vertritt als die Geschäftsbereiche, handelt es sich beim Föderalismus um eine praktisch eher schwierige Art der Governance. Die Geschäftsbereiche fokussieren sich nämlich vorwiegend auf die eigenen Ergebnisse und weniger auf die Gesamtergebnisse. Awareness-Maßnahmen werden aus Sicht der Geschäftsbereiche oft als nicht erforderlich oder unwirtschaftlich erachtet. Außerdem sind das Teilen und interne Verrechnen von Ressourcen zwischen den Geschäftsbereichen ein problematisches Thema. So stellt sich z. B. die Frage, wie Aufwendungen zur Bereitstellung von Awareness-Maßnahmen gegenüber den Geschäftsbereichen der teilnehmenden Mitarbeiter verrechnet werden.

- Das **IS-Duopol** basiert auf Vereinbarungen zwischen zwei Parteien. Jede Entscheidung zur Awareness wird zwischen einem Vertreter der Informationssicherheit und einem Vertreter des betroffenen Geschäftsbereichs getroffen. Der Vertreter des Geschäftsbereichs ist in der Regel ein IS-affiner Manager. Mithilfe des IS-Duopols kann man sich bei Vereinbarungen am spezifischen Bedarf des beteiligten Geschäftsbereichs orientieren. Dadurch lassen sich Entscheidungen schneller und zielgerichteter treffen. Allerdings ist das IS-Duopol bei unternehmensweiten Entscheidungen sehr kostspielig und zeitaufwendig, da eine Vielzahl von Duopol-Entscheidungen (eine pro Geschäftsbereich) zusammengeführt werden müssen. Eine übergreifende Awareness-Strategie lässt sich dann nur schwer erarbeiten.
- Die **Anarchie** wird gelebt, wenn Individuen oder kleine Gruppen ihre eigenen Entscheidungen treffen und dabei ausschließlich die eigenen Bedarfe berücksichtigen. Im Gegensatz zum Feudalismus sind die Entscheidungsgruppen viel kleiner: Während beim Feudalismus ganze Geschäftsbereiche im Hinblick auf ihre Bedarfe entscheiden, handelt es sich bei der Anarchie um kleine Gruppen oder sogar Einzelpersonen. Anarchische Entscheidungen sind in Unternehmen normalerweise wenig erwünscht, da dieser Governance-Typ kostenintensiv und schwer zu kontrollieren ist. Allerdings kann dieser Typ in bestimmten Situationen auch vorteilhaft sein, wenn z. B. eine sehr schnelle Reaktionsfähigkeit durch die Informationssicherheit gefordert wird. Anarchische Entscheidungen in der Awareness werden z. B. dann getroffen, wenn ein einzelner Vertriebsmitarbeiter eine Awareness-Schulung zu speziellen Sicherheitsanforderungen eines neuen Kunden anfordert oder wenn ein Mitarbeiter zeitweise in einem Hochsicherheitsbereich arbeiten soll und über vorhandene Risiken in diesem Bereich unterrichtet werden möchte.

Je individueller die Entscheidungen zur Awareness getroffen werden, desto schwieriger können Synergien genutzt werden. Jede Gruppe oder Person kann nämlich spezifische Anforderungen an die Inhalte, die Form und den Umfang der Awareness-Maßnahmen stellen. Diese sind dann entsprechend schwer zu vereinheitlichen. Während z. B. eine Gruppe individuell gestaltete Broschüren wünscht, könnte eine andere Gruppe ein Training-on-the-job anfordern. Bei diesen beiden Medien gäbe es kaum Synergieansätze.

Der Vorteil von individuellen Entscheidungen liegt allerdings darin, dass Awareness-Maßnahmen genau auf den Bedarf einer Gruppe oder Person zugeschnitten werden können. Hierbei sollte jedoch überlegt werden, ob ein Vertreter eines Geschäftsbereichs bzw. eine Einzelperson ausreichende Kenntnisse über den Nutzen von Awareness besitzt und Bedarfe präzise kommunizieren kann.

Die **Entscheidungsfaktoren** bei der Governance sind aus Orientierungssicht die Shareholder und Stakeholder sowie aus Kontrollsicht die Ergebnisse und das Verhalten:

Eine Orientierung auf Shareholder bedeutet, dass das Unternehmen einen möglichst hohen Return on Investment erwirtschaften will, und damit die Rendite für die Shareholder maximieren will. Bei einer Orientierung auf Stakeholder strebt das Unternehmen mehrere Ziele der Stakeholder gleichzeitig an, unter anderem gesellschaftliche Ziele. Durch ein Ausbalancieren dieser Ziele soll die Zufriedenheit bei den Stakeholdern maximiert werden.

Die Aktivitäten, die ein Unternehmen zur Zielerreichung durchführt, können auf zwei verschiedene Arten kontrolliert werden: Entweder wird sichergestellt, dass die Ergebnisse der Aktivitäten den Erwartungen entsprechen, oder die Kontrolle erfolgt mithilfe von Vorgaben zu Prozessen und Verfahren, damit das Verhalten der Mitarbeiter regelkonform bzw. agil ist.

Mithilfe der vier Entscheidungsfaktoren Shareholder, Stakeholder, Ergebnisse und Verhalten lässt sich eine zweidimensionale Matrix (siehe Tab. 2.7) erzeugen. Sie beinhaltet die vier sogenannten **Governance-Paradigmen,**[28] die sich auch auf die Governance der Awareness anwenden lassen.

Tab. 2.7: Governance-Paradigmen

Kontrollsicht:	Orientierungssicht:	
	Shareholder	**Stakeholder**
Ergebnisse	Flexible Wirtschaftlichkeit	Vielseitige Interpretation
Verhalten	Konformität	Agile Pragmatik

– Bei der **flexiblen Wirtschaftlichkeit** geht es primär um die erreichten Ergebnisse aus wirtschaftlicher Sicht. Manager sollten hohe Fertigkeiten und umfangreiche Erfahrungen besitzen, damit sie möglichst flexibel reagieren können, um die Erträge für die Shareholder zu optimieren. Dabei geht es auch um die Frage, welchen wirtschaftlichen Nutzen Awareness-Maßnahmen besitzen. Bei diesem Paradigma sollten vor allem Risikobeurteilungen berücksichtigt werden, um die erwarteten Schäden bei Verzicht auf Awareness-Maßnahmen einzubeziehen. Außerdem sollten neue Bedrohungen berücksichtigt werden, die sich z. B. aus neuen Angriffsmethoden ergeben und von der Schnelllebigkeit technischer Entwicklungen begünstigt werden. Eine flexible Wirtschaftlichkeit beinhaltet also einerseits die wirtschaftliche Beurteilung von Awareness-Maßnahmen und

---

28 Vgl. Müller 2011, S. 88.

andererseits die flexible Anpassung dieser Maßnahmen, um neue Bedrohungen zu adressieren.

– Bei der **vielseitigen Interpretation** werden mehrere, verschiedene Anforderungen unterschiedlicher Stakeholder, die individuelle Bedarfe und Erwartungen besitzen, interpretiert und ausbalanciert. Oft müssen neue Methoden oder Prozesse entwickelt werden, um die Anforderungen wirtschaftlich erfüllen zu können. Unternehmen, die mit heterogenen Projekten oder hohen Risiken konfrontiert sind, orientieren sich häufig an diesem Paradigma. Auch an die Awareness werden verschiedene Anforderungen unterschiedlicher Stakeholder gestellt. Dadurch können die spezifischen Rollen der Stakeholder besser berücksichtigt werden und Anforderungen einfließen, die nur indirekt oder kaum wirtschaftlich gemessen werden können, z. B. die Verständlichkeit und Benutzerfreundlichkeit von Awareness-Maßnahmen. Obwohl die Anforderungen grundsätzlich wirtschaftlich umgesetzt werden sollen, steht nicht allein die Rendite des Unternehmens im Vordergrund. Es geht vielmehr darum, die Wünsche der Stakeholder so weit wie möglich umzusetzen.

– Die **Konformität** ist auf die Compliance mit bestehenden Regelwerken zu Prozessen und Verfahren ausgerichtet, um die entstehenden Kosten gering zu halten. Dieses Paradigma ist geeignet, wenn die Wechselwirkungen zwischen Regelverhalten und Ergebnissen gut bekannt sind. Awareness-Maßnahmen, die unter diesem Paradigma eingesetzt werden, konzentrieren sich auf das Bekanntmachen von bestehenden Regeln zur Informationssicherheit, um Risiken zu reduzieren und die erwarteten Renditen der Shareholder entsprechend zu erhöhen. Im Gegensatz zur flexiblen Wirtschaftlichkeit sind grundsätzliche Änderungen der Awareness-Inhalte stets an Änderungen der Regelwerke gebunden. Die Flexibilität ist also stärker eingeschränkt. Außerdem können unbekannte oder wenig verstandene Beziehungen zwischen Regeln und Ergebnissen zu Ineffizienzen führen, z. B. können durch zu strenge Regeln Akzeptanzprobleme und ineffiziente Workarounds entstehen. Ein regelgestütztes Paradigma besitzt jedoch den Vorteil, dass Mitarbeiter besser verstehen, was von Ihnen erwartet wird, und dass sie bei Verstößen einfacher zur Verantwortung gezogen werden können.

– Die **agile Pragmatik** kommt dann zum Einsatz, wenn hohe Kundenanforderungen (z. B. die technische Benutzerfreundlichkeit) im Mittelpunkt stehen. Beginnend mit den Kernfunktionalitäten, werden die Funktionalitäten mit absteigender Wichtigkeit innerhalb eines bestimmten Zeitraums weiterentwickelt. Oft werden dabei agile Methoden (z. B. Scrum) verwendet. Bei der Gestaltung von Awareness-Maßnahmen steht – im Gegensatz zur vielseitigen Interpretation – das Verhalten stärker im Vordergrund als die Ergebnisse. Es geht in erster Linie darum, dass die Mitarbeiter möglichst agil agieren und Anforderungen gemäß den festgesetzten Prioritäten abarbeiten. Bei der Awareness würde also eine Vielzahl von Maßnahmen anhand von dynamisch entwickelten, angepassten

Anforderungen gestaltet werden. Diese werden z. B. mithilfe von Risiken priorisiert und kontinuierlich umgesetzt.

Unternehmen, die stark auf Forschung und Entwicklung fokussiert sind, nutzen oft die Paradigmen vielseitige Interpretation oder agile Pragmatik. Alteingesessene Unternehmen mit geringen Produktänderungen verfolgen eher die flexible Wirtschaftlichkeit oder Konformität. Es ist sogar möglich, dass unterschiedliche Bereiche desselben Unternehmens unterschiedliche Paradigmen anwenden. Allerdings ist das eher in größeren Unternehmen der Fall.

In der Praxis gibt es oft **Überschneidungen** zwischen den idealtypischen Paradigmen: Eine Shareholder-orientierte Governance ist selten ausschließlich auf Ergebnisse oder Verhalten ausgelegt. In der Regel wird eine Kombination mit einem Schwerpunkt geschaffen. In der Awareness erkennt man diese Kombination z. B. daran, dass essenzielle sicherheitsrelevante Erwartungen an die Mitarbeiter stets mit entsprechenden Regelwerken gestützt werden sollten und das Verhalten zum Umgang mit gravierenden neuen Angriffsmethoden bereits vor entsprechenden Regelanpassungen thematisiert werden sollte. Bei der Stakeholder-orientierten Governance sollte auch dann mit geänderten Anforderungen gut umgegangen werden können, wenn die Governance der Awareness nicht agil gestaltet wurde. Auch die Abgrenzungen zwischen der Shareholder- und Stakeholder-Perspektive sind manchmal fließend, da Shareholder nicht ausschließlich auf die Rendite achten (sondern z. B. auch auf die gesellschaftliche Verantwortung des Unternehmens) und Stakeholder oft auch Interesse an der Rentabilität des Unternehmens haben.

2.3.4 Ziele im Kontext

Awareness kann für Unternehmen ein wichtiges Hilfsmittel sein, um bestimmte **Ziele** zu erreichen. Ziele sind angestrebte Zustände eines Unternehmens, die kurz- oder langfristig ausgerichtet sind, mehr oder weniger stark quantifiziert wurden und möglichst auf einer realitätsbezogenen Einschätzung beruhen sollten. Ziele, die mit Awareness zusammenhängen, können sich z. B. mit folgenden Themen befassen:

- Die **Risikoreduzierung** besitzt aus Sicht der Wirtschaftlichkeit einen hohen Stellenwert. Falls IT-bezogene Risiken tatsächlich eintreten, können gravierende finanzielle Schäden entstehen. Unter anderem können die Verfügbarkeit und Integrität von Systemen und Informationen beeinträchtigt werden, sodass wichtige Geschäftsprozesse verzögert oder sogar blockiert werden. Dadurch können erhebliche Umsatzeinbußen folgen. Wenn vertrauliche Informationen kompromittiert werden, können z. B. geheime Geschäftsstrategien von Konkurrenten ausgenutzt werden oder Kundendaten missbraucht werden, was die Reputation des Unternehmens schädigen würde. Eine gestiegene Awareness führt zu einem risikobewussteren Verhalten: Das Risikoprofil und die Erwartungen des Unternehmens werden stärker berücksichtigt; infolgedessen werden inakzeptable Risiken vermieden.

– Die Verbesserung (oder zumindest die Aufrechterhaltung) der **Reputation** kann als Teil der Risikoreduzierung angesehen werden. Die Reputation wirkt sich in erster Linie auf die Kundenbeziehungen und das damit verbundene Geschäft aus. Sie kann auch wichtig sein, wenn neue Kunden gewonnen werden sollen oder der Markenwert von Produkten erhöht werden soll. Kunden können z. B. im Kontakt mit dem Unternehmen oder bei der Betrachtung seiner Produkte feststellen, ob das Unternehmen einen hohen Wert auf Informationssicherheit legt und ob die Mitarbeiter über eine hohe Awareness verfügen. Dies kann aus Sicht der Kunden ein wichtiges Qualitätskriterium sein.

– Die Erfüllung von **Regularien** beinhaltet auch, dass Vorgaben zum Thema Awareness erfüllt werden. Entsprechende Vorgaben beziehen sich z. B. auf die Anzahl der durchgeführten Awareness-Maßnahmen und auf die rollenspezifische Adressierung von Mitarbeitern. Unter anderem schreiben das BDSG und der PCI DSS die Durchführung von Awareness-Maßnahmen vor (siehe auch Kapitel 3.8).

In einem größeren **Kontext** gesehen stehen die Ziele des Unternehmens sowohl mit abstrakteren als auch mit konkreteren Überlegungen in Zusammenhang (siehe Abb. 2.16). Auf der abstrakteren Seite stehen Vision, Strategie, Taktik und Mission des Unternehmens. Auf der konkreteren Seite werden allgemeine, grobe Ziele auf bestimmte Personen oder Aktivitäten projiziert, und dadurch stärker detailliert und quantifiziert. Aus den Zielen, die einen mehr oder weniger starken Bezug zur Awareness aufweisen, werden Awareness-Maßnahmen abgeleitet und geplant.

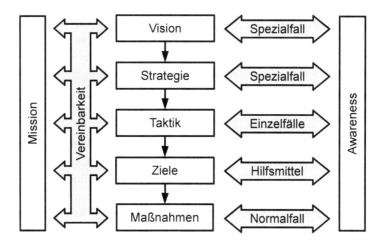

Abb. 2.16: Ziele im Kontext

– Die **Mission** beschreibt die operativen Geschäftstätigkeiten eines Unternehmens und besitzt daher keinen planerischen oder zukunftsorientierten Charakter. Sie beschreibt die täglich anfallenden Aufgaben, die ein Unternehmen in der Regel zum Zweck der Gewinnerzielung durchführt. Die Mission ist ein wesentliches Merkmal eines Unternehmens und sollte daher bei allen Überlegungen berücksichtigt werden. Sowohl die Vision, Strategie und Taktik als auch die davon abgeleiteten Ziele sollten mit der Mission des Unternehmens vereinbar sein. Ein Unternehmen, das z. B. die Mission verfolgt, Versicherungen im Gesundheitswesen anzubieten, sollte keine ganz anderen Produkte (z. B. medizinische Geräte) vertreiben – zumindest nicht ohne Anpassung der Mission. Das bedeutet nicht, dass keine Aufgaben außerhalb der formulierten Mission ausgeführt werden dürfen, sondern eher, dass die Aufgaben keine Konflikte mit der Mission verursachen sollten. Wenn z. B. ein wesentlicher Teil der Mitarbeiter neu angelernt oder ersetzt werden muss, um andere Aufgaben durchzuführen, sollte zunächst die Mission überdacht werden. Die Awareness ist mit nahezu jeder Mission vereinbar, da fast in jedem Unternehmen sensitive Informationen verwendet und IT-Systeme eingesetzt werden, und daher Informationssicherheit von Bedeutung ist. Für Unternehmen, die kaum sensitive Informationen verwenden und vollständig ohne IT-Systeme auskommen, wären Awareness-Maßnahmen für die Informationssicherheit womöglich eine unwirtschaftliche Verwendung von Ressourcen.

– Die **Vision** beschreibt einen sehr abstrakten Zustand, in dem sich das Unternehmen zukünftig befinden möchte. Die Vision ist so abstrakt, dass der Weg dorthin bei der Festlegung der Vision keine Rolle spielt. Daher ist es auch noch ungewiss, ob der Zustand tatsächlich erreicht werden kann. Visionen beinhalten oftmals Zustände von Reichtum, Macht oder Anerkennung. Auch idealistische Visionen, die z. B. die Lebensqualität aller Menschen erhöhen sollen, werden oft gewählt – insbesondere von gemeinnützigen Organisationen. Eine gute Vision sollte nicht zu komplex sein, damit die Mitarbeiter ein einheitliches und korrektes Verständnis der Vision aufbauen können. Eine grundsätzliche, zumindest theoretische Erreichbarkeit der Vision ist wichtig, damit die Vision keinen nachteiligen Effekt auf die Bindung der Mitarbeiter zum Unternehmen oder auf ihre Motivation verursacht. Damit die Vision zum Unternehmen passt, sollten vorhandene Ideale und Werte berücksichtigt werden. Auch langfristige Entwicklungen des Unternehmens und seiner Umwelt spielen bei der Festlegung einer geeigneten Vision eine Rolle. Die Awareness besitzt kaum einen Einfluss auf die Vision, da sie in der Regel lediglich Bestandteil des Wegs zur Vision ist. In Spezialfällen könnte die Awareness allerdings einen Teil der Vision ausmachen. Z. B. könnte ein Dienstleister, der sich auf die Durchführung von Awareness-Maßnahmen in Banken spezialisiert hat, die Vision „Eine hohe Awareness in allen Banken in Nordrhein-Westfalen." besitzen.

- Die **Strategie** beschreibt im Gegensatz zur Vision keinen Zustand, sondern ein Vorgehen. Dieses Vorgehen ist immer noch sehr abstrakt und allgemein gehalten. Es beschreibt, was das Unternehmen auf lange Sicht grundsätzlich tun muss, um die vorhandene Vision zu erreichen. Eine gute Strategie sollte unter der Berücksichtigung von gesammelten Erfahrungen entwickelt werden. Dabei spielen insbesondere Erfahrungen über in der Vergangenheit verfolgte Strategien und entsprechende Umsetzungsmaßnahmen eine Rolle. Eine realistische Einschätzung zu den Fähigkeiten der Mitarbeiter, die bei der Umsetzung der Strategie mitwirken sollen, ist ebenfalls von großer Bedeutung. Die Strategie muss also für das Unternehmen und die Mitarbeiter passend sein. Beispielsweise hat ein Software-Hersteller, der zur Verbreitung neuer Software die kombinierte Herstellung von Hardware und Software anstrebt, wahrscheinlich eine ungünstige Strategie gewählt, wenn er die fehlenden Fähigkeiten seiner, lediglich auf Software spezialisierten Mitarbeiter nicht berücksichtigt hat. Eine Strategie sollte trotz ihrer Abstraktheit fokussiert sein: Zum einen sollte sie klar auf das Erreichen der Vision ausgerichtet sein und zum anderen sollte sie selbst eine Richtung angeben, um abgeleitete Taktiken und Ziele einzugrenzen. Wenn sich z. B. ein Software-Hersteller auf die Marktdurchdringung mit Anwendungssoftware ausgerichtet hat, sollte aus der Strategie hervorgehen, dass die Entwicklung von Anwendungssoftware Priorität hat und dass andere Produkte (z. B. Betriebssystemsoftware) nachrangig entwickelt und betreut werden sollen. Beispiele für Strategien sind die Spezialisierung auf eine bestimmte Tätigkeit (z. B. die Anwendungssoftwareentwicklung) oder das Verbessern bestimmter Kriterien (z. B. die Produkt- oder Service-Qualität). Auch eine Kostenführerschaft, die durch vergleichbar niedrige Produkt-Preise erreicht werden soll, ist eine mögliche Strategie. In der Strategie ist die Awareness selten vertreten. Falls die Awareness (oder allgemeiner: die Informationssicherheit) jedoch ein wesentlicher Bestandteil des Unternehmensgeschäfts ist, findet sie sich dementsprechend auch in der Strategie wieder. Wenn z. B. sichere Software entwickelt werden soll, könnte die Strategie des Unternehmens lauten: „Entwicklung sicherer Software durch sicherheitsbewusste Mitarbeiter". Dienstleister, die speziell auf das Anbieten von Awareness-Maßnahmen ausgerichtet sind, nehmen oft auch in der Strategie darauf Bezug, z. B. mit der Strategie „Anbieten von flexiblen Awareness-Maßnahmen für stationäre und reisende Mitarbeiter".
- Die **Taktik** beschreibt ebenfalls ein Vorgehen. Im Vergleich zur Strategie ist sie jedoch spezifischer und ihre Umsetzung ist für eine nähere Zukunft geplant. Sie wird von der Strategie abgeleitet, um deren Umsetzung zu unterstützen. Aufgrund des kürzeren Zeithorizonts und des konkreteren Inhalts ist es nicht unüblich, dass aus einer Strategie mehrere Taktiken abgeleitet werden oder eine Taktik wiederholt angepasst wird. Die Taktik sollte, genauso wie die Strategie, zum Unternehmen passen und unter Berücksichtigung der vorhandenen Erfahrungen und Fähigkeiten entwickelt werden. Die Entwicklung einer geeigneten Tak-

tik kann mitunter noch anspruchsvoller sein als die einer Strategie: Während die Strategie aufgrund ihrer allgemeineren Formulierung und größeren Langfristigkeit meist noch genügend Spielräume und Flexibilität bietet, um mit auftretenden Problemen umzugehen, ist man bei der Ausgestaltung der Taktik normalerweise eingeschränkter. Da mithilfe von Taktiken konkretere Vorgehen beschrieben werden, ist es in Einzelfällen möglich, dass ein Unternehmen die Durchführung von Awareness-Maßnahmen als eine von mehreren Taktiken identifiziert, um eine Strategie zu unterstützen. Beispielsweise könnte die Strategie „Qualitätsführerschaft in der Entwicklung von Systemen für Enterprise-Resource-Planning (ERP)" unter anderem mit der Taktik „Durchführung von Awareness-Maßnahmen für alle Softwareentwickler" unterstützt werden.

– Festlegung und Konkretisierung der **Ziele** des Unternehmens sind erforderlich, um die angestrebten Zustände des Unternehmens inhaltlich und zeitlich genauer zu bestimmen und in geeignete Zwischenziele zu unterteilen. Auch die Zuweisung von Zielen zu Abteilungen, Teams und Mitarbeitern sollte vorgenommen werden, um Verantwortlichkeiten und Zuständigkeiten zu verdeutlichen. Awareness kann in Form von Zwischenzielen dabei helfen, andere Ziele zu stützen oder auszuformulieren (z. B. die Risikoreduzierung), sie kann aber auch ein eigenständiges Ziel im Unternehmen sein. Hilfsmittel für die Festlegung und Konkretisierung von Zielen sind unter anderem die Balanced Scorecard, die SMART-Methode und die Technology Roadmap:

  – Die **Balanced Scorecard**[29] erleichtert die Ausrichtung von Zielen und Aktivitäten an der Vision und Strategie des Unternehmens sowie die Messung der Zielerreichung. Durch die in der Balanced Scorecard verwendeten Perspektiven Finanzen, Kunden, Prozesse und Innovationen wird eine ausgewogene Zielerstellung unterstützt.

    – Der Perspektive **Finanzen** sind solche Ziele zugeordnet, die sich z. B. auf Umsätze, Kosten oder Gewinne beziehen. Dabei steht in der Regel die Steigerung der Profitabilität im Vordergrund.

    – Aus der Perspektive **Kunden** wird überlegt, wie sich das Unternehmen gegenüber Konkurrenten behaupten kann und wie es den Umgang mit Kunden verbessern kann.

    – Die Perspektive **Prozesse** dient der Betrachtung und Optimierung von unternehmensinternen Abläufen. Prozesse sollen effizienter gestaltet werden, indem ihr Beitrag zur Wertschöpfung erhöht wird.

    – Aus der Perspektive **Innovationen** ist alles relevant, was das Wachstum des Unternehmens fördert. Dies kann das Unternehmen von innen heraus (z. B. durch die Weiterbildung der Mitarbeiter) und von außen (z. B. durch Maßnahmen zur Erhöhung des Umsatzes) erreichen.

---

29 Vgl. Kaplan und Norton 1992.

Bei der **Erstellung** einer Balanced Scorecard wird zunächst die Strategie des Unternehmens als Grundlage genutzt, um den Rahmen für die Zielerstellung abzustecken. Anschließend werden aus jeder Perspektive Ziele definiert, die zur Strategie des Unternehmens passen. Diese Ziele sollten möglichst quantitativ sein, um die spätere Messung der Zielerreichung zu erleichtern. Für diese Messung müssen im nächsten Schritt Messgrößen definiert werden. Außerdem müssen Maßnahmen definiert werden, um zu verdeutlichen, was konkret getan werden soll, um die Ziele zu erreichen. Awareness-Maßnahmen für die Informationssicherheit finden sich im Normalfall häufig als Maßnahmen für einzelne Ziele, primär für Ziele aus der Prozessperspektive, wieder. Unter anderem kann das Ziel der Qualitätsverbesserung von Produkten oder Prozessen mithilfe von Awareness-Maßnahmen unterstützt werden. Awareness-Maßnahmen helfen nämlich dabei, sicherheitsrelevante Fehler, die sich auch negativ auf die Qualität von Produkten oder die Effizienz von Prozessen auswirken können, zu reduzieren. Im Speziellen können z. B. die Awareness-Maßnahmen aus Tab. 2.8 Bestandteil einer Balanced Scorecard sein.

Tab. 2.8: Beispiele für Inhalte einer Balanced Scorecard (Prozessperspektive)

Ziel	Messgröße	Vorgabe	Maßnahme
Die Qualität von entwickelter Software verbessern.	Anzahl der Schwachstellen	≤ 1 / Monat	Schulung zu sicherer Softwareentwicklung
Sicherheitsbedingte Nacharbeiten minimieren	Anzahl der nachträglichen Änderungen	≤ 2 / Projekt	Online-Training zu „Security by Design"
Systemausfälle vermeiden	Nichtverfügbarkeiten länger als 10 Min.	≤ 3 / Monat	Verhaltenstests zu Schadsoftware
Verzögerungen bei Sicherheitsvorfällen vermeiden	Dauer der Entscheidungsfindung bei Sicherheitsvorfällen	≤ 2 Stunden	Tabletop-Übungen des Incident-Response-Teams

–   Bei der **SMART-Methode** steht das Akronym SMART für eine Sammlung von Kriterien, die bei der Festlegung von Zielen genutzt werden können.[30] Insbesondere wenn ein Unternehmen einzelne Personen für die Erreichung oder Nichterreichung von Zielen verantwortlich machen möchte, sollten die Ziele möglichst eindeutig und verständlich formuliert werden. Die fünf Kri-

30 Vgl. Doran 1981.

terien aus der SMART-Methode helfen dabei, die Inhalte von Zielformulie-
rungen entsprechend zusammenzusetzen:

– Ein Ziel ist **spezifisch (S)**, wenn das Ziel so genau formuliert wurde,
   dass alle beteiligten Personen das gleiche Verständnis darüber besitzen. Die Erhöhung der Awareness wäre als Ziel sehr unspezifisch und
   es gäbe unterschiedliche Ansichten darüber, wie das genau erreicht
   werden kann. Während ein Mitarbeiter z. B. umfangreiche Schulungen
   besuchen würde, würde ein anderer Mitarbeiter vielleicht lediglich eine
   hausinterne Awareness-Broschüre durchlesen. Ein spezifischeres Ziel
   wäre es, die Teilnahme an einer konkreten Awareness-Maßnahme zu
   fordern, z. B. an einem Webinar zum Thema Sozial Engineering.

– Ein Ziel ist **messbar (M)**, wenn die Erreichung des Ziels anhand von
   quantitativen Vorgaben bestimmt werden kann. Hierzu können direkte
   Messungen genutzt werden, wenn sich das Ziel auf bestimmte quantitative Größen bezieht, z. B. die Teilnahme an drei Verhaltenstests oder
   die Moderation von zwei Tabletop-Übungen. Indirekte Messungen sind
   eine Alternative für den Fall, dass keine Messwerte, die in direktem und
   unmittelbarem Zusammenhang mit dem Ziel stehen, erhoben werden
   können. Beispiele hierzu sind die Erhöhung des Verständnisses von Informationssicherheit oder die Reduzierung von unsicherem Verhalten.
   In diesem Fall müssen Ersatz-Metriken mit indirektem Zielzusammen-
   hang gefunden werden, z. B. die Anzahl der Sicherheitsverstöße oder
   der Sicherheitsvorfälle.

– Ein Ziel ist **akzeptiert (A)**, wenn der Mitarbeiter das Ziel, das er erreichen soll, aus eigenem Willen erreichen möchte. Er ist dann intrinsisch
   oder extrinsisch motiviert: Der Mitarbeiter besitzt ein gewisses Maß an
   intrinsischer Motivation, wenn er z. B. eine Aufgabe für selbstverständlich hält, einen Sinn in einer Tätigkeit sieht oder ein Interesse daran
   hat. Die extrinsische Motivation des Mitarbeiters kann durch in Aussicht gestellte Belohnungen oder angedrohte Bestrafungen erhöht werden. Belohnungen können materiell (z. B. Prämien, zusätzliche Urlaubstage oder Sachwerte) oder immateriell sein (z. B. Lob oder
   Anerkennung). Bestrafungen werden durch den Mitarbeiter nach Möglichkeit vermieden und haben daher ebenfalls eine motivierende Wirkung. Beispiele für Bestrafungen sind Strafarbeit, Gehaltskürzung, Reduzierung von Macht, Entzug von Privilegien und Bloßstellung vor
   Kollegen. Bestrafungen können also ebenfalls materiell oder immateriell sein. Grundsätzlich akzeptiert ein Mitarbeiter sein Ziel, wenn er die
   Zielerreichung aufgrund seiner Motivation als lohnend erachtet. Wenn
   er allerdings die zur Zielerreichung erforderliche Arbeitsleistung ab-
   schreckender empfindet als Bestrafungen oder den Verzicht auf Beloh-

nungen, wird er das Ziel nicht akzeptieren, und daher dessen Erreichung nicht anstreben.

– Ob ein Ziel **realistisch (R)** ist, hängt von den verfügbaren Ressourcen
und vorherrschenden Umweltbedingungen ab. Ein Ziel ist nur dann realistisch, wenn es aus objektiver Sicht tatsächlich erreichbar ist. Folglich müssen alle benötigten Ressourcen (z. B. Arbeitskräfte, Material
und Rohstoffe) und ausreichende Zeit verfügbar sein. Auch die vorherrschenden Umweltbedingungen (z. B. Gesetzesvorgaben) dürfen der Zielerreichung nicht entgegenstehen. Es wäre also unrealistisch, Mitarbeiter mit der Teilnahme an Awareness-Maßnahmen zu beauftragen,
wenn sie mit ihren operativen Aufgaben bereits ausgelastet sind. Die
Mitarbeiter würden dann ihre Ziele priorisieren und diejenigen Ziele,
die nicht direkt zur Wertschöpfung beitragen, vernachlässigen.

– Ein Ziel ist **terminiert (T)**, wenn es über Zeitangaben verfügt. Es sollte
also deutlich gemacht werden, wann bestimmte Ergebnisse vorliegen
sollen und wann die Zielerreichung gemessen werden soll. In der Regel
werden Fristen (engl. Deadlines) für Teil- und Endergebnisse festgelegt.
Auch die Messung der Zielerreichung sollte am oder kurz nach dem
Fristablauf durchgeführt werden. Ob die Ziele tatsächlich erreicht werden, hängt meist auch von internen und externen Faktoren ab, auf die
der ausführende Mitarbeiter womöglich keinen direkten Einfluss besitzt. Daher sollten regemäßige Zwischenberichte erstellt werden und
es sollte wiederholt überprüft werden, ob Ziele unter Berücksichtigung
geänderter Faktoren weiterhin realistisch sind. Wenn z. B. ein Team-
Leiter das Ziel verfolgen soll, ein Online-Training zur Awareness entwickeln zu lassen, kann er die Frist womöglich nicht halten, falls ein
Softwareentwickler das Team verlässt und auf dem Arbeitsmarkt kein
kurzfristiger Ersatz verfügbar ist.

– Mit der **Technology Roadmap** kann der Zusammenhang zwischen Zielen
und Technologie transparent gemacht werden. Fach- und IT-Abteilungen
können damit ein gemeinsames Verständnis über die technischen Anforderungen, die von den bestehenden Zielen abgeleitet werden, erlangen. Die
Roadmap zeigt auch, wie diese Anforderungen mit den Möglichkeiten der
IT abgedeckt werden können. Erwartete technische Fortschritte können
ebenfalls in die Technology Roadmap, und damit in die Planung des Unternehmens, integriert werden. Auf diese Weise können Investitionsentschei-
dungen erleichtert und im Unternehmen besser verständlich gemacht werden. Awareness-Ziele erfordern oft technische Hilfsmittel (insbesondere
elektronische Medien), um sie wie geplant umzusetzen. Die Technology
Roadmap kann sowohl den beteiligten Sicherheitsexperten, als auch den
Teilnehmern von Awareness-Maßnahmen zur Erhöhung des Verständnisses dienen. Der Prozess zur Erstellung und Nutzung einer Technology

Roadmap besteht aus den drei Hauptphasen Vorbereitung, Entwicklung und Folgeaktivitäten (mit untergeordneten Teilphasen):[31]

I. Phase – Vorbereitung:

1. Zunächst wird untersucht, ob die **Voraussetzungen** zur Entwicklung der Roadmap erfüllt sind bzw. wie sie erfüllt werden können: Einerseits sollte ein konkreter Bedarf für die Roadmap vorhanden sein; andererseits sollten geeignete Personen oder Organisationseinheiten für die Mitarbeit an der Roadmap verfügbar sein. In der Awareness sind Roadmaps primär dann von Interesse, wenn relativ komplexe Maßnahmen oder Programme, die mit umfangreichen technischen Hilfsmitteln gestützt werden sollen, geplant sind.

2. Eine **Befürwortung** durch die Geschäftsleitung sollte sichergestellt werden, da die beteiligten Mitarbeiter womöglich erhebliche Arbeitsleitungen einbringen. Unter anderem können die Ableitung von Anforderungen und Treibern sowie die Erstellung von passenden Empfehlungen viel Zeit erfordern, die nicht ohne Kenntnis der Geschäftsleitung investiert werden sollte. Die Geschäftsleitung sollte die Vorteile der Roadmap für das Unternehmen kennen und den erforderlichen Arbeitsaufwand vorab genehmigen.

3. Außerdem sollte der **Umfang** der Roadmap vorab festgelegt werden: Die Roadmap basiert auf Zielen, die zunächst klar identifiziert und eingegrenzt werden sollten. Wenn die Ziele nicht eingegrenzt wurden (z. B. wenn die Awareness Teil des Ziels „Erhöhung des Sicherheitsniveaus" ist), kann die Roadmap sehr komplex werden oder an den Erwartungen der Beteiligten vorbeilaufen (die Awareness wird dann womöglich vernachlässigt). Bevor mit der Roadmap Empfehlungen für die Zielerreichung entwickelt werden, sollte noch festgelegt werden, wer an der Lösungsfindung beteiligt sein soll: nur Sicherheitsexperten, auch Manager oder andere Vertreter aus den Fachabteilungen? Kooperationen zwischen Unternehmen sind ebenfalls möglich.

II. Phase – Entwicklung der Roadmap:

1. In der **Produktidentifikation** wird ein mehr oder weniger genau spezifiziertes „Produkt" (z. B. eine Awareness-Maßnahme) bestimmt, um die Zielerreichung zu unterstützen. Hierbei sollten bereits alle Beteiligten der Roadmap einbezogen werden. Eine fehlerhaft oder unvollständige Produktidentifikation würde sich nämlich auf alle Ebenen der Roadmap auswirken (wenn das Produkt z. B. eine Trainingsmaßnahme ist, könnte die Awareness in den Hinter-

---

31 Vgl. Garcia und Bray 1997, S. 17 ff.

grund geraten). Mithilfe von Szenarien (z. B. Social-Engineering-Angriffe) kann die Produktidentifikation erleichtert werden. Da sich die Eintrittswahrscheinlichkeit dieser Szenarien mit der Zeit ändern kann, sollten sie bei Aktualisierungen der Roadmap auf jeden Fall erneut betrachtet werden.

2. In der **Anforderungsidentifikation** werden kritische Anforderungen an das zuvor identifizierte Produkt gestellt. Da in der Roadmap dargestellt werden soll, wie diese Anforderungen durch technische Möglichkeiten abgedeckt werden können, spielen hier vor allem Anforderungen mit technischem Bezug eine Rolle (z. B. eine hohe Flexibilität für die Teilnehmer; hingegen hängen z. B. fundierte Lerninhalte selten mit der technischen Umsetzung zusammen).

3. Auf Basis der kritischen Anforderungen werden nun **Technologiebereiche** festgelegt. Sie dienen der Eingrenzung der Technologietreiber, die für die Erfüllung der Anforderungen relevant sind (z. B. die Benutzeroberfläche).

4. Als nächstes werden **Technologietreiber** gesucht: Die kritischen Anforderungen werden in verschiedene Treiber aus den jeweiligen Technologiebereichen überführt. Die Treiber verdeutlichen, welche spezifischen Merkmale angestrebt werden (z. B. die Portabilität einer Lösung beim Einsatz verschiedener Endgeräte). Sie können bei einem Auswahlverfahren als Kriterien verwendet werden.

5. Mit den bisher erarbeiteten Informationen können konkrete technische **Alternativen** und der **Zeitrahmen** für ihre Umsetzung bestimmt werden: In der Regel findet ein mehr oder weniger strukturiertes Auswahlverfahren statt, um solche Alternativen zu finden, die mit den Anforderungen und Technologietreibern gut zusammenpassen. Auch der Zeitrahmen bis zur fertigen Umsetzung spielt eine Rolle, insbesondere bei noch nicht veröffentlichten oder noch zu entwickelnden Alternativen (z. B. ein neues webbasiertes Lernprogramm). Falls sehr viele Optionen existieren, können auch erstmal mehrere Alternativen ausgewählt werden, die im späteren Zeitverlauf weiter eingegrenzt werden (z. B. mehrere Softwarelösungen, die später durch praktische Tests eingegrenzt werden).

6. Auf der unteren Ebene der Roadmap stehen die **Empfehlungen** zu den technischen Alternativen. Bei der Erstellung der Empfehlungen sollten auch Kosten, Zeit und Qualität der Alternativen berücksichtigt werden. Unter Umständen kann die Kombination mehrerer Alternativen besser geeignet sein, um alle Anforderungen optimal zu erfüllen (z. B. Präsenzveranstaltungen und E-Mail-Newsletter).

7. Die Roadmap ist nun vollständig. Sie wird zusammen mit weiteren Hintergrundinformationen (wie Details zu den Anforderungen und

zum Auswahlverfahren) in einem abschließenden **Bericht** dokumentiert. Die Roadmap wird mit verschiedenen Ebenen und gerichteten Kanten visualisiert (siehe Abb. 2.17): Oben steht das identifizierte Produkt (z. B. Awareness-Maßnahme); darunter sind die
kritischen Anforderungen aufgeführt (z. B. Flexibilität und Be-
nutzbarkeit); die passenden Technologiebereiche sind auf der
nächsten Ebene eingetragen (z. B. Datenbereitstellung und Benutzeroberfläche); diese sind mit Technologietreibern verbunden
(z. B. Verfügbarkeit, Änderbarkeit, Portabilität, Verständlichkeit
und Bedienbarkeit); auf der untersten Ebene folgen eine oder mehrere technische Empfehlungen (z. B. Intranet-Seite und webbasiertes Lernprogramm) mit Verbindungen zur Zeitachse (z. B. Fertigstellungstermine bei Eigenentwicklungen).

III. Phase – Folgeaktivitäten:

1. Die Roadmap wird oft von einem relativ kleinen Team (z. B. vom
    IT-Sicherheits-Team) erstellt. Für eine kritische **Beurteilung** und
    Validierung ist jedoch die Einbeziehung einer größeren Gruppe
    vorteilhafter. Es sollte nämlich hinreichend sichergestellt werden,
    dass die Roadmap plausibel und verständlich ist (auch für andere
    Abteilungen und Außenstehende). Dadurch kann die Akzeptanz
    bei den Beteiligten erhöht werden, was in der Regel zu einer rei-
    bungsloseren Implementierung führt. Die Einbeziehung kann un-
    strukturiert geschehen oder mithilfe von organisierten Maßnah-
    men (z. B. Workshops).

2. Für die validierte Roadmap muss als nächstes ein **Implementie-
    rungsplan** erstellt werden. Damit werden die Tätigkeiten zur Im-
    plementierung der ausgewählten Alternativen (z. B. Entwicklung
    und Installation eines Lernprogramms) geplant und gesteuert. Die
    Implementierung hat normalerweise den Charakter eines Projekts,
    sodass Methoden aus dem Projektmanagement angewandt werden
    können (z. B. die Netzplantechnik – siehe auch Kapitel 4.6).

3. Je langfristiger die Roadmap ist, desto höher ist die Wahrschein-
    lichkeit, dass sich relevante Faktoren innerhalb oder außerhalb
    des Unternehmens verändern (z. B. neue Sicherheitsbedrohungen
    oder eine geänderte Finanzsituation des Unternehmens). Dement-
    sprechend sind Anpassungen der Roadmap erforderlich, um die
    Zielerreichung nicht zu gefährden. Regelmäßige **Prüfungen** der
    Roadmap und des Implementierungsplans sind erforderlich, um
    geänderte Faktoren zu erkennen und im Bedarfsfall die Roadmap
    und zugehörige Pläne anzupassen. Wenn bei der Erstellung der
    Roadmap Szenarien genutzt wurden, sollten auch sie auf Aktuali-
    tät und Gültigkeit geprüft werden.

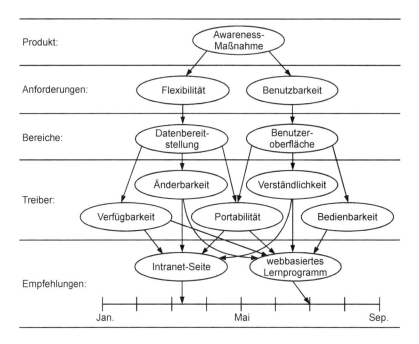

Abb. 2.17: Technology Roadmap

- **Maßnahmen** dienen dem Erreichen der definierten Ziele. Sie verdeutlichen, was genau getan werden muss. Awareness-Maßnahmen können sehr vielfältig und unter Berücksichtigung vieler Faktoren gestaltet werden. Dabei stellen sich z. B. die Fragen, wer durch die Maßnahmen adressiert werden soll, welche Medien verwendet werden sollen, welche Compliance-Vorgaben berücksichtigt werden sollen und wie die Maßnahmen sinnvoll ins Unternehmen integriert werden können (siehe Kapitel 3). In den meisten Fällen ist die Kombination von unterschiedlichen Maßnahmen über einen längeren Zeitraum am sinnvollsten. Awareness-Programme sind dann ein gutes Hilfsmittel, da sie ein strukturiertes Vorgehen rund um die Gestaltung, Planung und Implementierung der Maßnahmen beinhalten (siehe Kapitel 4).

3 Awareness-Maßnahmen

3.1 Verhaltensänderung

Der Fokus der Awareness liegt darin, mithilfe von geeigneten Maßnahmen einen bestimmten Bewusstseinszustand bei den Mitarbeitern zu schaffen. Dieser Bewusstseinszustand soll zu einem erwünschten **Verhalten** in sicherheitsrelevanten Situationen führen. Das Verhalten besitzt grundsätzlich drei Unterarten, die jeweils in erwünschter oder unerwünschter Weise ausgeprägt sein können (siehe Abb. 3.1).

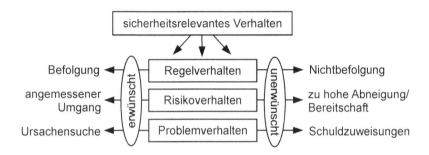

Abb. 3.1: Verhaltensarten

–   Das **Regelverhalten** betrifft das Ausmaß, in dem die vorgegebenen Regeln des Unternehmens durch die Mitarbeiter verstanden, akzeptiert und befolgt werden. Im Rahmen von Awareness-Maßnahmen sollten wenig bekannte Regeln im Unternehmen bekannter gemacht werden und deren Verständnis bei den Mitarbeitern gefördert werden. Im Idealfall werden alle Regeln befolgt und nur Ausnahmen, die begründet, dokumentiert und genehmigt wurden, geduldet. Die im Unternehmen üblichen Sanktionen und deren Bekanntmachung haben einen merkbaren Einfluss auf die Einhaltung von Regeln. Diesbezügliche Informationen können in die Awareness-Maßnahmen integriert werden. Auch Informationen über negative Konsequenzen, die sich bei Regelverstößen für das ganze Unternehmen ergeben, können dazu führen, dass Regeln stärker befolgt werden.
–   Das **Risikoverhalten** ist daran erkennbar, wie viele und welche Risiken ein Mitarbeiter während seiner Aufgabenerfüllung bereit ist, einzugehen. Die Kenntnis und die Berücksichtigung der allgemeinen Risikoakzeptanz des Unternehmens spielen dabei eine bedeutende Rolle. Ein erwünschtes Risikoverhalten besteht aus einer hinreichenden Erkennung und vernünftigen Einschätzung von Risiken sowie einem angemessenen Umgang mit ihnen. Dabei sollten alle relevanten Unternehmensvorgaben beachtet werden. Eine unverhältnismäßig

https://doi.org/10.1515/9783110668261-003

hohe Risikoabneigung und eine zu starke Risikobereitschaft sollten möglichst vermieden werden.

– Das **Problemverhalten** beschreibt die Art und Weise, wie Mitarbeiter mit problematischen Situationen, die die Informationssicherheit des Unternehmens gefährden können, umgehen. Darunter fallen z. B. Beeinträchtigungen der Aufgabenerfüllung aufgrund von Sicherheitsvorfällen, Probleme durch nichtkonformes oder fahrlässiges Verhalten und Unbequemlichkeiten aufgrund von restriktiven Sicherheitskontrollen. Erwünscht ist ein Verhalten, dass darauf ausgerichtet ist, die Ursachen des aufgetretenen Problems zu analysieren und zu verstehen. Anschließend kann je nach Ergebnis das Problem adressiert werden, um es zu beseitigen oder die Auswirkungen zu reduzieren. Manchmal (z. B. bei unbequemen Sicherheitskontrollen) kann es sinnvoll sein, wenn ein Mitarbeiter seine Arbeitsweise und Einstellung ändert, um das Problem zu akzeptieren. Außerdem ist das Lernen aus den gemachten Erkenntnissen und Erfahren wünschenswert, um mit zukünftigen, ähnlichen Problemen effizienter umgehen zu können. Schuldzuweisungen, die die Problemsituation nicht verbessern, sollten hingegen vermieden werden.

Zwischen diesen Verhaltensarten bestehen starke **Wechselwirkungen**. Im Rahmen von Awareness-Programmen sollten stets alle drei Verhaltensarten berücksichtigt und adressiert werden. Eine ausschließliche Fokussierung auf eine oder zwei dieser Verhaltensarten kann zu unbemerkten Wechselwirkungen führen und sollte daher vermieden werden.

– Das **Regelverhalten** beeinflusst das **Risikoverhalten** dadurch, dass der vom Unternehmen gewünschte Umgang mit Risiken normalerweise mithilfe von Richtlinien oder anderen Regelwerken vorgegeben und bekannt gemacht wird. Wenn die Regeln zu Risiken kaum bekannt sind oder nicht befolgt werden, ist eine häufige Abweichung vom erwünschten Risikoverhalten durch die Mitarbeiter zu erwarten. Wenn den Mitarbeitern nicht nachweislich bekannt gemacht wurde, welches Risikoverhalten erwartet wird, können sie für unerwünschtes Risikoverhalten nur schwer zur Rechenschaft gezogen werden. Auch wenn klare Regeln bekannt gemacht wurden, könnten wichtige Einflusspersonen (z. B. Abteilungs- oder Bereichsleiter) diese Regeln offen missachten. Aufgrund des Vorbildfunktion dieser Einflusspersonen würden unterstellte Mitarbeiter häufig das regelwidrige Verhalten kopieren. Auch in die andere Richtung, vom Risikoverhalten zum Regelverhalten, können Verbindungen bestehen: Eine sehr hohe Risikoabneigung kann dazu führen, dass detaillierte Regeln im Unternehmen sehr beliebt sind, wodurch allerdings ein unverhältnismäßig hoher Arbeitsaufwand zur Pflege und Befolgung der Regeln entstehen kann. Andererseits kann eine sehr hohe Risikobereitschaft dazu führen, dass Regeln sehr allgemein formuliert werden und die dadurch zugelassenen Risiken (z. B. ein verantwortungsloseres Verhalten) in Kauf genommen werden. Außerdem sind Mitarbeiter mit hoher Risikobereitschaft eher dazu geneigt, Risiken in Verbindung mit Regelverstößen zu akzeptieren.

– Zwischen dem **Regelverhalten** und dem **Problemverhalten** existiert insofern eine Verbindung, dass ein sehr restriktives Regelwerk und eine unverhältnismäßig strenge Durchsetzung von Regeln das Problemverhalten negativ beeinflussen: Es werden häufiger Schuldzuweisungen ausgesprochen. Die Motivation zur Ursachensuche von Problemen wird durch viele Regeln eher gehemmt. Das Problemverhalten besitzt auch einen Einfluss auf das Regelverhalten: Regeln werden meist zur Lösung von Problemen erstellt. Je gründlicher die Probleme analysiert und die Ursachen gesucht werden, desto hochwertiger sind die resultierenden Regeln. Z. B. würde das alleinige Verbot von mobilen Datenträgern nicht das Problem des Datenabflusses lösen, da auch andere Wege (z. B. E-Mails oder Cloud-Speicher) zum Datenabfluss genutzt werden können. Regeln, die z. B. die geschäftlich notwendigen Kommunikationswege genau eingrenzen und Rahmenbedingungen für ihre Verwendung festlegen, können das Problem gezielter adressieren.

– Ein günstiges **Risikoverhalten** kann das **Problemverhalten** positiv beeinflussen: Beim Umgang mit Problemen, speziell der Ursachensuche und Lösungsfindung, sollten nämlich weder sehr hohe Risiken eingegangen werden noch Risiken komplett vermieden werden. Hohe Risiken würden das Unternehmen unverhältnismäßig stark gefährden und eine komplette Risikovermeidung würde den effizienten Umgang mit Problemen beeinträchtigen. Das Problemverhalten wirkt sich auch auf das Risikoverhalten aus, da das etablierte Verhalten beim Umgang mit Problemen zum Teil auch beim Umgang mit Risiken gelebt wird. Insbesondere in den Phasen der Identifikation und Analyse ähneln sich die grundlegenden Aktivitäten beim Umgang mit Problemen und Risiken. Ein gründliches und überlegtes Vorgehen in einem Bereich kann auch zu einem besseren Vorgehen im anderen Bereich führen. Unausgereifte Herangehensweisen an Probleme und Risiken können dadurch vermieden werden.

3.2 Adressaten

Zu den **Adressaten** von Awareness-Maßnahmen zählen alle Personen und Personengruppen, die eine geschäftliche Beziehung zum betreffenden Unternehmen besitzen und deren Verhalten einen Einfluss auf die Informationssicherheit des Unternehmens haben kann. Sobald das Sicherheitsniveau des Unternehmens durch bestimmte Handlungen oder Unterlassungen von diesen Personen und Personengruppen positiv oder negativ verändert werden kann, ist dieser Einfluss gegeben. Im weiteren Sinn gehören also neben den Mitarbeitern des Unternehmens auch verschiedene Stakeholder zu den möglichen Adressaten (z. B. die Kunden des Unternehmens).

Im Vergleich zur Stakeholder-Übersicht in Kapitel 1.2 sind die Adressaten der Awareness-Maßnahmen stärker eingegrenzt. Insbesondere einige externe Stakeholder, wie die Konkurrenten und Kontrollorgane, besitzen zwar – zumindest indirekt – ein Interesse an der Awareness des Unternehmens, werden aber normalerweise nicht mit Awareness-Maßnahmen adressiert. Die Abstraktionsebene Mitarbeiter wird im Folgenden differenzierter betrachtet: Sie umfasst neben internen Mitarbeitern auch verschiedene Arten von externen Mitarbeitern.

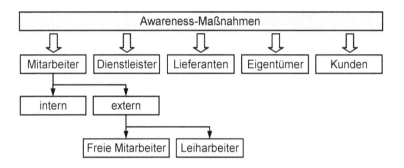

Abb. 3.2: Adressaten von Awareness-Maßnahmen

Der stärkste Fokus bei der Awareness liegt in der Regel bei den Mitarbeitern, die sich in interne und externe Mitarbeiter untergliedern lassen. Daneben sollte auch die Adressierung von Dienstleistern, Lieferanten, Eigentümern und Kunden überlegt werden (siehe Abb. 3.2).

– Als **interne Mitarbeiter** sind alle Mitarbeiter zu verstehen, die mit dem Unternehmen in einem Angestelltenverhältnis stehen. Diese Mitarbeiter sind also aus rechtlicher Sicht „intern". Mit ihnen wird in der Regel ein Dienstvertrag (§§ 611 ff. BGB) geschlossen. Dabei wird nicht nur die einmalige Leistung, sondern ein dauerhaftes Verhältnis mit wiederkehrenden Aktivitäten vereinbart. Interne Mitarbeiter können an unterschiedlichen Standorten, also innerhalb oder außerhalb des Unternehmens, ihrer Aufgabenerfüllung nachgehen. Folglich sind auch Heimarbeiter und Außendienstmitarbeiter Teil der internen Mitarbeiter. Diejenigen Mitarbeiter, die häufig reisen oder regelmäßig außerhalb des Unternehmens arbeiten, sind in der Regel mit anderen Risiken konfrontiert als rein hausintern arbeitende Mitarbeiter. Eine zielgruppenorientierte Anpassung der Awareness-Maßnahmen mit entsprechenden, risikobezogenen Inhalten würde also Sinn machen. Bestimmte Themen, die für reisende und extern arbeitende Mitarbeiter besonders wichtig sind (z. B. Diebstahlschutz, Verschlüsselung und Backups), könnten dann zielgerichteter kommuniziert werden. Auch die verschiedenen Abteilungszugehörigkeiten der Mitarbeiter, und damit ihre unterschiedlichen Aufgabengebiete, spielen eine große Rolle für die angemessene

Auswahl der Inhalte: IT-fremde Mitarbeiter besitzen meist ein anderes Verständnis über die Informationssicherheit und werden mit anderen Gefahren konfrontiert als IT-Mitarbeiter. Während IT-fremde Mitarbeiter normalerweise lediglich auf einen angemessenen und sorgsamen Umgang mit Informationen und IT-Geräten achten sollten, werden von IT-Mitarbeitern oft noch speziellere Aktivitäten erwartet, um das Sicherheitsniveau des Unternehmens aufrechtzuerhalten. Die sichere Entwicklung von Software, die Bereitstellung sicherer IT-Systeme und die Überwachung sicherheitsrelevanter Indikatoren im IT-Netzwerk sind nur einige Beispiele, die die Informationssicherheit des gesamten Unternehmens beeinflussen können. Auch die hierarchische Einordnung der Mitarbeiter kann eine Orientierungshilfe für eine zielgerichtete Adressierung unterschiedlicher Mitarbeiter sein. Je höher sich die Mitarbeiter in der Hierarchie befinden, desto genereller und breiter ist üblicherweise ihr Aufgabengebiet. Auf der Managementebene könnte z. B. die Sicherheit im Projektmanagement oder der sichere Umgang mit Mitarbeiterdaten thematisiert werden. Auf tieferen Hierarchieebenen könnte z. B. der sichere Umgang mit Kundendaten oder die sichere Bedienung operativer Systeme behandelt werden.

– **Externe Mitarbeiter** sind alle Mitarbeiter des Unternehmens, die sich nicht in einem Angestelltenverhältnis mit dem Unternehmen befinden. Rechtlich gesehen sind diese Mitarbeiter also „extern". Sie können sich, wenn sie ihrer Arbeit nachgehen, ebenfalls innerhalb oder außerhalb des Unternehmens befinden. Der Einsatz von externen Mitarbeitern wird vor allem bei Projekten und unerwarteten Personalengpässen in Betracht gezogen, da sie grundsätzlich über eine hohe Flexibilität verfügen und oft eine hohe Expertise in ihrem Arbeitsgebiet besitzen. Durch den häufigen Wechsel der Auftraggeber haben sie oft umfangreiche Erfahrungen angesammelt und können sich schnell an neue Regeln anpassen. Das Unternehmen sollte allerdings darauf achten, dass das Vorwissen über Informationssicherheit nicht überschätzt wird, da auch externe Mitarbeiter über eine mangelnde Awareness verfügen können. Externe Mitarbeiter sind vor allem auf ihre Aufgabe fokussiert und besitzen aufgrund ihres temporären Einsatzes eine geringere Loyalität zum Unternehmen. Dies kann dazu führen, dass sie eher dazu bereit sind, Regeln (auch Sicherheitsregeln) zu verletzen, um ihre Ziele schneller zu erreichen. Außerdem werden oft Themen, die eher langfristige Effekte für das Unternehmen besitzen, zugunsten kurzfristiger Erfolge zurückgestellt. Eine strenge Kontrolle der Arbeit von externen Mitarbeitern ist problematisch, falls sie eine hohe Autonomie gewohnt sind. Eine strenge Kontrolle wirkt dann eher abschreckend. Welche Awareness-Maßnahmen für externe Mitarbeiter angemessen sind, hängt von vielen Faktoren ab. Zum einen spielen Vorwissen und Expertise der externen Mitarbeiter eine Rolle. Zum anderen sind die Sensitivität der Aufgaben und der Umfang der vergebenen Zugangsberechtigungen relevant. Ein externer Mitarbeiter, der z. B. Produktbeschreibungen und Broschüren erstellt, wird mit weniger sicherheitsrelevanten Informationen konfrontiert als ein Mitarbeiter, der z. B. geheime Strategiepapiere des Unternehmens auswerten soll. Auch die Art des externen Mitarbeiters sollte berücksichtigt werden. Freie Mitarbeiter sind anders zu adressieren als Leiharbeiter:

– **Freie Mitarbeiter**, auch als Freelancer bezeichnet, sind Mitarbeiter, die selbstständig sind und für das Unternehmen Arbeiten ausführen, ohne Arbeitnehmer des Unternehmens zu sein. Neben dem oben beschriebenen Dienstvertrag wird hierbei häufig der sogenannte Werkvertrag (§§ 631 ff. BGB) eingesetzt. Bei diesem Vertrag verpflichtet sich der Mitarbeiter zur Erbringung einer erfolgreichen Leistung und das Unternehmen zur Zahlung einer vereinbarten Vergütung. Im Gegensatz zum Dienstvertrag wird beim Werkvertrag der Erfolg der Leistung vereinbart und nicht nur die Erbringung, die beim Dienstvertrag auch bei ausbleibendem Erfolg vergütet werden müsste. Freie Mitarbeiter sind bei der Gestaltung ihrer Arbeitsbedingungen nicht direkt den Weisungen des Unternehmens unterworfen. Sie können in der Regel zeitlich, örtlich und fachlich unabhängig arbeiten. Häufig sind freie Mitarbeiter für mehrere Unternehmen, teilweise sogar parallel, tätig. Obwohl freie Mitarbeiter oft hochqualifiziert sind und sich auf bestimmte Aufgaben spezialisiert haben, kann eine hohe Awareness nicht immer als gegeben angesehen werden. Eine individuelle Beurteilung ihrer Awareness und eine bedarfsgerechte Durchführung von Awareness-Maßnahmen wären optimal. Allerdings stehen die dazu erforderlichen Aufwände oft in keinem angemessenen Verhältnis zum Nutzen. Insbesondere wenn freie Mitarbeiter nur kurzfristig im Unternehmen eingesetzt werden, lassen sich die Kosten für individuelle Awareness-Maßnahmen nicht rechtfertigen. Unter dem Kosten-Nutzen-Aspekt gilt es abzuwägen, inwieweit Awareness-Maßnahmen für freie Mitarbeiter überhaupt eingesetzt werden sollen. Anhand der Arbeitsdauer des Mitarbeiters und der Sensitivität der verwendeten Informationen und Systeme können Maßnahmen sinnvoll zugewiesen werden. Möglicherweise bieten sich standardisierte oder im Unternehmen bereits eingesetzte Awareness-Maßnahmen zur Adressierung der freien Mitarbeiter an.
– **Leiharbeiter**, auch Zeitarbeiter, sind Arbeitnehmer, die von ihrem eigentlichen Arbeitgeber zeitweilig, gegen ein bestimmtes Entgelt einem anderen Unternehmen überlassen wurden. Während sie im Unternehmen tätig sind, bleiben sie bei ihrem bisherigen Arbeitgeber angestellt und werden von diesem auch weiterhin vergütet. Der Verleiher übernimmt keine Haftung für die Qualität der geleisteten Arbeit, jedoch für eine mangelhafte Auswahl des Mitarbeiters. Wenn der Mitarbeiter also nicht über die erforderliche Qualifikation für die Erbringung der gewünschten Arbeitsleistung verfügt, liegt ein sogenanntes Auswahlverschulden vor. Sollte ein Leiharbeiter nicht über eine grundsätzliche, allgemein erwartete Awareness verfügen, könnte

der Verleiher also eine mangelhafte Auswahlentscheidung getroffen haben. Da jedoch jedes Unternehmen ein anderes Sicherheitsniveau anstrebt und eine andere Risikobereitschaft besitzt, kann kaum davon ausgegangen werden, dass ein Leiharbeiter im Hinblick auf die Awareness im Unternehmen bereits ausreichend informiert oder geschult wurde. Daher sollten Leiharbeiter am besten mit denselben Awareness-Maßnahmen adressiert werden wie die internen Mitarbeiter. Sollte ein Leiharbeiter allerdings bereits bei einem ähnlichen Unternehmen oder sogar im selben Unternehmen beschäftigt gewesen sein, und dadurch seine Awareness entsprechend erhöht worden sein, könnte das Unternehmen auf die Teilnahme des Leiharbeiters an den üblichen Awareness-Maßnahmen verzichten.

- **Dienstleister** sind in diesem Kontext andere Unternehmen, die für ihre Kunden Dienstleistungen erbringen, und somit eine Wertschöpfung schaffen. Eine Dienstleistung ist in der Regel ein abgrenzbares Produkt, das separat erbracht und in Rechnung gestellt werden kann. Dienstleister, die für Unternehmen tätig werden, verbessern oder unterstützen meist die Geschäftsprozesse dieser Unternehmen. Da Dienstleister oft Produkte weiterentwickeln oder Daten von Kunden auswerten, aggregieren oder anderweitig veredeln, kommen sie häufig mit vertraulichen Informationen in Berührung. Der Aspekt der Informationssicherheit spielt bei der Erbringung von Dienstleistungen also eine wichtige Rolle. Dienstleister haften für Sicherheitsprobleme, da sie im Allgemeinen für die Qualität der von ihren Mitarbeitern durchgeführten Arbeit haften. Eine fehlende Awareness, die sich schließlich in Sicherheitsproblemen der erbrachten Dienstleistung widerspiegelt, liegt damit in der Verantwortung des Dienstleisters. Awareness-Maßnahmen für Mitarbeiter des Dienstleisters werden durch das Unternehmen, das die Dienstleistung empfängt, grundsätzlich nicht erbracht. Sollten sie trotzdem erbracht werden, könnte sich das sogar negativ auswirken. Sicherheitsprobleme könnten nämlich durch Mängel der Awareness-Maßnahmen begründet werden. Unter dieser Argumentation könnte der Dienstleister versuchen, die Verantwortung für aufgetretene Probleme abzuweisen. Im Ausnahmefall, wenn das Unternehmen, das die Dienstleistung empfängt, Awareness-Maßnahmen für die Mitarbeiter des Dienstleisters anbietet, sollten Vereinbarungen getroffen werden, um eventuelle Haftungsansprüche des Unternehmens auszuschließen.
- **Lieferanten** erstellen oder beschaffen Güter (z. B. Hardwarekomponenten), die sie dem Unternehmen gegen ein Entgelt übergeben. Das Unternehmen wird dadurch Eigentümer der erworbenen Güter. Grundsätzlich hat die Awareness der Mitarbeiter, die beim Lieferanten beschäftigt werden, nur indirekten Einfluss auf das Unternehmen, das die Güter erwirbt. Eine mangelnde Awareness kann sich unter Umständen auf die Qualität der Güter auswirken, z. B. wenn Softwareentwickler bei der Erstellung einer neuen Software keine Sicherheitsaspekte beachten. Der Lieferant haftet allein für die Qualität der verkauften Gü-

ter. Da das intern vorhandene Sicherheitsniveau und die angewandten Awareness-Maßnahmen des Lieferanten für Außenstehende meist unbekannt sind, ist eine Einflussnahme von Seiten der belieferten Unternehmen unüblich und auch wenig sinnvoll. Lediglich wenn grobe Produktmängel identifiziert werden, die wahrscheinlich auf eine mangelnde Awareness zurückzuführen sind, kann eine Einflussnahme sinnvoll sein. Awareness-Maßnahmen können manchmal erfolgreich vom Kunden eingefordert werden. Insbesondere Abnehmer von vielen oder kostenintensiven Gütern können auf den Lieferanten Druck ausüben, damit er bestimmte Verbesserungen durchführt. Außerdem sollte bedacht werden, dass sich Mitarbeiter des Lieferanten bei der Auslieferung und Installation von bestimmten Gütern (z. B. Serversystemen oder Anwendungssoftware) in sensitiven Bereichen des Unternehmens aufhalten oder mit sensitiven Informationen des Unternehmens in Berührung kommen können. Einerseits ist der sichere Umgang mit Besuchern ein Thema, das innerhalb von Awareness-Maßnahmen im eigenen Unternehmen behandelt werden sollte. Andererseits könnten Besucher, die sehr sensitive Bereiche betreten oder auf wichtige Systeme zugreifen müssen, vor ihrer Tätigkeit zur Teilnahme an einer kurzen Awareness-Maßnahme (z. B. einem kurzen bilateralen Gespräch mit dem Informationssicherheits-Beauftragten) verpflichtet werden.

–   Die **Eigentümer** sind nicht ausschließlich natürliche Personen, sondern unter Umständen juristische Personen, also Unternehmen oder bestimmte Zusammenschlüsse von natürlichen oder anderen juristischen Personen. Sofern es sich bei den Eigentümern um natürliche Personen handelt, sollten sie grundsätzlich auf die gleiche Weise mit Awareness-Maßnahmen adressiert werden wie die Mitarbeiter des Unternehmens. Allerdings unterliegen die Eigentümer keinen Weisungsbefugnissen und können sich dieser Maßnahmen leicht entziehen. Die Wichtigkeit einer angemessenen Awareness ist den Eigentümern oftmals gar nicht bewusst; daher priorisieren sie andere Aufgaben häufig höher. Eigentümer, die als Einzelunternehmer oder als Teil einer Personengesellschaft tätig sind, haften mit ihrem Privatvermögen. Sollten sie hingegen ein Eigentum an einer Gesellschaft haben, die als juristische Person geschäftstätig ist, wird die Haftbarkeit auf das Gesellschaftsvermögen beschränkt und nicht auf das Privatvermögen ihrer Eigentümer ausgeweitet. Diese Haftungsbeschränkung ist jedoch auf wirtschaftlichen Misserfolg ausrichtet. Demgegenüber kann grobes Verschulden von Einzelpersonen, das z. B. in Form von Fehlentscheidungen oder mangelnder Sorgfalt zum Tragen kommt, dazu führen, dass die Haftung ausgeweitet wird. Eine Vernachlässigung der Informationssicherheit oder grobe Fehlentscheidungen zur Sicherheit können also zu schwerwiegenderen Folgen führen als von den Eigentümern im Allgemeinen angenommen. Mit dieser Argumentation kann das Interesse der Eigentümer an Awareness oft gesteigert werden.

– Die **Kunden** des Unternehmens stehen mit dem Unternehmen – zumindest temporär – in einer Geschäftsbeziehung. Diese Beziehung beinhaltet eine schuld- und eine sachrechtliche Komponente: Die schuldrechtliche Komponente ist das Verpflichtungsgeschäft, bei dem sich der Kunde und das Unternehmen zur Durchführung eines Geschäfts verpflichten. Dabei kann es sich um die Verpflichtung zur Erbringung einer Dienstleistung oder Übergabe einer Sache handeln. Die sachrechtliche Komponente ist das Erfüllungsgeschäft, bei dem vom Kunden und vom Unternehmen die geschuldete Leistung tatsächlich bewirkt wird. Das Unternehmen ist grundsätzlich daran interessiert, möglichst viele und umfangreiche Geschäftsbeziehungen mit Kunden aufzubauen. Ob die Kunden eine hohe Awareness besitzen, wirkt sich normalerweise nicht direkt auf das Unternehmen oder seine Geschäftsbeziehungen aus. Falls das Unternehmen jedoch Produkte anbietet, die mit IT in Verbindung stehen, kann das zusätzliche Anbieten von Awareness-Maßnahmen (z. B. die Beilage eines Handzettels oder der Verweis auf eine Webseite) für Kunden eine gewisse Werbewirksamkeit besitzen oder die Produktzufriedenheit bei den Kunden erhöhen. Die Awareness-Maßnahmen sollten in diesem Fall so gestaltet werden, dass sie keine unternehmensinternen Informationen preisgeben. Außerdem sollten sie für die Kunden eine hohe Relevanz besitzen. Themen, die das Interesse der Kunden wecken, unterscheiden sich grundsätzlich von unternehmensinternen Themen. Während Unternehmen auf den Schutz von Geschäftsinformationen und Geschäftsprozessen fokussiert sind, sind Kunden eher um den Diebstahl ihrer Zahlungsdaten und Identitäten besorgt.

3.3 Medien

Die Gestaltungsmöglichkeiten von Awareness-Maßnahmen sind vielfältig. Es lassen sich nahezu unbegrenzte Variationen von Medien, Inhalt und Adressaten auswählen. Die Frage, welches Medium eingesetzt werden sollte, um die geplante Awareness-Maßnahme optimal zu gestalten, lässt sich kaum pauschal beantworten. Es kommt vielmehr darauf an, welche Erfahrungen das Unternehmen bereits mit unterschiedlichen Medien gemacht hat, welche Kompetenzen in Bezug auf verschiedene Medien vorliegen und welche Medien durch die Adressaten am besten akzeptiert werden.

Grundsätzlich lassen sich Medien in drei **Bereiche** unterteilen: Alle Druckerzeugnisse zählen zu den Printmedien, Ton- und Bildsignale gehören zu den audiovisuellen Medien. Sobald elektronische Hilfsmittel eingesetzt werden, spricht man von elektronischen Medien (siehe Abb. 3.3).

Die Bereiche überschneiden sich teilweise, da viele Medien entweder zwei Bereichen gleichzeitig zugeordnet werden können (z. B. elektronisch gespeicherte

Audioaufnahmen) oder auf verschiedene Arten verteilt werden können (z. B. Broschüren, die entweder gedruckt oder elektronisch verteilt werden).

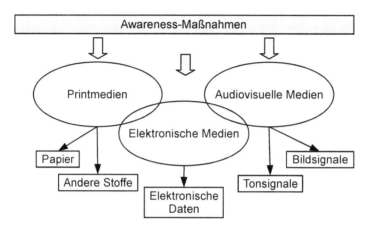

Abb. 3.3: Medienbereiche

– In den Bereich der **Printmedien** fallen alle Medien, die durch Druckvorgänge entstehen. In der Regel werden dabei Papier oder ähnliche Stoffe verwendet. Mit Digitaldruck lassen sich zudem auch andere Stoffe wie Glas, Metall, Kunststoffe oder Kleidung bedrucken. Dadurch können beliebige Texte und Bilder dargestellt werden, um die Awareness zu erhöhen oder zumindest zu thematisieren. Printmedien zeichnen sich dadurch aus, dass sie eine visuelle, asynchrone und digitale Kommunikation ermöglichen (siehe auch Kapitel 2.2.3): Die Texte und Bilder werden ausschließlich visuell wahrgenommen. Aufgrund der zeitlichen Trennung von Druck, Versand und Empfang der Kommunikationsinhalte ist die Kommunikation asynchron. Die auf Printmedien verwendeten Zeichen basieren darauf, dass Sender und Empfänger die gleichen Sprach- und Zeichenkenntnisse besitzen, somit ist die Kommunikation digital. Während Kanal, Darstellung und Taktart festgelegt sind, sind in Bezug auf Teilnehmer, Rangunterschied und Verdecktheit grundsätzlich verschiedene Ausprägungen möglich.
– **Audiovisuelle Medien** beinhalten Ton- und Bildsignale, um den auditiven und visuellen Kommunikationskanal anzusprechen. Bei der synchronen Kommunikation von Ton- und Bildsignalen, also Live-Vorträge oder andere Arten der Live-Kommunikation, finden Senden und Empfangen nahezu in Echtzeit statt. Bei der asynchronen Kommunikation dieser Signale werden zunächst Ton- und Bildsignale aufgenommen und anschließend an die Empfänger übermittelt, damit sie zu beliebiger Zeit die Signale wiedergeben können. Die Aufnahmen können analog oder digital abgespeichert werden. Beim analogen Verfahren werden üblicherweise Magnetbänder verwendet. Beim digitalen Verfahren wer-

den digitale Daten aus den (zunächst analog vorliegenden) Signalen gewonnen. Digitale Daten können komprimiert werden und mit verschiedenen elektronischen Speichersystemen (z. B. Festplatten, USB-Sticks und SD-Karten) aufbewahrt und leicht kopiert werden. Auch audiovisuelle Medien können in Bezug auf Teilnehmer, Rangunterschied und Verdecktheit beliebig gestaltet werden.

- **Elektronische Medien** werden mit elektronischen Hilfsmitteln erstellt, verteilt und wiedergegeben. Aufgrund der Vielfältigkeit technischer Möglichkeiten, sind die Grenzen zwischen Printmedien, audiovisuellen Medien und elektronischen Medien fließend. Die Inhalte der Printmedien und audiovisuellen Medien können relativ einfach mittels elektronischer Systeme verteilt werden (z. B. durch E-Mail-Versand oder auf einer Intranet-Seite). Auch die Umwandlung von Printmedien in die elektronische Form erfordert oft wenig Aufwand. Printmedien können schnell gescannt oder abfotografiert werden und anschließend mit Computern, Tablets, Smartphones oder anderen elektronischen Geräten betrachtet werden. Wenn audiovisuelle Medien digital vorliegen, handelt es sich gleichzeitig um elektronische Medien, die mithilfe von elektronischen Geräten verteilt und abgerufen werden (z. B. über Netzwerkstreaming mit Computern, Tablets oder Smartphones). Elektronische Medien sind grundsätzlich digital, ansonsten können sie in Bezug auf Kanäle, Teilnehmer, Taktart, Rangunterschied und Verdecktheit beliebig gestaltet werden.

Im Folgenden werden häufig verwendete **Medien** für Awareness-Maßnahmen vorgestellt. Darunter befinden sich Vertreter der Printmedien, audiovisuellen und elektronischen Medien. Die Zuordnung der Medien zu Medienbereichen wird in Tab. 3.1 aufgezeigt. Dabei ist es einem Unternehmen grundsätzlich selbst überlassen, wie die Awareness-Maßnahmen letztendlich erstellt werden sollen. Z. B. lassen sich Broschüren, Fragebögen, Handzettel, Newsletter und Poster als Printmedien erstellen oder elektronisch verteilen. Außerdem können viele audiovisuelle Medien (z. B. Audioaufnahmen, Live-Hacking und Orientierungsveranstaltungen) live wiedergeben oder mithilfe elektronischer Geräte auch zeitversetzt abgespielt werden. Auch diverse Kombinationen sind möglich, z. B. Kopien von Broschüren oder Fragebögen per E-Mail zu versenden oder Inhalte zusätzlich auf Intranet-Seiten des Unternehmens bereitzustellen.

Tab. 3.1: Zuordnung von Medien zu Medienbereichen

Medium	Bereich		
	Printmedien	Audiovisuelle Medien	Elektronische Medien
Audioaufnahmen		✓	✓
Aufkleber	✓		
Ausstellungen		✓	
Broschüren	✓		✓
E-Mails			✓
Fachzeitschriften	✓		✓
Fragebögen	✓		✓
Handzettel	✓		✓
Interaktive Lernprogramme			✓
Intranet			✓
Live-Hacking		✓	✓
Newsletter	✓		✓
Orientierungsveranstaltungen		✓	
Poster	✓		✓
Remote Training Labs		✓	✓
Richtlinien und Arbeitsanweisungen	✓		✓
Schulungsveranstaltungen		✓	
Simulierte Phishing-Angriffe			✓
Sonderveranstaltungen		✓	
Spielifikation	✓		✓
Tabletop-Übungen		✓	✓
Telefonkonferenzen		✓	
Training-on-the-job		✓	
Videos		✓	✓
Zertifikate	✓		✓

- **Audioaufnahmen** sind neben Videos die einzigen der hier beschriebenen audiovisuellen Medien, bei denen die Mitarbeiter normalerweise keine Möglichkeit zur Interaktion haben: Die Inhalte werden vorab aufgezeichnet und können durch die Adressaten dann nicht mehr beeinflusst werden. Mithilfe von Audioaufnahmen lassen sich z. B. Aktivitäten, die am Computer ausgeführt werden sollen (z. B. die Klassifikation von E-Mails oder Dokumenten), durch auditive Anweisungen begleiten. Außerdem eignen sie sich dazu, die Inhalte von Folien oder anderen Medien in eine andere Sprache zu übersetzen und den Teilnehmern zum Abruf anzubieten. Auf diese Weise können Unternehmen mit international verteilten Standorten Mitarbeiter mit verschiedenen Sprachkenntnissen gezielt adressieren. Auch Mitarbeiter mit beeinträchtigtem Sehvermögen können von zusätzlichem Audiomaterial profitieren. In Form von mehreren Audio-Ausschnitten, sogenannten Podcasts, können Mitarbeiter die angebotenen Inhalte flexibel abspielen. Audioaufnahmen können einfach abgespielt werden, sodass sie z. B. auf Auto-, Flug- und Bahnreisen sowie als Ablenkung in Wartezeiten gut genutzt werden können. Allerdings sollten beim Einsatz von Audioaufnahmen in der Awareness auch gewisse **Einschränkungen** berücksichtigt werden:
  - Nicht alle Computer haben integrierte Soundkarten und angeschlossene Lautsprecher, sodass womöglich nicht alle Mitarbeiter über eine Abspielmöglichkeit verfügen.
  - Die geeignete Aufnahmegeschwindigkeit von auditiven Inhalten ist bedeutend geringer als die übliche Lesegeschwindigkeit von visuellen Inhalten.
  - Eine schnelle Navigation zu bestimmten Inhalten einer Audioaufnahme ist grundsätzlich schwierig und zeitaufwendig. Eine Aufteilung der Audioaufnahme in kleinere Abschnitte verhilft zu einer schnelleren Navigation, die allerdings immer noch weniger komfortabel ist als z. B. eine Volltextsuche.
  - Wenn eine Korrektur oder eine andere Änderung der Inhalte erfolgen soll, müssen die komplette Audioaufnahme oder zumindest ein Abschnitt neu aufgenommen werden. Sollte der bisherige Sprecher nicht mehr zur Verfügung stehen, ist es manchmal ungünstig, für nur einen Abschnitt einen anderen Sprecher einzusetzen. Folglich müssten dann alle Audioabschnitte neu aufgenommen werden, damit die komplette Audioaufnahme dieselbe Stimme beinhaltet.
- **Aufkleber** können mit Sicherheitstipps oder einprägenden Sprüchen versehen und an unterschiedlichen Stellen angebracht werden (z. B. auf Türen, Ablagen oder Armaturenbrettern). Aufkleber mit der Telefonnummer und E-Mail-Adresse des Informationssicherheits-Teams können z. B. an neu eingestellte Mitarbeiter ausgegeben werden, damit sie an deren Telefon oder einer anderen gut sichtbaren Stelle platziert werden können. Das Anbringen von Aufklebern kann teilweise auch vom Unternehmen vorgeschrieben werden (z. B. auf unternehmenseigenen Notebooks). Für das Anbringen auf privaten Objekten (z. B.

Kraftfahrzeuge) können sich die Mitarbeiter hingegen nur freiwillig entscheiden. Eine Rotation der Aufkleber ist grundsätzlich empfehlenswert, um eine kontinuierliche Aufmerksamkeit für diese aufrechtzuerhalten. Zu Beginn können Aufkleber mit neuen Inhalten in kürzeren Zeitabständen (z. B. einmal im Monat) erstellt werden; später können sie dann nach längeren Zyklen (z. B. einmal im Quartal) ausgetauscht werden. Ein zusätzlicher Anreiz zur Nutzung von Aufklebern bieten Ansätze aus der Spieltheorie: Durch wiederverwendbare Aufkleber (z. B. Magnetaufkleber oder statische Klebefolie) können Mitarbeiter miteinander kommunizieren; z. B. können sie die Aufkleber an unbeaufsichtigten Arbeitsplätzen hinterlassen, wenn keine Bildschirmsperre aktiviert wurde. Außerdem können Aufkleber als Auszeichnung verwendet werden, um Mitarbeiter für gutes Verhalten zu belohnen und hervorzuheben. Beispiele für solches Verhalten sind die Beseitigung einer Schwachstelle oder das Erkennen und Melden einer Phishing-E-Mail. Die Vorteile von Aufklebern liegen darin, dass sie sehr haltbar sind, relativ geringe Kosten verursachen und schnell ins Auge springen: Insbesondere Aufkleber aus wetterbeständigem Material (z. B. Vinyl mit starker Haftung) besitzen eine lange Haltbarkeit. Aufkleber können aufgrund ihrer geringen Ausmaße kostengünstig transportiert und verteilt werden. Eine optisch ansprechende Wirkung kann vor allem mit qualitativ hochwertiger Gestaltung erreicht werden, z. B. durch die Integration von Spezialeffekten (wie Buchstaben, die bei unterschiedlichem Betrachtungswinkel ihre Farbe ändern). Interessierten Mitarbeitern kann durch einen Verweis auf dem Aufkleber die Möglichkeit gegeben werden, bei Bedarf weitere Informationen zum Thema des Aufklebers abzurufen. Ein Verweis kann z. B. in Form einer Webadresse oder eines Quick-Response-Codes (kurz QR-Code) gegeben werden. Der QR-Code ermöglicht Smartphone-Besitzern den schnellen Zugriff auf Informationen: Sie scannen den Code mit der Kamera ihres Smartphones und werden dadurch z. B. auf eine bestimmte Webseite geleitet.

Abb. 3.4: Beispielaufkleber

- **Ausstellungen**, auch Expositionen, dienen der Präsentation von Ausstellungs- objekten – üblicherweise Produkte, die von ihren Herstellern der Presse und in- teressierten Konsumenten vorgestellt werden. Ausstellungen können aber auch von einem Unternehmen genutzt werden, um den eigenen Mitarbeitern Themen rund um Informationssicherheit vorzustellen. Üblicherweise stehen dabei Ex- perten zu relevanten Themen und Objekten (z. B. Firewalls, Antivirensoftware oder Sicherheitsrichtlinien) an Klapptischen und vermitteln innerhalb weniger Minuten wesentliche Information. Auch verschiedene Angriffstechniken, wie Phishing oder Denial-of-Service, können thematisiert werden. Um das Interesse der Mitarbeiter zu erhöhen, können Give-aways oder Preise angeboten werden. Es sollten vor allem Kernaussagen vermittelt werden, damit keine Informa- tionsüberflutung stattfindet. Außerdem können Interaktionen mit interessierten Mitarbeitern durchgeführt werden; z. B. können Bilder von chaotischen Ar- beitsplätzen gezeigt werden, um eine Kommunikation über die erkennbaren Regelverstöße anzuregen. Auch spielerische Tests lassen sich mit Sicherheits- themen verbinden, z. B. eine Zeitmessung bei der Einschätzung möglicher Phishing-E-Mails. Für Ausstellungen bieten sich Orte an, die von den Mitarbei- tern stark frequentiert werden. Allerdings ist es schwierig, Mitarbeiter beim Be- treten oder Verlassen des Gebäudes anzusprechen; eher eignen sich dafür Pau- senräume oder Kantinen.
- **Broschüren** können entweder an einem vielbesuchten Ort (z. B. an der Rezepti- on) ausgelegt oder aktiv an die Mitarbeiter verteilt werden (z. B. mit der Haus- post). Sie unterscheiden sich von Büchern dadurch, dass sie keinen Einband besitzen. Der Titelseite kommt in der Regel die größte Bedeutung zu: Sie ist aus- schlaggebend dafür, dass die Mitarbeiter die Broschüre genauer betrachten. Ein geeignetes Bild kann dabei helfen, das Interesse der Mitarbeiter zu erhöhen. Handlungsaufforderungen (z. B. „Verschlüsseln Sie vertrauliche Daten!") regen die Mitarbeiter zu konkreten Handlungen an. Dadurch kann aus Sicht der Awareness ein großer Mehrwert erzeugt werden. Eine professionell gestaltete Broschüre weckt Vertrauen und Interesse bei den Mitarbeitern. Eine Überforde- rung durch zu viele, komplexe Informationen sollte allerdings vermieden wer- den. Broschüren werden von den Mitarbeitern oft über einen längeren Zeitraum aufbewahrt. Mithilfe von nützlichen und interessanten Inhalten können die Mitarbeiter dazu gebracht werden, eine Broschüre wiederholt zur Hand zu nehmen. Die Unabhängigkeit von Computern und vom Netzwerk kann ein wei- terer Vorteil von Broschüren sein: Sie sind schnell zur Hand und erlauben einen einfachen Einblick – auch für Mitarbeiter, die keinen regelmäßigen Computer- zugriff haben. Dann gibt es auch weniger potenzielle Störfaktoren, die den Mit- arbeitern den Zugang erschweren (z. B. die Navigation durch unübersichtliche Intranet-Seiten). Broschüren eignen sich außerdem gut, um andere Maßnahmen zu ergänzen. Sie bieten z. B. eine höhere Informationsdichte als Handzettel und können dadurch weitergehende Informationen enthalten. Andererseits können

sie selbst durch andere Medien (z. B. Intranet-Seiten) ergänzt werden, wenn neben der Broschüre zusätzliche Hintergrundinformationen zur Verfügung gestellt werden sollen. Bei der Erstellung von Broschüren sollten der notwendige Zeitbedarf und die entstehenden Kosten (z. B. für grafische Gestaltung und Druck) nicht unterschätzt werden. Vor allem mehrseitige Broschüren, die viele Abbildungen enthalten, sind relativ aufwendig zu erstellen.

— **E-Mails** eignen sich zur Übermittlung verschiedener Inhalte: Mit ihnen können z. B. die Inhalte von Printmedien (z. B. Handzettel und Poster) in elektronischer Form an die Adressaten verteilt werden. Die Inhalte werden entweder in die E-Mails eingebettet oder im Anhang der E-Mails mitgeschickt. Sie lassen in begrenzter Weise auch eine Interaktion mit den Empfängern zu: Durch die Beantwortung von E-Mails oder das Anklicken eingebetteter Links können Rückmeldungen durch die Empfänger gegeben werden. Unter anderem können auf diese Weise Fragebögen beantwortet oder Verhaltenstests durchgeführt werden. Mithilfe von Mailinglisten kann auch die Kommunikation in Gruppen vereinfacht werden: Anstatt alle Gruppenmitglieder separat zu adressieren, können Absender die Adresse der Mailingliste nutzen, um E-Mails unkompliziert an alle Gruppenmitglieder zu verteilen. Beim Versand von E-Mails können auch Empfangs- und Lesebestätigungen angefordert werden: Die Empfangsbestätigung wird per E-Mail an den Absender geschickt, sobald die ursprüngliche E-Mail im Postfach des Empfängers abgelegt werden konnte. Die Lesebestätigung wird versendet, falls der Empfänger die E-Mail öffnet und den anschließenden Versand der Lesebestätigung nicht blockiert. Mit Empfangs- und Lesebestätigungen kann also eine mehr oder weniger zuverlässige Information darüber eingeholt werden, ob die E-Mails angekommen sind und gelesen wurden.

— **Fachzeitschriften** erscheinen regelmäßig und widmen sich in der Regel einem speziellen, abgegrenzten Themenbereich. Fachzeitschriften, die der Erhöhung der Awareness dienen sollen, sollten sich mehr oder weniger konkret mit der Informationssicherheit befassen. Dazu gehören neben speziellen Zeitschriften, die sich auf Sicherheit konzentrieren, auch Zeitschriften über Softwareentwicklung, Systemadministration oder andere Themen, die zumindest teilweise Sicherheitsthemen adressieren. Wenn bei den Lesern die Awareness mithilfe von Zeitschriften erhöht werden soll, sind Kenntnisse über die Zielgruppe unablässig: Die Leser müssen zum einen ein gewisses Vorwissen besitzen, um die Informationen aus den Zeitschriften verstehen zu können, und zum anderen in einem Funktionsbereich tätig sein, zu dem die Inhalte der Zeitschrift passen: Selbst wenn ein Leser z. B. komplexe Artikel über sichere Softwareentwicklung verstehen würde, wäre das wenig relevant, wenn er als Systemadministrator tätig ist. Ein weiterer wichtiger Punkt ist außerdem die Motivation der Zielgruppe: Ob und wie intensiv jemand eine Fachzeitschrift liest, hängt vor allem vom eigenen Interesse dieser Person an der Zeitschrift ab. Es ist kaum kontrollierbar, ob eine Zeitschrift tatsächlich gelesen wurde. Selbst wenn der Umlauf einer Zeitschrift dokumentiert wird, kann man daraus nicht erkennen, ob die Empfänger der Zeitschrift diese tatsächlich gelesen haben. Fachzeitschriften sind vor allem als Printmedium verfügbar. Gleichzeitig hat sich in den letzten Jahren die elektronische Form immer stärker durchgesetzt, sodass viele Zeitschriften über Computer, Tablets und Smartphones gelesen werden können.

– **Fragebögen** regen bei den Mitarbeitern die Auseinandersetzung mit dem Thema Informationssicherheit an und führen dazu, dass das eigene Handeln überdacht wird. Sie eignen sich aber nicht nur dazu, die Awareness der Mitarbeiter direkt zu erhöhen, sondern auch, relevante Informationen für die Planung weiterer Awareness-Maßnahmen zu erhalten. Wissenslücken oder Prozessmängel können durch die Auswertung der Fragebögen erkannt und zielgerichtet adressiert werden. Fragebögen können auf allgemeine Informationssicherheit oder spezielle Bereiche (z. B. physische Sicherheit, Zugriffsschutz, Social Engineering, Prozesse oder den Umgang mit Internet und E-Mails) ausgerichtet sein. Wenn Fragebögen erstellt werden, sollte darauf geachtet werden, dass sie für die Mitarbeiter gut verständlich sind. Vor allem sollten keine Fachbegriffe, Abkürzungen oder Akronyme verwendet werden, die nicht allgemein im Unternehmen bekannt sind. Wenn Informationssicherheits-Experten die Inhalte zusammenstellen, kann eine fehlende allgemeine Bekanntheit spezieller Ausdrücke schnell übersehen werden. Die Fragen sollten gut durchdacht werden, sodass sie eine hohe Relevanz für die Informationssicherheit besitzen und zu der adressierten Zielgruppe passen. Wenn die Antwortmöglichkeiten überlegt gestaltet werden, kann die anschließende Auswertung effizienter durchgeführt werden: Ja- und Nein-Antworten, vorgegebene Checkboxen und Wertungen (z. B. von 1 bis 5) lassen sich am schnellsten auswerten, verhindern allerdings die Erhebung von detaillierteren Informationen, die z. B. durch Freitextfelder erlangt werden können. Bei wichtigen Schlüsselfragen bietet sich oft die Anknüpfung von Folgefragen an; z. B. können nach der Frage „Bewahren Sie vertrauliche Dokumente sicher auf?" die Fragen „Wo lagern Sie vertrauliche Dokumente?" und „Wie verhindern Sie unbefugten Zugriff darauf?" angeknüpft werden. Weitere Beispiele für passende **Fragen** sind:
  – Wie stark berücksichtigen Sie Informationssicherheit bei Ihrer Arbeit?
  – Wer ist im Unternehmen der Ansprechpartner für Informationssicherheit?
  – Haben Sie die Richtlinien zur Informationssicherheit verstanden?
  – Haben Sie an einer internen Schulung zur Informationssicherheit teilgenommen?
  – Mit welchen Arten von vertraulichen Informationen arbeiten Sie?
  – Verstehen Sie, was erlaubter Umgang mit IT-Geräten bedeutet?
  – Welche Vorgaben müssen von einem sicheren Passwort erfüllt werden?
  – Kennen Kollegen ihr persönliches Passwort?
  – Wie sichern Sie Ihren Arbeitsplatz, wenn Sie Ihr Büro verlassen?

- Wie reagieren Sie, wenn Sie eine E-Mail, die nicht mit Ihrer Arbeit in Verbindung steht, mit Links oder Anhängen erhalten?
- Speichern Sie Dateien auf Ihrer lokalen Festplatte?
- Welche Übertragungsarten sind nach Ihrer Kenntnis für die Weitergabe vertraulicher Informationen angemessen?
- An welchen Standorten arbeiten Sie mit einem Fernzugriff?
- Wie oft übertragen Sie Dateien auf Ihren Heimcomputer?
- Wie verhalten Sie sich, wenn Sie eine fremde Person innerhalb des Unternehmens entdecken?

Die **Antwortmöglichkeiten** sollten so gestaltet werden, dass sinnvolle Schlussfolgerungen getroffen werden können. Auf diese Weise kann die aktuelle Situation im Unternehmen verstanden, können Indikatoren für vorhandene Risiken identifiziert und Ansätze für weitere Awareness-Maßnahmen gefunden werden; z. B. könnten für die Frage „Ist auf Ihrem Computer ein Antivirenprogramm installiert und aktiviert?" folgende Antwortmöglichkeiten angeboten werden:

- „Ja" – Bei der Wahl dieser Antwort sind keine Indikatoren für erhöhte Risiken oder fehlende Awareness vorhanden.
- „Nein" – Die Mitarbeiter, die diese Antwort wählen, scheinen zu wissen, was ein Antivirenprogramm ist und wofür es benötigt wird. Dennoch ist es auf ihrem Computer nicht installiert oder aktiviert. Diese Mitarbeiter haben womöglich eine zu hohe Risikobereitschaft.
- „Ich weiß nicht, was Antivirus ist." – Mitarbeiter mit dieser Antwort haben eine viel zu geringe Awareness zum Thema Antivirus, was zu sehr hohen Risiken führen kann.
- „Ich weiß nicht, wie man das erkennt." – Mitarbeiter mit dieser Antwort haben eine etwas zu geringe Awareness zum Thema Antivirus, was zu mittleren bis hohen Risiken führen kann.

- **Handzettel**, auch als Flugblätter oder Flyer bezeichnet, sind sehr kostengünstig herstellbar und flexibel einsetzbar. Sie können genauso wie Broschüren ausgelegt oder verteilt werden, bieten jedoch weniger Platz für Informationen. Häufig verwendete Formate von Handzetteln sind A4, A5 und A6. Handzettel bestehen grundsätzlich aus nur einem Blatt, können aber auch ein- oder zweimal gefaltet werden (sogenanntes Faltblatt). Handzettel können gut dazu verwendet werden, aussagekräftige Informationen kurzfristig zu vermitteln. Sie sollten in erster Linie Kernaussagen enthalten und keine unwichtigen Informationen und Details. Dadurch kann die Aufmerksamkeit der Empfänger erhöht werden. Um den einfachen Zugang zu weiteren Informationen zu ermöglichen, kann eine Referenz (z. B. in Form eines QR-Codes) auf dem Flugblatt ergänzt werden. Durch Handzettel können aktuelle oder direkt bevorstehende Themen, die von den Empfängern zeitnah angegangen werden können, am besten adressiert werden: Die gewonnene Aufmerksamkeit kann sich dann direkt in einer Verhaltensänderung bemerkbar machen. Unter anderem lässt sich die private Nutzung von IT-Geräten gut mit Handzetteln ansprechen: Zum einen besitzen die Mitarbeiter an diesem Thema oft auch ein privates Interesse und zum anderen überschneiden sich private und berufliche Nutzung in der Praxis vielfach. Beispiele für Inhalte von Handzetteln und geeignete Zeitpunkte für deren Verteilung sind: die Vorbereitung von IT-Geräten vor einer Reise (siehe Abb. 3.5), Sicherheitshinweise beim Online-Shopping vor Feiertagen, Warnhinweise zu Phishing-E-Mails vor dem 1. April, Vorsichtsmaßnahmen zu Steuererklärungen im Frühjahr.

Sicherheitshinweise für Ihre Reise

(1) Geräteauswahl

Nutzen Sie ein Gerät ohne vertrauliche Daten im lokalen Speicher oder mit einer integrierten Datenverschlüsselung. Fragen Sie in der IT-Abteilung nach einem Leihgerät.

(2) Datensicherungen

Erstellen Sie Datensicherungen vor und während der Reise, um Datenverlust aufgrund von Defekten oder Diebstahl zu verhindern.

(3) Datenverbindung

Angreifer können Daten aus unsicheren Verbindungen mitschneiden. Vermeiden Sie eine unverschlüsselte Kommunikation über öffentliche Netzwerke. Nutzen Sie wenn möglich eine VPN-Verbindung.

(4) Authentifizierung

Um den Missbrauch Ihrer Anmeldeinformationen zu verhindern, ändern Sie Ihr Passwort während der Reise häufiger und nach Ihrer Rückkehr erneut. Eine Zwei-Faktor-Authentifizierung bietet eine zusätzliche Sicherheit.

Bei Fragen hilft Ihnen das Sicherheitsteam:
+49 123456789 - sicherheit@example.com

Abb. 3.5: Beispielhandzettel für Reisende

- **Interaktive Lernprogramme** sind eine Form des E-Learnings, bei der die Lerninhalte mithilfe von Datenträgern oder über ein Netzwerk auf den Computern der Lernenden zur Verfügung gestellt werden. Aufgrund des zwingenden Einsatzes von Computern wird in diesem Zusammenhang auch der Begriff computerbasiertes Training (engl. Computer-Based-Training oder kurz CBT) verwendet. Die Lernenden können die Lerninhalte eigenständig bearbeiten und sind dabei zeitlich und örtlich unabhängig. Normalerweise sind die Inhalte eine Kombination von statischen und interaktiven Komponenten: Die statischen Komponenten können von den Lernenden lediglich in der vorgesehenen Form betrachtet werden, ohne dass Rückmeldungen der Lernenden ermöglicht oder berücksichtigt werden. Dazu gehören z. B. die Präsentation mit Folien, die die Kernaussagen der unternehmenseigenen Sicherheitsrichtlinien darstellen, die Verlinkung von Internetseiten, die die Hintergründe zum Social Engineering erläutern, und Video- oder Audiostreams, die das erwünschte Verhalten bei Sicherheitsereignissen demonstrieren. Bei den interaktiven Komponenten können die Lernenden hingegen direkte Rückmeldungen zu den Lerninhalten geben, und dadurch die Lerninhalte mehr oder weniger stark beeinflussen. Beispiele für interaktive Komponenten sind Chats mit Sicherheitsexperten, Live-Präsentationen mit Übungen und Online-Tests.
- Das **Intranet** ist ein sehr mächtiges Werkzeug: Es ermöglicht die Integration verschiedener multimedialer Inhalte (z. B. Videos, Online-Schulungen und Sicherheitstests) auf unternehmensweit verfügbaren Webseiten. Die Kommunikation zwischen Sender und Empfänger über das Intranet ist nicht nur in eine, sondern in beide Richtungen möglich. Neben dedizierten Intranet-Seiten zum Thema Informationssicherheit können auch einzelne Sicherheitshinweise in andere Intranet-Seiten integriert werden (z. B. in Form von Bannern oder Pop-Ups). Intranet-Seiten können bei Bedarf leicht erweitert und angepasst werden. Aufgrund der allgemeinen Bekanntheit von Standards und Entwicklerwerkzeugen für Webseiten können die Inhalte relativ schnell erstellt werden und Änderungen für andere Entwickler nachvollziehbar gemacht werden. Sollten die Inhalte jedoch schlecht aufbereitet und technisch ungünstig implementiert werden, besteht die Gefahr eines internen Imageschadens. Entwickler, die auf die Programmierung von Webseiten spezialisiert sind, sollten auf jeden Fall hinzugezogen werden. Falls hierzu externe Spezialisten eingesetzt werden, sollten nicht nur die initialen Kosten, sondern auch spätere Wartungskosten berücksichtigt werden. Insbesondere wenn eine Intranet-Plattform komplett neu erstellt werden soll, ist mit hohen Kosten zu rechnen. Anregungen an die Mitarbeiter zum Besuch von Intranet-Seiten können auch mit anderen Medien (z. B. Poster) geschaffen werden.
- **Live-Hacking** ist normalerweise Bestandteil einer Präsentation, in der ein Referent mögliche Aktivitäten von Angreifern vorführt und erklärt. Eine Veranschaulichung typischer Angriffsmuster kann bei den Teilnehmern großes Inte-

resse erregen. Der Referent hackt live vor einer Gruppe von Teilnehmern und zeigt, wie die ansonsten theoretisch erklärten Angriffe praktisch umgesetzt werden können. Dabei wird auch gezeigt, welche Tools und Tricks Angreifer häufig einsetzen. Themen, die im Rahmen von Live-Hacking adressiert werden können, sind z. B. Sicherheit von Webservern und Arbeitsplatzrechnern, soziale Netze, Schadsoftware und mobile Geräte. Hierbei ist es besonders wichtig, den Mitarbeitern entsprechende Gegenmaßnahmen und korrektes Verhalten bei den verschiedenen Angriffen mitzuteilen. Durch die Demonstration von wenig bekannten oder sogar unüblichen Angriffen kann zunächst die Aufmerksamkeit der Teilnehmer erhöht werden: Die Teilnehmer sind oft erstaunt, wie einfach ein gewiefter Angreifer unbefugten Zugriff auf Systeme und Daten, auch von privat verwendeten Diensten, erlangen kann. Die erreichte Aufmerksamkeit kommt der anschließenden Informationsvermittlung zugute, sodass das erwünschte Verhalten bei den Teilnehmern besser im Gedächtnis bleibt. Für welche Dauer das Live-Hacking angesetzt wird und welche Themen im Detail behandelt werden, hängt vom Unternehmen und von der Art der Teilnehmer ab. Softwareentwicklern könnten z. B. primär Angriffe auf Software präsentiert werden, während Webentwicklern z. B. die Internetsicherheit und dem Kundenservice z. B. die E-Mail-Sicherheit nähergebracht werden könnte. Der Referent sollte über tiefgehendes Wissen zum Thema Hacking und gleichzeitig über kommunikative Kompetenzen verfügen. Auch die technischen Voraussetzungen sollten nicht vernachlässigt werden. Ein Zugriff auf produktive Systeme sollte beim Live-Hacking unbedingt vermieden werden, um eine Störung von wichtigen Systemen auszuschließen. Der Referent sollte ausschließlich auf dedizierte, abgeschottete Systeme zugreifen, wenn er mögliche Angriffe demonstriert.

– **Newsletter** sind regelmäßig herausgegebene Rundschreiben, die üblicherweise per E-Mail verteilt werden. Papier-Newsletter sind in der Praxis immer seltener zu finden, da sich die elektronische Form von Newslettern (z. B. E-Mails oder Intranet-Seiten) stark etabliert hat. Papier-Newsletter haben lediglich den Vorteil, dass sie für Mitarbeiter ohne Computer und Netzwerkverbindung leichter zugänglich sind. Zur Erhöhung der Awareness lassen sich in die Newsletter eines Unternehmens spezielle Themen integrieren und falls passend mit Informationen über aktuelle Sicherheitsereignisse kombinieren. Auch Inhalte aus zuvor angebotenen Awareness-Maßnahmen (z. B. aus einer Schulungsveranstaltung) können mithilfe von Newslettern gut ins Gedächtnis gerufen, und dadurch verstärkt werden. Außerdem können separate Newsletter für das Thema Informationssicherheit erstellt werden. Newsletter können durch die Empfänger bei Desinteresse leicht ignoriert werden. Unter anderem kann ihr Interesse mit einer zusätzlichen Rubrik, die humorvoll gestaltet ist und nicht zwingend eine hohe Relevanz zur Informationssicherheit besitzen muss, erhöht werden.

– **Orientierungsveranstaltungen** sind auf neue Mitarbeiter ausgerichtet und können genutzt werden, um den Stellenwert der Informationssicherheit im Unternehmen zu verdeutlichen. Kurz nach dem Einstieg ins Unternehmen sammeln neue Mitarbeiter grundsätzlich die meisten Eindrücke. In der Regel umfassen Orientierungsveranstaltungen diverse Themenbereiche, bei denen auch die Informationssicherheit fester Bestandteil sein sollte. Einen angemessenen Zeitrahmen für Informationssicherheit zu reservieren, kann allerdings schwierig sein. Viele Abteilungen versuchen in diesen Veranstaltungen, eine große Menge an Informationen zu vermitteln. Falls die Informationssicherheit niedriger priorisiert wurde als andere Themen und nur ein begrenzter oder gar kein Zeitrahmen dafür zur Verfügung steht, können in der Veranstaltung zumindest andere Medien übergeben oder referenziert werden (z. B. Handzettel oder Broschüren). Dabei sollte jedoch beachtet werden, dass ein niedriger Stellenwert der Informationssicherheit in der Orientierungsveranstaltung durch die neuen Mitarbeiter fehlinterpretiert werden könnte: Sie könnten z. B. annehmen, dass auch im alltäglichen Betrieb die Informationssicherheit lediglich eine Nebenrolle spielt. Aber auch eine zu umfassende Behandlung von Sicherheitsthemen in dieser Veranstaltung ist nicht zu empfehlen: Die neuen Mitarbeiter wären mit der Fülle an Informationen überfordert und könnten die Kernaspekte kaum herausfiltern. Eine einfach gehaltene Präsentation von maximal 10–15 Minuten, in der auch auf weitere Informationsquellen referenziert werden kann, ist viel sinnvoller. Im Laufe ihrer Beschäftigungszeit werden die neuen Mitarbeiter wiederholt mit weiteren Awareness-Maßnahmen in Berührung kommen, wo weitere Details vermittelt werden können. Die Orientierungsveranstaltung sollte sich daher auf eine reine Orientierung beschränken.

– **Poster** sind große Bögen aus Papier oder Stoff und werden in erster Linie dazu eingesetzt, Aufmerksamkeit für ein Thema zu erregen. Die Inhalte sind markant, einprägsam, leicht verständlich und relativ überschaubar. Poster sind eher auf eine schnelle Vermittlung von wenigen, aber aussagekräftigen Informationen ausgelegt. Sie sind nicht darauf ausgerichtet, umfassende Informationen zu vermitteln. Personen sollen die Kernaussage eines Posters im Vorbeigehen wahrnehmen können. Eine zu hohe Komplexität der Informationen würde die schnelle Informationsaufnahme stören. Poster sollten also nicht mit zu vielen Aussagen überladen werden, sondern am besten nur eine Kernaussage beinhalten. Akronyme oder technische Fachbegriffe sollten bei der Erstellung von Postern vermieden werden. Die Verwendung von Imperativen bietet sich an, um mit der Kernaussage auf eine erwünschte Aktion der Mitarbeiter zu deuten. Beispiele sind „Wählen Sie komplexe Passwörter." oder „Sichern Sie Ihre Daten.". Aufgrund der inhaltlichen Einschränkung sollten Poster grundsätzlich mit anderen Medien kombiniert werden, um weitere Information vermitteln zu können. Auch hier können Referenzen (z. B. QR-Codes) den schnellen Übergang zu weiteren Informationen ermöglichen. Der Standort der angebrachten Poster spielt eine nicht zu unterschätzende Rolle für ihre Wirksamkeit: Ausgewählte Flächen sollten gut sichtbar und möglichst stark frequentiert werden. Besonders geeignet sind Orte, an denen Personen warten müssen, z. B. vor Fotokopierern, Wasserspendern und in der Kantine. Ein guter Standort befindet sich auch neben Fahrstuhltüren. Personen suchen oft nach einer Ablenkung während sie warten. Um zumindest teilweise zu vermeiden, dass Poster beschädigt werden, und dadurch ihre Wirkung verlieren, können z. B. Klemmrahmen oder Ständer verwendet werden. Eine regelmäßige Aktualisierung der Poster in Bezug auf Gestaltung und Inhalte vermeidet, dass die Mitarbeiter das Interesse an Postern und Informationssicherheit verlieren.

– **Remote Training Labs** sind spezielle IT-Labore mit der Möglichkeit des Fernzugriffs. Sie können eingesetzt werden, um räumlich verteilten Mitarbeitern die praktische Übung von sicherheitsrelevanten Aktivitäten anzubieten. Hierbei kann mit spezieller Software aus der Ferne auf Systeme zugegriffen werden. Die Systeme bieten eine vorbereitete Arbeitsumgebung, um bestimmte Aktivitäten (z. B. die Härtung eines Systems oder die Installation und Konfiguration einer Sicherheitssoftware) durchzuführen oder simulierte Problemsituationen zu lösen. Die Systeme werden extra für diesen Zweck bereitgestellt und sind normalerweise von der produktiven IT-Umgebung abgeschottet. Daher führen Fehlbedienungen zu keinen negativen Auswirkungen auf produktive Systeme. Mithilfe von Festplatten-Abbildern (engl. Images) kann der Anfangszustand der Systeme gesichert und nach dem Training wiederhergestellt werden. Dadurch können alle Teilnehmer jederzeit mit demselben Systemzustand arbeiten. Aus Sicherheitsgründen sollte der Fernzugriff auf die Systeme so abgesichert werden, dass Unbefugte weder die übertragenen Informationen abfangen noch einen Zugriff auf die Systeme erlangen können. Obwohl die Systeme normalerweise keine Daten von Produktivsystemen beinhalten, werden häufig Produktivsysteme und ihre Sicherheitskonfiguration nachgestellt. Unbefugte könnten durch das Abfangen von Daten vertrauliche Informationen über die Sicherheits-Infrastruktur erlangen. Diese Informationen könnten sie dann im Zuge eines Angriffs ausnutzen. Die Absicherung des Fernzugriffs kann z. B. durch eine verschlüsselte VPN-Verbindung oder eine private Datenverbindung erfolgen. Remote Training Labs eignen sich insbesondere für Mitarbeiter, die mit technischen Aktivitäten an Arbeitsplatzrechnern oder Servern betraut sind. Darunter fallen z. B. Systemadministratoren, Softwareentwickler, Forensiker und Netzwerkspezialisten. IT-fremde Mitarbeiter zählen eher selten zu den Nutzern.

– **Richtlinien und Arbeitsanweisungen** sind ein wesentlicher Bestandteil der Informationssicherheit im Unternehmen. Sie sind eng mit der Awareness verbunden, da Awareness-Maßnahmen direkt oder indirekt darauf abzielen, die Regelungen aus den Richtlinien und Arbeitsanweisungen bei den Mitarbeitern bekannt und verständlich zu machen. Richtlinien und Arbeitsanweisungen sind meist in elektronischer Form im Unternehmen vorhanden. Sie werden zur Verteilung auch oft ausgedruckt, insbesondere wenn Adressaten ohne regelmäßigen Computer-Einsatz oder neu eingestellte Mitarbeiter, die noch keinen Systemzugang besitzen, erreicht werden sollen. Richtlinien und Arbeitsanweisungen sollten allen Mitarbeitern in ihrer ursprünglichen, vollständigen Fassung zugänglich gemacht werden. Um die Awareness bei den Mitarbeitern zu erhöhen, können auch Auszüge in Erinnerung gerufen werden, was jedoch lediglich ergänzend zu den vollständigen Dokumenten erfolgen sollte. Ein Beispiel für einen geeigneten Auszug sind die wichtigsten Nutzungsbedingungen für elektronische Geräte, die z. B. angezeigt werden können, wenn ein Benutzer sich an einem Computer anmeldet (engl. Policy Banner). Mit einem Laufzettel kann von allen Mitarbeitern eine schriftliche Bestätigung darüber eingeholt werden, dass ihnen die aktuellen Regelungen bekannt sind. Diese Methode kann z. B. bei wichtigen Änderungen von Richtlinien und Arbeitsanweisungen eingesetzt werden. Manche Regularien (z. B. der PCI DSS, Anforderung 12.1) erfordern sogar explizit die Veröffentlichung und Verbreitung einer Sicherheitsrichtlinie.

– **Schulungsveranstaltungen** erfordern die physische Anwesenheit der Teilnehmer, wodurch in vielen Fällen die Motivation der Teilnehmer und die Effektivität der Maßnahme erhöht werden können. Um zielgerichtete Informationen zu vermitteln, kann während oder nach der Veranstaltung gezielt auf einzelne Teilnehmer eingegangen werden oder es können Termine mit kleineren Gruppen vereinbart werden. Wenn Mitarbeiter zur Teilnahme an Schulungsveranstaltungen verpflichtet werden, können teilweise Akzeptanzprobleme auftreten. Schulungsveranstaltungen sind meist effektiver und werden besser akzeptiert, wenn sie nicht isoliert stattfinden, sondern in einen übergeordneten Kontext integriert werden. Beispielsweise können Schulungen zum Thema Phishing besser in einem jährlichen, regulatorisch vorgeschriebenen Sicherheits-Training oder einer abteilungsinternen Schulungsveranstaltung zu neuen Geschäftsprozessen platziert werden, anstatt sie in einem gesonderten Termin anzubieten. Um die Aufmerksamkeitsspanne der Mitarbeiter optimal auszunutzen, sollten Schulungsveranstaltungen einen begrenzten Zeitrahmen (z. B. 45 Minuten) nicht wesentlich übersteigen. Die Integration weiterer Medien (z. B. Videos) kann das Interesse der Teilnehmer erhöhen. In Schulungen wird häufig Präsentationssoftware eingesetzt, um die Inhalte mithilfe von **Folien** zu visualisieren und zu strukturieren. Um die Folien optimal zu gestalten, sollten einige Punkte beachtet werden:
  – Die Schrift sollte nicht zu klein gewählt werden: Teilnehmer in den hinteren Sitzreihen sollten die Texte noch gut lesen können. Serifenschriften oder visuell komplexe Schriften sollten vermieden werden, da sie auf Folien weniger gut lesbar sind als verbreitete serifenlose Schriften.
  – Die Hervorhebung von einzelnen Wörtern sollte nicht durch Unterstreichen, sondern eher durch eine Variation von Größe, Stil oder Farbe geschehen. Unterstrichene Wörter sind schwerer zu lesen und können als Hyperlinks fehlinterpretiert werden.

- Die Texte auf den Folien sollten kurzgehalten werden. Nach Möglichkeit sollten lediglich Phrasen oder Schlüsselbegriffe verwendet werden. Ausformulierte Sätze oder sogar ganze Absätze sollten vermieden werden.
- Einzelne Folien sollten nicht überfüllt werden. Es ist vorteilhafter, umfangreiche Inhalte auf mehrere Folien zu verteilen, sodass (als Faustregel) pro Folie maximal sechs Aufzählungen mit jeweils sieben Wörtern angezeigt werden.
- Die Anzahl der Folien sollte ebenfalls nicht zu hoch sein. Wenn mehr als eine Folie pro Minute gezeigt wird, werden die Teilnehmer mit zu vielen Informationen überflutet und die Präsentation wird zu unruhig.
- Die verwendeten Farbkombinationen sollten so gewählt werden, dass ein möglichst hoher Kontrast zwischen Text und Hintergrund entsteht. Kontrastlosigkeit oder zu grelle Farben würden die Lesbarkeit der Folien stark verschlechtern. Außerdem sollte der gewählte Folienstil beibehalten werden. Zu starke Variationen würden die Teilnehmer verstören und ihre Aufnahmekapazität einschränken. Die Hintergründe sollten außerdem nicht zu komplex gestaltet werden.
- Auf übertriebene Zoom- und Bewegungseffekte sollte verzichtet werden, da sich bei den Teilnehmern eine Übelkeit, vergleichbar mit Seekrankheit, bemerkbar machen kann. Insbesondere nichtlineare Präsentationssoftware, die das Hinein- und Herauszoomen auf einer großen virtuellen Arbeitsfläche ermöglicht, verleitet schnell zu übertriebenen Effekten.
- Das Gleiche gilt auch für andere Arten von Spezialeffekten: Bei übermäßigem Gebrauch besteht das Risiko, dass die Teilnehmer abgeschreckt oder überreizt werden. Unter anderem sollten Soundeffekte, Folienübergänge und Animationen behutsam eingesetzt werden.
- Korrekte Rechtschreibung und Grammatik dürfen nicht unterschätzt werden. Häufige Fehler führen nämlich zu einem schlechten Eindruck bei den Teilnehmern. Selbst wenige Fehler, die durch die Teilnehmer überproportional negativ bewertet werden könnten, könnten den Eindruck von insgesamt schlechter Qualität vermitteln. Eine Überprüfung von Rechtschreibung und Grammatik ist daher immer zu empfehlen.
- Alle eingesetzten Quellen sollten mit Quellenangaben belegt werden. Fehlende Quellenangaben erschweren die Abgrenzung zwischen den Gedanken des Referenten und den Veröffentlichungen anderer Autoren (z. B. Studien). Nicht referenzierte Quellen lassen bei den Teilnehmern außerdem den Eindruck mangelnder Sorgfalt oder Seriosität entstehen.
- Grundsätzlich sollten die Folien die Präsentation unterstützen: Sie sollten nicht die Hauptrolle spielen, sondern vielmehr die Durchführung der Präsentation erleichtern. Stark erklärungsbedürftige Folien, die den Redefluss stören, wären also eher nachteilig. Auch ein einfaches Ablesen der Folien

wäre nicht sinnvoll, wenn das Interesse der Teilnehmer aufrechterhalten werden soll.

– **Simulierte Phishing-Angriffe** dienen dazu, die Awareness für Phishing – eine Angriffsmethode aus dem Bereich des Social Engineerings (siehe Seite 34) – zu erhöhen. Durch die Verteilung von präparierten Nachrichten (z. B. in Form von E-Mails, SMS oder USB-Datenträgern) werden die Mitarbeiter direkt oder indirekt zum Anklicken von Links oder zur Ausführung einer angehängten Datei bewegt. Im Gegensatz zu einem tatsächlichen Angriff wird bei einem simulierten Angriff kein Schadcode ausgeführt und es werden keine Daten kompromittiert. Stattdessen werden bei einem erfolgreichen Angriff unmittelbare oder nachgelagerte Prozesse gestartet, die die Awareness der Mitarbeiter weiter erhöhen sollen: Wenn ein Mitarbeiter Opfer eines simulierten Angriffs wird (z. B. durch Anklicken eines Links), sollte er an einer weiteren Awareness-Maßnahme teilnehmen. Unter anderem kann dann direkt ein interaktives Lernprogramm gestartet werden oder der Mitarbeiter kann für eine spätere Schulungsveranstaltung oder ein Training-on-the-job vorgemerkt werden. Qualität und Anspruchsniveau der Phishing-Angriffe können beliebig variiert werden: Die persönliche Ansprache der Mitarbeiter, die Nachahmung von unternehmenseigenen Layouts und die Verwendung von internen Informationen sind Möglichkeiten, um die Erkennung von Phishing-Angriffen zu erschweren. Wie anspruchsvoll die simulierten Phishing-Angriffe sein sollen, hängt vom aktuellen Sicherheitsniveau und den Erwartungen des Unternehmens ab. Es macht z. B. wenig Sinn mit Phishing-Angriffen zu starten, die selbst von Experten kaum zu erkennen sind. Die Steigerung der Angriffsqualität ist jedoch sinnvoll, um dem erwünschten Anstieg des Sicherheitsniveaus zu entsprechen.

– **Sonderveranstaltungen**, die zu besonderen Anlässen (z. B. bevorstehende Feiertage) abgehalten werden, ermöglichen die Verzahnung aktueller Ereignisse mit Themen der Informationssicherheit. Zu bestimmten Zeiten (z. B. vor Weihnachten) gehen einzelne Mitarbeiter entspannter mit ihrer Arbeit und bestehenden Sicherheitsregeln um. Mit Sonderveranstaltungen kann an erwünschtes und überlegtes Verhalten erinnert werden. Unter anderem können Karneval, Fasching oder Halloween zum Anlass genommen werden. Das Sicherheits-Personal kann sich dann z. B. mit passenden Kostümen einkleiden und die Mitarbeiter an den Eingängen empfangen. Hierbei bietet sich die Gelegenheit, Give-aways, Aufkleber, Handzettel oder andere Medien zu verteilen. Auch unternehmenseigene Veranstaltungen (z. B. Betriebsausflüge) können mit Awareness-Maßnahmen kombiniert werden. Beispielsweise können auf einem Betriebsausflug Trinkbecher verteilt werden, die mit einprägsamen Sprüchen oder Slogans zur Informationssicherheit versehen wurden (z. B. „Melden Sie Sicherheitsverstöße" oder „Gemeinsam für mehr Informationssicherheit"). Dadurch können mit kostengünstigen Medien viele Mitarbeiter erreicht werden.

– Bei der **Spielifikation** (engl. Gamification) werden spielerische Elemente in einem eigentlich spielfremden Kontext eingesetzt. Auch zur Erhöhung der Awareness können spielerische Elemente verwendet werden. Die Mitarbeiter werden durch den spielerisch geschaffenen Wettbewerb angespornt und möchten sich gegenüber anderen Spielern behaupten. Die Motivation steigt und Erfolge werden oft stärker angestrebt als bei der Teilnahme an anderen Awareness-Maßnahmen. Die Spielifikation sieht keine Spiele im engeren Sinn vor, sondern eher die Integration von einzelnen spielerischen Elementen in die Unternehmensaktivitäten. Üblicherweise werden Ziele definiert, Regeln vorgegeben und kontinuierliche Rückmeldungen zu den Erfolgen gegeben. Die Beteiligung der Mitarbeiter erfolgt allein auf freiwilliger Basis. Durch positive Rückmeldungen und Belohnungen werden die Mitarbeiter zur Verfolgung weiterer Ziele angeregt. Attraktive Belohnungen sind eine wichtige Voraussetzung für den Erfolg der Spielifikation. Die Geschäftsleitung sollte aber zumindest größere Belohnungen vor ihrem Einsatz freigegeben. Belohnungen sollten stufenweise verteilt werden, sodass die Erfolge von Anfängern, Fortgeschrittenen und Experten gleichermaßen belohnt werden. Beispiele für Belohnungen sind öffentliche Anerkennung, Zertifikate, Geschenkkarten, zusätzliche Urlaubstage, Boni und Gehaltserhöhungen. In der Awareness können z. B. Punkte für die Teilnahme an Awareness-Maßnahmen, die eigenständige Weiterbildung zum Thema Informationssicherheit und die Demonstration sicheren Verhaltens vergeben werden. Durch die Sammlung von Punkten können die Mitarbeiter dann Punktestände erreichen, die mit bestimmten Belohnungen versehen sind (siehe Tab. 3.2).

Tab. 3.2: Beispielhafte Punktezuweisungen und Belohnungen

Aktivität	Punkte	Punktestand	Belohnung
An Webinar teilnehmen	10	50	Zertifikat
Neue Phishing-E-Mail melden	20	100	Computer-Maus
An Schulung teilnehmen	30	500	Geschenkkarte
Schwachstelle identifizieren	50	1000	Gehaltserhöhung
Vortrag auf Konferenz halten	100		

– **Tabletop-Übungen** sind theoretische Übungen, in denen bestimmte, potenziell auftretende Probleme simuliert werden. In der Regel wird eine Gruppe von ausgewählten Mitarbeitern in einen Konferenzraum zusammengerufen, um bestimmte Prozessschritte theoretisch zu durchlaufen und durchzusprechen. Dabei werden simulierte Probleme (darunter auch solche, die nicht eindeutig in den vorhandenen Richtlinien oder Plänen thematisiert werden) ausführlich diskutiert und bestmöglich gelöst. Tabletop-Übungen werden häufig zu den Themen Business Continuity und Incident Response durchgeführt. Dabei werden solche Probleme simuliert, die den Geschäftsbetrieb des Unternehmens stören oder hohe finanzielle Schäden verursachen können. Konkret könnten z. B. ein Hacker-Angriff auf einen Online-Shop oder ein Diebstahl von Kundendaten simuliert werden. Innerhalb der Tabletop-Übung werden Lösungen gesucht, um den Geschäftsbetrieb schnellstmöglich wiederherzustellen und mögliche Schäden zu begrenzen. Die Tabletop-Übung verhilft den Beteiligten, einen aktuellen Überblick über wichtige Prozesse und Vorgaben im Unternehmen zu erlangen sowie wichtige Kontaktpersonen bei Problemen zu identifizieren. Durch diese Übung können außerdem Defizite in Prozessbeschreibungen oder anderen Dokumenten erkannt und anschließend beseitigt werden. Die Übung wird in der Regel über einen Zeitraum von wenigen Stunden abgehalten, teilweise werden auch mehrere Sitzungen angesetzt.

- **Telefonkonferenzen** sind eine gute Möglichkeit, um ein räumlich stark verteiltes Team direkt und interaktiv zu adressieren. Insbesondere häufig reisende Mitarbeiter (z. B. Vertriebsmitarbeiter) können damit einfacher erreicht werden als mit Präsenzveranstaltungen. Telefonkonferenzen ermöglichen die Interaktion zwischen den Teilnehmern und eigenen sich daher besonders, wenn ein hoher gegenseitiger Informationsaustausch angestrebt wird (z. B. beim Brainstorming). Telefonkonferenzen können auch mit Folien kombiniert werden, die entweder vorher verteilt werden oder z. B. über das Intranet zugänglich gemacht werden. Telefonkonferenzen können auch zur Ergänzung von Präsenzveranstaltungen eingesetzt werden, wenn entfernte Teilnehmer dazugeschaltet werden sollen. Um den **Erfolg** von Telefonkonferenzen zu erhöhen, sollten folgende Punkte berücksichtigt werden:
  - Eine Agenda bietet den Teilnehmern einen Überblick zu den behandelten Themen und schafft realistische Erwartungen bei ihnen. Die Agenda sollte frühzeitig verteilt werden, damit sich die Teilnehmer ohne Zeitdruck ein Bild von der bevorstehenden Telefonkonferenz machen können.
  - Die Räumlichkeiten, in denen sich die Teilnehmer der Telefonkonferenz aufhalten, sollten mit Bedacht ausgewählt und vorbereitet werden. Zum einen sollten störende Hintergrundgeräusche vermieden werden und zum anderen sollten erforderliche Hilfsmittel (z. B. Computer, Whiteboards, Flipcharts oder Faxgeräte) bereitgestellt werden.
  - Wenn Telefonnummer und PIN-Code zur Einwahl benötigt werden, sollten sie aus Sicherheitsgründen so übermittelt werden, dass sie nicht von Unbefugten eingesehen werden können. Wenn sich Unbefugte unbemerkt in die Telefonkonferenz einwählen würden, könnten sie auf diesem Weg an vertrauliche Informationen über das Unternehmen gelangen. Da im Rahmen von Awareness-Maßnahmen oft auch die im Unternehmen vorhandenen Si-

cherheitskontrollen angesprochen werden, könnten Unbefugte diese Informationen nutzen, um zielgerichtete Angriffe zu planen.

–   Um die Qualität der Telefonverbindung nicht zu beeinträchtigen, sollten Teilnehmer dazu angehalten werden, soweit möglich, auf den Einsatz von Mobilfunktelefonen zu verzichten.

–   Zu Beginn der Telefonkonferenz sollten die eingewählten Teilnehmer ihre Namen nennen. Das erleichtert den Abgleich mit einer vorliegenden Teilnehmerliste und ermöglicht eine zielgerichtete Ansprache während der Konferenz.

–   **Training-on-the-job** ist eine Wissensvermittlung mit Anleitungen und Demonstrationen während der alltäglichen Aufgabenerfüllung im Unternehmen. Dabei gibt ein erfahrener Mitarbeiter sein Wissen an einen weniger erfahrenen weiter. Der erfahrene Mitarbeiter, der die Rolle des Trainers übernimmt, wird auch als Mentor oder Protegé bezeichnet. Neben der reinen Kommunikation entsteht in der Regel auch eine soziale Beziehung zwischen den beteiligten Mitarbeitern: Der Trainer hilft oft dabei, die Karriere des trainierten Mitarbeiters zu fördern und unterstützt ihn teilweise auch emotional. Auf informelle Weise findet Training-on-the-job in jedem Unternehmen statt: Neueinsteiger suchen meist die Unterstützung von etablierten Mitarbeitern und werden während ihrer Einarbeitung in unternehmensinterne Abläufe durch Kollegen unterstützt. Eine formale Umsetzung von einem Training-on-the-job macht z. B. dann Sinn, wenn die Wissensvermittlung nachvollziehbar sein soll und damit vorgegebene Ziele erfüllt werden sollen. Vor dem Training müssen erstmal geeignete Mitarbeiter für die Rolle des Trainers identifiziert werden: Sie sollten tiefgreifendes Wissen und umfangreiche Erfahrungen zu den relevanten Geschäftätigkeiten und der Bedeutung der Informationssicherheit besitzen. Manchmal ist es vorteilhaft, wenn ein angehender Trainer zunächst an Weiterbildungsmaßnahmen für Trainer teilnimmt. Außerdem sollte unterstützendes Trainingsmaterial rechtzeitig erstellt und begleitend eingesetzt werden. Die Festlegung von geeigneten Zielen und Messgrößen ist Voraussetzung für eine spätere Erfolgsmessung des Trainings. Das eigentliche Training sollte am besten auf unkritischen IT-Systemen durchgeführt werden, sodass grobe Fehler nicht zu gravierenden Störungen oder Sicherheitsvorfällen führen. Bereiche, die sich aus Sicht der Informationssicherheit besonders gut für ein Training-on-the-job eignen, sind z. B. der Helpdesk, die Softwareentwicklung und die System- und Netzwerkadministration – insbesondere dort, wo das Sicherheitsniveau des Unternehmens von bestimmten Arbeitsschritten abhängt, kann ein Training-on-the-job zu einem sichereren Verhalten führen.

–   **Videos** sprechen durch die Kombination von visueller und auditiver Kommunikation die Empfänger auf zwei Wegen an, und erhöhen dadurch in der Regel die Aufnahmefähigkeit. Die Verteilung von Videos kann auf unterschiedliche Arten erfolgen: Online lassen sich Videos z. B. in Webseiten integrieren oder per E-

Mail verschicken. Offline können sie auf verschiedenen Datenträgern (z. B. CD, DVD, Blu-Ray oder USB-Stick) übergeben werden. Die Herstellung von Videos ist relativ zeit- und kostenaufwendig: Die professionelle Darstellung der Inhalte ist weitaus aufwendiger als bei der Erstellung von Texten, Grafiken und Audioaufnahmen; sowohl auf visueller als auch auf auditiver Ebene ist eine sorgfältige Aufbereitung erforderlich. Wenn Videos offline (mithilfe von Datenträgern) übergeben werden sollen, entstehen nicht zu unterschätzende Zusatzkosten für die Beschaffung und Vorbereitung der Datenträger. Videos können, insbesondere bei hoher Bildqualität, zu einem hohen Speicherbedarf führen. Wenn sie online abgerufen werden, kann die verfügbare Bandbreite im Unternehmen schnell ausgenutzt werden und Engpässe können entstehen. Eventuelle Verbindungsprobleme, die nicht nur zur Störung beim Abspielen von Videos, sondern womöglich auch zur Beeinträchtigung anderer Online-Dienste führen können, sollten so weit wie möglich vermieden werden. Die Verwendung moderner Codierungs- und Komprimierungstechniken zur Reduzierung des Speicherbedarfs schafft hierbei zumindest teilweise Abhilfe. Videos können inhaltlich ein breites Spektrum der Informationssicherheit abdecken: Einerseits können sie technische Aspekte veranschaulichen und andererseits praktische Situationen widerspiegeln. Wenn Videos professional erstellt werden, können sie bei den Adressaten ein großes Interesse und eine hohe Akzeptanz erzeugen.

– **Zertifikate** können an Mitarbeiter herausgegeben werden, um die Teilnahme an Awareness-Maßnahmen zu bescheinigen oder um ein bestimmtes, sicheres Verhalten herauszustellen und zu belohnen. Zertifikate können kostengünstig erstellt werden und dennoch einen professionellen Eindruck vermitteln. Mitarbeiter können durch das Aufhängen oder Ausstellen ihrer Zertifikate im Büro ihr Engagement zum Thema Awareness demonstrieren. Je schwieriger die Erlangung eines Zertifikats ist, desto höher ist es bei Vorgesetzten, Kollegen und Mitarbeitern angesehen. Ein Zertifikat, das lediglich die Teilnahme an einer Veranstaltung nachweist, besitzt in der Regel eine geringere Anerkennung als ein Zertifikat, das z. B. nur durch das Bestehen eines anspruchsvollen Verhaltens- oder Wissenstests erlangt werden kann. Extern erstellte Zertifikate, die von anerkannten Organisationen herausgeben werden, vermitteln auch bei Außenstehenden den Eindruck von hoher Awareness und Arbeitsqualität. Extern zertifizierte Mitarbeiter können oft zu einer positiven Außenwirkung des Unternehmens beitragen.

3.4 Awareness-Zyklus

Mitarbeiter durchlaufen in einem Unternehmen während ihres Beschäftigungsverhältnisses verschiedene Phasen der Awareness.

Je länger sie im Unternehmen mit dem Thema Informationssicherheit konfrontiert werden, desto ausgereifter wird ihr Verständnis sicherheitsrelevanter Zusammenhänge und die praktische Umsetzung von Aktivitäten zur Erhöhung des Sicherheitsniveaus.

Der **Awareness-Zyklus** (siehe Abb. 3.6) beginnt mit dem Eintritt der Mitarbeiter ins Unternehmen und einer ersten Orientierung.

Anschließend durchlaufen sie wiederholt die Phasen Maßnahmen, Reflexion und Anwendung. Mit steigender Anzahl an Durchläufen steigt auch die Awareness der Mitarbeiter immer weiter an. Bei risikoreichen Gruppen ist die Durchlaufgeschwindigkeit grundsätzlich höher als bei risikoarmen. Die Zielgruppenorientierung der Maßnahmen ist abhängig von den geschäftlichen Aufgaben, mit denen die Mitarbeiter im Unternehmen betraut sind.

Bevor ein Mitarbeiter aus dem Unternehmen austritt, erfolgt normalerweise eine Übergabe.

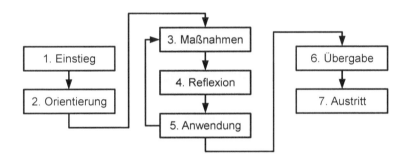

Abb. 3.6: Awareness-Zyklus

1. Beim **Einstieg** eines Mitarbeiters legt das Unternehmen die Rolle des neuen Mitarbeiters fest und informiert ihn über grundlegende Rahmenbedingungen und Regeln. Üblicherweise werden die zugewiesenen geschäftlichen Aufgaben in einer Stellen- oder Rollenbeschreibung (zumindest grob) beschrieben. Sollte ein Mitarbeiter mehrere Rollen wahrnehmen, sind für ihn auch mehrere Rollenbeschreibungen gültig. Mitarbeiter, deren Arbeit eine starke Verbindung zur Informationssicherheit aufweist, sollten mit der Stellen- oder Rollenbeschreibung auf sicherheitsrelevante Aufgaben hingewiesen werden. Hierbei kann die Beschreibung von regulären Aufgaben mit Sicherheitshinweisen versehen werden, um damit eine erste Awareness zu schaffen. Am häufigsten betrifft dies Stellen oder Rollen, die im IT-Bereich angesiedelt sind (siehe Tab. 3.3).

Tab. 3.3: Beispiele zu Aufgabenbeschreibungen

Rolle	Aufgabenbeschreibung ohne Sicherheitshinweis	Aufgabenbeschreibung mit Sicherheitshinweis
Softwareentwickler	Entwicklung von Web-Anwendungen	Entwicklung von sicheren Web-Anwendungen
	Konzeption von Softwarearchitekturen	Konzeption von Softwarearchitekturen mit Security-by-Design
Systemadministrator	Installation, Konfiguration und Wartung neuer Server	Installation, Konfiguration, Härtung und Wartung neuer Server
	Prüfung und Bewertung neuer Technologien	Prüfung und Bewertung neuer Technologien unter Qualitäts- und Sicherheitsaspekten
Netzwerkadministrator	Reibungsloser Betrieb des internen Netzwerks	Reibungsloser und sicherer Betrieb des internen Netzwerks
	Weiterentwicklung und Dokumentation der Netzwerk-Infrastruktur	Weiterentwicklung, Absicherung und Dokumentation der Netzwerk-Infrastruktur
IT-Projektmanager	Projektleitung zur Konzeption und Entwicklung komplexer IT-Lösungen	Projektleitung zur Konzeption und Entwicklung komplexer, sicherer IT-Lösungen
	Einsatz von Methoden, Standards und Tools für das Management von Projekten	Einsatz von Methoden, Standards und Tools für das Management von sensitiven Projekten

2. In der **Orientierung** werden dem neuen Mitarbeiter relevante Vorgaben nähergebracht, von denen alle Mitarbeiter im Unternehmen betroffen sind – vor allem aus den Bereichen Compliance und Unternehmenskultur. Die Orientierung des Mitarbeiters im Unternehmen kann formell oder informell durchgeführt werden: Informelle Orientierungen werden meist durch die unmittelbaren Vorgesetzten oder Kollegen durchgeführt. Hierbei werden dem Mitarbeiter bestehende Vorgaben z. B. von Angesicht zu Angesicht oder im Rahmen eines einführenden Training-on-the-jobs bekannt gemacht. Formelle Orientierungen werden meist von der Personalabteilung organisiert und moderiert. Dabei werden Dokumente und Präsentationen verwendet, die vorher von den betreffenden Fachabteilungen zusammengestellt wurden. Oft fordert die Personalabteilung vor Beschäftigungsbeginn von neuen Mitarbeitern eine schriftliche Bestätigung darüber an, dass sie wichtige Vorgaben zur Kenntnis genommen haben.

3. Die **Maßnahmen** dienen der gezielten Vermittlung von geschäftsrelevanten Informationen rund um Informationssicherheit. Mit ihnen soll die Awareness

der Mitarbeiter erhöht, und dadurch ihr Verhalten positiv beeinflusst werden. Mithilfe von verschiedenen Maßnahmen können Gruppen oder einzelne Mitarbeiter gezielt, also passend zu ihrem Aufgabengebiet, mit speziellen Informationen versorgt werden. Unter anderem sollten Softwareentwickler an das Thema sichere Softwareentwicklung und Systemadministratoren an das Thema Härtung herangeführt werden. Da Maßnahmen regelmäßig durchgeführt werden sollten, gibt es im Awareness-Zyklus eine Schleife, in der die Phasen Maßnahmen, Reflexion und Anwendung wiederholt durchlaufen werden. Im Rahmen dieser Wiederholungen können der Spezialisierungsgrad und das Anspruchsniveau bei Bedarf schrittweise erhöht werden. Bei risikoreicheren Gruppen, die vermehrt mit kritischen Systemen oder großen Mengen vertraulicher Daten in Berührung kommen, macht ein beschleunigter Durchlauf Sinn. Vor allem zu Beginn des Angestelltenverhältnisses sollten neue Mitarbeiter möglichst schnell mit wichtigen Informationen zur Informationssicherheit versorgt werden. Damit diese Informationen auch angemessen verarbeitet werden können, sollten jedoch die Phasen Reflexion und Anwendung nicht zu kurz angesetzt werden.

4. Die **Reflexion** ermöglicht den Mitarbeitern, die aufgenommenen Informationen kritisch zu betrachten und ihr Verständnis von Informationssicherheit zu verbessern. Sie können aktiv über die Inhalte nachdenken und aus ihrer eigenen Sicht verstehen, warum sicheres Verhalten im Unternehmen notwendig ist. Dabei sollte den Mitarbeitern auch die Möglichkeit gegeben werden, Rückfragen und Kritik abzugeben. Wenn ein Mitarbeiter seine bisherigen Kenntnisse und Erfahrungen nutzen kann, um die vermittelten Informationen kritisch zu betrachten, kann dies für das Unternehmen sehr hilfreich sein. Sowohl die Art der Kommunikation als auch die Inhalte können womöglich verbessert werden, wenn Rückfragen und Kritik der Mitarbeiter berücksichtigt werden. Selbst wenn das Unternehmen viel Aufwand in die Informationssicherheit und die Awareness-Maßnahmen investiert hat, könnten erfahrene Mitarbeiter weitere, sinnvolle Vorschläge haben. Da sich die IT-Umwelt in einem ständigen Wandel befindet, können Unternehmen nicht immer auf dem neusten Stand bei Sicherheitskontrollen und Awareness-Maßnahmen sein. Hinweise erfahrener Mitarbeiter können neue Möglichkeiten und Verbesserungsansätze aufzeigen. Um Rückmeldungen anzuregen, sollten die Mitarbeiter zu einer aktiven Auseinandersetzung mit neuen Informationen bewegt werden. Konkret können z. B. Diskussionen durchgeführt oder Sicherheitsprobleme simuliert werden. Hier können sich die Mitarbeiter einbringen und ihre Meinung kundgeben. Auch Feedbackbögen, mit denen schriftlich nach Verbesserungsvorschlägen gefragt wird, können hierzu nützlich sein.

5. Die **Anwendung** der vermittelten Informationen in der Praxis ist das wesentliche Ziel einer erfolgreichen Awareness-Maßnahme. Nur wenn die vermittelten Informationen tatsächlich zu einer Verhaltensanpassung führen, haben sie einen Nutzen für das Unternehmen. Diese Verhaltensanpassung wird dadurch

herbeigeführt, dass die Mitarbeiter bei ihrer geschäftlichen Aufgabenerfüllung stärker an Informationssicherheit denken und sich der Risiken und Gefahren unsicheren Verhaltens bewusst sind. Beispiele hierzu sind Mitarbeiter, die vertrauliche Dokumente besser absichern, Softwareentwickler, die bei ihrer Programmierung Schwachstellen besser erkennen, Tester, die weitere Sicherheitstests durchführen, und Manager, die die Einhaltung von Sicherheitsvorgaben in die Leistungsbeurteilungen ihrer Mitarbeiter integrieren. Wichtig ist auch, dass positive Verhaltensanpassungen dauerhaft erhalten bleiben. Die Anwendung sollte also möglichst gut in die regelmäßigen Aktivitäten integriert werden. Die Anpassung von Arbeitsanweisungen oder Prozessbeschreibungen mit neuen Verhaltensanweisungen ist daher einer informellen Verhaltensverbesserung vorzuziehen. Auch die regelmäßige Auffrischung wichtiger Inhalte durch weitere Awareness-Maßnahmen unterstützt die dauerhafte Verankerung von neuen Informationen. Daher ist es üblich, dass nachfolgende Awareness-Maßnahmen mit überschneidenden Inhalten ausgestattet werden. Die anschließenden Durchläufe der drei Phasen dienen also nicht nur der Vermittlung neuer Inhalte, sondern auch der Auffrischung bekannter Inhalte. Die Schleife Maßnahmen, Reflexion und Anwendung wird bei einem Mitarbeiter erst durchbrochen, wenn er aus dem Unternehmen austritt. Bis zu diesem Zeitpunkt findet eine ständige Wiederholung statt.

6. Die **Übergabe** beginnt dann, wenn bekannt wird, dass ein Mitarbeiter in naher Zukunft aus dem Unternehmen austreten wird. Während seiner bisherigen Aufgabenerfüllung hat ein Mitarbeiter oft viele Informationen aufgenommen und eigene Erfahrungen darüber gesammelt, wie seine Arbeit optimiert werden kann. Wenn das Unternehmen einen hohen Wert auf Informationssicherheit legt, wird der Mitarbeiter wahrscheinlich auch dazu umfangreiches Wissen angesammelt und Erfahrungen gemacht haben. Oft liegt zwischen den eher theoretisch gehaltenen Sicherheitsvorgaben und der praktischen Umsetzung eine Lücke, die lediglich durch praktisches Ausprobieren und Lernen geschlossen werden kann. Das damit verbundene Wissen ist für das Unternehmen wertvoll. Ohne Übergabe müsste es von einem neuen Mitarbeiter jedoch wieder von Grund auf erarbeitet werden. Mithilfe von Dokumenten und mündlichen Anweisungen kann der austretende Mitarbeiter sein Wissen zumindest teilweise transparent machen. Der austretende Mitarbeiter könnte z. B. Systemadministrator sein und regelmäßig neu installierte Systeme härten. Für einen neuen Mitarbeiter, der diese Rolle besetzt, wird nicht unmittelbar klar sein, welche Dienste deaktiviert und welche Programme deinstalliert werden müssen. Zum einen benötigt er eine Auflistung von selten verwendeten Diensten und Softwarekomponenten (z. B. in Form einer Best Practice) und zum anderen muss ihm bekannt sein, was für die geschäftlich eingesetzten Funktionen technisch vorausgesetzt wird. Eine einmalige Dokumentation der damit verbundenen Informationen ist kaum ausreichend, da ständige Veränderungen auftreten.

Vielmehr ist ein Verständnis der Zusammenhänge erforderlich, insbesondere über die Wechselwirkungen in der IT-Umgebung und über die Verknüpfungen zwischen IT und Business.

7. Der **Austritt** ist die letzte Phase im Awareness-Zyklus. Der Mitarbeiter verlässt das Unternehmen und gleichzeitig endet seine Teilnahme an den Awareness-Maßnahmen des Unternehmens. Die Bedeutung dieser Phase für die Awareness ist zwar relativ gering, sollte aber trotzdem nicht unterschätzt werden: Eine sorgfältige Organisation des Austritts, inklusive dem Entzug von Zugangsberechtigungen ist eine wichtige Sicherheitsmaßnahme. Die Einholung von Feedback vom austretenden Mitarbeiter kann dazu dienen, Verbesserungsansätze in der internen Kommunikation zu identifizieren. Da der Mitarbeiter nach seinem Austritt keine negativen Konsequenzen zu befürchten braucht, ist er in der Regel nicht zurückhaltend mit seinem Feedback. Dadurch kann das Feedback sehr direkt und ungeschönt, aber auch besonders wertvoll sein. Allerdings kann das Feedback auch durch Unzufriedenheit oder Rachegefühle geprägt sein. Insbesondere wenn der Mitarbeiter das Unternehmen nicht aus eigenem Wunsch verlassen hat, sollte das Feedback mit Bedacht ausgewertet werden: Unberechtigte oder nicht nachvollziehbare Kritiken sollten nur sehr eingeschränkt für Verbesserungen genutzt werden.

3.5 Umsetzungsmerkmale

Nachdem festgelegt wurde, welche Adressaten durch die Awareness-Maßnahmen angesprochen und welche Medien dazu verwendet werden sollen, bleiben noch Fragen in Bezug auf die Umsetzung offen. Es muss geklärt werden, wer die Maßnahmen umsetzen soll, wann sie umgesetzt und wie stark sie gruppiert werden sollen.

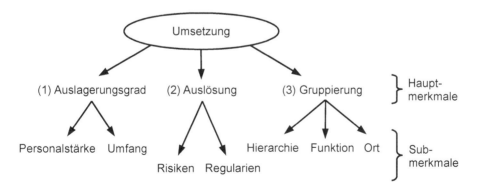

Abb. 3.7: Umsetzungsmerkmale

Daraus ergeben sich die drei Hauptmerkmale Auslagerungsgrad, Auslösung und Gruppierung. Diese besitzen wiederum bestimmte Submerkmale (siehe Abb. 3.7): z. B. besitzt das Hauptmerkmal Auslagerungsgrad die Submerkmale Personalstärke und Umfang. Die Ausprägungen der Submerkmale beeinflussen die praktische Umsetzung der Maßnahmen.

Bei der Überlegung, wer die Maßnahmen umsetzen soll, stellt sich die Frage, ob die Tätigkeiten in der Awareness vollständig von Internen durchgeführt werden sollen oder ganz oder teilweise ausgelagert, also durch Externe übernommen werden sollen. Wenn ausgelagert werden soll, muss das Hauptmerkmal **(1) Auslagerungsgrad** betrachtet werden – es verdeutlicht, wie stark die externe Beauftragung ausgeprägt ist. Der Auslagerungsgrad besitzt zwei Submerkmale: Das Submerkmal Personalstärke zeigt, inwieweit externes Personal bei der Auslagerung beteiligt ist. Das Submerkmal Umfang beschreibt, wie weitreichend die Auslagerung ist, also ob einzelne Maßnahmen, Programme oder der gesamte Funktionsbereich durch die Auslagerung betroffen sind. Innerhalb der beiden Dimensionen Personalstärke und Umfang kann der Auslagerungsgrad beliebig festgelegt werden (siehe Abb. 3.8).

Personalstärke

	Maßnahme	Programm	Funktion
vollständig extern	Die Erstellung eines Awareness-Posters wird extern beauftragt.	Ein Awareness-Programm wird für ein Jahr komplett ausgelagert.	Alle Tätigkeiten zur Awareness werden von Externen übernommen.
teilweise extern	Das Design eines Awareness-Posters wird extern beauftragt.	Die Inhalte eines Awareness-Programms werden durch Externe vorbereitet.	Die Implementierung aller Awareness-Maßnahmen wird dauerhaft von Externen übernommen.
kombiniert	Bei Design und Druck eines Awareness-Posters wird externe Unterstützung genutzt.	Bei der Umsetzung eines Awareness-Programms werden zusätzlich Externe eingesetzt.	Alle Awareness-Tätigkeiten werden zusammen mir Externen durchgeführt.

Umfang

Abb. 3.8: Beispiele zur Auslagerung von Awareness-Tätigkeiten

Welche **Personalstärke** mit der Auslagerung abgedeckt wird, hängt unter anderem davon ab, ob internes Personal in ausreichender Stärke und mit passender Qualifikation verfügbar ist. Insbesondere wenn neue Awareness-Tätigkeiten hinzukommen oder andere Tätigkeiten im Unternehmen mehr Personal erfordern, kann es zu Engpässen kommen, die mit Externen beseitigt werden können. Wenn ausgelagert wird, kann die externe Personalstärke kombiniert werden oder teilweise oder vollständig extern sein:

— Bei einer **kombinierten** Personalstärke werden die Awareness-Tätigkeiten von internem und externem Personal gemeinsam durchgeführt. Dabei arbeiten beide Parteien gemeinsam an denselben Tätigkeiten, wodurch spezifisches Wissen und unternehmensbezogene Erfahrungen unkompliziert eingebracht werden können. Beispielsweise können Designvorstellungen für Awareness-Poster gemeinsam abgesprochen und koordiniert umgesetzt werden. Externe können z. B. auch dabei unterstützen, gesammelte Fragebögen oder Testergebnisse für die Beurteilung einer Awareness-Maßnahme auszuwerten.

— Bei einer **teilweise externen** Personalstärke werden bestimmte, abgegrenzte Tätigkeiten oder Tätigkeitsbereiche komplett an Externe ausgelagert, ohne dass internes Personal daran mitarbeitet. Einerseits entsteht durch die klare Abgrenzung weniger Abstimmungsaufwand zwischen internem und externem Personal. Andererseits ist es schwierig, unternehmensbezogene Spezifika in die ausgelagerten Tätigkeiten einzubeziehen. Wenn Externe z. B. ein neues Awareness-Poster eigenständig designen, könnte das Ergebnis unerwünscht sein – z. B. wenn eine ungünstige Interpretation durch das Poster ermöglicht wird: Beispielsweise wäre ein Bär (wie er bei US-amerikanischen Waldbrand-Warnungen oft verwendet wird) ungünstig, wenn der größte Konkurrent des Unternehmens bereits einen Bären als Maskottchen verwendet.

— Eine **vollständig externe** Personalstärke liegt vor, wenn alle Tätigkeiten für die Awareness ausschließlich von Externen ausgeführt werden. Aus Sicht der Kosten und Flexibilität kann ein Unternehmen hier die größten Vorteile nutzen. Allerdings verursacht eine vollständige Auslagerung beim Unternehmen oft einen Verlust an Kontrolle und eine Stagnation des Know-hows, was vom Unternehmen als sehr nachteilig empfunden werden kann. Am Beispiel des Awareness-Posters bedeutet diese Art der Auslagerung, dass alle erforderlichen Tätigkeiten von Externen ausgeführt werden: Zwischen Beauftragung und Entgegennahme des fertigen Posters werden (außer möglichen Zwischenkontrollen) grundsätzlich keine diesbezüglichen Tätigkeiten durch das interne Personal ausgeführt.

Der Erfolg einer Auslagerung kann von den individuellen Eigenschaften des Unternehmens beeinflusst werden: Kulturelle oder geschäftliche Besonderheiten, die Externen nicht oder wenig bekannt sind, können am besten mit dem Wissen und den Erfahrungen von Internen berücksichtigt werden. Beispielsweise könnten im Unternehmen viele sensitive Daten vorhanden sein, die in unterschiedlichen Situationen unterschiedlich gehandhabt werden müssen (wie bei Krankenversicherern, die mit diversen Interessengruppen interagieren). In solchen Fällen macht eine vollständig externe Abdeckung der Awareness-Tätigkeiten wenig Sinn. Eine kombinierte oder teilweise externe Personalstärke wäre hingegen besser geeignet. Eine vollständig interne Personalstärke wäre ebenfalls eine Option, wobei dann jedoch keine Auslagerung stattfände, und damit keine zusätzliche personelle Unterstützung verfügbar wäre.

Bei der Beauftragung von externem Personal kann das Unternehmen entscheiden, an welchem Standort sich die Externen befinden sollen: Wenn sich Externe im selben Land wie das Unternehmen befinden, redet man von On-shoring; hier sind zwar geringere Kostenvorteile zu erzielen, aber in Bezug auf Kommunikation und Zusammenarbeit die besten Bedingungen vorhanden. Wenn Externe ihren Standort im weit entfernten Ausland haben, handelt es sich um Off-shoring; dies ist oft kostengünstiger, aber bringt auch einen größeren Abstimmungsaufwand und potenzielle sprachlich oder kulturell bedingte Probleme mit sich. Ein Mittelweg bietet das Near-shoring, also die Auslagerung an Externe in einem benachbarten Land.

Der **Umfang** der Auslagerung bezieht sich darauf, wie viele der Awareness-Tätigkeiten ausgelagert werden: Handelt es sich lediglich um Tätigkeiten für eine einzelne Maßnahme oder um Tätigkeiten für ein Awareness-Programm mit einer bestimmten Laufzeit? Im Extremfall können auch alle Awareness-Tätigkeiten des Unternehmens, also die Funktion „Awareness", komplett ausgelagert werden.

– Tätigkeiten zu einer bestimmten **Maßnahme** können oft zeitlich und inhaltlich klar eingegrenzt werden – die Auslagerung lässt sich dann gut organisieren. Die Aufwände können je nach Art und Inhalt der Maßnahme sehr unterschiedlich sein: Z. B. ist die Erstellung eines Awareness-Posters mit weit weniger Aufwand verbunden als die Neuentwicklung eines individuellen computerbasierten Trainingsprogramms. Die Kosten können bei einer Beschränkung auf eine Maßnahme kaum durch Skalenvorteile gesenkt werden – vor allem bei wenigen Adressaten können Skalenvorteile nur schwer genutzt werden. Die klare Eingrenzung der ausgelagerten Tätigkeiten ermöglicht dem Unternehmen, das Risiko ebenfalls einzugrenzen.

– Wenn ein **Programm** ausgelagert wird, bedeutet dies, dass Tätigkeiten aus mehreren zusammenhängenden Phasen (siehe auch Kapitel 4) von Externen ausgeführt werden. Darunter befindet sich in der Regel eine Kombination von unterschiedlichen Awareness-Maßnahmen, die bedarfsgerecht geplant, implementiert und beurteilt werden sollen. Ein Awareness-Programm kann befristet werden, und damit auch die Dauer der externen Beauftragung. Ein solches Programm kann sich auf das gesamte Unternehmen oder auf Teilbereiche beziehen, z. B. eine bestimmte Abteilung. Durch die zusammenhängende Bearbeitung es Programms können Schnittstellen reduziert werden und die Phasen des Programms können besser aufeinander abgestimmt werden.

– Die Auslagerung der **Funktion** „Awareness" führt dazu, dass alle Awareness-Tätigkeiten des Unternehmens von Externen übernommen oder zumindest unterstützt werden. Es existieren also keine Awareness-Tätigkeiten mehr im Unternehmen, die allein von internem Personal ausgeführt werden. Bei einer vollständig externen Awareness ist die komplette Funktion ausgelagert, sodass sich die internen Mitarbeiter lediglich als Adressaten mit Awareness befassen. Die Integration von Externen ist hier in der Regel langwieriger und intensiver. In der Praxis kann dies z. B. so umgesetzt werden, dass computerbasierte Trainings und Schulungsveranstaltungen von Externen geplant, erstellt, durchgeführt und beurteilt werden. Die verantwortlichen Manager erhalten lediglich Informationen darüber und werden wenig bis gar nicht in die Tätigkeiten einbezogen. Das interne Personal kann dadurch maximal entlastet werden. Allerdings wird es (insbesondere bei einer vollständig externen Personalstärke) schwieriger, die Awareness auf das Unternehmen zuzuschneiden und individuelle Besonderheiten zu berücksichtigen.

Welcher Auslagerungsgrad (im Detail Personalstärke und Umfang der Auslagerung) gewählt wird, hängt von unterschiedlichen **Faktoren** ab; zu den wichtigsten gehören:

– **Flexibilität:** Externes Personal kann in der Regel schneller und unkomplizierter beschafft und gewechselt werden als internes Personal. Externe bzw. Personal-Verleiher sind meist mit einer flexiblen Vertragsgestaltung einverstanden. Demgegenüber müssen im Rahmen von Festanstellungsverträgen mit Internen unter anderem bestimmte Kündigungsfristen eingehalten werden. Das Auswahlverfahren ist bei Externen oft unkomplizierter, da sich das Unternehmen z. B. auf die Reputation von großen Personal-Verleihern oder erfahrenen Beratern verlassen kann, ohne umfangreiche Interviews, Tests und Hintergrundprüfungen durchzuführen. Insbesondere bei dringlichen Awareness-Maßnahmen (z. B. wenn vor einem Zertifizierungsaudit kurzfristig die Compliance sichergestellt werden soll) können Externe oft schneller mit der Arbeit beginnen. Die externe Personalstärke kann nach Deckung des Bedarfs schnell wieder reduziert werden (z. B. nachdem die Compliance sichergestellt wurde).
– **Kosten:** Sie sind meist einer der ausschlaggebendsten Faktoren für die Wahl des Auslagerungsgrads. Die Einsparungen durch den Einsatz von Externen können gravierend sein. Ein Unternehmen kann nämlich direkt von den Erfahrungen und dem bestehenden Awareness-Portfolio von Externen profitieren. Vor allem spezialisierte Dienstleister haben meist passende, einsatzbereite Materialien (z. B. Broschüren, Computerprogramme und Präsentationen) vorliegen. Wenn das interne Personal diese Materialien hingegen neu erstellen muss, ist mit einem erheblichen Mehraufwand zu rechnen. Falls das Unternehmen jedoch viele individuelle Inhalte und Anpassungen wünscht, kann sich der Kostenvorteil gegenüber der Selbsterstellung reduzieren oder sogar auflösen. Da-

runter fallen z. B. das Corporate Design des Unternehmens sowie die Berücksichtigung individueller Regularien oder Sicherheitsbedrohungen.

- **Qualität:** Ob die resultierenden Awareness-Maßnahmen eine angemessene Qualität haben, hängt stark davon ab, welche Erwartungen und Wünsche das Unternehmen besitzt. Grundsätzlich ist Qualität gegeben, wenn die erwünschten Eigenschaften an ein Produkt erfüllt werden. In der Awareness gehören dazu z. B. die Eigenschaften Korrektheit der Inhalte, hohe Akzeptanz, Abdeckung von Anforderungen und Einhaltung von Sicherheitsvorgaben. Es kann nicht pauschal gesagt werden, ob internes oder externes Personal eine höhere Qualität erzeugen kann. Die Qualität hängt eher von den vorherrschenden Gegebenheiten ab: Wie gut sind die eingesetzten Mitarbeiter ausgebildet, wie viel Erfahrung besitzen sie und wie gut sind die Rahmenbedingungen (z. B. der Zugang zu modernen Technologien)? Internes Personal, das sich seit Jahren um die spezifischen Awareness-Anforderungen des Unternehmens kümmert, kann wahrscheinlich eine höhere Qualität erreichen als branchenfremde Externe, die sich eher als Generalisten verstehen. Externe, die mit moderner Soft- und Hardware der Druckindustrie ausgestattet sind, können hochwertigere Broschüren erstellen als internes Personal, das nur über eine Grundausstattung verfügt.
- **Reputation:** Mit der Beauftragung von Awareness-Tätigkeiten geht das Unternehmen ein Risiko ein: Für die Investition von Kapital und Zeit wird im Fall von fehlgeschlagenen Awareness-Tätigkeiten kein ausreichender Gegenwert erzeugt. Außerdem kann bei knappen Zeitvorgaben (z. B. vor einem Audit oder bei der Teilnahme an einer Ausschreibung) zu wenig Zeit verfügbar sein, um fehlgeschlagene Awareness-Tätigkeiten auszubessern. Um dieses Risiko zu reduzieren, werden üblicherweise Informationen aus der Vergangenheit ausgewertet, um dadurch Rückschlüsse auf zukünftige Erfolge zu ziehen. Diese Informationen beeinflussen die Reputation von Externen: Wenn sie Erfolge mit ähnlichen Tätigkeiten vorzuweisen haben, genießen sie eine höhere Reputation als andere Externe, die Misserfolge verursacht haben oder nur über begrenzte Erfahrungen verfügen. Die Reputation steht meist in Korrelation zum Vertrauen, das ein Unternehmen Externen entgegenbringt: Externe mit hoher Reputation werden eher für umfangreiche Awareness-Tätigkeiten (z. B. auf Programm- oder Funktionsebene) eingesetzt als andere Externe.
- **Kernfunktionen:** Jedes Unternehmen besitzt bestimmte Kernfunktionen, die am stärksten zur Erwirtschaftung eines Gewinns beitragen. Oft hängen diese Funktionen mit einem Alleinstellungsmerkmal zusammen, mit dem sich ein Unternehmen von der Konkurrenz abgrenzt. Aus wirtschaftlicher Sicht ist es für ein Unternehmen oft gewinnbringender, wenn es mehr internes Personal mit den Kernfunktionen beauftragt und andere Funktionen an Externe auslagert. Awareness-Tätigkeiten zählen in der Regel nicht zu den Kernfunktionen eines Unternehmens. Awareness-Tätigkeiten, die durch internes Personal durchgeführt werden, erzeugen Opportunitätskosten: Sie entsprechen dem entgange-

nen Gewinn, der hätte erwirtschaftet werden können, wenn dieses Personal mit Kernfunktionen beauftragt worden wäre. Diese Kosten sollten bei der Entscheidung für oder gegen die Auslagerung von Awareness-Tätigkeiten einbezogen werden.

Bei der Frage, wann Awareness-Maßnahmen umgesetzt werden sollen, sollte zunächst ergründet werden, was zur **(2) Auslösung** der Planung von Awareness-Maßnahmen geführt hat. Zum einen kann das Risikomanagement dabei im Fokus stehen und zum anderen kann die Einhaltung externer Regularien der Grund dafür sein:

— Aus Sicht des **Risikomanagements** sind Awareness-Maßnahmen ein Mittel, um Risiken zu reduzieren. Die Verhaltensänderungen, die mit den Maßnahmen angeregt werden sollen, führen dazu, dass der erwartete Schaden durch mögliche Sicherheitsereignisse abnimmt. Wann Maßnahmen zur Risikoreduzierung eingesetzt werden sollten, hängt von der Risikoidentifikation und -beurteilung ab: Mitarbeiter, die Prozesse mit vielen und hohen Risiken ausführen, sollten intensiver und häufiger an Awareness-Maßnahmen teilnehmen als Mitarbeiter, die mit eher stabilen und wenig bedrohten Prozessen betraut sind. Die Maßnahmen werden also risikobasiert eingesetzt. Wenn hohe Bedrohungen vorliegen und das Verhalten der Mitarbeiter als potenzielle Schwachstelle angesehen wird, liegt ein bedeutendes Risiko vor. Die Höhe des Risikos wird außerdem vom Wert der schützenswerten Vermögenswerte bestimmt (z. B. sollten Finanzdaten von Kunden besser geschützt werden als Daten über den Materialbestand). Ein risikobasierter Einsatz von Maßnahmen kann so gestaltet werden, dass zeitnah die hohen Risiken mit Maßnahmen adressiert werden und z. B. einmal im Halbjahr eine Wiederholung oder Ergänzung stattfindet. Dabei kann die Art der Medien gewechselt werden, um die Akzeptanz bei den Teilnehmern zu erhöhen. Nach einer Schulungsveranstaltung könnte z. B. eine Broschüre verteilt werden und dann Videos bereitgestellt werden. Welche Risiken in welcher Reihenfolge und wie häufig bewältigt werden, sollte auch aus wirtschaftlicher Sicht überlegt werden. Es macht oft auch Sinn, niedrige Risiken zu reduzieren, wenn die Kosten für die Maßnahmen ebenfalls gering sind. Ein E-Mail-Newsletter ist ein Beispiel, bei dem zwar keine gravierenden Verhaltensänderungen zu erwarten sind, wobei aber auch nur geringe Kosten für Erstellung und Verteilung entstehen.

— Die Einhaltung externer **Regularien** erfordert oft auch die Umsetzung von Awareness-Maßnahmen. Zeitpunkt und Häufigkeit der Maßnahmen werden durch die Regularien mehr oder weniger genau vorgeschrieben. Das Unternehmen möchte sicherstellen, dass die betreffenden Regularien eingehalten werden und objektiv überprüfbar sind. Diese Überprüfung übernimmt in vielen Fällen ein unabhängiger Auditor. Relevante Compliance-Vorgaben für die Awareness unterscheiden sich stark in ihrem Umfang und ihrer Detailliertheit (siehe auch

Kapitel 3.8): Während z. B. im ITSG lediglich indirekt Awareness-Maßnahmen gefordert werden, sind im PCI DSS genaue Vorgaben zu Zeitpunkt und Häufigkeit enthalten (bei der Einstellung von Mitarbeitern und danach mindestens einmal im Jahr).

Bei der kombinierten Betrachtung von Risikomanagement und Regularien sollten die restriktiveren Vorgaben eingehalten werden. Wenn z. B. aus risikobasierter Sicht eine zweijährige Wiederholung von Maßnahmen angemessen erscheint und gleichzeitig der PCI DSS (mit der Vorgabe, mindestens einmal im Jahr Maßnahmen durchzuführen) eingehalten werden soll, sollte also mindestens einmal im Jahr etwas für Awareness getan werden. Andererseits kann aus Risikosicht auch eine häufigere Anwendung als notwendig erachtet werden. Dann macht es oft Sinn, die Teilnehmer zunächst risikobasiert zu gruppieren: Mitarbeiter, die mit risikoreicheren Prozessen in Verbindung stehen, können dann häufiger als andere Mitarbeiter zur Teilnahme an Maßnahmen verpflichtet werden. Für die Einhaltung von Regularien muss jedoch auch bei den restlichen Mitarbeitern auf eine lückenlose Teilnahme an den vorgeschriebenen Mindest-Maßnahmen geachtet werden.

Beim Risikomanagement sollte berücksichtigt werden, dass sich Risiken mit der Zeit ändern können (z. B. aufgrund von neuen Bedrohungen). Aber auch in Regularien werden von Zeit zu Zeit Änderungen vorgenommen, die sich auf die Awareness-Vorgaben auswirken können. Daher sollte regelmäßig (z. B. jährlich) überprüft werden, ob die festgelegten Zeitpunkte und Häufigkeiten für Awareness-Maßnahmen noch angemessen sind.

Das Hauptmerkmal **(3) Gruppierung** bezieht sich darauf, wie die Adressaten für die Teilnahme an Awareness-Maßnahmen sinnvoll gruppiert werden können. Hierbei sollten die Hierarchie, Funktion und der Ort der Teilnehmer berücksichtigt werden. Dadurch können die Gruppierungen geschaffen werden, die die größten Vorteile nutzbar machen.

– Gruppierungen können anhand der **Hierarchie** der Adressaten vorgenommen werden, wenn ihre hierarchische Position als Grundlage genommen wird. Manager oder Teamleiter können z. B. einer anderen Gruppe zugeordnet werden als die restlichen Mitarbeiter. Nach einer solchen Gruppierung kann das sogenannte Schneeballsystem genutzt werden, bei dem zunächst nur die Vorgesetzten an Awareness-Maßnahmen teilnehmen und zu Awareness-Repräsentanten in ihrem Bereich ernannt werden. Anschließend werden sie damit beauftragt, die Awareness auch bei den ihnen unterstellten Mitarbeiter zu erhöhen. Ein Vorteil hierbei ist, dass die Awareness-Inhalte durch die Repräsentanten interpretiert werden und daraufhin bedarfsgerechter weitervermittelt werden können. Unter anderem lassen sich die Inhalte auf spezielle Arbeitsschritte im eigenen Funktionsbereich projizieren, und dadurch für die Mitarbeiter verständlicher machen. Sollten die Repräsentanten allerdings selbst ein geringes Verständnis für Informationssicherheit aufweisen, kann es passieren, dass die erwünschte Repräsentation unvollständig oder unmotiviert erfolgt. Auch die Qualität kann aufgrund verschiedener Hintergründe und unterschiedlicher IT-Affinität der Repräsentanten sehr heterogen ausfallen. Außerdem wird die Kontrolle der Awareness-Maßnahmen durch das Sicherheitspersonal reduziert, wenn Repräsentanten eingesetzt werden. Es kann z. B. schwieriger sichergestellt werden, dass alle Mitarbeiter zeitgerecht an einer Awareness-Maßnahme teilnehmen und sich in angemessener Weise mit der Informationssicherheit auseinandersetzen.

– Wenn Gruppen anhand ihrer **Funktion** gebildet werden, sind die funktionalen Aufgaben der Mitarbeiter dafür ausschlaggebend, welche Informationen sie zur Awareness erhalten sollen. Dadurch können die Awareness-Inhalte von Anfang an bedarfsgerechter erstellt und vermittelt werden. Es kann eine hohe Zielgruppenorientierung erreicht werden. Unter anderem können Software-Entwickler Informationen zu unsicherem Programmcode und häufigen Schwachstellen erhalten, Datenbankadministratoren zur Datenbankverschlüsselung und Verlässlichkeit von Transaktionen und Helpdesk-Mitarbeiter werden über Social-Engineering-Angriffe unterrichtet. Im Gegensatz zur bedarfsgerechten Interpretation der Inhalte durch Awareness-Repräsentanten werden die Inhalte hierbei direkt im Hinblick auf den individuellen Funktionsbereich erstellt. Der Nachteil der funktionalen Gruppierung liegt jedoch darin, dass es viel aufwändiger ist, für jeden Funktionsbereich individuelle Inhalte zu erstellen und zu vermitteln. Die Anzahl und Heterogenität der Awareness-Maßnahmen nehmen dadurch zu. Auch bei der Beurteilung der Maßnahmen müssen die inhaltlichen Unterschiede berücksichtigt werden, was ebenfalls mehr Aufwand bedeutet.

– Die Gruppierung anhand des **Orts**, an dem die Mitarbeiter tätig sind, dient in erster Linie der Reduzierung von Kosten. Wenn alle Mitarbeiter an ihrem regulären Arbeitsort an einer Awareness-Maßnahme teilnehmen können, werden die Reisekosten minimiert. Allerdings können die Kosten der Awareness-Maßnahme dabei ansteigen, z. B. wenn an vielen Standorten dieselbe Schulungsveranstaltung durchgeführt werden soll. Wenn hingegen alle Mitarbeiter an einen zentralen Ort eingeladen werden, erhöhen sich zwar die Reisekosten, jedoch kann die Awareness-Maßnahme dann oft kostengünstiger durchgeführt werden. Inwieweit sich Kosten eher durch eine zentrale oder dezentrale Umsetzung einsparen lassen, hängt auch stark vom eingesetzten Medium ab: Ein computerbasiertes Training profitiert im Gegensatz zu einer Schulungsveranstaltung kaum von einer zentralen Umsetzung. Weitere Aspekte für die Gruppierung anhand des Orts sind sprachliche und kulturelle Gegebenheiten: Wenn z. B. ausländische und inländische Mitarbeiter zusammen an einer zentralen Veranstaltung teilnehmen, könnten auf Grund der unterschiedlichen Muttersprache der Mitarbeiter Verständnisprobleme auftreten, die bei übersetzten, dezentral angebotenen Awareness-Maßnahmen vermieden werden können.

3.6 Integration

Unabhängig davon, ob ein Unternehmen einzelne Awareness-Maßnahmen im Unternehmen dauerhaft verankern möchte oder ein komplexes Awareness-Programm (siehe Kapitel 4) umsetzen möchte, stellt sich immer die Frage nach sinnvollen Integrationsmöglichkeiten in die Unternehmensorganisation. Wenn eine dauerhafte oder zumindest langfristige **Berücksichtigung** von Awareness im Unternehmen erfolgen soll, ohne dass das Senior Management ständig Anreize dazu geben muss, sollten die Unternehmensstrukturen und -abläufe so angepasst werden, dass Awareness-Maßnahmen zur Selbstverständlichkeit werden.

Grundsätzlich ist es immer sinnvoll, eine solche Integration im Unternehmen zu erzeugen, selbst wenn kontinuierlich neue Awareness-Programme umgesetzt werden. Durch die Integration wird nämlich eine **Verankerung** von Awareness im Unternehmen geschaffen, auf die dann alle folgenden Maßnahmen und Programme aufsetzen können. Durch diese Verankerung kann Awareness sogar zum „Selbstläufer" werden. Dedizierte Rollen und Prozesse können z. B. dafür sorgen, dass regelmäßig neue Initiativen zur Awareness gestartet werden, ohne dass dies durch externe Anreize explizit veranlasst werden muss.

Eine Organisation kann grundsätzlich institutionell, funktional und instrumentell gestaltet werden – und so lässt sich auch die **Integration** der Awareness in eine bestehende Organisation institutionell, funktional und instrumentell durchführen. Einen zusätzlichen, nicht zu vernachlässigenden Aspekt stellen die zur Verfügung gestellten finanziellen Mittel dar – sie sind die Basis für die finanzielle Integration. Insgesamt existieren damit vier Formen der Integration von Awareness (siehe Abb. **3.9**).

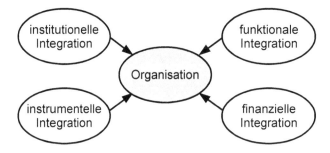

Abb. 3.9: Formen der Integration

–   Die **institutionelle** Integration setzt bei der Institution des Unternehmens an, und damit beim hierarchisch strukturierten Zusammenschluss der vorhandenen Rolleninhaber. Durch die Zuweisung der Rolleninhaber zu Funktionen für

Awareness kann Awareness institutionell integriert werden. Grundlage der hierarchischen Strukturierung sind die Arbeitsteilung und die Weisungsbefugnisse im Unternehmen. Daraus ergeben sich typische Organisationsformen, wie Stab-Linien-Organisation, Projekt-Organisation, Matrix-Organisation oder Prozess-Organisation:

– Die **Stab-Linien-Organisation** ist eine klassische und immer noch weit verbreitete Form der Organisation. Hierbei werden die Organisationseinheiten im Unternehmen hierarchisch angeordnet. Auf der obersten Ebene dieser Hierarchie steht die Geschäftsführung. Bereiche, Abteilungen und Teams werden verwendet, um Stellen zu gruppieren. Weisungen können von oben nach unten gegeben werden. Wenn es für jede Stelle maximal einen Weisungsbefugten gibt, redet man von einer sogenannten Einlinienorganisation; sollten mehrere Weisungsbefugte auf eine Stelle einwirken, handelt es sich um eine Mehrlinienorganisation. Stabsstellen befinden sich zwar auf derselben Ebene wie Weisungsbefugte, besitzen selbst allerdings keine untergeordneten Stellen. Ein Stelleninhaber, der mit Awareness beauftragt wird, besitzt grundsätzlich eine größere Einflussstärke, wenn er sich weiter oben in der Hierarchie befindet: Zum einen kann er dann seine Aufgaben an untergeordnete Stelleninhaber delegieren und zum anderen untergeordnete Stelleninhaber leichter zur Teilnahme an Awareness-Maßnahmen bewegen. Eine Stabsstelle, die auf einer hohen Hierarchieebene (z. B. Geschäftsführung) aufgehängt ist, kann zwar keine Weisungsbefugnisse ausspielen, sich allerdings leicht Gehör verschaffen, und somit der Awareness großes Gewicht verleihen.

– Die **Projekt-Organisation** ist – wie der Name schon sagt – auf die Durchführung von Projekten ausgerichtet. Aufgrund der zeitlichen Befristung von Projekten, unterliegt diese Organisationsform einem ständigen Wandel: Für jedes Projekt werden die Strukturen neu zusammengesetzt. Während der Laufzeit eines Projekts werden die zugeordneten Organisationseinheiten meist ähnlich wie in einer Stab-Linien-Organisation angeordnet. Ein Projektteam wird also ebenfalls hierarchisch strukturiert und beinhaltet weisungsbefugte Leiter oder Manager. Je nach Zusammensetzung können unterschiedliche Mitarbeiter für Awareness zuständig sein. Außerdem können diese Mitarbeiter (in Abhängigkeit ihrer Machtposition) mal mehr und mal weniger Einflussstärke im Projekt besitzen. Wie auch bei anderen projektbezogenen Themen ist es aufgrund der häufig wechselnden Strukturen vorteilhaft, eine Wissensbasis aufzubauen. In dieser Wissensbasis können Hintergrundinformationen und Erfahrungen gesammelt werden. Dadurch wäre das Wissen nicht mehr auf verschiedene, womöglich sogar bereits ausgeschiedene Mitarbeiter verteilt, sondern zentral gespeichert und in jedem neuen Projekt wieder schnell zugreifbar und anwendbar.

– Die **Matrix-Organisation** ist eine Kombination aus Stab-Linien- und Projekt-Organisation, also eine hybride Organisationsform. Hierbei existiert dauerhaft eine Strukturierung wie in einer Stab-Linien-Organisation, die quasi das Grundgerüst des Unternehmens bildet. Sobald allerdings Projektarbeit ansteht, werden Projektteams gebildet, die aus der bestehenden Organisation zusammengesetzt werden. Die hierbei neu zugeordneten Projektmitarbeiter behalten gleichzeitig ihre Position aus der Stab-Linien-Organisation. Die hohe Flexibilität der Organisation und die gesicherte Position der Mitarbeiter in der Stab-Linien-Organisation sind positive Effekte der Matrix-Organisation. Allerdings besteht auch ein hohes Konfliktpotential, das sich aus der Überlappung von Tages- und Projektgeschäft und den konfliktträchtigen Weisungen von Linien- und Projektvorgesetzten ergibt. Awareness kann kontinuierlicher und langfristig überlegter angegangen werden, wenn ein Stelleninhaber aus der Stab-Linien-Organisation dauerhaft, und nicht nur zur Projektlaufzeit, damit beauftragt wird. Jedoch sollte dieser Stelleninhaber bei allen Projekten fest beteiligt werden, damit er individuell auf die Awareness-Anforderungen verschiedener Projekte reagieren kann. Um die möglichen Konflikte zwischen Tages- und Projektgeschäft einzudämmen, könnte z. B. jedes Projekt eine feste Ressourcenzuweisung für Awareness erhalten. So kann die Arbeitszeit des Awareness-Beauftragten besser eingeteilt werden; auch Überlastungen können schneller erkannt und beseitigt werden. Bei der Zuweisung von Awareness-Maßnahmen zu Projektbeteiligungen sollte geprüft werden, inwiefern durchgeführte Maßnahmen die projektbezogenen Awareness-Anforderungen bereits erfüllen und wie die bestehenden Ressourcenkonflikte zwischen Tages- und Projektgeschäft durch die Teilnahme an Awareness-Maßnahmen nicht noch weiter verstärkt werden.

– Die **Prozess-Organisation** ist – wie die Stab-Linien-Organisation – eine dauerhaft bestehende Organisationsform. Der Unterschied besteht darin, dass die Prozess-Organisation auf Prozesse im Unternehmen ausgerichtet ist, während die Stab-Linien-Organisation auf Basis der Funktionen strukturiert wird. In der Prozess-Organisation werden jedem wichtigen Prozess separate Organisationseinheiten zugeordnet. Wenn mehrere Prozesse die gleichen oder ähnlichen Funktionen benötigen, werden sie auch die gleichen oder ähnlichen Organisationseinheiten besitzen. Die Herausforderung an die Awareness liegt bei der Prozess-Organisation insbesondere in einer koordinierten und synergetischen Umsetzung. Dadurch, dass womöglich in jedem Prozess die Informationssicherheit, inklusive Awareness, separat und isoliert berücksichtigt wird, besteht die Gefahr, dass verschiedene Maßnahmen nicht gut im Unternehmen abgestimmt werden und Ressourcen ineffizient eingesetzt werden. Um dem entgegenzuwirken, empfiehlt sich eine enge Abstimmung und ein hoher Informationsaustausch zwischen den Awareness-Beauftragten der verschiedenen Prozesse.

– Die **funktionale** Integration bezieht sich auf Funktionen im Unternehmen, die direkt oder in direkt mit dem betrieblichen Wertschöpfungsprozess in Verbindung stehen. Funktionen mit direkter Verbindung sind fundamental für einen gewinnbringenden Geschäftsbetrieb. Es handelt sich z. B. um Beschaffung, Produktion und Vertrieb. Funktionen mit indirekter Verbindung haben eher einen unterstützenden Charakter, z. B. Planung, Steuerung, Kontrolle, Verwaltung, Informationsverarbeitung und Entwicklung. Nach Porter[32] werden diese beiden unterschiedlichen Funktionsarten als Primär- und Unterstützungsaktivitäten der Wertkette (die Gesamtheit aller wertschöpfenden Aktivitäten eines Unternehmens) bezeichnet. Funktionen, die zur Planung oder Umsetzung von Awareness-Maßnahmen eingesetzt werden können, sind unterstützend: Sie haben lediglich eine indirekte Verbindung zur Wertschöpfung des Unternehmens. Eine Etablierung entsprechender Funktionen oder die Erweiterung bestehender Funktionen zur Förderung von Awareness können einen großen Einfluss auf die langfristige Verankerung von Awareness im Unternehmen besitzen. Mithilfe von definierten und dokumentierten Funktionen (z. B. zur Erstellung und Aktualisierung von Newslettern oder hausinternen Veranstaltungen) kann das Wissen über diese Funktionen im Unternehmen bewahrt werden und neuen Mitarbeitern leicht bekannt gemacht werden. Ohne definierte, dokumentierte Funktionen ist das Wissen nur in den Köpfen der Mitarbeiter vorhanden. Sobald sie das Unternehmen verlassen, geht auch das Wissen, und damit die funktionale Integration von Awareness, verloren. Definierte Funktionen sind außerdem stark mit der institutionellen Integration verbunden: Sie sind Voraussetzung für die Zuweisung von Rolleninhabern zu Funktionen für Awareness, was bei der institutionellen Integration im Fokus steht.

– Mit der **instrumentellen** Integration wird ein Regelsystem geschaffen, um die Awareness im Unternehmen zu verankern. Dieses Regelsystem ist als Instrument zu verstehen, das für die Erreichung von bestimmten Zielen aufgebaut wird. Diese Ziele können vielfältig sein und so auch die Instrumentalisierung des Regelsystems. Wenn das Ziel lautet, bei allen Mitarbeitern in angemessener Weise eine Awareness für Informationssicherheit zu schaffen, muss das Regelsystem entsprechend darauf ausgerichtet werden. Die zuständigen Mitarbeiter können mithilfe von Arbeitsanweisungen und Prozessbeschreibungen dazu bewegt werden, Awareness-Maßnahmen zu erstellen und zu implementieren. Außerdem können alle Mitarbeiter im Unternehmen mithilfe von Richtlinien zur Teilnahme an Awareness-Maßnahmen verpflichtet werden. Wie genau die Regeln formuliert werden und welche Konsequenzen mit der Erfüllung oder Nicht-

---

32 Vgl. Porter 1985, S. 36 ff.

erfüllung verbunden werden, hängt vom Unternehmen und seinen Zielen ab. Die Erfüllung kann mit Belohnungen versehen werden (z. B. in Form von variablen Gehaltsbestandteilen oder Prämienzahlungen). Belohnungen bieten sich vor allem für besonders herausfordernde, vereinzelte Aufgaben an (z. B. die Erstellung eines neuen Awareness-Programms). Die Nichterfüllung von Regeln kann mit Sanktionen versehen werden. Diese können von informellen Hinweisen bis hin zu schriftlichen Abmahnungen oder sogar Kündigungen reichen. Vor allem regulatorisch gefordertes Verhalten (z. B. die Teilnahme an einer jährlichen Awareness-Maßnahme) kann dadurch gut kontrolliert werden. Alle Konsequenzen sollten gut nachvollziehbar, eindeutig geregelt und offen kommuniziert werden.

- Die **finanzielle** Integration sollte keinesfalls unterschätzt werden: Nur wenn ein ausreichendes Budget für Awareness zur Verfügung steht, können Awareness-Maßnahmen in der benötigten Menge und Qualität angeboten werden. Wenn allerdings keine oder nur wenige finanzielle Mittel investiert werden können, kann die Erreichung von festgelegten Zielen verzögert oder sogar verhindert werden. Awareness-Maßnahmen sind eine spezielle Art von Sicherheitsmaßnahmen. Daher besitzen sie grundsätzlich dieselben Kostenarten wie andere Sicherheitsmaßnahmen (siehe Kapitel 2.1.7). Finanzielle Mittel werden also benötigt, um die folgenden Kosten von Awareness-Maßnahmen abzudecken:

  - Die **Entscheidungsfindung** ist teilweise abgeschlossen, da sich das Unternehmen bereits auf Awareness fokussiert hat. Es ist jedoch noch zu entscheiden, welche Maßnahme in welcher Weise zur Erhöhung der Awareness eingesetzt werden soll. Unter anderem sind Adressaten, Inhalte und Medien zu spezifizieren. Für diesen Entscheidungsprozess sollten Mitarbeiter mit genügend Kompetenz, Erfahrung und zeitlichen Ressourcen einbezogen werden.

  - Die **Planung** der Awareness-Maßnahme sollte professionell durchgeführt werden, um einen reibungslosen Ablauf zu garantieren. Dazu gehören z. B. die Definition und Zuweisung von Arbeitspaketen. Ohne eine gute Planung fehlt die koordinierte Herangehensweise. Außerdem werden festgelegte Endtermine nicht gehalten und gravierende Probleme womöglich nicht frühzeitig erkannt. Wenn z. B. eine Präsenzveranstaltung für das gesamte Personal durchgeführt werden soll, wäre es problematisch, wenn Mitarbeiter ihre täglichen Aufgaben nicht verschieben können, keine Räumlichkeiten zur Verfügung stehen oder die Inhalte nicht rechtzeitig zusammengetragen wurden. Eine gute Planung kann dies verhindern. Für die Planung wird ebenfalls geeignetes Personal benötigt.

  - Eine **Anschaffung** ist dann erforderlich, wenn Medien genutzt werden sollen, die nicht in ausreichender Menge und Qualität im Unternehmen vorhanden sind. Professionell gestaltete Poster, ein zusätzlicher Server für das Hosting von Intranet-Seiten oder externe beauftragte Dozenten können zusätzliche Kosten verursachen, die sich insbesondere bei großen Unternehmen schnell zu größeren Beträgen summieren können.

- Die **Implementierung**, oder allgemeiner gesagt die Umsetzung von Awareness-Maßnahmen beinhaltet alle Tätigkeiten, um die geplante Awareness-Maßnahme tatsächlich anzubieten bzw. durchzuführen. Je nach Art der Maßnahme sind unterschiedliche Tätigkeiten erforderlich (z. B. die Programmierung einer Intranet-Seite, die Erstellung einer Audioaufnahme oder der Druck von Handzetteln). Auch die Überführung von Awareness-Maßnahmen oder -Programmen in einen kontinuierlichen oder regelmäßigen Unternehmensablauf kann zur Implementierung dazugehören.

- Der **Betrieb** ist für solche Sicherheitsmaßnahmen von Bedeutung, die dauerhaft in einem Betriebszustand gehalten werden sollen (z. B. Antivirensoftware). Auf Awareness-Maßnahmen trifft dies selten zu, die sie normalerweise lediglich temporär durchgeführt werden. Eine Ausnahme ist z. B. eine Intranet-Seite, die ständig Informationen zur Awareness zum Abruf bereithalten soll, und somit dauerhaft betrieben werden muss. In diesem Fall verursachen z. B. Lizenzgebühren, Administration und Fehlerbehebungen zusätzliche Kosten.

- Auch die **Wartung** ist primär für dauerhaft betriebene Sicherheitsmaßnahmen sinnvoll, also nicht für die meisten Awareness-Maßnahmen. Maßnahmen, die wiederholt durchgeführt werden (z. B. jährliche Schulungen oder wiederkehrende Orientierungsveranstaltungen), können allerdings von Wartungsaktivitäten profitieren: Durch geeignete Anpassungen und Änderungen kann eine kontinuierliche Verbesserung dieser Maßnahmen erreicht werden. Dabei geht es nicht nur um die reine Fehlerbehebung, sondern auch um die Nutzung identifizierter Verbesserungsansätze und die Anpassung der Maßnahmen an geänderte Umweltbedingungen.

- Durch die Bindung des eingesetzten Kapitals an die Awareness-Maßnahme entstehen – wie auch bei anderen Sicherheitsmaßnahmen – **Opportunitätskosten**. Dies sind die entgangenen Gewinne, die rechnerisch mit dem Kapital hätten erwirtschaftet werden können (z. B. Zinsen für ein Spareinlage).

Ein wichtiges Mittel der finanziellen Integration sind **Budgets**. Mit ihrer Hilfe werden die finanziellen Mittel, mit denen die Kosten der Awareness-Maßnahme gedeckt werden sollen, im Unternehmen autorisiert. Im Allgemeinen sind Budgets für bestimmte Zwecke reservierte Geldbeträge. Sie können einem Thema, wie der Awareness, repetitiv oder einmalig zugeordnet werden. Die repetitive Zuordnung beeinflusst das Tagesgeschäft, da regelmäßige und dauerhafte Tätigkeiten ausgeführt werden müssen (z. B. jährliche Awareness-Maßnahmen oder Orientierungsveranstaltungen für neue Mitarbeiter). Die einmalige Zuordnung wird in der Regel für Projekte vorgenommen, die befristet und einmalig sind (z. B. die Erstellung eines neuen Awareness-Programms oder die Ablösung von klassischen Medien durch modernere Medien, z. B. Papier-Broschüren durch Intranet-Seiten). Mit einem Budget können zukünftige Ausgaben besser geplant und überwacht werden. Ein ungünstig festgelegtes Budget, also ein zu niedriges oder zu hohes Budget, kann allerdings zu diversen **Nachteilen** führen:

- Ein zu **niedriges** Budget kann sich negativ auf die Zielerreichung auswirken. Wenn zu wenig Geldmittel zur Verfügung stehen, kann es sehr schwer oder sogar unmöglich sein, bestimmte Ziele zu erreichen. Die Kosten von Anschaffungen müssen womöglich durch starke Verhandlungen oder preisgünstigere Anbieter gesenkt werden. Dies kann jedoch zu starken Qualitäts- und Zeitproblemen führen. Wenn z. B. die preisgünstigste Druckerei in einem anderen Land tätig ist, kann der Versand der Druckerzeugnisse zu erheblichen Wartezeiten führen. Generell wird durch mangelnde Geldmittel der Entscheidungsfreiraum vielfach eingeschränkt: Das Unternehmen muss sich mit den Möglichkeiten zufriedengeben, die mit dem Budget erreicht werden können. So muss z. B. auf preisgünstigere Medien ausgewichen werden oder bei den Inhalten müssen qualitative oder quantitative Abstriche gemacht werden.

- Ein zu **hohes** Budget führt zwar zur Entfernung von Einschränkungen, kann jedoch Ineffizienzen mit sich bringen. Zum einen kann die Verfügbarkeit ausgiebiger Geldmittel zu einer Fahrlässigkeit bei Auswahlentscheidungen und Verhandlungen führen. Da genügend Geldmittel verfügbar sind, könnte z. B. auf die Mühe, den günstigsten Anbieter von Sach- oder Dienstleistungen zu finden, verzichtet werden. Zum anderen werden Ineffizienzen bei der Durchführung, die zu mehr Zeitaufwand und höheren Personalkosten führen, schneller hingenommen. Außerdem kann die Aussicht auf nichtgenutztes Budget zu unnötigen, sogar verschwenderischen Zusatzausgaben führen: Die verfügbaren Geldmittel könnten unter zweifelhaften Begründungen komplett ausgenutzt werden (z. B. wenn höhere Ausgaben verursacht werden, um einer großzügigen Planung zu entsprechen, oder wenn mit höheren Ausgaben ein Signal für die Höhe zukünftiger Budgets gesetzt werden soll). Dadurch entstehen zumindest im aktuellen Budget-Zeitraum große Ineffizienzen oder sogar Verschwendungen.

Da das Budget in der Regel anhand von prognostizierten Ausgaben festgelegt wird, ist stets eine **Unsicherheit** vorhanden, die sich nicht vollständig beseitigen lässt. Unternehmen können diese Unsicherheit jedoch reduzieren, indem sie die Qualität der Prognosen erhöhen oder den Zeithorizont für die Budgetplanung reduzieren.

3.7 Synergiemöglichkeiten

Im Allgemeinen ist unter **Synergien** das Zusammenwirken von separaten Einheiten zu verstehen. Bei diesen Einheiten kann es sich um ganze Unternehmen, aber auch um Abteilungen, Funktionen, Prozesse, Projekte oder andere Dinge handeln.

Die Auswirkungen dieses Zusammenwirkens – die sogenannten Synergieeffekte – können positiv oder negativ sein: Beispiele für positive Synergieeffekte sind die Einsparung von Ressourcen bei der Erstellung von Sach- oder Dienstleistungen sowie die Erhöhung der Qualität aufgrund von umfangreicherem Know-how. Negative Synergieeffekte treten unter anderem dann auf, wenn vorhandene Ressourcen nicht mehr ausgelastet werden können oder die zusammengeführten Einheiten zu umfangreich oder zu unübersichtlich werden.

Grundsätzlich werden durch Synergien, die willentlich herbeigeführt werden, stets positive Synergieeffekte angestrebt. Ob sich diese Effekte auch tatsächlich erreichen lassen, kann jedoch oft nicht mit Sicherheit vorhergesagt werden. Um die vorhandene **Unsicherheit** so weit wie möglich zu reduzieren, sollten die relevanten Synergieansätze möglichst gut durchdacht werden.

Zusätzlich sollte die Eintrittswahrscheinlichkeit der angestrebten Auswirkungen mit möglichst vielen Informationen belegt werden. Eine wichtige Informationsquelle bieten Erfahrungen, die innerhalb des eigenen Unternehmens oder in anderen, gut bekannten Unternehmen gesammelt wurden. Sollte das Unternehmen selbst keine ausreichende Informationsbasis aufbauen können, um eine fundierte Synergieentscheidung treffen zu können, kommt z. B. die Beauftragung externer Berater in Frage, um weitere Information (z. B. Studienergebnisse) zu erhalten.

In der Awareness bieten sich häufig verschiedene **Synergieansätze** an. Sie können daraufhin unterteilt werden, ob sie auf die Reduzierung von Kosten oder Zeit oder auf die Erhöhung von Qualität abzielen (siehe Abb. 3.10):

- Synergien, die zur **Kostenreduzierung** genutzt werden sollen, setzen in der Regel dort an, wo Ausgaben zur Vorbereitung oder Durchführung von Awareness-Maßnahmen anfallen. Konkret betrifft dies die bereits beschriebenen Bereiche Entscheidungsfindung, Planung, Anschaffung, Implementierung, Betrieb und Wartung (siehe Kapitel 2.1.7 und 3.6). Unter anderem kann durch das Zusammenwirken von verschiedenen Mitarbeitern, Abteilungen oder sogar ganzen Unternehmen die Höhe der Ausgaben reduziert werden. Dabei kommen Skaleneffekte, Verbundeffekte oder Dichteffekte zur Wirkung:
  - Um **Skaleneffekte** zu erzeugen, wird die Anzahl der erbrachten Leistungen (z. B. Handzettel oder Broschüren), auch Kostenträger genannt, erhöht. Dadurch steigen zwar die variablen Kosten (z. B. Papierkosten), allerdings bleiben die fixen Kosten (z. B. Designkosten) in der Regel gleich oder steigen zumindest weniger stark an. Durch die Reduzierung der fixen Kosten pro Leistung nähern sich die Stückkosten (Gesamtkosten pro Leistung) den variablen Kosten an. Dies wird auch Fixkostendegression genannt. Auch

die Gemeinkosten (also die Kosten, die nicht direkt einer Leistung zugewiesen werden können, sondern auf alle Leistungen verteilt werden müssen) lassen sich durch Erhöhung der Anzahl der Leistungen proportional senken.

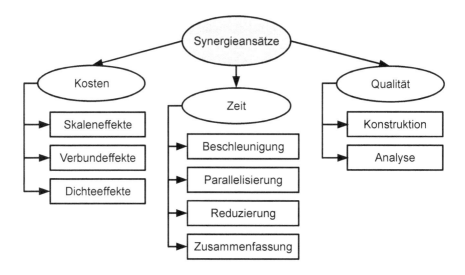

Abb. 3.10: Synergieansätze

- **Verbundeffekte** entstehen, wenn zusätzlich zu den initial geplanten Leistungen weitere Leistungen erbracht werden. Damit Synergien zum Tragen kommen, müssen die neuen Leistungen mit den bisherigen in Verbindung stehen. Meist können auf diese Weise Prozesse standardisiert und automatisiert werden, wodurch die Effizienz ansteigt und die Kosten pro Leistung reduziert werden. Z. B. könnte derselbe Grafiker mit dem Design von allen Druckerzeugnissen für Awareness-Maßnahmen beauftragt werden. Dadurch lassen sich bestimmte Arbeitsschritte (z. B die Einbindung des Corporate-Designs) effizienter ausführen oder teilweise automatisieren.
- **Dichteeffekte** kommen dann zur Ausprägung, wenn der Versorgungsweg bei der Leistungserbringung von Bedeutung ist. Wenn möglichst viele Empfänger der Leistung in einem bestimmten Gebiet geballt werden können, ist die Gesamtheit der zurückzulegenden Versorgungswege kürzer als bei weit verteilten Empfängern. In der Awareness könnte dieser Fall z. B. dann auftreten, wenn geographisch weit verteilte Mitarbeiter in mehreren Präsenzveranstaltungen geschult werden sollen. Dichteeffekte können genutzt werden, indem man die Mitarbeiter anhand ihrer Standorte gruppiert, anstatt andere Kriterien (wie die Hierarchieebene) zu verwenden. Wenn alle

Abteilungsleiter zusammenkommen müssen, sind die Wege insgesamt länger, als wenn alle Mitarbeiter eines Standorts zusammengefasst werden. Diese können dann gemeinsam transportiert werden oder die Veranstaltung kann direkt am jeweiligen Standort angeboten werden.

– Synergien, die auf eine **Zeitreduzierung** ausgerichtet sind, verhelfen zur Zeitersparnis bei allen Tätigkeiten rund um Awareness. Die geplanten Awareness-Maßnahmen können durch die Zeitreduzierung oft schneller vorbereitet und frühzeitiger angeboten werden. Im Speziellen lassen sich Zeitreduzierungen durch Beschleunigung, Parallelisierung, Reduzierung oder Zusammenfassung von Arbeitsschritten herbeiführen:

– Bei der **Beschleunigung** wird die zeitliche Dauer, die zur Durchführung einer Aktivität (z. B. der Druck von Postern) erforderlich ist, verkürzt. Dies kann unter anderem durch die Bereitstellung von zusätzlichen oder besseren Arbeitsmitteln und mehr Personal erreicht werden. Für den Posterdruck können z. B. hochwertigere Drucker mit schnellerem Druckverfahren oder zusätzliche Drucker angeschafft werden. Auf diese Weise kann der Zeitbedarf für den Posterdruck reduziert werden. Auch eine Vermeidung von Warte- und Liegezeiten kann zur Beschleunigung führen: z. B. kann eine schnellere Netzwerkverbindung zur schnelleren Übertragung von Bilddateien an einen Drucker, und damit zu kürzeren Wartezeiten führen.

– Die **Parallelisierung** ermöglicht die Durchführung unterschiedlicher Aktivitäten zur selben Zeit. Ursprünglich sequenziell angeordnete Aktivitäten werden also parallel ausgeführt. Falls möglich, kann auch eine Aktivität in mehrere Teilaktivitäten aufgeteilt werden, damit diese Teilaktivitäten parallel durchgeführt werden können. Die Gesamtdauer für die Aktivitäten wird durch die Parallelisierung reduziert. Wenn z. B. für eine Broschüre ein Cover und zwei Kapitel erstellt werden sollen, kann ein Mitarbeiter mit der Cover-Gestaltung beauftragt werden und parallel dazu befassen sich zwei weitere Mitarbeiter jeweils mit der Verfassung eines Kapitels.

– Die **Reduzierung** bezieht sich auf das teilweise oder vollständige Entfernen einzelner Aktivitäten unter der Bedingung, dass diese (Teil-)Aktivitäten keinen merklichen Mehrwert für das Endergebnis besitzen. Wenn z. B. jedes Schriftstück nach der Erstellung nochmals auf Rechtschreibung und Grammatik geprüft wird, ohne dass in den meisten Fällen Korrekturen vorgenommen werden müssen, kann diese Aktivität entfernt werden. Eine bessere Planung von Awareness-Maßnahmen kann vermeiden helfen, dass Aktivitäten wiederholt werden müssen, um nachträgliche Anpassungen vorzunehmen. Beispielsweise hätte ein Online-Training für Softwareentwickler, das mehrmals angepasst werden muss (da erst nach und nach die eingesetzten Programmiersprachen und Werkzeuge bekannt wurden), mit besserer Planung nur einmal zusammengestellt werden müssen. Je nachdem, wie flexibel die beteiligten Mitarbeiter eingesetzt werden können, entstehen durch die Reduzierung der Aktivitäten entweder ungenutzte Leerzeiten oder freie Kapazitäten, die anderweitig eingesetzt werden können.

– Bei der **Zusammenfassung** werden zwei oder mehr Aktivitäten zu einer einzigen Aktivität zusammengefasst. Dadurch können vor allem Schnittstellen vermieden werden. Wenn ursprünglich getrennte, aufeinanderfolgende Aktivitäten nun von derselben Person durchgeführt werden, braucht nichts übergeben zu werden und es gibt keine Wartezeiten oder Engpässe zwischen diesen Aktivitäten. Durch die Zusammenfassung wird eine separate, unterschiedliche Behandlung von Aktivitäten vermieden. Beispielsweise können alle Aktivitäten rund um Erstellung und Versand eines Awareness-Newsletters zusammengefasst werden, sodass nicht ein Mitarbeiter die Inhalte des Newsletters zusammenstellt, ein weiterer Mitarbeiter die grafische Gestaltung übernimmt und wieder jemand anders für die elektronische oder physische Verteilung sorgt.

– Die Erhöhung der **Qualität** kann ebenfalls ein positiver Effekt von Synergien sein. Vorbereitung und Durchführung von Awareness-Maßnahmen können von höherer Qualität geprägt sein, wenn Mitarbeiter mit verschiedenen Fähigkeiten, Kenntnissen oder Erfahrungen zusammenwirken. Auch bestimmte Ressourcen (z. B. spezielle Drucker) können zu einer höheren Qualität führen. Qualität kann als Grad der Übereinstimmung der Eigenschaften eines Produkts oder einer Leistung mit den vorliegenden Anforderungen verstanden werden. Wenn durch das Zusammenwirken von unterschiedlichen Einheiten eine größere Vielfalt, und damit eine genauere Erfüllung von Anforderungen, erreicht werden kann, ist das der Qualität zuträglich. Grundsätzlich kann Qualität erhöht werden, indem Mängeln (also Abweichungen von den Anforderungen) besser vorgebeugt wird oder indem sie häufiger aufgedeckt werden.

– Im Bereich der **Konstruktion** geht es um die Vorbeugung von Mängeln. Bereits vor der Fertigstellung des Produkts oder der Leistung werden Maßnahmen durchgeführt, um Mängel zu vermeiden, und dadurch das Qualitätsniveau zu erhöhen. Unter anderem können die Organisation angepasst oder Prozesse umgestaltet werden. Im Speziellen können z. B. für die Erstellung von Schulungsinhalten Mitarbeiter eingesetzt werden, die eine gewisse Erfahrung in der Informationssicherheit besitzen, und die Moderation von Präsenzveranstaltungen wird denjenigen Mitarbeitern überlassen, die im Präsentieren oder Dozieren erfahren sind. Ein Zusammenwirken von mehreren Mitarbeitern würde die Wahrscheinlichkeit erhöhen, dass geeignete Mitarbeiter einbezogen werden oder sich ihre Kenntnisse zumindest gegenseitig ergänzen.

– Die **Analyse** dient dem Aufdecken von Mängeln und wird erst nach der Fertigstellung von End- oder Zwischenergebnissen ausgeführt. Grundsätzlich ist es besser, Mängel so früh wie möglich aufzudecken. Je länger Mängel unentdeckt bleiben, desto aufwändiger können die erforderlichen Nacharbeiten werden. Wenn z. B. ein Online-Training mit aufeinander aufbauenden Modulen erstellt wird, könnte sich ein Mangel im ersten Modul auf alle folgenden Module auswirken. Wenn der Mangel nicht sofort nach Fertigstellung des ersten Moduls aufgedeckt wird, müssen alle Module überarbeitet werden. Eine Synergie in Bezug auf Analyse-Maßnahmen kann z. B. so gestaltet werden, dass weitere Qualitätsprüfungen unter Mithilfe von weiteren Mitarbeitern oder Ressourcen integriert werden. Beispielsweise kann eine Qualitätsprüfung für Werbetexte durch die Marketingabteilung unter Umständen auch für Texte in Awareness-Maßnahmen angewandt werden.

Die Möglichkeiten in Bezug auf Synergien sind vielfältig. Bei der Auswahl von Synergien sollten allerdings nicht nur die erreichten Ergebnisse, also die Kosten-, Zeitreduzierung oder Qualitätserhöhung, im Fokus stehen, sondern auch eventuelle einmalige Kosten- und Zeitaufwände, die zur Erzeugung einer Synergie notwendig sind. Unter anderem müssen oft Prozesse oder Strukturen angepasst werden, um Synergien nutzbar zu machen.

Im Folgenden werden einige spezifische **Beispiele** für Synergien in der Awareness erläutert (siehe auch die Übersicht in Tab. 3.4):

– Beim **Co-working** arbeiten Mitarbeiter mit unterschiedlichen Aufgaben und Positionen zusammen in einem offenen Raum. Selbst wenn diese Mitarbeiter nicht am selben Projekt beteiligt sind oder in derselben Abteilung arbeiten, können sie von der räumlichen Nähe profitieren. Es bildet sich automatisch eine Gemeinschaft, die den Wissensaustausch zwischen den Mitarbeitern, die gegenseitige Unterstützung und die Motivation verbessern kann. Mitarbeiter, die an Themen aus der Awareness arbeiten, können ebenfalls Teil dieser Gemeinschaft werden und z. B. Kenntnisse und Erfahrungen anderer Mitarbeiter bei der Erstellung von Awareness-Maßnahmen berücksichtigen. Dadurch treten primär konstruktive Qualitätserhöhungen auf. Sekundär lassen sich durch Co-working auch Kosten mit Skaleneffekten einsparen, denn die Gemeinkosten pro Leistung lassen sich durch die gemeinsame Nutzung von Büroräumen senken.

– Ein gemeinsamer **Einkauf** von Sach- und Dienstleistungen ist aufgrund von üblichen Mengenrabatten und einer besseren Verhandlungsposition oft von Vorteil. Dadurch können bei Lieferanten und Dienstleistern unter Umständen bessere Einkaufspreise oder Vertragskonditionen erreicht werden. In der Awareness werden oft Einkäufe getätigt (z. B. zur Beschaffung von Medien, zur Beauftragung von Vorträgen oder Ausrichtung von Veranstaltungen). Ein Unternehmen könnte sich mit anderen Unternehmen zusammenschließen, um Einkäufe gemeinsam durchzuführen. Allerdings wäre eine Abstimmung in Bezug auf die geplanten Awareness-Maßnahmen erforderlich. Wenn ein Unternehmen z. B. ausschließlich elektronische Medien einsetzt, wäre eine gemeinsame Bestellung von Papier wenig sinnvoll. Wenn Veranstaltungen zusammengelegt werden sollen, muss es zuvor eine inhaltliche und terminliche

Abstimmung geben. Die Vorteile beim gemeinsamen Einkauf liegen in Kosten-reduzierungen durch Skaleneffekte, die bei Lieferanten und Dienstleistern entstehen und an das Unternehmen zumindest teilweise weitergegeben werden können.

– Auch durch eine gemeinsame Verwendung der **Infrastruktur** können die Gemeinkosten, also die unter den erbrachten Leistungen aufzuteilenden Kosten, proportional reduziert werden. Es entstehen also die bekannten Skaleneffekte. Wenn z. B. ein Webserver für Online-Trainings benötigt wird, könnte ein bereits vorhandener Webserver genutzt werden, der noch freie Kapazitäten besitzt. Dadurch wären die anteiligen Gemeinkosten der Awareness geringer als wenn jeder Bereich einen eigenen Webserver benutzen würde. Besonders im elektronischen Umfeld können vorhandene Infrastrukturen leicht mitgenutzt werden. Es wäre eher ungewöhnlich, wenn ein Unternehmen für elektronische Awareness-Maßnahmen eine separate IT-Infrastruktur bereitstellt. In der Regel werden mindestens die vorhandenen Arbeitsplatz-Computer mitgenutzt. Aber auch nicht-elektronische Awareness-Maßnahmen lassen sich teilweise auf bestehende Infrastrukturen aufsetzen (z. B. bei der Verteilung von Handzetteln über die Hauspost oder bei der Integration von Awareness-Themen in regelmäßige Meetings). Wenn von der Infrastruktur für bestehende Awareness-Maßnahmen profitiert werden soll, während man weitere Awareness-Maßnahmen erstellt, redet man von Verbundeffekten. Unter anderem können bereits erstellte Prozesse oder Lösungen aus dieser Infrastruktur genutzt werden, ohne sie neu definieren zu müssen (z. B. können für neue Druckerzeugnisse bestehende Corporate-Design-Vorlagen oder existierende Textbausteine wiederverwendet werden).

– Um Arbeitskräfte und Arbeitsmittel bündeln zu können, und damit effizienter einzusetzen, bieten sich **Kooperationen** an (z. B. zwischen den Beauftragten für Awareness und den Mitarbeitern der Marketing-Abteilung). Wenn eine größere Gruppe an Mitarbeitern dieselben Aufgaben übernehmen kann, sind Zeitreduzierungen durch die Beschleunigung oder Parallelisierung von Aktivitäten möglich. Während z. B. ein Mitarbeiter das Cover einer Broschüre gestaltet, kann jemand anderes die Inhalte erarbeiten; oder der Druck von Handzetteln kann parallel auf mehreren Druckern durchgeführt, und somit früher fertiggestellt werden.

– Eine Erhöhung des **Know-hows** kann unter anderem durch die Zusammenführung mehrerer Unternehmen (z. B. durch Auslagerung der Informationssicherheits-Abteilungen in ein gemeinsames Subunternehmen) oder durch Networking (in passenden Communities) erreicht werden. Mitarbeiter mit unterschiedlichen Kenntnissen und Erfahrungen werden untereinander bekannt gemacht und vernetzt. Der Austausch von Know-how wird dadurch erleichtert und sogar angeregt. Mitarbeiter kommunizieren über Erfolge, Probleme und Lessons-learned, wodurch das Wissen von Einzelpersonen erhöht wird.

Die Mitarbeiter können dieses Wissen anschließend auf ihre eigene Arbeit anwenden. Die Resultate der Know-how-Erhöhung spiegeln sich unter anderem darin wider, dass Aktivitäten ohne Mehrwert identifiziert und beseitigt werden können, wodurch sich eine Zeitreduzierung ergibt, und dass konstruktive und analytische Maßnahmen bekannt werden, um die Qualität zu erhöhen.

– Die gemeinsame **Nutzung** von Wegen und Einrichtungen ist ebenfalls eine Möglichkeit, um Kosten einzusparen. Indem z. B. Transportwege gebündelt werden, können Kostenreduzierung durch Dichteeffekte erreicht werden: Teilnehmer, die zu einer entfernten Präsenzveranstaltung gelangen sollen, können z. B. Fahrgemeinschaften bilden oder gemeinsam mit Bussen transportiert werden, um Fahrkosten zu reduzieren. Wenn andere größere Veranstaltungen abgehalten werden, ist es aus Kostengründen oft vorteilhaft, wenn sie mit Awareness-Maßnahmen ergänzt werden. Auf diese Weise können bestehende Aufbauten und reservierte Räumlichkeiten mitgenutzt werden. Unter Umständen (wenn keine vertraulichen Themen behandelt werden sollen) kann sich das Unternehmen auch mit Geschäftspartnern oder anderen Unternehmen zusammentun, um Awareness-Maßnahmen gemeinsam abzuhalten: Teilnehmer aus mehreren Unternehmen können sich zusammenfinden, um gemeinsam an Schulungen oder anderen Maßnahmen teilzunehmen. Die gemeinsame Nutzung kann sich außerdem auf die elektronische Ausstattung beziehen: Unter anderem kann die Online-Schulung eines anderen Unternehmens angepasst werden, ohne sie komplett neu zusammenstellen zu müssen. Außerdem könnte ein vorhandener Webserver mit Awareness-Inhalten auch anderen Unternehmen zur gemeinsamen Nutzung zugänglich gemacht werden. Dadurch entstehen Kostenreduzierungen durch Verbundeffekte, denn beim Anbieten neuer Awareness-Maßnahmen kann man von bereits Vorhandenem profitieren.

– Ein Abgleich von **Regularien** ist eine Form der Zusammenfassung, und dient somit vor allem der Zeitreduzierung. Ein Unternehmen kann an diverse Regularien gebunden sein – entweder aufgrund verbindlicher Vorgaben oder auf freiwilliger Basis. In der Regel wird ein Unternehmen dadurch mit einer Vielzahl von Anforderungen aus mehreren Regularien konfrontiert, darunter oft auch unterschiedliche Anforderungen an die Awareness (siehe Kapitel 3.8). Üblicherweise werden diese Anforderungen durch das Unternehmen sequenziell abgearbeitet, und zwar getrennt nach Regularium. Durch einen übergreifenden Abgleich aller relevanten Regularien kann das Unternehmen allerdings vermeiden, dass dieselben Themen mehrfach analysiert und angepasst werden müssen. In Bezug auf Awareness-Maßnahmen bedeutet dies, dass direkt diejenigen Maßnahmen ausgewählt werden können, die zu allen relevanten Regularien konform sind. Während manche Regularien allgemein das Vorhandensein von Maßnahmen fordern, sind andere spezifischer in Bezug auf Inhalte, Dauer oder Frequenz. Der vollständige Abgleich aller Regularien ist also sinnvoll, damit einzelne Anforderungen nicht erst nachträglich berücksichtigt oder sogar ganz vernachlässigt werden.

Tab. 3.4: Beispiele für Awareness-Synergien in der Übersicht

Art der Synergie	Umsetzungsbeispiel	Synergie-ansatz	Synergieeffekt
Co-working	Unterschiedliche Mitarbeiter im Großraumbüro	Qualität, Kosten	Konstruktion, Skaleneffekte
Einkauf	Gemeinsame Beschaffung von Medien oder Beauftragung von Vorträgen	Kosten	Skaleneffekte
Infrastruktur	Mitbenutzung eines Webservers, Verteilung von Medien über die Hauspost	Kosten	Skaleneffekte, Verbundeffekte
Kooperationen	Awareness- und Marketing-Mitarbeiter arbeiten zusammen	Zeit	Beschleunigung, Parallelisierung
Know-how	Zusammenführung mehrerer Unternehmen, Networking	Zeit, Qualität	Reduzierung, Konstruktion, Analyse
Nutzung	Transportwege bündeln, Veranstaltungen mitnutzen, Ausstattung teilen	Kosten	Dichteeffekte, Verbundeffekte
Regularien	Abgleich von Anforderungen	Zeit	Zusammenfassung

Die Nutzung von Synergien bietet grundsätzlich Vorteile in Bezug auf Kosten, Zeit oder Qualität. Allerdings sollten Synergien nicht unüberlegt oder überstürzt verfolgt werden, da sie mit diversen **Hindernissen** verbunden sein können. Unter anderem sind das Verstehen und Beherrschen der folgenden Aspekte von großer Wichtigkeit, um Synergieeffekte problemlos erreichen zu können (siehe Abb. 3.11):

- Die **Kommunikation** zwischen gemeinsam arbeitenden Mitarbeitern ist wichtig, um Aktivitäten zu koordinieren und effektiv zu erledigen. Da zur Nutzung von Synergien oft über bisherige Abteilungs- oder Teamgrenzen hinweg kommuniziert werden muss, können Probleme oder Widerstände in der Kommunikation auftreten. Wenn Kommunikationsprobleme nicht erkannt und beseitigt werden, können bei der Erledigung von Aktivitäten große Zeitverzögerungen entstehen oder langwierige Nacharbeiten erforderlich werden. Insbesondere Aktivitäten, die gemeinsam von mehreren Mitarbeitern bearbeitet werden oder deren Ergebnisse zusammengeführt werden müssen, erfordern meist eine umfassende Kommunikation. Beispielsweise kann ein Online-Training, das parallel durch mehrere Mitarbeiter erstellt wird und dessen Inhalte aufeinander aufbauen sollen, nur erfolgreich fertiggestellt werden, wenn die Mitarbeiter in ausreichender Weise untereinander kommunizieren.

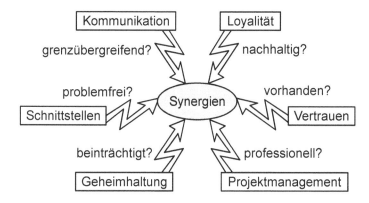

Abb. 3.11: Hindernisse für Synergien

– Die **Loyalität** zwischen den Mitarbeitern oder Unternehmen, die zur Nutzung von Synergien zusammenwirken, ist für die Nachhaltigkeit und Problemlösungsfähigkeit relevant. Veränderungen, die z. B. aufgrund von Verbesserungswünschen vorgenommen werden, können unter Umständen bestehende Synergien auflösen, wenn die Loyalität zur Zusammenarbeit gering ist. Wenn Mitarbeiter oder Unternehmen aus einem gemeinsamen Projekt aussteigen, können im schlimmsten Fall der Materialeinsatz und die bisher erbrachte Arbeitsleistung vergeudet sein. Zumindest führt der Ausstieg auf beiden Seiten zu einem zukünftigen Mehraufwand, z. B. wenn zwei Unternehmen ein Awareness-Programm gestaltet haben, das ursprünglich durch beide Unternehmen gemeinsam umgesetzt werden sollte – Synergieeffekte können bei der getrennten Umsetzung nicht mehr genutzt werden.

– **Schnittstellen**, also Verbindungsstellen, an denen Informationen oder andere Zwischenergebnisse übergeben werden, können zu potenziellen Verzögerungen oder anderen Problemen führen. Insbesondere wenn im Rahmen von Synergien abteilungs- oder sogar unternehmensübergreifend gearbeitet wird, lassen sich Schnittstellen nicht vermeiden. Durch ein gutes Schnittstellenmanagement können Problemfelder jedoch identifiziert und beseitigt werden. Dabei sollten sowohl technische als auch organisatorische Schnittstellen berücksichtigt werden – beide erfordern die Übergabe von Zwischenergebnissen und die Abstimmung zwischen Teilaktivitäten. Technische Schnittstellen (z. B. bei der Erstellung von Inhalten, bei Benutzereingaben oder bei der Auswertung von Informationen) sind in der Awareness fast immer relevant, denn die meisten Awareness-Maßnahmen sind ohne technische Unterstützung nicht oder nur sehr umständlich umsetzbar (z. B. Online-Trainings, Verhaltenstests und Live-Demonstrationen). Organisatorische Schnittstellen treten auf, wenn mehrere

Mitarbeiter in irgendeiner Form zusammenwirken, was bei vielen Synergieansätzen der Fall ist.

– Das **Vertrauen** zwischen zusammenwirkenden Mitarbeitern oder Unternehmen spielt insofern eine Rolle, dass das genaue Qualitätsniveau der Arbeitsleistung meist nicht gegenseitig bekannt ist, und somit die Qualität des Ergebnisses in gewisser Weise unvorhersehbar ist. Um eine Synergie zu erzeugen, muss daher ein gegenseitiges Vertrauen darüber vorhanden sein, dass die Aktivitäten von allen Beteiligten in erwünschter Weise durchgeführt werden. Sollte dieses Vertrauen nicht vorhanden sein, werden die positiven Synergieeffekte im schlimmsten Fall durch eine übermäßige gegenseitige Kontrolle und zusätzliche Absicherungen wieder zunichtegemacht. Wenn z. B. zwei Unternehmen an mehreren Terminen Schulungsveranstaltungen für das gesamte Personal anbieten möchten und die Organisation und Durchführung von den Informationssicherheits-Spezialisten dieser Unternehmen übernommen werden sollen, würde sich ein fehlendes Vertrauen womöglich sehr negativ auswirken: Vorträge müssten durch Spezialisten des jeweils anderen Unternehmens überwacht und in Bezug auf Vollständigkeit und Korrektheit bewertet werden. In der Folge wäre nahezu genauso viel Arbeitskapazität durch die Vorträge gebunden wie wenn die Spezialisten des eigenen Unternehmens alle Termine selbst übernommen hätten.

– Die **Geheimhaltung** ist von Bedeutung, wenn Abteilungen mit unterschiedlichen Sicherheitsfreigaben oder Mitarbeiter aus unterschiedlichen Unternehmen zusammenarbeiten oder mit denselben Informationen arbeiten sollen. Zum einen können regulatorische Vorgaben das Teilen von bestimmten Informationen verbieten oder zumindest erschweren. Beispielsweise erfordert die Datenschutz-Grundverordnung (DSGVO) eine Datenminimierung bei personenbezogenen Daten (Art. 5 Abs. 1 c). Zum anderen werden interne Strategien und Produktinformationen oft geheim gehalten, um der Konkurrenz keinen Vorteil zu verschaffen. Insbesondere Awareness-Maßnahmen, die mit praktischen Beispielen und Demonstrationen aus der produktiven Umgebung untermauert werden sollen, sind womöglich nicht für eine gemeinsame Erstellung oder Vorführung geeignet. Es sollte also vor der Nutzung einer Synergie überlegt werden, ob die Geheimhaltung von Informationen dadurch beeinträchtigt werden kann.

– Ein professionelles **Projektmanagement** ist von Vorteil, wenn Awareness-Maßnahmen oder -Programme in Form eines temporären, einmalig durchzuführenden Projekts erstellt und umgesetzt werden sollen. Dabei müssen in der Regel viele Aktivitäten koordiniert werden: Den beteiligten Mitarbeitern müssen passende Aktivitäten und Ziele zugewiesen werden; die Aktivitäten müssen priorisiert und überwacht werden; eventuelle Konflikte mit dem Tagesgeschäft müssen professionell gelöst werden. Im Zuge dessen müssen zeitliche, finanzielle und qualitative Vorgaben erfüllt werden. Projektmanagement sollte also auch bei Awareness-Maßnahmen nicht vernachlässigt werden. Angenommen,

es soll ein großes externes Event mit unterschiedlichen Awareness-Inhalten abgehalten werden. In diesem Fall gilt es, eine Vielzahl von Aktivitäten zu verwal-
ten, unter anderem die Zusammenstellung der Inhalte, die Reservierung der Lokation, die räumliche und technische Organisation sowie die physische
Überwachung der Umgebung.

3.8 Compliance-Vorgaben

Da jedes Unternehmen von bestimmten Gesetzen oder anderen Vorgaben betroffen
ist, hat sich die **Compliance** mittlerweile zu einem festen Bestandteil von Unternehmen entwickelt.

Zur Compliance gehören die Identifikation, Umsetzung und Überwachung von
allen Vorgaben, die ein Unternehmen aufgrund von Verpflichtungen einhalten
muss oder auf freiwilliger Basis einhalten möchte.

Unternehmen sind in vielerlei Hinsicht an **Vorgaben** (z. B. bestimmte Gesetze)
gebunden. Diese Vorgaben können die gesamte Industrie oder nur bestimmte Bran-
chen betreffen.

Bei der Einhaltung von relevanten Vorgaben hat ein Unternehmen in der Regel
keine Wahl: Verstöße werden mit Strafen geahndet. Sie führen aber nicht nur zu
finanziellen Schäden, sondern oft auch zu Reputationsverlusten. Demgegenüber
stellt sich bei unverbindlichen Vorgaben (z. B. Best Practices) die Frage, warum ein
Unternehmen überhaupt eine Einhaltung in Erwägung ziehen sollte.

Die **Vorteile** der Einhaltung von nicht verpflichtenden Vorgaben liegen vor al-
lem darin, dass ein Unternehmen sinnvolle Anreize erhält, um seine internen Abläufe zu verbessern. Daraus ergeben sich verschiedene positive Effekte:
- Durch die Einhaltung von öffentlich einsehbaren Vorgaben kann eine größere
  Transparenz hergestellt werden. Sowohl aus interner als auch aus externer
  Sicht kann von der Einhaltung der Vorgaben das Vorhandensein grundlegender
  Abläufe und Zustände abgeleitet werden. Dadurch kann auch das Verständnis
  der Mitarbeiter erhöht werden: Unter anderem können sich neue Mitarbeiter
  schneller einarbeiten, wenn bereits bekannte, verbreitete Vorgaben erfüllt werden. Außerdem können durch die Einhaltung bestimmter Vorgaben Rückschlüsse auf die Effizienz und Sicherheit eines Unternehmens geschlossen werden. Dies wirkt sich wiederum positiv auf das Ansehen des Unternehmens
  gegenüber Stakeholdern, darunter auch Kunden, aus. Unternehmen können
  sogar Marketingaspekte bei der Wahl der freiwillig einzuhaltenden Vorgaben
  berücksichtigen, z. B. wirkt sich eine ISO-Zertifizierung für Informationssicherheit oft positiv auf das Vertrauen der Kunden aus (vor allem bei Unternehmen,
  die elektronische Dienstleistungen anbieten).
- Die **Vergleichbarkeit** wird durch Einhaltung von Vorgaben ebenfalls erhöht:
  Wenn mehrere Unternehmen dieselben Vorgaben einhalten, können Kunden

und Geschäftspartner damit rechnen, dass bestimmte Spezifikationen oder Prozesse in diesen Unternehmen sehr ähnlich sind. Wenn z. B. bei der Herstellung eines Produkts ein bestimmter Standard eingehalten wird, können sich Kunden und Geschäftspartner auf die Kompatibilität zu festgelegten Spezifikationen verlassen. Dies belebt auch den Wettbewerb. Da öffentlich einsehbare Vorgaben von jedem Unternehmen befolgt werden können, haben Unternehmen, die darauf achten, ein geringeres Risiko bei der Herstellung größerer Mengen. Aufgrund der gesicherten Marktakzeptanz und Kompatibilität der hergestellten Produkte kann die Nachfrage in der Regel gut vorhergesagt werden. Außerdem kann ein Unternehmen auch aus interner Sicht die eigenen Geschäftsbereiche oder Abteilungen einfacher vergleichen, wenn sie alle nach denselben Vorgaben arbeiten.

– Ein weiteres Argument für die freiwillige Befolgung von Vorgaben ist die einfachere Zugänglichkeit einer **Unterstützung**. Wenn für die geplanten Aktivitäten nicht genügend Mitarbeiter im Unternehmen zur Verfügung stehen oder unvorhersehbare Probleme auftreten, ist oftmals die Beauftragung externer Unterstützung erforderlich (insbesondere, wenn Deadlines eingehalten werden müssen). Externe Berater können sich viel schneller mit den Abläufen im Unternehmen vertraut machen und womöglich sogar ad hoc das Unternehmen unterstützen, wenn die eingesetzten Standards oder Best Practices allgemein bekannt sind.

Grundsätzlich kann bei den Compliance-Vorgaben eine **Unterscheidung** zwischen Gesetzen, Standards und Best Practices getroffen werden. Während Gesetze für betroffene Unternehmen verpflichtend sind, haben Unternehmen grundsätzlich nicht die Pflicht, Standards und Best Practices einzuhalten. Allerdings gibt es unter den Standards Besonderheiten, die indirekt ebenfalls zu einer Verpflichtung führen. Bei einer Nichteinhaltung würden nämlich unverhältnismäßig große Nachteile für das Unternehmen entstehen.

Die Anzahl der für ein Unternehmen infrage kommenden Vorgaben ist oft hoch. Nicht nur der IT-Bereich, sondern auch andere Bereiche (z. B. Buchhaltung und Produktion) können betroffen sein. Im Folgenden werden exemplarisch einige Vorgaben betrachtet, die eine Verbindung zur Awareness besitzen (siehe Abb. 3.12).

Gesetze haben, wie oben erwähnt, einen verbindlichen Charakter: Sobald ein Unternehmen die relevanten Voraussetzungen erfüllt, um ein bestimmtes Gesetz einhalten zu müssen, ist dieses Unternehmen an alle Vorgaben aus diesem Gesetz gebunden. Verstöße führen, sofern von Kontrollorganen entdeckt, oft zu Strafen und weiteren Schäden: Zum einen können einzelne Personen unter bestimmten Umständen persönlich haftbar gemacht und bestraft werden. Zum anderen kann das Unternehmen mit Bußgeldern, aufwändigen Ermittlungen, Nacharbeiten, Reputationsverlusten und Umsatzeinbußen konfrontiert werden.

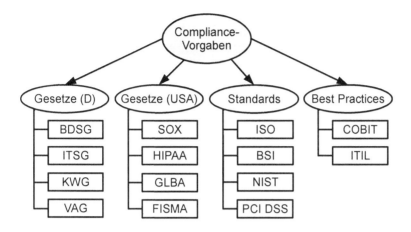

Abb. 3.12: Compliance-Vorgaben für die Awareness

Gesetze, die für deutsche Unternehmen verbindlich sein können, sind in erster Linie **deutsche Gesetze**, aber unter Umständen auch ausländische, z. B. US-amerikanische (siehe unten). Deutsche Gesetze mit Vorgaben zur Awareness sind:

— Das **BDSG** (Bundesdatenschutzgesetz) dient dem Schutz von personenbezogenen Daten und wurde im Zuge der Veröffentlichung der europäischen **DSGVO** (Datenschutz-Grundverordnung) überarbeitet. Die daraus resultierende, neue Fassung des BDSG ist am 25. Mai 2018 in Kraft treten. Das BDSG ist eine Ergänzung zur DSGVO und findet keine Anwendung, soweit die DSGVO unmittelbar gilt (§ 1 Abs. 5 BDSG). Das BDSG und die DSGVO sind für Unternehmen in der Regel dann verbindlich, wenn personenbezogene Daten ganz oder teilweise automatisiert verarbeitet werden oder in einem Dateisystem gespeichert sind oder gespeichert werden sollen (§ 1 Abs. 1 Satz 2 BDSG und Art. 2 Abs. 1 DSGVO). Diese Daten müssen mit den erforderlichen technischen und organisatorischen Maßnahmen geschützt werden, sodass ein dem Risiko angemessenes Schutzniveau gewährleistet wird (§ 64 Abs. 1 BDSG und Art. 32 DSGVO). Die Notwendigkeit für Awareness ergibt sich aus den Aufgaben des zu ernennenden Datenschutzbeauftragten (§ 7 Abs. 1 Satz 1 BDSG und Art. 39 Abs. 1 DSGVO): Er ist unter anderem dazu verpflichtet, die Beschäftigten, die Verarbeitungen durchführen, hinsichtlich ihrer Pflichten nach dem Gesetz bzw. der Verordnung und sonstigen Vorschriften über den Datenschutz zu beraten und zu unterrichten. Awareness-Maßnahmen werden also in sehr allgemeiner Weise gefordert, ohne auf Art, Inhalt oder Häufigkeit der Maßnahmen einzugehen. Verstöße gegen Bestimmungen aus der DSGVO können zu sehr unangenehmen Folgen für das Unternehmen führen: Die möglichen Geldbußen bei Verstößen wurden im Zuge der neuen DSGVO drastisch erhöht: Während im vorher gültigen BDSG lediglich

Geldbußen in Höhe von bis zu 300.000 Euro verhängt werden durften (§ 43 Abs. 3 BDSG-alt), können jetzt Geldbußen in Höhe von bis zu 10.000.000 EUR oder im Fall eines Unternehmens von bis zu 2 % seines gesamten weltweit erzielten Jahresumsatzes des vorangegangenen Geschäftsjahrs verhängt werden (§ 41 Abs. 1 BDSG i.V.m. Art. 83 DSGVO). Außerdem ist bei Verstößen eine Meldepflicht gegenüber der zuständigen Aufsichtsbehörde und den Betroffenen vorhanden (§ 43 BDSG i.V.m. Art. 33–34 DSGVO). Bei vorsätzlichen Verstößen kann sogar eine Freiheitsstrafe bis zu drei Jahren oder eine Geldstrafe verhängt werden (§ 42 Abs. 1 BDSG).

– Das „Gesetz zur Erhöhung der Sicherheit informationstechnischer Systeme", auch IT-Sicherheitsgesetz oder kurz **ITSG**, wurde im Juli 2015 veröffentlicht. Damit waren Erweiterungen und Änderungen anderer Gesetze verbunden: vor allem das „Gesetz über das Bundesamt für Sicherheit in der Informationstechnik", auch BSI-Gesetz oder kurz BSIG, aber auch weitere Gesetze, wie das Telemediengesetz und das Telekommunikationsgesetz, waren betroffen. Mit dem ITSG, das für Betreiber kritischer Infrastrukturen verbindlich ist, sollte die IT-Sicherheit bei Unternehmen und in der Bundesverwaltung verbessert werden. Dazu gehören Unternehmen aus den Sektoren Energie, Informationstechnik und Telekommunikation, Transport und Verkehr, Gesundheit, Wasser, Ernährung sowie Finanz- und Versicherungswesen (§ 2 Abs. 10 BSIG). Sobald Unternehmen bestimmte Kriterien erfüllen, die auf eine hohe Bedeutung für das Funktionieren des Gemeinwesens hindeuten, sind sie zur Einhaltung verpflichtet. Diese Kriterien sind in der „Verordnung zur Bestimmung Kritischer Infrastrukturen nach dem BSI-Gesetz", auch BSI-Kritisverordnung oder kurz BSI-KritisV, geregelt. Es handelt sich dabei in erster Linie um Schwellenwerte (z. B. die Netto-Nennleistung einer Stromerzeugungsanlage, die Produktionsmenge von Lebensmitteln oder die Teilnehmeranschlüsse eines Internetproviders). Betreiber kritischer Infrastrukturen sind verpflichtet, angemessene organisatorische und technische Vorkehrungen zur Vermeidung von Störungen zu treffen (§ 8a Abs. 1 BSIG). Im ITSG wird damit lediglich in allgemeiner Weise gefordert, dass Sicherheitsmaßnahmen getroffen werden müssen. Ein Zusammenhang zur Awareness ergibt sich allenfalls indirekt, da die Awareness eine organisatorische Maßnahme ist, die üblicherweise für die Erhöhung der Sicherheit eingesetzt wird.

– Das **KWG** (Kreditwesengesetz) ist ein Gesetz für Kredit- und Finanzdienstleistungsinstitute, das die Funktionsfähigkeit der Kreditwirtschaft sicherstellen und die Einlagen von Gläubigern schützen soll. Das KWG schreibt unter anderem vor, dass ein Institut über ein angemessenes und wirksames Risikomanagement verfügen muss (§ 25a Abs. 1 KWG). Außerdem muss ein Institut bei einer Auslagerung von Aktivitäten und Prozessen übermäßige zusätzliche Risiken vermeiden (§ 25b KWG). Diese relativ allgemein formulierten Vorgaben wurden durch die Bundesanstalt für Finanzdienstleistungsaufsicht (BaFin) mit den bankaufsichtlichen Anforderungen an die IT (BAIT) in Form eines Rund-schreibens konkretisiert.[33] Die Anforderungen beziehen sich auf:

- IT-Strategie
- IT-Governance
- Informationsrisikomanagement
- Informationssicherheitsmanagement – Hierzu wird unter anderem gefor-dert, dass ein Informationssicherheitsbeauftragter im Unternehmen vor-handen sein muss, der auch die Aufgabe besitzt, Sensibilisierungs- und Schulungsmaßnahmen zur Informationssicherheit zu initiieren und zu ko-ordinieren (Anforderung 18). Awareness-Maßnahmen werden durch die BAIT also konkret gefordert, ohne jedoch auf Details einzugehen.
- Benutzerberechtigungsmanagement
- IT-Projekte und Anwendungsentwicklung
- IT-Betrieb (inkl. Datensicherung)
- Auslagerungen und sonstiger Fremdbezug von IT-Dienstleistungen
- Kritische Infrastrukturen (für Unternehmen, die vom ITSG betroffen sind)
- Das **VAG** (Versicherungsaufsichtsgesetz) regelt die staatliche Beaufsichtigung von Versicherungsunternehmen. Ähnlich wie bei den BAIT im Bankensektor hat die BaFin für den Versicherungssektor versicherungsaufsichtliche Anforderun-gen an die IT (VAIT) definiert, um bestimmte Anforderungen aus dem VAG zu konkretisieren, insbesondere zum Thema IT-Risikomanagement.[34] Große Teile der VAIT sind wortgleich mit den BAIT. Unterschiede liegen vor allem darin, dass in den VAIT zusätzliche Details und Konkretisierungen ergänzt wurden (z. B. Fristen zur Überprüfung von Benutzerberechtigungen und Vorgaben für Auswirkungsanalysen bei Projekten). Im Bereich Informationssicherheitsma-nagement wird (wie in den BAIT) gefordert, dass ein Informationssicherheitsbe-auftragter Sensibilisierungs- und Schulungsmaßnahmen zur Informationssi-cherheit initiiert und koordiniert (Anforderung 28). Awareness-Maßnahmen werden also auch hier sehr allgemein gefordert.

Zudem existiert eine Vielzahl von **US-amerikanischen Gesetzen**, die eine Relevanz für die Informationssicherheit von Unternehmen besitzen können – was in der Re-gel auch die Awareness umfasst. Grundsätzlich sind von diesen Gesetzen nur US-amerikanische Unternehmen betroffen. In bestimmten Fällen können sie sich je-doch auch auf andere Unternehmen auswirken (z. B. bei Holdingstrukturen oder anderen Verflechtungen). Insbesondere folgende US-amerikanischen Gesetze sind für viele Unternehmen verbindlich:

---

33 Weiterführende Informationen in BaFin 2017.
34 Weiterführende Informationen in BaFin 2018.

- Der **SOX** (Sarbanes Oxley Act) hat wohl den breitesten Wirkungskreis unter den US-amerikanischen Gesetzen, denn er betrifft alle Unternehmen, die in den USA börsennotiert sind. Auch ausländische Gesellschaften mit einer Zweitnotierung in den USA und alle ausländischen Töchter von US-Unternehmen sind daran gebunden. Der SOX reguliert das Risikomanagement von Unternehmen, um das Vertrauen der Anleger zu stärken. Durch ihn wird die Haftung von Vorstand und Wirtschaftsprüfern erhöht. Außerdem werden die Transparenz von Unternehmensprozessen und die Etablierung von Kontrollmaßnahmen gefordert. Diese Kontrollmaßnahmen sind insbesondere dazu gedacht, um eventuellen Betrug und den Verlust von Finanzdaten zu verhindern und um eine schnelle Erkennung von Abweichungen zu ermöglichen. Awareness wird hier lediglich indirekt gefordert. Gemäß Sec. 302(a)(4)(B) müssen Prokuristen mithilfe von internen Kontrollmaßnahmen über wesentliche Informationen in Kenntnis gesetzt werden. In Bezug auf die Informationssicherheit kann dies als Aufgabe von Awareness-Maßnahmen interpretiert werden. Gemäß Sec. 404(a)(1) muss ein Bericht über die Verantwortung des Managements zur Etablierung und Pflege von Kontrollmaßnahmen erstellt werden. Unter der Annahme, dass das Management hierfür eine Awareness für Informationssicherheit aufweisen muss, lässt sich auch von dieser Vorgabe indirekt eine Notwendigkeit für Awareness-Maßnahmen ableiten. Verstöße gegen SOX können mit Geldbußen und – insbesondere bei vorsätzlicher Manipulation von Dokumenten – mit langjährigen Gefängnisstrafen belegt werden (Sec. 803).
- Der **HIPAA** (Health Insurance Portability and Accountability Act) gilt für alle Unternehmen im Gesundheitswesen. Genauso wie die beiden folgenden Gesetze (GLBA und FISMA) ist HIPAA ein US-Gesetz, das speziell auf eine bestimmte Branche ausgerichtet ist. In Bezug auf Awareness fordert HIPAA, dass für alle Mitarbeiter ein Programm für Awareness implementiert werden soll (§164.308(a)(5)(i)). Dabei sollen Virenschutz, Anmelde-Überwachung und Passwortmanagement thematisiert werden. Außerdem ist gefordert, dass es regelmäßige Updates zum Thema Sicherheit für das Personal geben soll.
- Der **GLBA** (Gramm-Leach Bliley Act) ist ein Gesetz für Finanzinstitute und dient dem Schutz von vertraulichen Bankdaten von Verbrauchern. Hier sind administrative, technische und physische Sicherheitsmaßnahmen gefordert (§6801(b)(1)–(3)). Auf Awareness wird zwar nicht explizit eingegangen, sie lässt sich aber als übliche administrative Maßnahme betrachten.
- Der **FISMA** (Federal Information Security Management Act) bezieht sich auf den sicheren Umgang mit Regierungsdaten und betrifft somit in erster Linie Behörden. Das Gesetz fordert ein Awareness Training für alle Mitarbeiter, um diese über Risiken und Verantwortlichkeiten zu informieren (§3544(b)(4)(A)–(B)). Detailliertere Vorgaben zur Awareness sind nicht enthalten.

Standards sind in der Regel Beschreibungen über technische oder administrative Zustände oder Abläufe. Sie werden von unterschiedlichen Standardisierungsverbänden veröffentlicht. Zu den bekanntesten zählen die International Organization for Standardization (ISO) und die International Electrotechnical Commission (IEC). Standards sind in der Regel nicht verbindlich für Unternehmen. Allerdings bringt die Einhaltung von Standards – wie oben beschrieben – oft große Vorteile mit sich. In der Folge kommen viele Unternehmen oft nicht um die Einhaltung bestimmter Standards herum, wenn sie konkurrenzfähig bleiben wollen.

– Die **ISO 27000-Reihe** ist eine Sammlung von Standards für das Management der Informationssicherheit. Den größten Stellenwert haben dabei die Standards ISO 27001 und ISO 27002. Ein Hinweis auf Awareness findet sich in beiden Standards.

    – In **ISO 27001** werden zum IT-Grundschutz kompatible Anforderungen zur Erstellung eines Informationssicherheitsmanagementsystems (ISMS) beschrieben. Dabei wird auf die Planung der Informationssicherheit, die Implementierung von Kontrollmaßnahmen, das Überwachen und Bewerten von Performance und Effektivität und eine kontinuierliche Verbesserung eingegangen. In ISO 27001 wird lediglich sehr allgemein auf die Notwendigkeit von Awareness verwiesen: In Kapitel 7.3 wird gefordert, dass Mitarbeiter eine Awareness in Bezug auf Richtlinien zur Informationssicherheit, Effektivität des ISMS sowie Konsequenzen bei Regelverstößen haben müssen.[35] Wann, wie oft und in welcher Form entsprechende Awareness-Maßnahmen angeboten werden sollen, bleibt allerdings offen.

    – **ISO 27002** ist erstmalig im Jahr 2005 aus ISO 17799 entstanden und beschreibt konkrete Kontrollmaßnahmen für die Informationssicherheit. Die Kontrollmaßnahmen sind in unterschiedliche Bereiche (z. B. Sicherheitsleitlinien, Zugriffskontrolle, Kryptographie und Betriebssicherheit) untergliedert. In ISO 27002 wird das Thema Awareness in Form einer Kontrollmaßnahme eingehender beschrieben: Hier wird in Kapitel 7.2.2 eine angemessene Weiterbildung für die Mitarbeiter gefordert, die von mehreren Awareness-Maßnahmen (z. B. Kampagnen, Broschüren oder Newsletter) gestützt wird.[36] Darüber hinaus werden rollenspezifische Awareness-Maßnahmen gefordert, die nicht nur bei der Neueinstellung durchgeführt, sondern auch regelmäßig wiederholt und aktualisiert werden sollen. Auch auf die einzubeziehenden Inhalte wird hingewiesen: Befürwortung des Managements, gültige Regelwerke, Verantwortlichkeiten, Verfahren, Kontrollen sowie Kontaktstellen und Quellen für weiterführende Informationen. Dabei wird die Wichtigkeit des Verständnisses durch die Mitarbeiter betont.

---

35 Vgl. ISO 2013a, S. 5 f.
36 Vgl. ISO 2013b, S. 11 f.

Außerdem wird vorgeschlagen, dass beurteilt wird, inwiefern die Awareness-Inhalte durch die Mitarbeiter verstanden wurden.

ISO-Standards sind nicht verpflichtend, sodass Verstöße keine Strafen nach sich ziehen. Allerdings können Unternehmen, die sich die Einhaltung von Standards durch unabhängige Zertifizierungsstellen bescheinigen lassen, oft ein besseres Image gegenüber ihren Kunden, und damit einen Wettbewerbsvorteil, erzielen.

– Vom **BSI** (Bundesamt für Sicherheit in der Informationstechnik) wurden diverse Informationen und Richtlinien zum Thema IT-Grundschutz veröffentlicht. Die bedeutendsten Bestandteile sind zum einen die Standards zu Vorgehensweisen rund um Informationssicherheit und zum anderen Kataloge, die unter anderem geeignete Schutzmaßnahmen beschreiben. Awareness wird sowohl in den Standards als auch in den Katalogen behandelt.

  – Im **BSI-Standard 200-1** (Managementsysteme für Informationssicherheit) werden das Anbieten ausreichender Schulungs- und Sensibilisierungsmaßnahmen und eine diesbezügliche Vorbildfunktion als Aufgaben und Pflichten des Managements genannt.[37] Schulungen und Sensibilisierungen werden auch als wichtige Voraussetzung genannt, um die Mitarbeiter in den Sicherheitsprozess einzubinden.[38] Wenn Mitarbeiter neu eingestellt werden oder wenn sie neue Aufgaben erhalten, müssen geeignete Maßnahmen durchgeführt werden. Die Vermittlung sicherheitsrelevanter Aspekte des jeweiligen Arbeitsplatzes muss dabei berücksichtigt werden – mit anderen Worten: die Awareness-Maßnahmen müssen auf die vorhandenen Zielgruppen ausgerichtet werden. Außerdem wird vorgeschlagen, Aussagen zu Programmen mit Schulungs- und Sensibilisierungsmaßnahmen in die Sicherheitsleitlinie aufzunehmen.[39] Sensibilisierungsmaßnahmen werden auch als wichtiger Bestandteil für die Aufrechterhaltung der Informationssicherheit genannt.[40] Insbesondere bei hoher Interaktion mit den Adressaten können sie hilfreich sein: Mit ihnen kann festgestellt werden soll, ob vorgegebene Abläufe und erwünschtes Verhalten vorhanden sind. Auch in Bezug auf neue Entwicklungen, Änderungen und Gefährdungen können Informationen von den Adressaten abgefragt werden. Für die Erstellung eines Sicherheitskonzepts schreibt der BSI-Standard vor, dass Schulungs- und Sensibilisierungsmaßnahmen bei der Auswahl der Sicherheitsmaßnahmen zwingend berücksichtigt werden sollen.[41]

---

37 Vgl. BSI 2017a, S. 21.
38 Vgl. BSI 2017a, S. 27.
39 Vgl. BSI 2017a, S. 29.
40 Vgl. BSI 2017a, S. 30 f.
41 Vgl. BSI 2017a, S. 35.

- Im **BSI-Standard 200-2** (IT-Grundschutz-Methodik) wird eine schrittweise Etablierung eines Sicherheitsprozesses beschrieben, bei dem auch Schulungen und Sensibilisierungen einen festen Bestandteil besitzen. Wie auch im Standard 200-1 werden die Inhalte der Sicherheitsleitlinie thematisiert, also findet sich hier ebenfalls ein Hinweis auf die Ankündigung von Programmen mit Schulungs- und Sensibilisierungsmaßnahmen.[42] Der Informationssicherheitsbeauftragte belegt eine zentrale Rolle, da er offiziell die Verantwortung für die Informationssicherheit trägt und damit zu verschiedenen Aufgaben verpflichtet ist. Unter anderem besitzt er die Aufgabe, Sensibilisierungs- und Schulungsmaßnahmen zur Informationssicherheit zu initiieren und koordinieren.[43] Dabei wird er von einem IS-Management-Team unterstützt. Dieses Team soll z. B. die Schulungs- und Sensibilisierungsprogramme für Informationssicherheit konzipieren.[44] Projekt-Sicherheitsbeauftragte besitzen ebenfalls Aufgaben zur Informationssicherheit. Sie müssen unter anderem Informationen über den Schulungs- und Sensibilisierungsbedarf von Beschäftigten ermitteln.[45] Um eine angemessene Dokumentation im Informationssicherheitsprozess zu etablieren, wird vorgeschlagen, ein Schulungs- und Sensibilisierungskonzept zu erstellen.[46] Sensibilisierungsmaßnahmen werden auch als realisierungsbegleitende Maßnahmen bei der Umsetzung einer Sicherheitskonzeption genannt. Sie unterstützen dabei, die Belange der Informationssicherheit zu verdeutlichen und die von neuen Sicherheitsmaßnahmen betroffenen Mitarbeiter über die Notwendigkeit und die Konsequenzen der Maßnahmen zu unterrichten.[47]
- Innerhalb der **Kataloge** spielt vor allem der Katalog "M 3 Personal" eine bedeutende Rolle für die Awareness. Hierbei stechen folgende Maßnahmen hervor: M 3.5 (Schulung zu Sicherheitsmaßnahmen) beschreibt die Kernthemen, die bei einer Schulung zu Sicherheitsmaßnahmen vermittelt werden sollten – Sensibilisierung für Informationssicherheit, mitarbeiterbezogene Informationssicherheitsmaßnahmen, produktbezogene Sicherheitsmaßnahmen, Verhalten bei Auftreten von Schadsoftware, Authentifikation, Bedeutung der Datensicherung und deren Durchführung, Umgang mit personenbezogenen Daten, Einweisung in Notfallmaßnahmen und Vorbeugung gegen Social Engineering. M 3.44 (Sensibilisierung des Managements für Informationssicherheit) untermauert die Notwendigkeit einer

---

42 Vgl. BSI 2017b, S. 34.
43 Vgl. BSI 2017b, S. 41.
44 Vgl. BSI 2017b, S. 43.
45 Vgl. BSI 2017b, S. 44.
46 Vgl. BSI 2017b, S. 56.
47 Vgl. BSI 2017b, S. 162.

nachdrücklichen und aktiven Unterstützung durch das Management und beschreibt die im Vorfeld zu vermittelnden Informationen an das Management. M 3.45 (Planung von Schulungsinhalten zur Informationssicherheit) veranschaulicht, wie passende Inhalte zusammengestellt und den richtigen Zielgruppen zugeordnet werden können. M 3.95 (Lernstoffsicherung) beschreibt, wie die Awareness der Mitarbeiter durch eine regelmäßige Wiederholung und Anwendung dauerhaft verbessert werden kann (z. B. mithilfe von Tests, Fragebögen, Diskussionen, Plan- oder Rollenspielen). Zusätzlich werden sehr spezielle Maßnahmen thematisiert, z. B. Sensibilisierungen oder Schulungen in Bezug auf Internet (M 3.77), Bluetooth (M 3.80), Terminal-Server (M 3.81) und TK-Anlagen (3.82) sowie für diverse Administrationsaufgaben (z. B. M 3.54).

Auch die BSI-Vorgaben sind nicht verpflichtend. Allerdings kann mit ihnen eine ISO-Zertifizierung vorbereitet werden, die für ein Unternehmen sehr vorteilhaft sein kann – die Einhaltung der BSI-Standards ist eine hinreichende Basis für die Zertifizierung nach ISO 270001. Aufgrund des großen Umfangs der vom BSI bereitgestellten Informationen kann ein Unternehmen aber auch bei einer partiellen Anwendung bereits von Vorteilen in Bezug auf Qualität und Nachvollziehbarkeit der sicherheitsrelevanten Abläufe und Strukturen profitieren.

- Ähnlich wie das BSI, das als deutsche Behörde Standards zur Informationssicherheit herausgibt, veröffentlicht das **NIST** (National Institute of Standards and Technology) Standards im Auftrag der US-Regierung. Beispielhaft wird hier ein Standard über Sicherheitsmaßnahmen für staatliche Informationssysteme und Organisationen betrachtet: NIST Special Publication 800-53 – dieser Standard adressiert die Awareness als Teil eines Katalogs von Kontrollmaßnahmen.[48] Die vier relevanten Kontrollmaßnahmen zur Awareness tragen die Kennzeichnungen AT-1 bis AT-4 und beinhalten Folgendes:
  - AT-1 – Es müssen Richtlinien und Arbeitsanweisungen mit entsprechenden Inhalten erstellt werden. Diese müssen angemessen verteilt und regelmäßig aktualisiert werden.
  - AT-2 – Trainings müssen initial für neue Mitarbeiter, bei relevanten Änderungen an Informationssystemen und in regelmäßiger Frequenz durchgeführt werden. Dabei wird empfohlen, praktische Angriffsübungen sowie das Erkennen und Melden von Bedrohungen einzubeziehen.
  - AT-3 – Zusätzlich müssen rollenbasierte Trainings erfolgen (z. B. für Personal, das Sicherheitssysteme administriert).
  - AT-4 – Alle Trainingsaktivitäten sollen dokumentiert, überwacht und individuell protokolliert werden.

---

48 Vgl. NIST 2013, F-37 ff.

– Der **PCI DSS** (Payment Card Industry Data Security Standard) ist ein branchenspezifischer Standard für den Kartenzahlungsverkehr. Es sind ausschließlich diejenigen Unternehmen von diesem Standard betroffen, die Karteninhaber- und Authentifizierungsdaten speichern, verarbeiten oder übertragen. Der Standard wurde im Jahr 2018 in die Version 3.2.1 überführt und adressiert sechs Themenbereiche:[49] Erstellung und Wartung sicherer Netzwerke und Systeme, Schutz von Karteninhaberdaten, Unterhaltung eines Anfälligkeits-Managementprogramms, Implementierung starker Zugriffskontrollmaßnahmen, regelmäßige Überwachung und regelmäßiges Testen von Netzwerken sowie Befolgung einer Informationssicherheitsrichtlinie. Die Awareness wird in Anforderung 12.6.1 thematisiert. Demnach müssen Mitarbeiterschulungen bei der Einstellung und danach mindestens einmal im Jahr durchgeführt werden. Dabei werden mehrere Methoden gefordert (z. B. Poster, Briefe, Memos, webbasierte Schulungen, Meetings und Sonderaktionen). Im Rahmen eines PCI-Audits kann durch Gespräche mit Mitarbeitern überprüft werden, ob Schulungen durchgeführt wurden und ob sich die Mitarbeiter der Bedeutung der Sicherheit bewusst sind. Ein Verstoß gegen die Anforderungen des PCI-Standards hat unter Umständen zur Folge, dass das betroffene Unternehmen seine Zertifizierung verliert. Dadurch ergeben sich nicht nur potenzielle Umsatzeinbußen aufgrund von Reputationsverlust, sondern auch höhere Abwicklungsgebühren und (bei Sicherheitsvorfällen) mögliche Strafzahlungen gegenüber den Kreditkartenorganisationen.

Best Practices sind relativ abstrakt gehaltene Vorgaben, die sich bereits mehrfach in der Praxis bewährt haben und dort auch ihren Ursprung besitzen. Best Practices stammen z. B. von großen Unternehmen oder Zusammenschlüssen von Unternehmen. Sie beschreiben in der Regel bestimmte Methoden oder Abläufe, die zur Verbesserung von bestimmten Themenkomplexen im Unternehmen eingesetzt werden können. Dazu gehören auch Best Practices zum IT-Management und zur IT-Governance, wie COBIT und ITIL.

– **COBIT** (Control Objectives for Information and Related Technology) ist ein Rahmenwerk, das die Governance und das Management der IT im Unternehmen unterstützen soll. Es wurde von ISACA (ein Berufsverband von IT-Revisoren, IT-Sicherheitsmanagern und IT-Governance-Experten) entwickelt. Die COBIT-Produktfamilie umfasst neben dem Rahmenwerk auch Enabler-Handbücher, Umsetzungsleitfäden und eine gemeinschaftliche Online-Plattform. Eine besondere Bedeutung besitzt dabei das Prozessreferenzmodell aus den Enabler-Handbüchern: Hier werden diverse Prozesse beschrieben, die zur Umsetzung von COBIT im Unternehmen implementiert werden sollen. Sie sind in fünf Prozessdomänen unterteilt: EDM (Evaluate, Direct and Monitor), APO (Align,

---

49 Vgl. PCI SSC 2018.

Plan and Organise), BAI (Build, Acquire and Implement), DSS (Deliver, Service and Support) und MEA (Monitor, Evaluate and Assess). Eine starke, aber eher allgemeine Verbindung zur Awareness befindet sich in der Domäne APO: der Prozess APO07.03 (siehe Tab. 3.5).

Tab. 3.5: COBIT-Prozess APO07.03 mit Aktivitäten

Prozess	Aktivitäten
APO07.03 „Aufrechterhalten der Fähigkeiten und Kompetenzen der Mitarbeiter" Definieren und managen Sie die erforderlichen Fähigkeiten und Kompetenzen der Mitarbeiter. Überprüfen Sie regelmäßig, ob die Mitarbeiter aufgrund ihrer Ausbildung, Schulung und/oder Erfahrung über die erforderlichen Kompetenzen zur Ausübung ihrer Rolle verfügen. Stellen Sie sicher, dass diese Kompetenzen beibehalten werden, indem Sie, wo angebracht, Qualifizierungs- und Zertifizierungsprogramme nutzen. Ermöglichen Sie den Mitarbeitern ein kontinuierliches Lernen, und stellen Sie ihnen Möglichkeiten zur Verfügung, ihr Wissen, ihre Fähigkeiten und ihre Kompetenzen auf dem Niveau aufrecht zu erhalten, das für die Erreichung der Unternehmensziele erforderlich ist.	1. Definieren Sie die erforderlichen und die derzeit verfügbaren Kompetenzen interner und externer Ressourcen für die Erreichung von Unternehmens-, IT- und Prozesszielen. 2. Stellen Sie eine formelle Karriereplanung und fachliche Weiterentwicklungsmaßnahmen bereit, um die Entwicklung von Kompetenzen zu fördern und Möglichkeiten für das persönliche Vorankommen von Mitarbeitern zu schaffen. Sorgen Sie für eine möglichst geringe Abhängigkeit von wichtigen Positionsinhabern. 3. Bieten Sie Zugang zu Wissens-Repositorien, um die Weiterentwicklung von Fähigkeiten und Kompetenzen zu unterstützen. 4. Identifizieren Sie Lücken zwischen den erforderlichen und den verfügbaren Fähigkeiten, und entwickeln Sie Aktionspläne, um diese Lücken auf individueller und kollektiver Ebene zu schließen, z. B. durch Schulung (technische und verhaltensbezogene Fähigkeiten), Rekrutierung, Verlegung und neue Beschaffungsstrategien. 5. Entwickeln Sie Schulungsprogramme basierend auf organisatorischen Anforderungen und Prozessanforderungen, einschließlich der Anforderungen für Unternehmenswissen, interne Kontrolle, ethisches Verhalten und Sicherheit, und stellen Sie diese bereit. 6. Führen Sie regelmäßige Reviews durch, um die Weiterentwicklung der Fähigkeiten und Kompetenzen der internen und externen Ressourcen zu beurteilen. Überprüfen Sie die Nachfolgeplanung. 7. Überprüfen Sie regelmäßig die Schulungsmaterialien und -programme, um deren Eignung für veränderte Unternehmensanforderungen sicherzustellen, und überprüfen Sie deren Auswirkungen auf die erforderlichen Kenntnisse, Fähigkeiten und Möglichkeiten.

In diesem Prozess (auch Managementpraktik) wird auf das Aufrechterhalten der Fähigkeiten und Kompetenzen der Mitarbeiter zur Ausübung ihrer Rollen eingegangen, was auch den Spezialbereich der Informationssicherheit betrifft; die Fähigkeiten und Kompetenzen der Mitarbeiter sollen demnach regelmäßig überprüft und mithilfe von kontinuierlichen Maßnahmen beibehalten werden. Neben diesem Prozess werden auch einzelne Aktivitäten in anderen Prozessen genannt, die mit Awareness mehr oder weniger direkt in Beziehung stehen, z. B. Schulungen oder Trainings zum Kontinuitätsplan (DSS04.06) und zur Rechteverwaltung (DSS06.03). Einen besonders starken Bezug zur Informationssicherheit besitzt die Aktivität „Empfehlen Sie Schulungs- und Sensibilisierungsprogramme zum Thema Informationssicherheit." innerhalb des Prozesses APO13.02. Die Einhaltung der COBIT-Vorgaben dient primär der internen Steuerung des Unternehmens. Vor allem große, verteilte Unternehmen oder Unternehmensgruppen können von einer einheitlichen und allgemein nachvollziehbaren Steuerung der IT, wie sie mit COBIT möglich ist, profitieren. Direkte externe Konsequenzen aus der Einhaltung oder Nichteinhaltung von COBIT bestehen grundsätzlich nicht.

– **ITIL** (IT Infrastructure Library) befasst sich mit dem IT-Service-Management im Unternehmen. Nach ITIL können auch Zertifizierungen vorgenommen werden; allerdings können lediglich Personen zertifiziert werden, und nicht Unternehmen. ITIL orientiert sich am Lebenszyklus von IT-Services. Dieser besteht aus fünf Bereichen:[50]

  – Durch die **Service Strategy** wird der Rahmen für die Auswahl und Gestaltung von IT-Services geschaffen. Die Wertgenerierung, Förderung des Geschäftsmodells, Assets, Märkte und Service Provider sind dabei von Bedeutung.

  – Der Bereich **Service Design** umfasst Anleitungen für das Design von IT-Services und IT-Prozessen. Auch Zusammenhänge zwischen den IT-Services und dem wirtschaftlichen und technischen Umfeld im Unternehmen werden dabei berücksichtigt.

  – Die **Service Transition** dient der Überführung der erstellten IT-Services in einen betriebsfähigen Zustand. In der Regel werden die dazu notwendigen Tätigkeiten im Rahmen eines Projekts ausgeführt.

  – In der **Service Operation** geht es um die Einhaltung von Service Levels gegenüber internen und externen Kunden. Vor allem die Überwachung der IT-Services in Bezug auf Effektivität und Effizienz sowie die Aufrechterhaltung einer Balance zwischen Zuverlässigkeit und Kosten stehen dabei im Mittelpunkt.

---

50 Vgl. Beims 2010, S. 16.

- Im **Continual Service Improvement** werden die Identifikation, Umsetzung und Bewertung von Verbesserungsansätzen behandelt. Auf diese Weise können veränderte Geschäftsbedingungen berücksichtigt werden, und dadurch die Ausrichtung der IT an den Geschäftszielen aufrechterhalten werden.

Ein Bezug zur Awareness ist im Bereich der Service Operation zu erkennen. Hier wird im Abschnitt 5.12.10 (Information Security Management) gefordert, dass alle Mitarbeiter aus dem Bereich Service Operation mit regelmäßigen Trainings und Awareness-Maßnahmen adressiert werden sollen.[51] Als Inhalte sollen Richtlinien und Arbeitsanweisungen aus der Security, inklusive der disziplinarischen Maßnahmen, dienen. Außerdem sollen Security-Anforderungen im Arbeitsvertrag der Mitarbeiter spezifiziert werden. Wie bei COBIT existieren keine externen Konsequenzen aus der Einhaltung oder Nichteinhaltung von ITIL. Allerdings können durch die Einhaltung Vorteile für das Unternehmen geschaffen werden, insbesondere, wenn die IT des Unternehmens serviceorientiert sein soll.

Insgesamt ist zu erkennen, dass die **Thematisierung** der Awareness je nach Regelwerk sehr unterschiedlich ausfällt (siehe Tab. 3.6).

Tab. 3.6: Awareness in Regelwerken

Ausprägung:	Regelwerke:								
	BDSG, KWG, VAG, FISMA	ITSG, SOX, GBLA	HIPAA	ISO	BSI	NIST	PCI	COBIT	ITIL
Direkte Vorgabe	x	-	x	x	x	x	x	x	x
Behandlung von Spezialthemen	-	-	-	-	x	-	-	x	-
Zielgruppenorientierung	-	-	-	x	x	x	-	x	-
Variation von Maßnahmen	-	-	-	x	-	-	x	-	-
Maßnahmen bei Neueinstellung	-	-	-	x	x	x	x	-	-
Regelmäßige Auffrischung	-	-	x	x	x	x	x	x	x

---

51 Vgl. TSO 2011, S. 149.

Eine genaue Betrachtung der Regelwerke macht nicht nur Sinn, um Compliance-Anforderungen effizient abdecken zu können, sondern auch, wenn ein Unternehmen Anreize für die eigene Awareness finden möchte. Aus den relevanten Inhalten kann ein Unternehmen interessante Ansätze und hilfreiche Gestaltungsvorschläge gewinnen, und dadurch das eigene Wissen über Awareness erweitern.

Unabhängig davon, welche Motivation ein Unternehmen primär verfolgt, sind Maßnahmen zur Awareness in der Regel um einiges effektiver und wirtschaftlicher, wenn ihnen eine gewissenhafte Planung vorausgegangen ist. Diese wiederum baut auf geeigneten Informationen auf, wie sie teilweise auch in Regelwerken vorkommen.

Zusammenfassend lassen sich die **Awareness-bezogenen Inhalte** der betrachteten Regelwerke wie folgt beurteilen:

- **Direkte Anforderungen** zur Awareness finden sich nicht in allen Regelwerken. Teilweise sind nur indirekte Anforderungen vorhanden, die lediglich durch Interpretation einen Bezug zu Awareness-Maßnahmen zulassen. Unter den hier betrachteten Regelwerken kann im ITSG, in SOX und im GLBA lediglich indirekt eine Beziehung zur Awareness hergestellt werden. Die anderen Regelwerke besitzen direkte Anforderungen, die allgemein (wie im BDSG, in anderen Gesetzen und in ITIL) oder spezifisch (wie in den ISO-, BSI-, NIST- und PCI-Standards und in COBIT) formuliert wurden.
- Die **Behandlung von Spezialthemen**, also spezielle Themen aus dem Bereich der Awareness, ist nur vereinzelt in den Regelwerken integriert. Die BSI-Kataloge und COBIT sind die einzigen der hier genannten Regelwerke, die auch spezielle Themen ansprechen (z. B. Kontinuität und Rechteverwaltung in COBIT oder der Umgang mit bestimmten Technologien im Maßnahmenkatalog des BSI).
- Die **Zielgruppenorientierung** sorgt für eine passende Zuordnung von Inhalten zu den adressierten Mitarbeitern. Eine diesbezügliche, direkte Vorgabe findet sich in den ISO-, BSI- und NIST-Standards, wo explizit die Berücksichtigung von Rollen oder Zielgruppen bei der Vermittlung von Inhalten gefordert wird. In COBIT wird allgemein darauf hingewiesen, dass die Mitarbeiter über die erforderlichen Kompetenzen zur Ausübung ihrer Rolle verfügen sollen. Daraus kann abgeleitet werden, dass auch Awareness-Maßnahmen rollenspezifisch erfolgen sollen.
- Die **Variation von Maßnahmen** wird nur von wenigen Regelwerken verlangt. In diesen Fällen wird explizit gefordert, dass verschiedene Maßnahmen eingesetzt werden sollen, um so die Wirkung zu erhöhen. ISO und PCI gehen darauf ein: Sie fordern unterschiedliche Awareness-Maßnahmen und liefern sogar konkrete Beispiele (wie Broschüren, webbasierte Schulungen und Poster). Die anderen Regelwerke beinhalten keinen diesbezüglichen Hinweis.
- **Maßnahmen bei Neueinstellung** durchzuführen, sollte für Unternehmen eigentlich selbstverständlich sein. Andernfalls würde von neueingestellten Mitar-

beitern ein hohes Risiko ausgehen, das insbesondere auf der Unwissenheit über unternehmensspezifische Abläufe, Strukturen und Systemen beruht. Bei diesem Punkt heben sich ISO, BSI, NIST und PCI von den anderen Regelwerken ab. Sie fordern explizit, dass neueingestellte Mitarbeiter an einer Awareness-Maßnahme teilnehmen sollen. Damit wird vermieden, dass die Adressierung der neuen Mitarbeiter bis zur nächsten regulären Awareness-Maßnahme ruht.

– Auch die **regelmäßige Auffrischung** ist wichtig, da ansonsten das Awareness-Niveau bei den Mitarbeitern mit der Zeit abnimmt. Die Gründe hierfür liegen in Änderungen, die den Mitarbeitern bisher nicht bekannt gemacht wurden, und der mit der Zeit abnehmenden Aufmerksamkeit für das Thema. Ohne eine Auffrischung muss mit einer stetig zunehmenden „Desensibilisierung" gerechnet werden. Um dem entgegenzuwirken, ist die regelmäßige Auffrischung Bestandteil der ISO-, BSI-, NIST- und PCI-Standards sowie von COBIT und ITIL. Zudem geht auch HIPAA – als einziges der hier betrachteten Gesetze – darauf ein. Größtenteils bleibt jedoch offen, wie „regelmäßig" zu interpretieren ist. Das einzige Regelwerk, das eine konkrete Zeitangabe dazu besitzt, ist der PCI-Standard. Hier wird gefordert, dass die Auffrischung mindestens einmal im Jahr durchgeführt wird.

4 Awareness-Programme

4.1 Orientierung

Um Awareness-Maßnahmen effektiv einzusetzen und den maximal möglichen Erfolg mit ihnen zu erzielen, sollten sie in ein sorgfältig ausgearbeitetes **Awareness-Programm** integriert werden. Der Lebenszyklus eines solchen Programms besteht einerseits aus mehreren Phasen, die vor der eigentlichen Durchführung der Awareness-Maßnahmen zum Tragen kommen (diese Phasen sorgen für einen ersten Überblick, eine angemessene finanzielle Fundierung, eine Unterstützung durch Schlüsselpersonen, eine umfassende Analyse von Ist- und Soll-Zustand sowie eine anforderungs- und bedarfsgerechte Planung), und andererseits aus Phasen, die zur Implementierung und Beurteilung der Awareness-Maßnahmen erforderlich sind.

Durch ein Programm lassen sich Awareness-Maßnahmen überlegter und gewinnbringender einsetzen. Vor allem das Kosten-Nutzen-Verhältnis kann verbessert werden, da die Ziele des Unternehmens mit einem Programm koordinierter und längerfristiger umgesetzt werden können als mit Einzelmaßnahmen.

Die erste Phase des Lebenszyklus besteht aus der **Orientierung**. Sie dient dem Verständnis über die nachfolgenden Phasen und deren Inhalte. Daher ist sie eine wichtige Voraussetzung zur erfolgreichen Gestaltung eines Awareness-Programms. Ohne die Kenntnis der einzelnen Phasen bestünde die Gefahr, dass Maßnahmen unkoordiniert geplant und zusammengestellt werden. Dadurch würde sich die Wahrscheinlichkeit erhöhen, dass essenzielle Phasen vernachlässigt, übersehen oder zum falschen Zeitpunkt bearbeitet werden. Wenn z. B. Awareness-Maßnahmen implementiert würden, ohne zuvor die Anforderungen und der Bedarf festzustellen, wären die Maßnahmen entweder zu umfangreich oder zu eingeschränkt für das Unternehmen. Auch eine fehlende Budgetierung oder Genehmigung könnten das gesamte Programm früher oder später zum Scheitern bringen.

Die einzelnen **Phasen** des Lebenszyklus können bei Bedarf angepasst oder verändert werden. Dies ist z. B. dann sinnvoll, wenn auf unternehmensspezifische Gegebenheiten reagiert werden soll (z. B. mit einer Zusammenführung von Anforderungs- und Bedarfsanalyse bei einem neu gegründeten Unternehmen oder mit dem Wegfall der Genehmigungsphase, wenn das Programm direkt durch die Geschäftsführung initiiert wird). Grundsätzlich besteht der Lebenszyklus eines Awareness-Programms aus den folgenden neun Phasen (siehe Abb. 4.1):

1. **Orientierung:** In dieser ersten Phase erlangt bzw. verstärkt der Initiator des Awareness-Programms sein Bewusstsein über den Lebenszyklus und seine Inhalte. Falls erforderlich können hier bereits Anpassungen der Phasen vorgenommen werden, um den Ablauf besser auf das eigene Unternehmen zuzuschneiden.

https://doi.org/10.1515/9783110668261-004

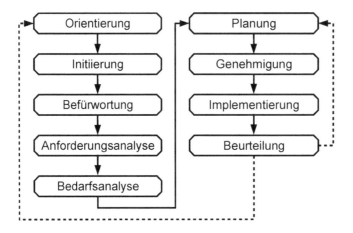

Abb. 4.1: Phasen eines Awareness-Programms

2. **Initiierung:** Die Initiierung ist ausschlaggebend für alle folgenden Phasen. Sie startet direkt oder indirekt die Gestaltung des neuen Programms und alle damit verbundenen Aktivitäten. Sie wird durch ein intern oder extern bedingtes Ereignis ausgelöst.

3. **Befürwortung:** Die Befürwortung besteht nicht nur aus der Duldung des Programms durch die Geschäftsführung, sondern sollte auch eine aktive Unterstützung des gesamten Senior Managements beinhalten. Der Erfolg des Programms kann wesentlich davon abhängen.

4. **Anforderungsanalyse:** Mit dem Programm werden bestimmte Ziele verfolgt, die vor allem mit der Erfüllung interner und externer Anforderungen zusammenhängen. Um diese Anforderungen zu identifizieren und zu verstehen, bedarf es einer eingehenden Analyse.

5. **Bedarfsanalyse:** Anforderungen können durch vorherige Maßnahmen im Unternehmen bereits ganz oder teilweise erfüllt worden sein. Daher sollten die identifizierten Anforderungen mit dem Status-quo abgeglichen werden, um den tatsächlichen Bedarf an Awareness-Maßnahmen zu ermitteln. Außerdem sind spezifische Bedingungen im Unternehmen (z. B. die technische Ausstattung der Mitarbeiter) ebenfalls ein Einflussfaktor für den Bedarf.

6. **Planung:** In dieser Phase werden die bisher gewonnenen Erkenntnisse verwendet, um Awareness-Maßnahmen zu gestalten und auszuwählen sowie ihre Einordnung in das Programm vorzunehmen. Im Mittelpunkt stehen dabei die Effektivität und Effizienz der Maßnahmen, die zur Deckung des zuvor ermittelten Bedarfs eingesetzt werden sollen.

7. **Genehmigung:** Ohne die Genehmigung fehlt nicht nur die Gewissheit, dass die Ressourcen für die Awareness-Maßnahmen bereitgestellt werden, sondern auch die offizielle Bewilligung der Arbeitsaktivitäten rund um das Programm. Nur

wenn das Senior Management die Genehmigung erteilt, muss nicht ständig mit Ressourcenmängeln oder sogar einem Programmabbruch gerechnet werden.

8. **Implementierung:** Die vorangegangenen Phasen haben nur dann einen Nutzen, wenn sie in einer Implementierung von Awareness-Maßnahmen münden. Von der Erstellung von Inhalten bis zum Einsatz von Medien muss in dieser Phase eine Vielzahl von Tätigkeiten ausgeführt und koordiniert werden.

9. **Beurteilung:** Die Beurteilung hat zwei wesentliche Bedeutungen: Zum einen soll sie durch eine geeignete Datenerhebung eine Einschätzung über den Erfolg der Awareness-Maßnahmen ermöglichen. Zum anderen dient sie der Aufdeckung von Problemen und Unzulänglichkeiten rund um Inhalte, Methoden und Kommunikationsmittel – negative Auswirkungen auf die Zielerreichung sollen erkannt werden. Die hierdurch gewonnenen Erkenntnisse können genutzt werden, um Nacharbeiten anzustoßen oder um Verbesserungsansätze für zukünftige Awareness-Programme herauszustellen.

Der **Ablauf** der Phasen eines Awareness-Programms ist grundsätzlich sequenziell, da die Inhalte größtenteils aufeinander aufbauen. Unter anderem kann der Bedarf nicht determiniert werden, wenn nicht zuvor die relevanten Anforderungen analysiert worden sind. Auch sollte eine Implementierung in der Regel nicht ohne eine Genehmigung gestartet werden, welche in der Regel nur mit einer sorgfältigen Planung erlangt werden kann. Abweichungen von diesem sequenziellen Ablauf sind jedoch möglich und vor allem in folgenden Situationen sinnvoll:

– Eine vollständig **parallele** Ausführung von unterschiedlichen Phasen ist kaum möglich, da die Phasen grundsätzlich voneinander abhängen. Lediglich, wenn Teilergebnisse einer Phase bereits in die nächste Phase einfließen können, ist eine Parallelisierung sinnvoll. Durch diese partielle Parallelisierung überlappen sich allerdings nur Teile der Phasen, sodass sie nicht vollständig parallel durchlaufen werden. Eine Aufteilung der Adressaten in unterschiedliche Gruppen wäre eine Möglichkeit, um Teilergebnisse abzugrenzen und sie frühzeitig in nachfolgenden Phasen weiterzubearbeiten. Wenn z. B. die Anforderungsanalyse für die Benutzergruppe „Systemadministratoren" bereits abgeschlossen wurde, könnte für diese Gruppe bereits die Bedarfsanalyse begonnen werden, auch wenn die Anforderungen in Bezug auf andere Gruppen noch nicht ermittelt wurden. Oder Teilergebnisse aus der Planung könnten in die Genehmigungsphase einfließen, während die Planungsphase noch weiter andauert. Ein anderer Ansatz zur Parallelisierung betrifft Aktivitäten, die innerhalb derselben Phase stattfinden. Immer, wenn mehrere Personen an der Aufgabenerfüllung beteiligt sind, findet eine Arbeitsteilung statt. Diese Arbeitsteilung führt normalerweise dazu, dass jede Person eigene Aktivitäten zugeordnet bekommt, die oft parallel zu den Aktivitäten anderer ausgeführt werden können. Beispielsweise kann innerhalb der Implementierungsphase ein Mitarbeiter die benötigten Medien beschaffen, während ein anderer die Inhalte vorbereitet und wieder jemand anderes die räumliche und zeitliche Koordination übernimmt.

- Die **Zusammenfassung** von Phasen ist oft eine geeignete Möglichkeit, um Schnittstellen zu verringern, und dadurch zeitliche oder qualitative Nachteile zu vermeiden. Wenn ein Unternehmen z. B. vor Kurzem neu gegründet wurde und die IT-Umgebung erst in Ansätzen existiert, können unter Umständen die Anforderungs- und Bedarfsanalyse zusammengefasst werden. In diesem Fall wurden wahrscheinlich noch keine Awareness-Maßnahmen implementiert, sodass die Bedarfsanalyse womöglich gekürzt und direkt in die Anforderungsanalyse integriert werden kann. Außerdem kann die Beurteilung mit der Implementierung zusammengefasst werden, wenn beurteilende Methoden direkt in die Awareness-Maßnahmen integriert werden sollen (z. B. durch das Einholen und Beantworten von Feedback während eines Vortrags).
- Das **Ergänzen** von zusätzlichen Phasen kann z. B. dann sinnvoll sein, wenn ein Unternehmen individuelle, zusätzliche Erwartungen besitzt oder von besonderen Umweltbedingungen betroffen ist. Wenn ein Unternehmen z. B. Teil einer größeren Unternehmensgruppe ist, könnte eine zusätzliche Phase in den Ablauf integriert werden, um Kooperationsmöglichkeiten mit anderen Unternehmen aus dieser Gruppe zu untersuchen. Diese Phase könnte dann zwischen den Phasen Bedarfsanalyse und Planung eingeordnet werden. Ein anderes Beispiel ist eine separate Phase für die Kommunikation mit einem externen Auditor oder Zertifizierer. Dies könnte unmittelbar nach der Planung oder Implementierung des Programms erfolgen. Die Notwendigkeit zur Einbindung eines externen Auditors oder Zertifizierers besteht dann, wenn ein Unternehmen eine unabhängige Bestätigung darüber benötigt, dass bestimmte Regularien tatsächlich erfüllt werden. Wenn sich ein Unternehmen zur Behebung von Abweichungen verpflichtet hat, kann eine zusätzliche Phase zur Validierung von Awareness-Maßnahmen und zur Beweisübermittlung genutzt werden.
- Das **Entfernen** von Phasen ist prinzipiell ebenfalls möglich. Es kann der Verschlankung und Beschleunigung des Ablaufs dienen. Insbesondere, wenn ein Unternehmen sehr eingegrenzte Ziele verfolgt oder starken finanziellen oder zeitlichen Restriktionen unterlegen ist, bieten einzelne Phasen aus der individuellen Perspektive des Unternehmens womöglich eine geringe Attraktivität. Diese Phasen haben für das Unternehmen z. B. einen zu geringen Nutzen, um die erforderlichen finanziellen oder zeitlichen Ressourcen zu rechtfertigen. Ein Beispiel ist ein Unternehmen, das innerhalb eines Monats eine Awareness-Maßnahme durchführen muss, um der PCI-DSS-Anforderung nach jährlicher Auffrischung der Awareness zu genügen. In diesem Fall könnte die Phase Bedarfsanalyse komplett entfallen, da eine Berücksichtigung von konkreten Bedarfen zu viel Zeit erfordern würde. Neben der kompletten Entfernung einer Phase können auch einzelne Aktivitäten innerhalb von Phasen entfernt werden, sofern sie einen geringen Nutzen bieten oder für das Unternehmen unpassend

sind; z. B. kann ein Unternehmen auf die Validierung von Beurteilungsdaten (also die Prüfung auf syntaktische und semantische Korrektheit) verzichten, wenn bei der Datenerhebung bereits Plausibilitätskontrollen eingesetzt wurden. Durch das Entfernen einzelner Aktivitäten können ebenfalls finanzielle oder zeitliche Vorteile erlangt werden.

– Die **Rückkopplung** ist eine wichtige Option, um bei wesentlichen Änderungen oder Problemen angemessen reagieren zu können. Dabei wird nach einer späteren Phase eine vorangegangene, bereits durchlaufene Phase erneut gestartet und der Ablauf von dort weiter fortgeführt. Die häufigste Rückkopplung findet in der Regel von einer der letzten drei Phasen zurück in die Planung statt. Wenn die Genehmigung nicht erlangt werden konnte, müssen Inhalte der Planung geändert werden (z. B. können kostengünstigere Maßnahmen eingeplant werden). Wenn die Implementierung fehlschlägt (z. B. weil benötigte Medien nicht verfügbar sind), muss ebenfalls eine planerische Änderung erfolgen. Wenn die Beurteilung gravierende Mängel oder eine unzureichende Zielerfüllung aufdeckt, kann dies auch in der Planung thematisiert werden. Aber auch in andere Phasen kann zurückgegangen werden: z. B. in die Befürwortung, wenn die Geschäftsführung neu besetzt wird und das Awareness-Programm infrage gestellt wird; oder in die Anforderungsanalyse im Fall von geänderten Regularien. Grundsätzlich bieten Rückkopplungen zwar eine gute Möglichkeit, um notwendige Nacharbeiten durchzuführen, allerdings sind Rückkopplungen stets mit Ineffizienzen verbunden: Sie erfordern meist einen höheren Zeit- und Arbeitsaufwand als ein regulärer Ablauf ohne Rückkopplungen. Daher ist eine sorgfältige Bearbeitung der Phasen einem vorschnellen Durchlauf, der eine hohe Wahrscheinlichkeit für Rückkopplungen mit sich bringt, immer vorzuziehen. Andererseits kann eine Rückkopplung, und die damit verbundenen Zusatzaufwände, auch bewusst eingeplant werden, um eine zyklische Umsetzung mit kleineren, aber auch früheren Resultaten zu erreichen. So könnten z. B. die zu vermittelnden Inhalte oder die zu adressierenden Mitarbeiter in mehrere Teile bzw. Gruppen aufgeteilt werden und in mehreren Zyklen schrittweise angegangen werden. In diesem Fall könnte mehrmals von der Beurteilungsphase an den Anfang des Programms zurückgekoppelt werden. Dadurch können Resultate schneller erreicht werden und gleichzeitig Lessons-learned hinzugewonnen werden, die dann direkt im nächsten Zyklus für eine kontinuierliche Verbesserung genutzt werden können. Auch die Nutzung von kleineren Teilzyklen (z. B. die mehrmalige Rückkopplung von der Beurteilung in die Planung) wäre dabei vorstellbar.

Selbst wenn zunächst keine mehrfachen Zyklen beim Ablauf des Awareness-Programms eingeplant werden, wiederholen sich die Aktivitäten aus dem Programm früher oder später. In der Regel werden Unternehmen nämlich mit der Zeit weitere Awareness-Programme durchlaufen, sodass ähnliche Aktivitäten, sogar oft von denselben Personen, durchgeführt werden. Aus den vorangegangenen Programmen kann gelernt werden, und dadurch die **Reife** des Unternehmens in Bezug auf Awareness-Programme erhöht werden. Um die Reife gezielt zu erhöhen, ist ein Verständnis über Reifegrade und allgemeine Verbesserungsansätze von grundlegender Bedeutung.

Eine gute Basis zur Abgrenzung verschiedener Reifegrade bietet der ISO-Standard 33002: Hierbei werden Prozesse aufgrund ihrer Eigenschaften beurteilt und einem Reifegrad zugeordnet. Dazu wird unter anderem überprüft, inwieweit Aktivitäten rund um die betroffenen Prozesse vollständig, definiert, kontrolliert, gemessen und optimiert werden. Eine derartige Reifegradbeurteilung kann auch auf Awareness-Programme angewandt werden.

Um die Reife zu erhöhen, ist es zum einen erforderlich, zu Beginn des Ablaufs die vorangegangenen Aktivitäten zu kennen und die hierzu vorhandene **Dokumentation** auszuwerten; zum anderen sollte nach dem Programmdurchlauf eine neue Dokumentation erstellt werden – diese kann zu Beginn des nächsten Zyklus ausgewertet werden. Eventuell kann die Dokumentation mit neuen Lessons-learned angereichert werden, sodass einmal aufgetretene Probleme in Zukunft vielleicht vermieden werden können.

Ein weiteres Hilfsmittel in der Orientierungsphase ist eine umfassende **Terminologie**. Falls sie im Unternehmen noch nicht vorhanden ist, sollte überlegt werden, eine zu erstellen. Zentrale Begriffe rund um die Awareness sollten nämlich ausreichend verstanden werden, bevor ein Awareness-Programm initiiert wird. Auf diese Weise können Missverständnisse frühzeitig vorgebeugt werden. Beispielsweise wäre die Initiierung eines Awareness-Programms fragwürdig, wenn dem Initiator nicht bekannt wäre, wie sich ein Programm von einer Maßnahme unterscheidet oder warum Awareness notwendig ist. Vor allem sollte verstanden werden, dass zur Erhöhung der Awareness Wissen über Informationssicherheit vermittelt werden muss, damit das Verhalten der Mitarbeiter in sicherheitsrelevanten Situationen verbessert wird (siehe auch Kapitel 2.1.1).

In der Orientierungsphase macht es auch Sinn, sich über **häufige Fehler**, die in den nachfolgenden Phasen auftreten können, bewusst zu werden. Diese Fehler können den Erfolg von Awareness-Maßnahmen oder sogar des gesamten Programms beeinträchtigen und sollten daher frühzeitig erkannt werden.

Den Erfolg kann man aus den Perspektiven Effektivität (also inwieweit das angestrebte Ziel erreicht wird) und Effizienz (also inwieweit die Zielerreichung wirtschaftlich ist) bemessen. Daraus folgt, dass alle Aktivitäten oder Ereignisse, die die Effektivität oder Effizienz von Awareness-Maßnahmen verringern, als Fehler betrachtet werden können. Die Kenntnis folgender Beispiele kann dazu verhelfen, derartige Fehler auch tatsächlich zu erkennen und bei Bedarf entsprechende Gegenmaßnahmen einzuleiten:

–   Eine **unangemessene Planung** kann dazu führen, dass wichtige Phasen nicht richtig eingeplant und durchgeführt werden. Wenn wichtige Phasen erst sehr spät bedacht werden, besteht die Gefahr einer übereilten oder unüberlegten Durchführung. Außerdem kann dies zu ineffizienten Rückkopplungen führen (z. B. wenn bereits mit der Implementierung begonnen wurde und dann weitere Ergebnisse aus der Bedarfsanalyse gefordert werden). Eine unangemessene Planung beeinträchtigt auch die Ressourcensituation: Ohne eine vorherige Einschätzung darüber, wann welche Ressourcen benötigt werden, ist ein Awareness-Programm kaum durchführbar. Für die Vorbereitung und Implementierung von Maßnahmen werden nicht nur vom Programm-Team materielle, immaterielle und finanzielle Ressourcen benötigt, sondern teilweise auch von den Adressaten der Maßnahmen – sie müssen vor allem Arbeitszeit investieren, um an Veranstaltungen teilzunehmen oder Material zu sichten. Aufgrund der heutzutage meist eng eingeplanten Ressourcen ist es in der Regel nicht möglich, ad hoc – also ohne vorherige Planung – Tätigkeiten mit der Einbeziehung von viel Personal durchzuführen.

– Das Budget spielt ebenso eine wichtige Rolle, denn es repräsentiert den maximalen Umfang der einsetzbaren Ressourcen für das Awareness-Programm. Durch das Budget werden nicht nur externe Personalkosten und andere extern in Rechnung gestellte Kosten gedeckt, sondern auch intern anfallende Aufwände (z. B. interne Personalkosten). Budget ist eine Grundvoraussetzung, um überhaupt Tätigkeiten durchführen zu können. **Fehlendes Budget** oder eine schlechte Budgetverwaltung beeinträchtigen diese Voraussetzung, wodurch sich ein Awareness-Programm verzögern oder sogar scheitern kann. Fehlendes Budget bedeutet, dass entweder überhaupt kein Budget zur Verfügung steht oder dass das verfügbare Budget zu niedrig ist, um die Kosten für die geplanten Tätigkeiten zu decken. Dies kann z. B. darin begründet sein, dass die Beantragung des Budgets versäumt wurde, das Budget nicht in erforderlichem Ausmaß genehmigt wurde oder der erwartete Ressourcenbedarf nicht dem tatsächlichen entspricht. Je nach Unternehmen und Position des Initiators kann die Vergabe von Budgets mehr oder weniger formell gestaltet werden: Während in manchen Unternehmen eine penible Auflistung der erwarteten Ausgaben erforderlich ist, um eine Berücksichtigung in der nächsten Budgetrunde zu finden, kann in anderen Unternehmen – wo der Initiator vielleicht Teil des Managements ist – womöglich über pauschal verteiltes Budget verfügt werden. Die Budgetverwaltung sollte nicht zu leichtfertig erfolgen. Eine wirtschaftliche Herangehensweise ist wichtig, um das Budget möglichst effizient einsetzen zu können. Dazu gehören unter anderem ein angemessener Vergleich von Alternativen (z. B. von Schulungsanbietern) und ein überlegter Einsatz von finanziellen Mitteln (z. B. die Vermeidung von unnötig hohen Materialkosten).

– Die Anforderungsanalyse besitzt einen wichtigen Stellenwert innerhalb eines Awareness-Programms. Die **Nichtberücksichtigung von Anforderungen** kann nämlich wesentliche Auswirkungen auf den Erfolg des Awareness-Programms haben. Anforderungen, die nicht in die Anforderungsanalyse eingehen, können auch nicht bei der Bedarfsanalyse berücksichtigt werden. Insbesondere wenn es sich um wesentliche Anforderungen handelt (z. B. regulatorische Vorgaben), ist der Gesamterfolg des Awareness-Programms gefährdet. Wenn z. B. eine Zertifizierung gemäß ISO 27001 erreicht werden soll, wäre dieses Ziel gefährdet, wenn die Awareness-Maßnahmen nicht zielgruppenorientiert, variiert und regelmäßig aufgefrischt würden. Daher ist eine eingängige Recherche zu den aktuell geltenden Gesetzen und anderen Compliance-Vorgaben unabdingbar. Dabei sollte auch beachtet werden, dass Regularien ständig angepasst und erweitert werden. Eine regelmäßige Aktualisierung der Ergebnisse aus der Anforderungsanalyse ist daher ebenfalls zu empfehlen – andernfalls können Awareness-Maßnahmen z. B. aufgrund von geänderten Regularien mit der Zeit an Aktualität einbüßen.

– Ein anderer Fehler entsteht, wenn den Teilnehmern der Awareness-Maßnahmen bei der Informationsaufnahme zu viel zugemutet wird – sie sind dann von einer **Informationsüberflutung** betroffen. Die Teilnehmer erhalten dabei in kurzer Zeit so viele Informationen, dass sie diese nicht angemessen verarbeiten können. Aufgrund von Informationsmenge und -qualität wird den Teilnehmern eine Unterscheidung zwischen wichtigen und unwichtigen Inhalten erschwert. Durch den heutzutage leichten Zugriff auf Informationen kann man beim Erstellen von Awareness-Inhalten schnell dazu verleitet werden, eine große Menge an Informationen zu integrieren. Auch die Verfügbarkeit von vielen unterschiedlichen Medien erleichtert die Übermittlung von großen Informationsmengen. Eine schlechte Aufbereitung der Inhalte (z. B. eine fehlende Kenntlichmachung von Kernaussagen bzw. wesentlichen Verhaltensregeln) erschwert die Informationsverarbeitung zusätzlich. Ob ein einzelner Teilnehmer von einer Informationsüberflutung betroffen ist, hängt auch davon ab, wie diese Person mit Informationen umgeht. Wenn sie z. B. eine hohe Medienkompetenz besitzt und bereits über relevante Kenntnisse verfügt, wird ihr die Verarbeitung von großen Informationsmengen tendenziell leichter fallen. Daher kann eine Teilnehmer-Gruppe von einer Informationsüberflutung betroffen sein, während eine andere die Informationen ohne Probleme verarbeiten kann. Folglich sollten die Kenntnisse und Fähigkeiten der Zielgruppe bei der Informationszusammenstellung stets berücksichtigt werden.

– Eine **übereilte Durchführung** von Awareness-Maßnahmen entwickelt sich oft, wenn vorgegebene Termine eingehalten werden sollen (z. B. kurz vor einem Zertifizierungstermin), vergangene Verzögerungen wieder ausgeglichen werden sollen (z. B. nach ungeplanten Personalausfällen), oder sich die Risikoakzeptanz der Geschäftsführung drastisch reduziert hat (z. B. nach Pressemeldungen über einen Cyber-Angriff). Obwohl eine übereilte Durchführung meist auf nachvollziehbaren Gründen basiert, bringt sie eine Vielzahl von Problemfeldern mit sich: Zum einen werden Anforderungsanalyse, Bedarfsanalyse und Planung verkürzt, was zu einer unvollständigen oder fehlerhaften Vorbereitung von

Awareness-Maßnahmen führen kann. Zum anderen werden Entscheidungen womöglich vorschnell getroffen, sodass diese unter Umständen wirtschaftlich suboptimal sind und sich nachteilig auf das Budget auswirken. Die Identifikation der besten Alternative erfordert in der Regel einen gewissen Zeitaufwand, der ohne Qualitätseinbußen nur schwer reduziert werden kann. Ein kleineres Zeitfenster ist auch mit Einschränkungen der Flexibilität verbunden, sodass Synergien, die Anpassungen erfordern, nicht so einfach genutzt werden können. Außerdem spielt auch die oben beschriebene Informationsüberflutung eine Rolle: Die Teilnehmer der Awareness-Maßnahmen werden bei einer übereilten Durchführung in kürzeren Abständen und intensiver mit Informationen versorgt, was eine Informationsüberflutung wahrscheinlich macht, und dementsprechend eine erschwerte Informationsverarbeitung mit sich bringt.

– Inhalte für Awareness-Maßnahmen sind oft schon vorgefertigt verfügbar. Sie werden z. B. als computerbasiertes Training vertrieben oder Trainer haben schon ausgearbeitetes Schulungsmaterial vorliegen. Ein nicht zu unterschätzender Fehler wäre es allerdings, dieses Material direkt an die internen Mitarbeiter des Unternehmens weiterzuvermitteln. Wenn das **Material nicht modifiziert** wird, können keine individuellen Eigenschaften und Ziele der Mitarbeiter oder des Unternehmens berücksichtigt werden. Mitarbeiter sollten differenziert betrachtet werden, da sie verschiedene Kenntnisse und Erfahrungen besitzen und unterschiedliche Tätigkeiten im Unternehmen ausführen. Das Ergebnis einer fehlenden Modifikation wäre, dass manche Teilnehmer der Awareness-Maßnahme mit den Inhalten über- oder unterfordert wären oder dass die Inhalte für die Tätigkeiten der Teilnehmer irrelevant wären oder nur schwer damit in Verbindung gebracht werden könnten. Ein Buchhalter, der erfährt, wie man bei einer Softwareprogrammierung eine mögliche SQL-Injection verhindert, wäre ähnlich desinteressiert wie ein Systemadministrator, der den sicheren Umgang mit externen Kunden erlernen würde. Daher ist es immer ratsam, das Material auf die Zielgruppe anzupassen. Es sollte nicht nur aus Sicht des Trainers erstellt werden, sondern auch eine Beziehung zu den Teilnehmern der Awareness-Maßnahme besitzen und die praktische Anwendbarkeit verdeutlichen. Auch in Bezug auf das Unternehmen sollten bestimmte Eigenschaften in das Material eingehen. Unter anderem kann die Anwendung des Corporate Designs dazu verhelfen, dass die Teilnehmer ein höheres Interesse am Material zeigen. Auch der Geschäftsbereich des Unternehmens sollte sich auf das Material auswirken: Ein Unternehmen, das z. B. besonders schützenswerte Finanzdaten verarbeitet, unterliegt anderen Anforderungen und Erwartungen an die Awareness als ein Unternehmen, das lediglich Adressdaten erfasst.

– Außerdem kann es ungünstig für den Erfolg von Awareness-Maßnahmen sein, **keine Interaktion** zuzulassen, also keine Möglichkeit zu haben, auf einzelne Teilnehmer einzugehen. Nur wenn eine Interaktion angeboten wird, können Teilnehmer eigene Bedürfnisse oder Probleme bei der Informationsverarbeitung artikulieren. Dazu gehören unter anderem inhaltliche Mängel, Anzeichen für eine Informationsüberflutung oder eine unpassende Zielgruppenorientierung. Je nach Art der eingesetzten Medien bestehen mehr oder weniger Interaktionsmöglichkeiten. Während eine Schulungsveranstaltung in der Regel eine direkte Interaktion mit dem Referenten zulässt, können z. B. bei asynchronen Medien (wie Video- oder Audioaufnahmen) keine direkten Anmerkungen oder Rückfragen übermittelt werden. Bei Letzterem ist es wichtig, die Interaktion über andere Kanäle zuzulassen (z. B. über E-Mail oder Telefon). Auf entsprechende Kontaktaufnahmen sollte natürlich in angemessener Zeit reagiert werden, sodass sinnvolle Anpassungen der betroffenen Awareness-Maßnahme vorgenommen werden können, bevor sie komplett durch alle Teilnehmer abgeschlossen wurde.

– Awareness-Maßnahmen sind nicht sehr erfolgsversprechend, wenn bei den Adressaten **keine Motivation** zur Teilnahme geschaffen wird. Mit der Teilnahme ist nicht nur die physische Anwesenheit gemeint, sondern auch die Bereitschaft der Teilnehmer, den Inhalten zu folgen und bei ihrer zukünftigen Arbeit zu berücksichtigen. Ohne diese Bereitschaft wird eine Awareness-Maßnahme zu keiner Verhaltensverbesserung führen. Es gilt also, nicht nur dafür zu sorgen, dass die Teilnehmer die Medien erhalten bzw. bei einer Veranstaltung erscheinen, sondern auch, dass den Teilnehmern verständlich wird, welchen Nutzen die Inhalte für das Unternehmen und unter Umständen auch für die einzelne Person bieten können. Je nach eingesetztem Medium kann die Motivation der Teilnehmer mehr oder weniger einfach erhöht werden. Während z. B. eine Schulungsveranstaltung die physische Anwesenheit erfordert und damit relativ einfach die (zumindest anfängliche) Bereitschaft und Aufmerksamkeit erhöht werden kann, werden E-Mails, Intranet-Inhalte und Broschüren oft gar nicht erst betrachtet. Die Motivation sollte möglichst zielgerichtet erhöht werden: Mit Spielifikation kann man das Spielverhalten der Teilnehmer ausnutzen. Co-Working kann durch die Interaktion und Nähe zu Kollegen motivierend wirken. Daneben existieren noch eine Vielzahl anderer intrinsischer und extrinsischer Motivationsfaktoren, denen man sich im Vorfeld der Awareness-Maßnahme bewusst sein sollte, um sie bei Bedarf gezielt einzusetzen.

– Awareness-Maßnahmen sollten nicht als unabhängige, einmalige Maßnahmen angesehen werden. Vielmehr sind sie Teil der dauerhaften Bemühungen eines Unternehmens, um das eigene Sicherheitsniveau aufrechtzuerhalten oder zu verbessern. Daher wäre es ein Fehler, wenn **keine Beurteilung** der Effektivität der durchgeführten Maßnahmen stattfände. Ohne eine solche Beurteilung wäre es nicht nur unklar, ob das Ziel der Maßnahme erreicht wurde, sondern auch, welche Verbesserungen oder Anpassungen sinnvoll sind, um eine Folgemaßnahme effizienter zu gestalten. Es existieren verschiedene Möglichkeiten, um die Effektivität zu beurteilen (z. B. Fragebögen oder Audits). Wichtig ist jedoch, dass man diese Beurteilung fest einplant und sich auch der Repräsentativität der Beurteilungsmethoden im Klaren ist – z. B. sollten Stichproben mit Bedacht interpretiert werden, sodass Ausreißer in den Daten nicht das Gesamtbild verfälschen. Die Ergebnisse der Beurteilung sollten bei der nächsten Awareness-Maßnahme Berücksichtigung finden. Damit sie dann auch für Kollegen verfügbar sind, sollten sie nicht nur in den Köpfen der Beurteiler verweilen, sondern auch dokumentiert und an zentraler Stelle abgelegt werden.

– Auch **Qualitätsmängel** sollten bei Awareness-Maßnahmen vermieden werden. Dabei ist sowohl die Qualität der Inhalte als auch der Umsetzung relevant. Am Beispiel einer Schulungsveranstaltung bedeutet dies, dass die übermittelten Inhalte einerseits bedarfsgerecht, korrekt und vollständig sein sollten und andererseits auch in angemessener Weise kommuniziert werden sollten. Der Trainer oder Referent sollte die Eignung besitzen, Vorträge verständlich zu halten und dabei das Interesse der Teilnehmer aufrechtzuerhalten. Dabei spielen unter anderem eine sinnvolle Gestaltung der Folien und eine passende Kommunikation mit den Teilnehmern wichtige Rollen. Einen Trainer ausschließlich anhand seines Fachwissens auszuwählen, kann problematisch sein, wenn er die Inhalte nicht gut kommunizieren kann. Andere Qualitätsmerkmale bei Awareness-Maßnahmen können z. B. die Verfügbarkeit von Online-Inhalten, die Bedienbarkeit von Computer-Lernprogrammen oder die Attraktivität von Postern oder Handzetteln sein.

– Awareness-Maßnahmen oder sogar ein ganzes Programm durchzuführen, **ohne die Befürwortung** durch das Senior Management einzuholen, birgt einen ständigen Unsicherheitsfaktor: Das Senior Management könnte die Durchführung jederzeit stoppen oder hinter andere Aktivitäten beliebig zurückstellen. Insbesondere wenn dem Senior Management keine Informationen über die geplanten Maßnahmen vorliegen, besteht ständig eine hohe Unsicherheit darüber, ob die Durchführung ungehindert erfolgen kann. Das Senior Management könnte durch die fehlende Informationslage das Risiko sehen, dass die getätigten Investitionen für die Awareness in einem ungünstigen Kosten-Nutzen-Verhältnis stehen. Vor allem, wenn der Initiator beim Senior Management wenig bekannt ist oder keine hohe Vertrauensbasis besitzt, könnte die fehlende Kommunikation mit dem Senior Management als Zeichen für unprofessionelles oder fehlerhaftes Vorgehen gesehen werden. Falls das Senior Management zwar hinreichend informiert worden ist, aber dennoch seine Befürwortung versagt, wäre die Durchführung keinesfalls zu empfehlen: Sobald das Senior Management davon erfährt, wären nicht nur ein Abbruch der Awareness-Tätigkeiten zu erwarten, sondern auch negative Konsequenzen für den Initiator. Eine Befürwortung des Senior Managements hat hingegen nicht nur den Vorteil, dass ein späteres Veto des Senior Managements gegen die Awareness-Maßnahmen unwahrscheinlich ist, sondern sendet auch ein positives Signal gegenüber allen Beschäftigten, die sich dadurch tendenziell einfacher zur Teilnahme motivieren lassen.

Fallbeispiel

Das Fallbeispiel veranschaulicht den Lebenszyklus eines Awareness-Programms in der **praktischen Anwendung**. Die Inhalte des Fallbeispiels sind auf die folgenden Unterkapitel verteilt, sodass zu den jeweiligen theoretischen Ausführungen direkt die passenden Abschnitte aus dem Fallbeispiel zur Hand sind. Das Fallbeispiel verdeutlicht, welche Tätigkeiten ein Unternehmen durchführen kann, um die Awareness koordiniert zu erhöhen.

Es handelt sich beim betrachteten Unternehmen um einen **fiktiven Einzelhändler** mit über 100 Filialen im In- und Ausland. Um sich gegenüber vergleichbaren Einzelhändlern erfolgreich zu positionieren, verfolgt das Unternehmen die Wettbewerbsstrategie der Preisführerschaft. Aus Sicht der Informationssicherheit sind Informationen rund um die Zulieferer (inklusive individuelle Vertragsvereinbarungen), sowie über die zukünftigen Preisstrategien des Unternehmens besonders schützenswert. Wenn ein Konkurrent an diese Informationen gelangen würde, könnten die Preise gezielt unterboten werden, um das Unternehmen vom Markt zu verdrängen. Weitere schützenswerte Informationen sind die Kundendaten (inklusive Adressen und Zahlungsinformationen). Ein Sicherheitsvorfall im Zusammenhang mit diesen Daten würde die Reputation des Unternehmens so nachhaltig schädigen, dass gravierende Umsatzverluste entstehen würden.

Das Unternehmen ist an mehrere **Regularien** gebunden: Das BDSG ist gesetzlich bindend, sodass eine Nichteinhaltung zu strafrechtlichen Konsequenzen führen würde.

Neben dem BDSG ist für das Unternehmen zukünftig auch der PCI DSS relevant. Dies resultiert aus der Entscheidung des Unternehmens, Kartenzahlungen nicht mehr über die Infrastruktur eines Dienstleisters entgegennehmen und abwickeln zu lassen, sondern diese Prozesse in naher Zukunft selbst durchzuführen zu wollen. Der PCI DSS ist zwar kein Gesetz, allerdings indirekt auch bindend, da eine Nichteinhaltung zu drastisch erhöhten Gebühren durch die Kartenorganisationen und wahrscheinlich zu einem geschäftsschädigenden Reputationsverlust führen würde.

4.2 Initiierung

Die Entscheidung, ein Awareness-Programm zu initiieren, kann von unterschiedlichen internen und externen **Faktoren** beeinflusst werden. Wenn Faktoren, die für eine Erhöhung der Awareness sprechen, durch die entscheidungsbefugten Stakeholder eines Unternehmens erkannt werden, erhöht sich die Wahrscheinlichkeit, dass ein Awareness-Programm tatsächlich initiiert wird. Ob ein bestimmter Faktor oder eine Kombination aus mehreren Faktoren hinreichend für die Initiierung sind, hängt von der Auffassung des Stakeholders darüber ab, ob die Gestaltung und Umsetzung des Programms aus wirtschaftlicher Sicht lohnend erscheinen.

Die wichtigsten Faktoren hängen mit dem Risikomanagement des Unternehmens (siehe Kapitel 2.1.4) und den Regularien, die das Unternehmen betreffen (siehe Kapitel 3.8), zusammen.

Wenn zum Zwecke der Risikoreduzierung oder zum Umgang mit neuen oder geänderten Regularien neue Awareness-Maßnahmen erforderlich sind, macht es oft Sinn, über die Einbettung dieser Maßnahmen in ein Awareness-Programm nachzudenken. Die Vorteile eines Awareness-Programms gegenüber Einzelmaßnahmen liegen in einer besseren Strukturierung und einer durchdachteren Koordination: Die Strukturierung führt dazu, dass alle Phasen rund um die Maßnahmen bewusst durchlaufen werden – dadurch werden keine wichtigen Arbeitsschritte (wie Planung und Genehmigung) ausgelassen oder vernachlässigt. Die Koordination dient der Nutzenoptimierung mehrerer Maßnahmen in ihrer Gesamtheit – die Inhalte der Maßnahmen können sich besser ergänzen und die Mitarbeiter können zielgerechter adressiert werden, wenn die Maßnahmen zusammen betrachtet und zentral geplant werden.

Ein grundlegender Schritt in der Initiierung ist die grobe Festlegung und, soweit möglich, die Eingrenzung von einem oder mehreren Zielen, die mit dem Programm erreicht werden sollen.

In dieser frühen Phase des Lebenszyklus stehen oft noch nicht genügend Details fest, um Ziele genaustens auszuformulieren. Aber zumindest eine grobe **Zielvorstellung** sollte vorhanden sein. Der Initiator des Programms sollte sich die Frage stellen, was ihn zur Initiierung bewegt und inwiefern das Unternehmen davon profitieren soll. Die Reduzierung von Risiken oder die Einhaltung von Regularien spielen dabei oft eine wichtige Rolle. Die Ziele können z. B. mithilfe der Balanced Scorecard oder der SMART-Methode ausformuliert werden (siehe Kapitel 2.3.4).

In Anlehnung an die Ziele lässt sich oft eine grobe **Kosten-Nutzen-Schätzung** erstellen: Auch wenn die genauen Aufwände und Resultate in dieser Phase noch unklar sind, können zumindest grobe Einschätzungen vorgenommen werden – ungefähre Vorstellungen zum Umfang und Inhalt des Programms können für die Kostenschätzung hinzugezogen werden; der Nutzen ergibt sich durch Kosteneinsparungen, die mit der angestrebten Risikoreduzierung zusammenhängen. Mit diesen Informationen kann in der Befürwortung signalisiert werden, dass das Programm aus wirtschaftlicher Sicht sinnvoll ist.

In der Initiierung sollte außerdem ein erstes **Programm-Team** zusammengestellt werden. Dieses Team muss noch nicht vollständig sein. Häufig entwickelt sich in späteren Phasen ein Bedarf nach zusätzlichen Teammitgliedern – insbesondere in der Implementierung entsteht oft viel Arbeitsaufwand, der in der Initiierungsphase noch nicht hinreichend antizipiert werden kann. Allerdings werden auch in den Phasen vor der Implementierung wesentliche Arbeitsschritte ausgeführt, die eines kompetenten Teams bedürfen.

Das wichtigste Team-Mitglied, oft gleichzeitig der Leiter des Teams, ist der Initiator des Programms – nicht selten dieselbe Person, die im Unternehmen die primäre Verantwortung für Awareness besitzt; obwohl jeder Mitarbeiter eine Mitverantwortung für Informationssicherheit (inklusive Awareness) trägt, gibt es in der Regel eine bestimmte Person, die für die Strategiefindung, Budgetierung und Zuweisung von Verantwortungen rund um Awareness zuständig ist. Der Initiator ist oft direkt dem Geschäftsführer unterstellt und befindet sich auf der C-Ebene, wie der CIO, CISO oder CCO (siehe Kapitel 2.3.2).

Außerdem ist der Programm-Manager von besonderer Bedeutung. Er sorgt dafür, dass Awareness-Material erstellt und verteilt wird. Dieses Material muss für die Adressaten inhaltlich angemessen sein sowie in geeigneter Form und festgelegter

Zeit bereitgestellt werden. Zu diesem Zweck kümmert sich der Programm-Manager um die Analyse von Anforderungen und Bedarfen sowie um die Planung der Awareness-Maßnahmen. Zusätzlich sollte er sicherstellen, dass der Erfolg der Maßnahmen beurteilt werden kann, was wiederum eine kontinuierliche Erfolgsmessung erforderlich macht.

Sicherheitsexperten können bei Bedarf hinzugezogen werden, wenn der Programm-Manager Aufgaben delegiert – insbesondere bei umfangreichen Awareness-Programmen ist die Kapazität eines einzelnen Mitarbeiters meist nicht mehr ausreichend.

Die (zumindest partielle) Einbindung von Managern ist oft hilfreich, um die Analysen zu unterstützen und die Implementierung und Beurteilung zu erleichtern. Manager sollten am besten darüber Bescheid wissen, ob spezielle Anforderungen für ihre Bereiche gelten und welche Bedarfe ihre Mitarbeiter in Bezug auf Awareness besitzen. Außerdem haben sie die Aufgabe, in ihren Bereichen für Awareness zu werben und ihre Mitarbeiter zur Teilnahme an den bereitgestellten Maßnahmen zu bewegen.

Fallbeispiel

Der CIO des Unternehmens verantwortet auch die Informationssicherheit im Unternehmen. Er initiiert ein Awareness-Programm aufgrund von zwei *Faktoren*: Zum einen besteht aus seiner Sicht ein hohes Risiko, dass ein Abfluss von schützenswerten Informationen durch interne Mitarbeiter stattfinden könnte. Zum anderen ist das Unternehmen an extern vorgeschriebene Regularien gebunden. Neben dem BDSG steht dabei der bisher nicht angewandte PCI DSS im Fokus.

Der CIO formuliert die *Ziele* für das Programm mithilfe der SMART-Methode, so detailliert wie zu diesem Zeitpunkt möglich: Alle Mitarbeiter des Unternehmens sollen, unter Berücksichtigung der Sensitivität der von ihnen einsehbaren Informationen, an mindestens zwei verschiedenartigen Awareness-Maßnahmen teilnehmen (spezifisch). Dabei sollen unter anderem die Themen „Umgang mit Kreditkartendaten" und „Social Engineering" behandelt werden. Um welche Maßnahmen es sich genau handelt, wird zu diesem Zeitpunkt noch offengelassen. Die Teilnahme an den Maßnahmen soll für jeden Mitarbeiter protokolliert werden (messbar). Um die Motivation zur Zielerreichung bei den Mitarbeitern zu fördern, sollen die Abteilungsleiter für die Maßnahmen werben und die Mitarbeiter bei einer Nichtteilnahme mit Sanktionen bestrafen (akzeptiert). Nach der Einschätzung des Senior Managements sind im Unternehmen grundsätzlich ausreichende Ressourcen vorhanden, um das Programm umzusetzen und die Mitarbeiter zur Teilnahme zu verpflichten (realistisch). Lediglich arbeitsintensive Zeiten auf Grund des Feiertagsgeschäfts und des Jahresabschlusses sollen nicht durch das Programm belastet werden. Das Programm soll über einen Zeitraum von zwei Jahren durchgeführt werden (terminiert). Die erste Maßnahme soll bis zum Ende des ersten Quartals und die zweite bis zum Ende des dritten Quartals zum ersten Mal eingesetzt werden.

Für eine *Kosten-Nutzen-Schätzung* hat der CIO die erwarteten Kosten von zwei möglichen Sicherheitsvorfällen grob kalkuliert und den geschätzten Kosten des Programms gegenübergestellt: Bei einer Kompromittierung von Informationen über alle Angebotspreise des Einzelhändlers in einem Quartal, wäre ein Unterbieten der Preise durch die Konkurrenz zu erwarten. Dadurch würden die Umsätze sinken und ein Gewinnverlust von ungefähr 300.000 € wäre die Folge. Bei einem Sicherheitsvorfall entstünden (aufgrund von Imageschäden) Umsatzverluste in Höhe von ca. 400.000 €. Bei einem Verstoß gegen den PCI DSS würden erhöhte Gebühren in Höhe von grob 20.000 € erwartet. Das Awareness-Programm, das diese Vorfälle verhindern soll, wird schätzungsweise Kosten in Höhe von 250.000 € verursachen. In beiden Szenarien übertreffen die Kosten des Sicherheitsvorfalls die Kosten des Programms. In dieser Grobkalkulation fehlen noch Einzelheiten, wie die Wahrscheinlichkeiten für das tatsächliche Auftreten der Sicherheitsvorfälle.

Das initiale *Programm-Team* besteht aus dem CIO, der die Rolle des Initiators übernimmt, einem Sicherheitsexperten, der aus dem IT-Security-Team des Unternehmens stammt und als Programm-Manager tätig werden soll, und den Abteilungsleitern, die nur teilweise an den Überlegungen beteiligt sind, allerdings wertvollen Input zu den Rahmenbedingungen geben sollen.

4.3 Befürwortung

Die Befürwortung durch ein oder mehrere Mitglieder der Geschäftsführung des Unternehmens ist ein wichtiger Schritt, da das Programm-Team dadurch **Akzeptanz und Unterstützung** auf Geschäftsführungsebene erlangt, und damit auch ein positives Signal für alle betroffenen Stakeholder erzeugen kann.

Der Initiator sollte infrage kommenden Befürwortern das Awareness-Programm und die dazugehörige Zielvorstellung verständlich machen. Er sollte dabei zumindest grob darstellen, inwiefern das Awareness-Programm dem Unternehmen nutzt. Eine vorläufige Kosten-Nutzen-Rechnung ist in dieser Phase vorteilhaft, um das Programm aus wirtschaftlicher Sicht zu rechtfertigen.

Die **Befürworter** sollten über die Strategie des Unternehmens Bescheid wissen, sodass sie das Awareness-Programm auch aus strategischer Sicht bewerten können. Anhand der vorliegenden Zielvorstellung können sie überlegen, ob das Programm strategisch zum Unternehmen passt.

Sie sollten auch in der Lage sein, das Awareness-Programm mit den erforderlichen Ressourcen auszustatten. Auch wenn in dieser Phase lediglich eine Kosten-Nutzen-Schätzung vorliegt und noch keine genauen Budgetanforderungen bekannt sind, sollten sie einschätzen können, ob die Finanzlage des Unternehmens ein derartiges Programm generell erlaubt.

Die Befürworter sollten das Awareness-Programm gegenüber anderen Stakeholdern bekanntmachen und den Nutzen für das Unternehmen erklären können. Sie sollten die Mitarbeiter auch um Akzeptanz und Unterstützung des Programms bitten.

Die Befürworter sollten allerdings nicht nur in den Anfangsphasen des Programms aktiv werden – auch in späteren Phasen könnten Situationen entstehen, die ohne ihre Unterstützung kaum zu lösen wären (z. B. wenn ein anderes Projekt gestartet wird, das alle Ressourcen für sich beansprucht). Die Befürworter sollten den Fortschritt des Programms überwachen und eventuelle Probleme erkennen. Probleme können von diversen internen und externen Faktoren ausgelöst werden: Interne Faktoren umfassen z. B. Ressourcen-Engpässe und Motivationsprobleme. Zu externen Faktoren zählen unter anderem Gesetzesänderungen oder eine andere Erwartungshaltung durch die Öffentlichkeit.

Eine Befürwortung muss also bestimmten Ansprüchen genügen und sollte nicht zu leichtfertig übernommen werden. Andernfalls können folgende **Problemsituationen** auftreten:

–   Falls ein Befürworter über wenig **Einfluss** im Unternehmen verfügt (z. B. aufgrund einer für ihn ungünstigen Machtverteilung oder fehlender Anerkennung bei den Mitarbeitern), könnte es Probleme bei der Zuweisung von Ressourcen zum Programm oder bei der Akzeptanz diesbezüglicher Entscheidungen geben. Je umfangreicher und kostenintensiver das Programm ist, desto wichtiger ist ein hoher Einfluss des Befürworters.

–   Eine **Vernachlässigung** bei der Unterstützung durch einen Befürworter kann z. B. dann auftreten, wenn er mit anderen Aufgaben bereits ausgelastet ist. Die Vernachlässigung kann außerdem darin begründet sein, dass der Befürworter aufgrund seiner persönlichen Einschätzung nur wenig Zeit für die Unterstützung des Programms investieren möchte. Er könnte eine stärkere Auseinandersetzung mit dem Programm für nicht notwendig halten, und daher die Überwachung und andere wichtige Tätigkeiten zur Unterstützung des Programms vernachlässigen. Selbst wenn er über ausreichenden Einfluss verfügt, bringt die Befürwortung wenig Vorteile, solange er sich dem Programm nicht widmet und seinen Einfluss nicht zugunsten des Programms einsetzt.

–   Der ausgeprägte Gegensatz zur Vernachlässigung – also eine zu intensive **Einbeziehung** durch einen Befürworter – wäre ebenfalls nachteilig. Er könnte sich zu sehr auf die Details konzentrieren und dabei die strategische Perspektive und die langfristige Beziehung zu den Stakeholdern aus den Augen verlieren. Es wäre z. B. problematisch, wenn er sich mehr mit den konkreten Inhalten der Awareness-Maßnahmen auseinandersäße als mit der Art und Weise wie das Programm von den Mitarbeitern akzeptiert und genutzt wird.

–   Ein Befürworter könnte auch von einer **Überforderung** betroffen sein. Er könnte aus fachlicher oder kommunikativer Sicht nicht kompetent genug sein, um die Awareness im Unternehmen erfolgreich zu befürworten. Zum einen sollte er zumindest über ein grundlegendes Verständnis von Awareness verfügen und gegenüber anderen die Hintergründe und Notwendigkeit der Awareness erläutern können. Sollte er sich noch nicht mit Informationssicherheit und Awareness befasst haben, könnte ihm dies schwerfallen. Zum anderen sollte er über geeignete kommunikative Fähigkeiten verfügen. Wenn er Informationen zum Programm unvollständig oder unpassend kommunizieren würde, könnten die Akzeptanz des Programms im Management und die Motivation der Mitarbeiter zur Teilnahme in Mitleidenschaft gezogen werden. Unter anderem ist es wichtig, die Bedrohungslage des Unternehmens nicht zu verharmlosen und die Bedeutung sicherheitskonformen Verhaltens der Mitarbeiter zu unterstreichen. Es kann vorkommen, dass der Befürworter das Programm gegenüber wichtigen Stakeholdern verteidigen muss und sie von der Notwendigkeit des Programms überzeugen muss. In diesem Fall sollte er aus fachlicher und kommunikativer Sicht nicht überfordert sein.

Ein Befürworter sollte außerdem einen nicht unwesentlichen Einfluss auf die **Budgetverteilung** im Unternehmen besitzen. Die genauen Budgetanforderungen für das Programm werden erst in der Planung festgelegt und in der Genehmigungsphase freigegeben. Vor der Planung und Genehmigung muss jedoch einiges an Vorbereitungsarbeit erfolgen – deshalb sind frühzeitige Überlegungen zum Budget vorteilhaft.

Wenn jemand mit Budgetverantwortung von Beginn an als Befürworter einbezogen wird, ist gewährleistet, dass das Programm in der Genehmigungsphase ausreichend unterstützt wird. Gleichzeitig ist es wahrscheinlicher, dass mögliche Schwierigkeiten bei der Finanzierung des Programms durch den Befürworter frühzeitig erkannt und angesprochen werden.

Fallbeispiel

Der CIO des Einzelhändlers, der das Awareness-Programm initiiert hat, eignet sich grundsätzlich auch als Befürworter des Programms. Das *Programm-Team* erklärt ihm, dass ein Awareness-Programm dem besseren Schutz von wichtigen Informationen im Unternehmen dient. Der Schutz dieser Informationen hat einen wesentlichen Einfluss auf die Wettbewerbsposition des Unternehmens und sein Image gegenüber Kunden. Aufgrund der gestiegenen Bedrohungslage und der im PCI DSS regulatorisch vorgeschriebenen Awareness-Maßnahmen, erachtet der CIO das ihm vorgestellte Programm als erforderlich. Sowohl die *Zielvorstellung* als auch die *Kosten-Nutzen-Schätzung* sind für ihn überzeugend.

Der CIO hat jedoch potenzielle Probleme bei seiner Rolle als Befürworter identifiziert. Da er damit rechnet, dass er beim Awareness-Programm intensiv einbezogen wird, und außerdem bereits durch andere Projekte stark ausgelastet ist, wird er sich der Rolle des Befürworters vermutlich nicht in ausreichendem Maß widmen können. Deshalb übernimmt (zusätzlich zum CIO) auch der CEO die Rolle des Befürworters (siehe Abb. 4.2). Der CEO besitzt einen großen Einfluss im Unternehmen und hat herausragende kommunikative Fähigkeiten. Er eignet sich besonders gut, um für die *Akzeptanz* und *Unterstützung* der Mitarbeiter zu sorgen. Allerdings fühlt er sich aus fachlicher Sicht mit den Hintergründen zur Informationssicherheit überfordert. Deshalb werden beide Manager parallel als Befürworter fungieren, damit sie gegenseitig ihre Mankos ausgleichen.

Sowohl der CIO als auch der CEO besitzen Budgetverantwortung im Unternehmen. Der CEO hat den größten Einfluss bei der Budgetvergabe. Dass beide Rolleninhaber als Befürworter für das Programm tätig werden, wird sich vor allem in der Genehmigungsphase sehr positiv auswirken.

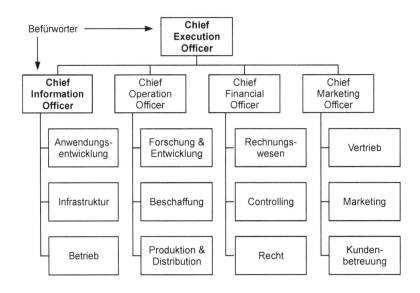

Abb. 4.2: Organigramm zum Fallbeispiel

4.4 Anforderungsanalyse

Mithilfe der Anforderungsanalyse sollen die **Anforderungen** identifiziert werden, die für die Awareness im Unternehmen bestehen. Inwieweit diese Anforderungen im Unternehmen bereits erfüllt werden und welcher konkrete Bedarf sich daraus ergibt, wird in der folgenden Phase, der Bedarfsanalyse, festgestellt. Die Anforderungen resultieren aus dem Risikomanagement (siehe Kapitel 2.1.4) und den geltenden Regularien (siehe Kapitel 3.8), also aus den wesentlichen Faktoren, die zur Entscheidung, ein Awareness-Programm zu initiieren, beitragen.

Idealerweise liegt der Anforderungsanalyse eine detaillierte **Risikobeurteilung** zugrunde. Da auch das Erfüllen von Regularien der Reduzierung von Risiken dient (speziell der Vermeidung von Strafen und Imageschäden), sollten Regularien ebenfalls im Rahmen der Risikobeurteilung betrachtet werden.

Die Anforderungen an die Awareness können von den Risiken abgeleitet werden, die mit dem sicherheitsrelevanten Verhalten der Mitarbeiter in Verbindung stehen. Bei diesem Verhalten kann es sich um das Durchführen oder Unterlassen von Aktionen handeln, die direkt oder indirekt mit dem Umgang mit Informationen zusammenhängen. Falls keine aktuelle Risikobeurteilung vorliegt, aus der die Risiken rund um sicherheitsrelevantes Verhalten entnommen werden können, ist an dieser Stelle eine zielgerichtete Risikoidentifikation und -beurteilung empfehlenswert. Die Risiken sollen mithilfe von geeigneten Maßnahmen eliminiert oder auf ein akzeptables Restrisiko reduziert werden. Zu diesem Zweck werden zunächst Anforderungen definiert, die die erforderlichen Maßnahmen generell beschreiben.

In der Abweichung zwischen bereits vorhandenen Maßnahmen (Status quo) und erforderlichen Maßnahmen (Anforderungen) ist der Bedarf erkennbar (siehe Abb. 4.3).

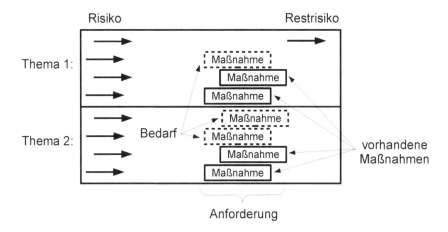

Abb. 4.3: Anforderungen und Bedarf

Bei der Risikoidentifikation und -beurteilung sollten wichtige **Schlüsselpersonen** einbezogen werden – als Experten für ihren Arbeitsbereich können sie die Risiken und Sicherheitsanforderungen am besten beurteilen:

– Die **Geschäftsführung** besitzt in der Regel den besten Überblick zu den geltenden Regularien für das Unternehmen. Sie hat meist eine konkrete Vorstellung darüber, welche Gesetze und andere Regelwerke eingehalten werden sollen. Es handelt sich dabei nicht nur um Risikoüberlegungen, sondern auch um die Berücksichtigung von Chancen: Durch die Einhaltung von Regularien kann sich die Wettbewerbssituation des Unternehmens verbessern und sein Umsatz erhöhen. Die Einhaltung bestimmter Regularien (z. B. ISO 27001) kann mit einem Zertifikat bestätigt werden, welches das positive Image des Unternehmens fördern kann.

– Die **Manager** fungieren grundsätzlich als Prozesseigentümer für alle geschäftsrelevanten Prozesse in ihren Bereichen. Sie haben in der Regel eingehende Kenntnisse darüber, welche Schwachstellen ihre Prozesse besitzen und wie sich ein Fehlverhalten bei der Prozessbearbeitung auf die Sicherheit auswirken kann. Sie kennen den Nutzen ihrer Prozesse für das Unternehmen, und damit auch die Risiken in Bezug auf Prozessstörungen. Um zu überlegen, inwieweit mögliche Sicherheitsvorfälle Konsequenzen außerhalb ihrer Bereiche verursachen, können sie mit Kollegen und der Geschäftsführung zusammenarbeiten.

– Die **Systemeigentümer** sind nicht nur für die Pflege und Weiterentwicklung ihrer Systeme verantwortlich, sondern auch für die Absicherung der Systeme gegenüber Angriffen und Fehlbedienungen. Daher wissen sie normalerweise darüber Bescheid, wo bei den Systemen die Risiken im Zusammenhang mit unsicherem Verhalten liegen.

– Die **Sicherheitsexperten** aus dem Team, das für IT-Sicherheit oder Informationssicherheit zuständig ist, verfügen über sicherheitsbezogenes Hintergrundwissen. Zu ihren Aufgaben gehört unter anderem die Verfolgung von neuen Entwicklungen und Angriffsmethoden aus dem Bereich der Informationssicherheit. Obwohl sie die Prozesse im Unternehmen vielleicht nicht so genau kennen wie die Prozessverantwortlichen, können sie ihre Erfahrungen und neue Erkenntnisse aus der Informationssicherheit einbringen. Dies kann sehr hilfreich bei der Identifizierung von prozessbezogenen Risiken sein. Sie können außerdem Regularien interpretieren und bei Bedarf Sicherheitstests durchführen.

Die **Themen**, die bei der Risikoidentifikation betrachtet werden, sind pauschal nur schwer eingrenzbar. Grundsätzlich haben die Infrastruktur, die Prozesslandschaft und das Geschäftsfeld des Unternehmens sowie die Art und Weise der Informationsverarbeitung einen starken Einfluss darauf, welche Risiken im Unternehmen vorhanden sind. Auch die Bewertung der Risiken in Bezug darauf, ob sie mit sicherheitsrelevantem Verhalten in Verbindung stehen, ist stets individuell und hängt z. B. von der IT-Durchdringung und vom Automatisierungsgrad im Unternehmen ab. Zu den häufigsten Themen, die in der Praxis von Bedeutung sind, gehören:

– **Sicherheitsrichtlinien** sind ein fundamentales Werkzeug, um im Unternehmen Gebote und Verbote in Bezug auf das Verhalten der Mitarbeiter festzusetzen. Durch die Verteilung bzw. die Bereitstellung der Richtlinien im Unternehmen können sich die Mitarbeiter jederzeit darüber informieren, welches Verhalten vorgeschrieben und welches untersagt ist. Mitarbeiter können dann bei einem Verstoß gegen explizit vorgeschriebene Regeln leichter zur Verantwortung gezogen werden. Risiken können entstehen, wenn die Sicherheitsrichtlinien unvollständig oder fehlerhaft sind, und dadurch unerwünschtes Verhalten nicht hinreichend thematisiert wird. Außerdem wäre es problematisch, wenn die Richtlinien bei den Mitarbeitern nicht bekannt wären oder nicht verstanden würden. In diesem Fall wäre den Mitarbeiter gar nicht bekannt, dass sie gegen Regeln verstoßen. Sie würden sich also aufgrund von Unwissenheit falsch verhalten.

– **Social Engineering** zielt speziell auf die Beeinflussung des Nutzerverhaltens im Unternehmen ab (siehe Kapitel 2.1.2). Die versuchte Beeinflussung kann über E-Mails, Telefonanrufe oder andere Kommunikationsformen geschehen. Die Nutzer sollten wissen, wie sie darauf reagieren können, ohne dass sie die Sicherheit von Informationen gefährden. Meist versuchen die Angreifer, Informationen aus dem Unternehmen zu erlangen oder zu manipulieren. Ein erfolgreicher Social-Engineering-Angriff (z. B. in Form einer Phishing-E-Mail) kann auch ein Einfallstor für Schadsoftware sein. Da die Angreifer teilweise sehr professionell und zielgerichtet vorgehen, besteht grundsätzlich ein hohes Risiko, dass sich die Nutzer bei Social-Engineering-Angriffen unerwünscht verhalten. Mithilfe von Awareness-Maßnahmen können sie auf derartige Situationen vorbereitet werden.

– **Zugangs- und Zugriffsschutz** sind wesentliche Schutzmaßnahmen, um den Zugang zu Gebäuden und Räumen sowie den Zugriff auf Informationen und Systeme zu kontrollieren. Das unberechtigte Auslesen von Informationen sowie die Manipulation und Beschädigung von Informationen und Systemen sollen dadurch verhindert werden. Allerdings sind diese Schutzmaßnahmen nur wirksam, wenn sie nicht durch unsicheres Verhalten beeinträchtigt werden. Der sichere Umgang mit Passwörtern ist ein gutes Beispiel für die Wichtigkeit von richtigem Verhalten: Je komplexer ein Passwort ist und je vorsichtiger der Umgang mit ihm, desto geringer ist die Wahrscheinlichkeit, dass ein Unbefugter das Passwort in Erfahrung bringen kann. Unter anderem sollte bei der Erstellung eines Passworts auf die Verwendung von leicht zu erratenden Namen und Daten verzichtet werden. Außerdem sollte ein Passwort nicht niedergeschrieben und an niemanden weitergegeben werden. Ein anderes Beispiel ist die Zugangskontrolle von Geschäftsgebäuden: Jemandem aus Höflichkeit die Tür aufzuhalten, kann zu unbefugtem Betreten führen. Auch Besucherregelungen müssen stets beachtet werden, sodass sich Besucher nicht unbeaufsichtigt in sensitiven Unternehmensbereichen aufhalten.

– **Arbeitsplatzsicherheit** ist ebenfalls ein Thema, das jeden Mitarbeiter betrifft. Nur wenn sich jeder mit der Sicherheit seines Computers und seiner Unterlagen befasst, kann die Arbeitsplatzumgebung sicher gehalten werden. Mitarbeiter, die aus Unwissenheit oder Unachtsamkeit vertrauliche Unterlagen unbeobachtet auf ihrem Schreibtisch liegen lassen, Ausdrucke nicht vom Drucker abholen, ihren Computer beim Verlassen des Arbeitsplatzes nicht sperren oder Schränke mit sensitivem Inhalt nicht abschließen, erzeugen ein hohes Risiko für das Unternehmen. Unbefugte können sich dieses unsichere Verhalten zunutze machen und an Informationen gelangen, die normalerweise einem hohen Schutz unterliegen. Ein Arbeitsplatz kann sich auch außerhalb der Unternehmensgebäude befinden, z. B. bei Reisenden an öffentlichen Orten oder in Bahnen oder Bussen. In diesen Fällen ist eine noch größere Aufmerksamkeit zur Arbeitsplatzsicherheit gefragt. Unter anderem ist dann das sogenannte Shoulder Surfing (jemand beobachtet den Bildschirm eines Computers, um an Informationen zu gelangen) wahrscheinlicher.

– Vor allem der **Umgang mit Daten** sollte von vorgegebenen Regeln und von angemessener Vorsicht geprägt sein. Alle Mitarbeiter sollten sich über die Sensitivität der Daten in ihrem Arbeitsumfeld bewusst sein. Wenn die Daten einer Klassifizierung unterliegen, bei der jedes Dokument eine Vertraulichkeitsstufe (z. B. öffentlich, intern oder vertraulich) besitzt und entsprechenden Regeln unterliegt, wird der angemessene Umgang mit den Unternehmensdaten vereinfacht. Allerdings sind in der Praxis auch viele Daten im Umlauf, die nicht klassifiziert wurden, entweder weil die Klassifizierung nicht alle Daten umfasst oder weil sie noch nicht im Unternehmen etabliert wurde. In solchen Fällen müssen die Mitarbeiter selbst ein Verständnis dafür entwickeln, welche Daten an welche Empfänger übertragen werden dürfen und wie sie abgesichert werden müssen. Beispielsweise sollte kein Mitarbeiter individuelle Kundeninformationen beliebig weitergeben oder Zahlungsdaten ungeschützt über das Internet übertragen. Auch ist der Speicherort von Daten nicht immer unkritisch. Vertrauliche Daten sollten außerhalb des Unternehmensnetzwerks ausschließlich verschlüsselt gespeichert werden. Der Verlust oder Defekt eines Geräts oder Datenträgers kann zu Datenverlust führen, wenn keine Backups gemacht wurden. Ein Inventar ist unabdingbar, um im Unternehmen einen Überblick darüber zu erlangen, ob noch alle Geräte und Datenträger vorhanden sind und wo sie sich befinden. Grundsätzlich kann es gestattet sein, dass die Mitarbeiter ihre eigenen Geräte für ihre Arbeit benutzen. Allerdings sollten dabei sicherheitsrelevante Regeln (z. B. zur Nutzung eines Mobile Device Managements oder zur Installation bestimmter Sicherheitssoftware) eingehalten werden.

- **Sicherheitsereignisse** finden in jedem Unternehmen statt. Der Fokus sollte daher nicht nur auf der Verhinderung solcher Ereignisse liegen, sondern auch auf dem richtigen Umgang mit ihnen. Eine schnelle Reaktion ist wichtig, um die Kompromittierung, Manipulation oder Beschädigung von Informationen so früh wie möglich einzugrenzen und die Auswirkungen zu reduzieren. Wenn z. B. entdeckt wird, dass ein erfolgreicher Angriff über das Internet stattgefunden hat, sollten die dazu verwendete Datenverbindung sofort getrennt und die betroffenen Systeme abgeschottet werden. In solchen und ähnlichen Fällen ist das korrekte Verhalten der Mitarbeiter ausschlaggebend dafür, dass die Geschäftsprozesse des Unternehmens möglichst störungsarm weitergeführt werden können. Die Mitarbeiter müssen ein Bewusstsein darüber besitzen, wie ein Sicherheitsereignis erkannt werden kann und welche Tätigkeiten sie in diesem Fall durchführen sollten. Diese Tätigkeiten können aus der direkten Meldung an das Sicherheitsteam bestehen (z. B. wenn ein Mitarbeiter sieht wie ein Unbefugter ins Gebäude eindringt) oder aus speziellen Tätigkeiten zur Schadensbegrenzung (z. B. die Aktivierung von Backup-Systemen oder die Initiierung von Notfall-Prozessen).
- Die **Compliance**, also die Einhaltung von Regularien, kann separat oder als Teil des Risikomanagements betrachtet werden. Die Compliance kann der Vermeidung von Bußgeldern und Imageschäden dienen, was auch als Risikovermeidung interpretiert werden kann. Auch wenn sich ein Unternehmen aufgrund

von Marketingaspekten für die Einhaltung von Regularien entscheidet, geht es hier ebenfalls um Risikoreduzierung: Das Unternehmen möchte nämlich das Risiko reduzieren, dass Kunden und Geschäftspartner zur Konkurrenz abwandern, weil sie die Nichterfüllung von Regularien als Qualitätsmangel auffassen. Regularien (siehe Kapitel 3.8) haben zum Teil verbindlichen Charakter (z. B. in Form von Gesetzen) oder sind unverbindlich, aber aus Sicht des Unternehmens vorteilhaft (z. B. quasi-obligatorische Branchenstandards wie der PCI DSS).

Fallbeispiel

Das **Programm-Team** beginnt die Anforderungsanalyse mit der Identifikation und Beurteilung von Risiken im Zusammenhang mit unsicherem Verhalten von Mitarbeitern. Dabei wird die **Zielvorstellung** als Grundlage hinzugezogen, um passende **Themen** einzugrenzen. Speziell aktuelle Bedrohungen durch Social Engineering und der Umgang mit Kreditkartendaten stehen in diesem Fall im Mittelpunkt.

Das Programm-Team organisiert ein Vorgehen, das sich grob an der ISO 31000 orientiert. Die Mitglieder des Managements haben dabei eine wichtige Schlüsselrolle. Wegen der starken Einbeziehung der Manager sind eine hohe **Akzeptanz** und **Unterstützung** in dieser Phase sehr vorteilhaft. Die Manager werden aufgefordert, das Thema in ihrer Abteilung vorzubereiten. Dabei soll der Kontext der Risiken analysiert und anschließend sollen mögliche Risiken aufgelistet werden. Jede Abteilung verfolgt zwar unternehmensweite Strategien, hat aber auch ihre eigenen Ziele.

Zum Zweck der Risikoanalyse werden die Manager in Form von Workshops einzeln dazu befragt, welche IT-Risiken sie kennen und wie sie diese in Bezug auf Eintrittswahrscheinlichkeit und Schadenshöhe bewerten. Hier werden jeweils die Werte niedrig, mittel und hoch zugelassen. Bei einem weiteren Workshop mit allen Managern und der Geschäftsführung werden die bisherigen Ergebnisse gemeinsam betrachtet, um ein einheitliches Betrachtungsschema zu erzeugen und unterschiedliche Interpretationen vergleichbarer zu machen. Das Resultat ist eine Risikotabelle (siehe Tab. 4.1).

Tab. 4.1: Risikotabelle zum Fallbeispiel

Nr.	Risiko	Eintrittswahr-scheinlichkeit	Schadens-höhe
1	Phishing (Abgreifen sensitiver Informationen mithilfe von E-Mails oder anderer elektronischer Kommunikation)	Hoch	Hoch
2	Pharming (Umleiten von Benutzeranfragen auf gefälschte Websites)	Mittel	Mittel
3	Tailgating (Verfolgen einer berechtigten Person in restriktive Bereiche)	Mittel	Hoch
4	Dumpster Diving (Durchsuchen von Papierkörben und Abfallbehältern)	Niedrig	Niedrig
5	Shoulder Surfing (Ausspähen von vertraulichen Daten, indem über die Schulter geschaut wird)	Mittel	Hoch
6	Baiting (Ködern durch das Auslegen oder Verteilen von infizierten Datenträgern oder Geräten)	Niedrig	Niedrig

Nr.	Risiko	Eintrittswahr-scheinlichkeit	Schadens-höhe
7	Datenspeicherung und -übertragung (Ein unsicherer Umgang mit vertraulichen Daten begünstigt Kompromittierung und Missbrauch)	Hoch	Hoch
8	Systeme und Netzwerke (Eine unsichere Konfiguration oder ein nachlässiger Umgang ermöglichen Angriffe)	Mittel	Hoch
9	Sicherheitsrichtlinien (Regeln werden nicht befolgt, wenn sie nicht bekannt gemacht und akzeptiert werden)	Mittel	Mittel
10	Compliance (Beim Verstoß gegen Regularien können Strafen und Imageschäden folgen)	Mittel	Hoch

Im nächsten Schritt wird untersucht, wo die Akzeptanzschwelle aus Sicht der Geschäftsführung liegt. Hierzu wird entschieden, dass lediglich Risiken mit niedriger Eintrittswahrscheinlichkeit und gleichzeitig niedriger Schadenhöhe akzeptiert werden sollen. Risiken, deren Auswirkungen in diesem Bereich liegen, werden also nicht durch Maßnahmen adressiert. Im Fallbeispiel werden Dumpster Diving (Nr. 4) und Baiting (Nr. 6) von Grund auf akzeptiert.

Die Risikobehandlung geschieht durch die Festlegung von **Anforderungen**, die an die Awareness gestellt werden, um ein akzeptables Sicherheitsniveau in Bezug auf das Verhalten von Mitarbeitern zu schaffen. Hierbei identifiziert das Programm-Team zusammen mit einem Vertreter des IT-Security-Teams die passenden Anforderungen zu den jeweiligen Risiken – dadurch sollen sie in angemessener Weise reduziert werden:

1. Um erfolgreiche **Phishing**-Angriffe zu minimieren und die Meldequote zu erhöhen, sollen bei allen Mitarbeitern eine passende Wissensvermittlung und ein kurzer Verhaltenstest stattfinden. Aufgrund des hohen Risikos wird eine Maßnahme pro Quartal gefordert.
2. **Pharming** wird teilweise durch technische Maßnahmen auf Seiten des Internet Service Providers und durch Zertifikate von Websites verhindert. Dennoch bleibt ein Risiko bestehen. Die Awareness zum Thema Pharming soll bei allen Mitarbeitern mindestens einmal pro Jahr erhöht werden.
3. **Tailgating** ist beim Einzelhändler aufgrund des starken Kundenverkehrs zwar ein wichtiges Thema, allerdings sind die Rechenzentren und die Zentrale abseits der stark besuchten Filialen gelegen. Dennoch besteht das Risiko, dass ein Angreifer auf diese Weise versucht, an Systeme und Daten zu gelangen. Auch über das Thema Tailgating sollen alle Mitarbeiter mindestens einmal pro Jahr informiert werden.
4. Dass beim **Dumpster Diving** vertrauliche Daten eingesehen werden, ist aufgrund des nahezu papierlosen Geschäftsbetriebs des Einzelhändlers wenig wahrscheinlich. Außerdem wären lediglich einzelne Daten betroffen, da grundsätzlich keine umfangreichen Datenbankinhalte ausgedruckt werden. Von diesem Risiko wird keine Anforderung an die Awareness abgeleitet.
5. **Shoulder Surfing** betrifft lediglich einen Teil der Belegschaft: Das Verkaufspersonal, das in Kundennähe auf Systeme zugreift, und reisende Mitarbeiter, insbesondere Vertriebsmitarbeiter und Manager. Diese Mitarbeiter sollen mindestens einmal pro Jahr mit einer entsprechenden Awareness-Maßnahme adressiert werden.
6. Von **Baiting** können alle Mitarbeiter betroffen sein. Allerdings hat der Einzelhändler umfangreiche technische Maßnahmen implementiert, die die negativen Auswirkungen von Baiting weitgehend verhindern: Das Anbinden von Datenträgern über USB-Schnittstellen ist für fast alle Mitarbeiter deaktiviert. Vereinzelte Mitarbeiter, die externe Datenträger für ihre geschäftliche Tätigkeit benötigen, erhalten keine administrativen Rechte und benutzen lediglich Rechner mit

aktiviertem Virenschutz und Applikationskontrolle. Wenn ein Angreifer z. B. mit Viren infizierte USB-Datenträger auf dem unternehmenseigenen Parkplatz auslegt, wird er damit kaum etwas ausrichten können. Daher besteht in Bezug auf Baiting keine Anforderung an die Awareness.

7. Eine unsichere **Speicherung oder Übertragung** von vertraulichen Daten ist nicht nur in Bezug auf unternehmensspezifische Dokumente ein wichtiges Thema, sondern auch im Hinblick auf Kartenzahlungsdaten und andere kundenbezogene Daten. Vor allem beim Umgang mit großen Datenmengen sollte auf die Sicherheit geachtet werden. Wenn z. B. aus Unachtsamkeit große Datenmengen an einen falschen Absender geschickt werden oder auf dem Übertragungsweg nicht abgesichert werden, können Unbefugte mit überschaubarem Aufwand an diese Daten gelangen und sie für ihre eigenen Zwecke ausnutzen. Alle Mitarbeiter sollen mindestens einmal pro Jahr an den sicheren Umgang mit Daten erinnert werden.

8. Der unsichere Umgang mit **Systemen und Netzwerken** kann zu gravierenden Sicherheitsproblemen führen. Wenn sicherheitsrelevante Konfigurationen nicht vorgenommen werden und Sicherheitslücken nicht zeitnah nach Bekanntwerden geschlossen werden, können Angreifer dies ausnutzen. Sie können erweiterte Rechte erlangen, die zur Kompromittierung, Manipulation oder Beschädigung von Informationen und Systemen verwendet werden können. Allerdings haben nicht alle Mitarbeiter des Einzelhändlers Zugriff auf administrative Einstellungen von Systemen und Netzwerken. Dementsprechend soll es eine zielgerichtete Adressierung von System- und Netzwerkadministratoren geben. Eine passende Maßnahme soll bei jeder Neueinstellung und einmal im Jahr erfolgen.

9. **Sicherheitsrichtlinien** sind eine wichtige Grundlage, um gegenüber den Mitarbeitern zu kommunizieren, welche Ge- und Verbote zum Verhalten am Arbeitsplatz bestehen. Allerdings ist die Wirkung der Sicherheitsrichtlinien beeinträchtigt, wenn sie bei Mitarbeitern nicht bekannt sind oder aus Bequemlichkeit ignoriert werden. Wenn die Mitarbeiter wichtige Regeln (z. B. zur Nutzung von privaten Geräten im Firmennetzwerk) nicht befolgen, kann das zu starken Sicherheitsbedrohungen führen. Vor allem der Bekanntheitsgrad der Richtlinien ist wichtig: Mitarbeiter, die die Richtlinien nicht kennen, können sich auch nicht daran orientieren. Eine fehlende Bekanntmachung von Sicherheitsrichtlinien und eventuellen Änderungen führt dazu, dass sich viele Mitarbeiter nicht mit den Richtlinien auseinandersetzen, selbst wenn sie allgemein zugänglich sind. Auf die Existenz von Sicherheitsrichtlinien soll bei jeder Neueinstellung und mindestens einmal im Jahr hingewiesen werden.

10. Strafen und Imageschäden durch einen **Compliance**-Verstoß sind dann zu befürchten, wenn die Vorgaben zur Awareness aus den anzuwendenden Regularien nicht eingehalten werden. Für den Einzelhändler sind Vorgaben aus dem BDSG und PCI DSS anzuwenden. Im BDSG werden Awareness-Maßnahmen sehr allgemein gefordert, ohne auf Art, Inhalt oder Häufigkeit der Maßnahmen einzugehen. Im PCI DSS wird konkret gefordert, dass Maßnahmen bei der Einstellung vorgenommen werden, jährliche Auffrischungen erfolgen und unterschiedliche Methoden kombiniert werden.

Insgesamt ergeben sich diverse Anforderungen an die Awareness. Sie resultieren daraus, welche Risiken gegenüber welcher Zielgruppe wie oft thematisiert werden sollen (siehe Tab. 4.2). Die Prioritäten wurden mithilfe der Risikobewertung festgelegt: In Anlehnung an die Matrix mit Risikoklassen in Abb. 2.7 (siehe Kapitel 2.1.4) wurden anhand von Eintrittswahrscheinlichkeit und Schadenshöhe jeweils eine niedrige, mittlere oder hohe Priorität zugewiesen. Die Prioritäten können z. B. bei der Zeitplanung und beim Ressourceneinsatz berücksichtigt werden.

Tab. 4.2: Anforderungstabelle zum Fallbeispiel

Nr.	Risiko	Zielgruppe	Frequenz/ Häufigkeit	Priorität	Anforderung vorhanden
1	Phishing	Alle	1 / Quartal	Hoch	ja
2	Pharming	Alle	1 / Jahr	Mittel	ja
3	Tailgating	Alle	1 / Jahr	Hoch	ja
4	Dumpster Diving	-	-	-	nein
5	Shoulder Surfing	Vertrieb, Management	1 / Jahr	Hoch	ja
6	Baiting	-	-	-	nein
7	Datenspeicherung und -übertragung	Alle	1 / Jahr	Hoch	ja
8	Systeme und Netzwerke	System- und Netzwerka-dministratoren	1 / Jahr, bei Neueinstellung	Hoch	ja
9	Sicherheitsrichtlinien	Alle	1 / Jahr, bei Neueinstellung	Mittel	ja
10	Compliance	Alle	1 / Jahr, bei Neueinstellung	Hoch	ja

4.5 Bedarfsanalyse

In der Bedarfsanalyse werden die Anforderungen, die zuvor in der Anforderungs-analyse identifiziert wurden, mit dem **Status quo** der bereits im Unternehmen ein-gesetzten Awareness-Maßnahmen abgeglichen. Daraus werden meist Abweichun-gen zwischen den Maßnahmen, die gefordert sind, und den Maßnahmen, die zu einem früheren Zeitpunkt im Unternehmen implementiert wurden, ersichtlich.

Zum Zweck der Bedarfsanalyse müssen zunächst die in der **Vergangenheit** durchgeführten Awareness-Maßnahmen betrachtet werden. Zu jeder Anforderung, die sich aus dem Wunsch der Risikoreduzierung ergibt, wird untersucht, ob sie be-reits als erfüllt angesehen werden kann. Wenn einer Anforderung noch keine Maß-nahme zugeordnet werden kann, besteht ein Bedarf. Sollten jedoch bereits Maß-nahmen durchgeführt worden sein, wurden die identifizierten Risiken in einem bestimmten Maß reduziert. Allerdings kann das resultierende Restrisiko immer noch zu hoch für das Unternehmen sein, also über der Akzeptanzschwelle liegen. Dann ergibt sich selbst bei reduzierten Risiken noch ein unerfüllter Bedarf an Awareness, der durch weitere Maßnahmen gedeckt werden muss.

Bei der Analyse der vorhandenen Maßnahmen sollten grundsätzlich zwei As-pekte besonders gut betrachtet werden: Welche internen Awareness-Maßnahmen hat das Unternehmen bereits durchgeführt und welche externen Maßnahmen, an denen die Mitarbeiter außerhalb des Unternehmens teilgenommen haben, sind bekannt? In der Regel sollten diesbezügliche Informationen in der Personalabteilung vorliegen; insbesondere Schulungsveranstaltungen sollten dort vermerkt sein. Zusätzlich liegen im Sicherheitsteam womöglich noch Informationen über den Einsatz anderer Medien (wie Poster oder Newsletter) vor.

Auch das vorhandene Wissen und die Fähigkeiten der Mitarbeiter sind relevant. Unterschiedliche Personen behalten das erlangte Wissen in unterschiedlicher Weise im Gedächtnis: Inhalte aus einer Schulung, die vor einem Jahr stattgefunden hat, können bei einer Person noch stärker im Gedächtnis sein als Inhalte von vor einem Monat bei einer anderen Person. Es sollte erörtert werden, wie gut sich die Mitarbeiter mit IT-Themen auskennen, wie viel sie über Informationssicherheit wissen und welche relevanten Fähigkeiten sie besitzen (z. B. Verschlüsselung oder Klassifizierung). Außerdem können die Mitarbeiter direkt zum Bedarf aus ihrer Sicht befragt werden. Hierbei sollten die Mitarbeiter primär den eigenen Arbeitsbereich betrachten, um ihre eigene Expertise in diesem Bereich möglichst gut einzubeziehen.

Um den konkreten **Bedarf** zu identifizieren, müssen die nichterfüllten Anforderungen und die zugrundeliegenden Risiken eingehender betrachtet werden, sodass Inhalte, Zielgruppen sowie Häufigkeit und Frequenz der Awareness-Maßnahmen festgelegt werden können.

Von den jeweiligen Risiken können die **Inhalte** für die neuen Awareness-Maßnahmen abgeleitet werden. Beim Thema Social Engineering könnte das Sicherheitsteam aufgrund wiederholt erfolgreicher Phishing-Angriffe den Eindruck gewonnen haben, dass die Mitarbeiter zu wenig über das Thema wissen. Die IT-Leitung könnte das Risiko durch Social Engineering, das bisher vielleicht noch durch keine Maßnahme adressiert wurde, als sehr hoch erachten. In der Folgerung gäbe es einen Bedarf nach Inhalten über die Erkennung und Prävention von Social Engineering.

Der Bedarf an bestimmten Maßnahmen sollte auch im Hinblick auf die **Zielgruppen** betrachtet werden. Nicht alle Mitarbeiter haben Zugriff auf dieselben Informationen. Auf vertrauliche Informationen sollten nach dem Need-to-know-Prinzip nur diejenigen Mitarbeiter Zugriff haben, die diese Informationen für ihre Arbeit benötigen. Es macht also z. B. wenig Sinn, alle Mitarbeiter im Umgang mit Personaldaten zu schulen, wenn nur die Personalabteilung und Abteilungsleiter mit diesen Informationen in Kontakt kommen. Außerdem sind auch die Aufgaben, mit denen die Mitarbeiter betraut sind, für die richtige Zuordnung und Gestaltung der Maßnahmen ausschlaggebend. Ein Mitarbeiter, der Software entwickelt, sollte sich mit Quellcode (der Sicherheitslücken enthalten kann) besser auskennen als ein Kundenberater, der stärker über Social Engineering informiert werden sollte. Maßnahmen, bei denen alle Mitarbeiter dieselben Inhalte übermittelt bekommen, können Sinn machen (z. B. um Grundlagenwissen zu transferieren). Jedoch sollten diese Maßnahmen im Anschluss durch weitere Maßnahmen mit zielgruppenspezifischen

Inhalten ergänzt werden. In einigen Regularien, wie ISO, BSI, NIST und COBIT (siehe Kapitel 3.8), wird die Zielgruppenorientierung sogar explizit gefordert.

In Bezug auf **Häufigkeit und Frequenz** der Maßnahmen kann ebenfalls ein bestimmter Bedarf bestehen. Eine häufige Durchführung von weniger umfangreichen Maßnahmen kann die Teilnehmer vor Überforderung schützen, da sie die Inhalte in kleineren „Häppchen" übermittelt bekommen, und dadurch mehr Zeit zur Verarbeitung der Informationen erhalten. Durch eine gewisse Frequenz wird das Langzeitgedächtnis der Teilnehmer angeregt. Die Inhalte können in bestimmten Zeitabständen wiederholt und iterativ ergänzt werden, und verfestigen sich dadurch besser im Gedächtnis.

Auch aus Compliance-Sicht kann die Frequenz der Maßnahmen eine wichtige Rolle spielen. Die meisten Regularien verlangen eine regelmäßige Auffrischung zur Awareness (siehe Kapitel 3.8). Folglich ist für die Compliance eine frequente Durchführung erforderlich, auch wenn die meisten Regularien nicht explizit vorschreiben, welche Zeitabstände nicht überschritten werden sollen. Lediglich der PCI DSS enthält eine konkrete Vorgabe dazu, und zwar einmal pro Jahr. Das Programm-Team könnte zur Schlussfolgerung kommen, dass eine bisherige Schulungsveranstaltung im Unternehmen mit freiwilliger Teilnahme und geringer Beteiligung nicht ausreicht, um der Vorgabe der regelmäßigen Auffrischung zu genügen. In diesem Fall müsste das Unternehmen die Maßnahme anpassen oder eine weitere Maßnahme ergänzen.

Fallbeispiel

Das *Programm-Team* analysiert zunächst den *Status quo*, also welche Maßnahmen beim Einzelhändler innerhalb der letzten Jahre umgesetzt wurden und inwieweit einzelne Maßnahmen in Form von wiederkehrenden Prozessen im Unternehmen verankert wurden. Aufgrund der hohen *Akzeptanz* und *Unterstützung* im Unternehmen wird schnell festgestellt, dass bei Neueinstellungen von Mitarbeitern ein Sicherheitsexperte eine persönliche Einweisung in die Sicherheitsrichtlinien des Unternehmens vornimmt. Außerdem wird in einem Abstand von ein bis zwei Jahren eine Schulungsveranstaltung für alle Mitarbeiter zum Thema Informationssicherheit durchgeführt. Im Speziellen werden dabei Risiken rund um Phishing, Tailgating, Dumpster Diving sowie Datenspeicherung und -übertragung thematisiert.

Ein Teil der *Anforderungen* wurde also bereits erfüllt. Die Maßnahme bei Neueinstellung und die Teilnahme aller Mitarbeiter an einer regelmäßigen Schulungsveranstaltung decken auch die Anforderungen aus Compliance-Sicht teilweise ab. Allerdings wird die PCI-Anforderung einer jährlichen Auffrischung noch nicht voll erfüllt und die Kombination unterschiedlicher Methoden ist ebenfalls noch nicht gegeben. Das Programm-Team hat außerdem die Anforderung definiert, dass zum Phishing-Risiko noch häufiger als einmal pro Jahr eine Maßnahme stattfinden soll, und zwar einmal pro Quartal. Risiken, die bisher noch nicht durch die Inhalte der Maßnahmen thematisiert wurden (und daher auch noch nicht gegenüber den Zielgruppen kommuniziert wurden), beziehen sich auf Pharming, Shoulder Surfing, Systeme und Netzwerke sowie Compliance. Folglich ergibt sich ein unerfüllter *Bedarf* des Unternehmens in Bezug auf den Inhalt, die Zielgruppe sowie die Frequenz und Häufigkeit der Maßnahmen (siehe Tab. 4.3).

Tab. 4.3: Bedarfstabelle zum Fallbeispiel

Nr.	Risiko	Anforderung	Offener Bedarf hinsichtlich…		
			Inhalt	Zielgruppe	Frequenz/Häufigkeit
1	Phishing	ja	nein	nein	ja
2	Pharming	ja	ja	ja	ja
3	Tailgating	ja	nein	nein	ja
4	Dumpster Diving	nein	nein	nein	nein
5	Shoulder Surfing	ja	ja	ja	ja
6	Baiting	nein	nein	nein	nein
7	Datenspeicherung und -übertragung	ja	nein	nein	ja
8	Systeme und Netzwerke	ja	ja	ja	ja
9	Sicherheitsrichtlinien	ja	nein	nein	ja
10	Compliance	ja	ja	ja	ja

4.6 Planung

In der Planung werden die Maßnahmen ausgewählt und ihre praktische Umsetzung vorbereitet. Außerdem werden die Rahmenbedingungen für die spätere Beurteilung der Maßnahmen festgelegt. Die Eckdaten aus der Planung fließen in die Entscheidungsvorlage ein, die für die anschließende Genehmigungsphase benötigt wird.

Ein Awareness-Programm besteht in der Regel aus einer **Kombination** von geeigneten Maßnahmen, die zusammen den Bedarf des Unternehmens an Awareness decken sollen. Unabhängig davon, ob die Umsetzung (inklusive die Erstellung von Lernmaterial) durch internes oder externes Personal erfolgen soll, gilt es zu entscheiden, welche Maßnahmen am besten zum Bedarf passen und welche Medien (siehe Kapitel 3.3) sich dafür am besten eignen.

In der Planung nutzt das Programm-Team die zuvor erzeugten **Grundlagen**. Mithilfe der Bedarfsanalyse wurde bereits festgelegt, welche Themen die Maßnahmen inhaltlich adressieren sollen, welche Zielgruppen angesprochen werden sollen und in welcher Frequenz und Häufigkeit die Maßnahmen durchgeführt werden sollen. Dieser Bedarf determiniert, wie die Maßnahmen gestaltet werden. Auch die bestehende Zielvorstellung und Kosten-Nutzen-Schätzung sollten dabei Berücksichtigung finden. Zudem sind Auswahlinformationen wichtig, denn sie ermöglichen eine begründete, nachvollziehbare Entscheidung für bestimmte Maßnahmen und deren Inhalte. Ein weiterer Aspekt, der möglichst zu Anfang der Planung bedacht werden sollte, ist die Nutzung von Synergiemöglichkeiten (siehe Kapitel 3.7). Positive Synergieeffekte (wie Kosteneinsparungen und Qualitätserhöhungen) sollten angestrebt und negative (wie Leerlauf und Unübersichtlichkeit) vermieden werden. Mit Synergien können oft Vorteile in Bezug auf Kosten, Zeit und Qualität generiert werden. Die Akzeptanz und Unterstützung durch alle beteiligten Mitarbeiter sind wichtig für eine zügige und effiziente Planung.

Um mit den Maßnahmen eine möglichst hohe Effektivität zu erreichen, macht es Sinn, verschiedene Aspekte der Awareness sequenziell zu adressieren. Zu diesem Zweck kann die **Teilnehmeradressierung** in mehreren Stufen erfolgen (siehe Abb. 4.4). Die Maßnahmen sollten dabei so zusammengestellt werden, dass sie jeweils eine oder mehrere Stufen in der angegebenen Reihenfolge abdecken.

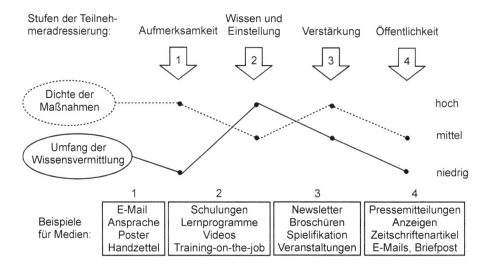

Abb. 4.4: Stufen der Teilnehmeradressierung

Die Stufen beziehen sich auf Aufmerksamkeit, Wissen und Einstellung, Verstärkung sowie Öffentlichkeit.[52] Sie unterscheiden sich in der Dichte der Maßnahmen (die ausdrückt, wie viele Teilnehmer wie oft mithilfe von Maßnahmen angesprochen werden) und im Umfang der Wissensvermittlung (also dem Volumen der Informationen zum Zwecke des Wissensaufbaus).

1. **Aufmerksamkeit:** In dieser Stufe soll die Aufmerksamkeit der Mitarbeiter erregt werden, um sie zu einer aktiven Teilnahme und Mitwirkung an den Maßnahmen zu motivieren. Eine wichtige Komponente in dieser Stufe ist ein Gesamtkonzept, das auch in allen weiteren Stufen beibehalten werden sollte. Es

---

52 Vgl. Fox 1990, S. 678.

kann beliebig eng oder breit definiert werden (z. B. können sicheres Verhalten im Internet oder neue Sicherheitsregeln im Unternehmen im Vordergrund stehen). Die Hauptsache ist, dass die Mitarbeiter verstehen, welcher rote Faden den Maßnahmen zugrunde liegt. Hilfreich ist auch die Erstellung eines speziellen Logos, das für die Mitarbeiter einen Wiedererkennungswert besitzt und sich durch alle zusammengehörenden Maßnahmen zieht. Einen positiven Effekt in dieser Stufe bietet die aktive Einbeziehung des Senior Managements (z. B. in Form einer E-Mail oder einer Ansprache) – Sie kann eine größere Aufmerksamkeit erzeugen und die Mitarbeiter zusätzlich motivieren. Die Befürwortung und ein passives Interesse durch das Senior Management haben auf die meisten Mitarbeiter eher einen geringen Effekt: Selbst, wenn das Awareness-Programm durch die Geschäftsführung offiziell befürwortet wird, ist das oft nicht allen Mitarbeitern bekannt. Auch ist es den Mitarbeitern nicht immer offensichtlich, dass die Führungsebene des Unternehmens ein Interesse an einer aktiven Mitwirkung der Teilnehmer hat. Weitere Medien, die sich gut für diese Stufe eignen, sind Poster und Handzettel. Diese Stufe wird manchmal nicht mit einer separaten Maßnahme umgesetzt, sondern als erster Teil der Wissensvermittlung (z. B. wenn ein Schulungsleiter einleitende Worte kundgibt) – dies hat natürlich einen weniger starken Effekt auf die Aufmerksamkeit als eine separate Maßnahme. Da in dieser Stufe möglichst alle Mitarbeiter mindestens einmal angesprochen werden sollen, ist die Maßnahmendichte sehr hoch. Der Umfang der Wissensvermittlung ist jedoch sehr gering, da das Thema Informationssicherheit lediglich tangiert wird oder nur Randinformationen (wie das Interesse der Führungsebene an Awareness) vermittelt werden.

2. **Wissen und Einstellung:** Nachdem eine Aufmerksamkeit erzeugt wurde, soll nun die eigentliche Wissensvermittlung über das erwünschte Verhalten der Mitarbeiter vorgenommen werden. Diese Wissensvermittlung soll zu einer geänderten Einstellung der Mitarbeiter gegenüber der Informationssicherheit führen. Da die Maßnahmen dieser Stufe den stärksten in Bezug auf die eigentliche Wissensvermittlung haben, besitzen sie auch die stärkste Relevanz für den Erfolg des gesamten Awareness-Programms. Neben den fachlichen Inhalten sollten in dieser Stufe daher auch die Erfolgsfaktoren für das Lernen einbezogen werden (siehe Kapitel 2.2.4). Es sollte also bedacht werden, was in Bezug auf Lernkultur, Akzeptanz, Ressourcen, Lernziele und Lernprozesse getan werden kann, um das Lernen erfolgreicher zu gestalten. Unter anderem sollte bei der Erstellung der Lerninhalte darauf geachtet, dass Etabliertes bei den Mitarbeitern nicht zu stark infrage gestellt oder sogar ignoriert wird, also dass eine inhaltliche Anschlussfähigkeit gegeben ist. Dies ist insbesondere bei der Auslagerung von Tätigkeiten an Externe zu bedenken, da diese meist geringe Kenntnisse über unternehmensspezifische Gegebenheiten sowie etablierte Prozesse und Regeln besitzen. Grundsätzlich ist der Lernerfolg am höchsten, wenn die Mitarbeiter das vermittelte Wissen verstehen und langfristig im Gedächtnis

behalten und ihr Verhalten basierend auf diesem Wissen positiv verändern. Durch das geänderte Verhalten sollen Sicherheitsverstöße vermieden und Angriffsmöglichkeiten reduziert werden. Die Dichte der Maßnahmen in dieser Stufe ist mittel, da zwar meist alle Mitarbeiter an den angebotenen Maßnahmen teilnehmen sollen, allerdings oft nur eine einzelne, aber umfangreiche Maßnahme eingesetzt wird. In dieser Maßnahme ist der Umfang der Wissensvermittlung im Vergleich zu den Maßnahmen anderer Stufen am höchsten. Hierbei sind vor allem diejenigen Medien geeignet, die umfangreiches Wissen vermitteln helfen, wie Schulungsveranstaltungen, Lernprogramme, Videos und Training-on-the-job.

3. **Verstärkung:** Die durch die Mitarbeiter erlernten Inhalte sollen möglichst lange im Gedächtnis bleiben, damit sie zu einer dauerhaften Verhaltensänderung führen. Zu diesem Zweck werden zusätzliche Maßnahmen eingesetzt, die die Inhalte im Bewusstsein der Mitarbeiter verstärken. Diese Maßnahmen sollten so gestaltet werden, dass sie die kontinuierliche Auseinandersetzung mit dem Thema Informationssicherheit fördern. Eine hohe Maßnahmendichte ist dabei vorteilhaft, da die Mitarbeiter öfter an Sicherheit erinnert werden, wenn sie häufiger von Maßnahmen adressiert werden. Um eine hohe Dichte zu erreichen, sollten zum einen die Maßnahmen möglichst häufig umgesetzt werden und zum anderen sollten die Empfänger der eingesetzten Medien möglichst vielzählig sein. Der Umfang der Wissensvermittlung nimmt im Vergleich zu den Maßnahmen der vorhergehenden Stufe ab, ist aber noch im mittleren Bereich – in der Regel werden die Kernaussagen gezielt verstärkt, ohne dass eine zu starke Verallgemeinerung sattfindet. Regelmäßige Newsletter, verschiedene Broschüren, Elemente der Spielifikation und wiederholte Sonderveranstaltungen sind Beispiele für die Stufe Verstärkung.

4. **Öffentlichkeit:** In der letzten Stufe soll dafür gesorgt werden, dass die Erhöhung der Awareness im Unternehmen zu einer positiven Außendarstellung und einem besseren öffentlichen Image des Unternehmens führt. Das Ziel dieser Stufe ist nicht unbedingt eine weitere Erhöhung der Awareness bei den Mitarbeitern – Sie ist eher darauf ausgerichtet, zusätzliche Vorteile in Verbindung mit externen Stakeholdern zu generieren: Wenn bekannt gemacht wird, was das Unternehmen zur Erhöhung der Awareness unternommen hat, kann das Vertrauen von Kunden und Geschäftspartnern gegenüber dem Unternehmen gesteigert werden. Dies kann zu Umsatzerhöhungen und Vorteilen bei Vertragsverhandlungen führen. Sogar der Unternehmenswert kann dadurch ansteigen. In dieser Stufe ist die Dichte der Maßnahmen mittel, denn es werden oft mehrere Kanäle genutzt, um für das Unternehmen zu werben. Der Umfang der Wissensvermittlung ist hingegen äußerst gering. Die Mitarbeiter des Unternehmens erhalten dadurch keinen weiteren Wissenszuwachs; die Öffentlichkeit erfährt zwar, dass ein Awareness-Programm stattgefunden hat, aber keine Einzelheiten zu den Inhalten. In dieser Stufe werden Medien verwendet, die gut zur

Kommunikation mit der Öffentlichkeit eingesetzt werden können (wie Presse-mitteilungen, Anzeigen oder Zeitschriftenartikel). Außerdem können aktuelle und potenzielle Kunden und Geschäftspartner gezielt angesprochen werden (z. B. mit E-Mails oder Briefpost).

Der **Maßnahmenplan** beinhaltet eine Auflistung der Maßnahmen, die zur Deckung des Bedarfs eingesetzt werden sollen. Die Maßnahmen sollen dabei so kombiniert werden, dass sie in der gewünschten Frequenz und Häufigkeit die richtigen Ziel-gruppen mit den passenden Inhalten versorgen. Dabei macht es oft Sinn, stufenwei-se vorzugegangen, damit die Teilnehmer möglichst effektiv adressiert werden (siehe oben). Voraussetzung für den Maßnahmenplan sind eine Produktauswahl und Überlegungen zur Umsetzung.

Die **Auswahl** von geeigneten Produkten für einen Maßnahmenplan (z. B. eine Kombination von Lernprogrammen) kann mit einem Auswahlverfahren, das auf Techniken aus der Entscheidungstheorie basiert, unterstützt werden. Sehr gut eig-nen sich dafür die Nutzwertanalyse und der Analytic Hierarchy Process (siehe Kapi-tel 2.1.7). Die Auswahl orientiert sich dabei an Kriterien, die den Bedarf und andere relevante Aspekte (wie Kosten- und Qualitätsmerkmale) abbilden, und erfordert die Recherche von relevanten Hintergrundinformationen:

1. Für ein gutes Auswahlverfahren ist es wichtig, geeignete **Kriterien** zu identifi-zieren, die ein Produkt erfüllen soll, damit es sinnvoll für die gewünschten Maßnahmen eingesetzt werden kann. Es obliegt den zuständigen Entschei-dungsträgern, welche Kriterien sie bei der Auswahl berücksichtigen wollen. Die Kriterien und deren Gewichte (zur Abgrenzung von wichtigen und weniger wichtigen Kriterien) sollten von den zuvor festgelegten Bedarfen abgeleitet werden. Besonders bedeutende Bedarfe können auch als Ausschlusskriterium formuliert werden, um sicherzustellen, dass das ausgewählte Produkt diese Be-darfe auf jeden Fall deckt. Kriterien, die in der Praxis häufig verwendet werden, um ein Produkt in einer IT-Umgebung zu bewerten, sind zum einen die Kosten und der Nutzen (wie bei Sicherheitsmaßnahmen im Allgemeinen) und zum an-deren Qualitätskriterien (wie sie z. B. in der ISO-Norm 25010 definiert werden; siehe Kapitel 2.1.7).

2. Das Produkt, das im Auswahlverfahren als bestes eingeschätzt wird, kann na-türlich nur das beste Produkt aus der Menge der insgesamt betrachteten Pro-dukte sein. Eine eingehende **Recherche** über mögliche Produkte ist also essen-ziell, um gut geeignete Produkte nicht von vorneherein zu übersehen und unbeabsichtigt aus dem Verfahren auszuschließen. Andererseits wäre eine zu große Menge an Produkten hinderlich, da das Auswahlverfahren sehr umfang-reich und aufwändig werden würde. Es sollte also gut bedacht werden, welche Produkte infrage kommen und wie vielversprechend sie in Bezug auf ihre Eig-nung fürs Unternehmen sind. Bei der Recherche nach möglichen Produkten können vor allem folgende Methoden angewandt werden:

- Die Sichtung von **Zeitschriften** konzentriert sich auf das Lesen und Auswerten von Tests und Rezensionen zu Produkten, die für die Erhöhung der
Awareness eingesetzt werden können. Die Autoren von Zeitschriftenarti-
keln sollten unabhängig von Herstellern agieren und daher für eine gewisse
Objektivität sorgen. Allerdings werden dabei oft Kriterien verwendet, die
für die Allgemeinheit als relevant angesehen werden – sie sind nicht auf die
unternehmensspezifischen Gegebenheiten ausgerichtet, und daher nicht
unbedingt aussagekräftig für das eigene Unternehmen. Die Informationen
eignen sich also eher für die Vorauswahl von Produkten und können als
Basis für weitere Analysen eingesetzt werden. Die Aktualität der gesichte-
ten Zeitschriften spielt eine nicht zu unterschätzende Rolle, da Awareness-
Produkte (wie auch viele andere Produkte) von einer gewissen Schnelllebigkeit beeinflusst werden. Neue Versionen führen womöglich dazu, dass
bestimmte Produkte ganz anders zu beurteilen sind. Aufgrund von gravierenden Änderungen im Markt und in der Industrie können sich in kurzer
Zeit neue Produkte behaupten oder neue Anforderungen obligatorisch werden.
- Das **Internet** bietet eine Fülle an Informationen. Jedoch erschweren die
verschiedenen Strukturen von Webseiten, dass Informationen schnell gefunden und verglichen werden. Eine Internet-Recherche kann daher sehr
zeitaufwändig werden. Auch die Qualität und Objektivität der Inhalte sind
je nach Webseite sehr unterschiedlich. Unter anderem sollte man berücksichtigen, dass die Webseiten von Herstellern zwar oft viele Detailinformationen enthalten, aber nicht die beste Wahl für objektive Produktvergleiche
sind. Die Analyse von dort bereitgestellten Demo-Versionen und Handbüchern kann jedoch eine gute Informationsquelle sein. Im Gegensatz zu Her-
steller-Webseiten beinhalten Webseiten von unabhängigen Personen und
Organisationen in der Regel unbefangenere Beschreibungen und Testbe-
richte. Trotz der höheren Objektivität variieren Umfang und Qualität der
Inhalte sehr stark. Daher eigenen sich manche Webseiten eher für einen
ersten Überblick und andere für eine intensivere Analyse, die hinsichtlich
Korrektheit und Vollständigkeit allerdings immer kritisch betrachtet werden sollte.
- Die Teilnahme an **Messen, Ausstellungen und Konferenzen** kann sehr
hilfreich sein, wenn die Art der zu analysierenden Produkte feststeht und
diese bereits grob eingegrenzt wurden. In diesem Fall kann gezielt an derartigen Veranstaltungen teilgenommen werden, um einerseits Anbieter von
Lösungen zu treffen und andererseits gleichgesinnte Unternehmensvertre-
ter. Anbieter bieten meist umfangreiche Informationen, beantworten Fragen und zeigen oft auch Live-Demonstrationen. Gleichgesinnte können Erfahrungen über Produkte austauschen und Eindrücke vermitteln, die sie

beim Einsatz von Produkten in verschiedenen Situationen gesammelt haben.

– Eine **externe Wissensakquise** bietet sich an, wenn in kurzer Zeit umfangreiches und fundiertes Wissen beschafft werden soll. Das interne Personal braucht für diese Recherche nicht eingesetzt zu werden und kann die eigentlich benötigte Zeit in andere Tätigkeiten investieren. Bei einer externen Wissensakquise wurde das Wissen unter Umständen bereits zusammengetragen und kann gegen eine Gebühr abgerufen werden (z. B. bei Studien). Grundlage dafür sind in der Regel allgemein formulierte Fragestellungen oder weit verbreitete Szenarien. Derartiges Wissen muss deshalb noch an die spezifischen Hintergründe und Bedarfe des Unternehmens angepasst werden. Wenn hingegen externe Berater auf eine neue Wissensakquise angesetzt werden, können genau diejenigen Informationen beschafft und ausgewertet werden, die für das beauftragende Unternehmen die höchste Relevanz besitzen. Die eingesetzten Berater haben meist den Status von fachlichen Experten und können sehr effektiv und zielgerichtet arbeiten. Aufgrund hoher Stundensätze handelt es sich dabei in der Regel dennoch um die kostenintensivste Lösung.

Auch die **Umsetzung** der Maßnahmen muss geplant werden. Dabei ist noch zu entscheiden, wie stark die Umsetzung ausgelagert werden soll und wie die Adressaten der Maßnahmen sinnvoll gruppiert werden können (siehe Kapitel 3.5).

Wenn für die Umsetzung nicht genügend internes Personal verfügbar ist oder das Personal nicht die erforderliche Qualifikation besitzt, können die Umsetzungstätigkeiten ganz oder teilweise von externem Personal übernommen werden.

Die Gruppierung der Adressaten kann anhand der Hierarchie, ihrer Funktion oder ihres Arbeitsorts vorgenommen werden. Dabei sollte nach Möglichkeit diejenige Gruppierungsart genutzt werden, welche die größten Vorteile bei der Umsetzung mit sich bringt.

Wenn die Tätigkeiten bisher lediglich grob formuliert wurden, gilt es nun, für einen **Tätigkeitsplan** die generellen Tätigkeiten in spezifischere Arbeitspakete herunterzubrechen. Der Detailgrad dieser Arbeitspakete sollte so hoch sein, dass jedes Paket einer Person zugeordnet werden kann. Die resultierende hierarchische Struktur ist die Basis für die weitere Planung. In einem Awareness-Programm sind häufig die Tätigkeitsbereiche Materialbeschaffung und -gestaltung, Adressierung der Teilnehmer (zur Wissensvermittlung), Beurteilung und Dokumentation vertreten.

Um die **Zeitplanung** der geplanten Tätigkeiten zu erleichtern, eignen sich Techniken, die häufig im Projektmanagement eingesetzt werden (wie die Netzplantechnik und das Gantt-Diagramm). Auch ein Awareness-Programm kann nämlich als Projekt angesehen werden, da es sich (wie bei Projekten im Allgemeinen) um ein Vorhaben handelt, bei dem innerhalb einer definierten Zeitspanne ein definiertes

Ziel erreicht werden soll und das einmalig ist (in Bezug auf die Bedingungen und Vorgaben in der Gesamtheit).

– Die **Netzplantechnik** ermöglicht die grafische Darstellung der Tätigkeiten eines Projekts mithilfe eines Netzplans (z. B. einem Vorgangsknoten-Netzplan: siehe Abb. 4.5). Die Tätigkeiten werden in der Netzplantechnik als Vorgänge bezeichnet, die zusammen mit ihren Abhängigkeiten veranschaulicht werden. Die Abhängigkeiten werden durch die Beziehungen zwischen den Vorgängen ersichtlich (in Form von Vorgängern und Nachfolgern). Eine Abfolge von Vorgängen, die bei Verzögerungen das gesamte Projektende verschiebt (also keinen zeitlichen Puffer besitzt), wird als kritischer Pfad bezeichnet. Für einen Netzplan können Vorgangsknoten, Ereignisknoten oder Vorgangspfeile genutzt werden. Die Variante mit den Vorgangsknoten wird in der Praxis am häufigsten verwendet und im Fallbeispiel genauer erläutert.

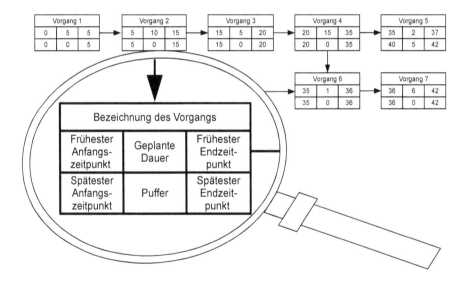

Abb. 4.5: Vorgangsknoten in der Netzplantechnik

– Eine weitere verbreitete Planungstechnik ist das **Gantt-Diagramm**. Es besteht aus einer horizontalen Achse für die Zeit und einer vertikalen Achse für die geplanten Tätigkeiten (siehe Abb. 4.6). Mit Balken werden die Start- und Zieltermine visualisiert. Abhängigkeiten können mit gerichteten Kanten dargestellt werden. Durch verschiedene Schattierungen oder Schraffuren der Balken können die aktuellen Fertigstellungsgrade veranschaulicht werden. Eine gestrichelte vertikale Linie kann eingefügt werden, um den aktuellen Tag zu zeigen.

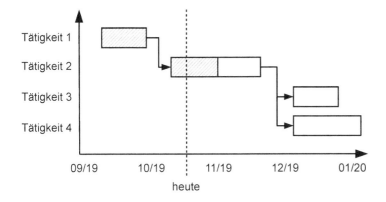

Abb. 4.6: Schema eines Gantt-Diagramms

Ein weiterer wichtiger Teil der Planung ist der **Kostenplan**, der sich im Einklang mit der bestehenden Budgetplanung befinden sollte. Hierbei werden die finanziellen Mittel kalkuliert, die für die Implementierung des Awareness-Programms erforderlich sind – sie sollten das zugewiesene Budget nicht überschreiten.

Nicht nur das Budget, das der Informationssicherheit zugewiesen wurde, kann für das Programm genutzt werden, sondern oft auch das Budget für Personalentwicklung. Bei Letzterem handelt es sich häufig um einen Betrag pro Rolle. Mithilfe von Prozentsätzen oder auch konkreten Beträgen kann festgelegt werden, welcher Teil dieses Budgets speziell für Awareness eingesetzt werden kann.

Falls das aktuelle Budget nicht ausreicht, können die kalkulierten Aufwände für die nächste Budgetplanung vorgemerkt werden. Das Budget wird in der Regel für eine bestimmte Periode festgelegt (z. B. für ein Geschäftsjahr). Aufgrund der notwendigen Vorlaufzeit für die Budgetplanung macht es Sinn, Budgeterhöhungen, die für das Programm erforderlich sind, frühzeitig im Controlling des Unternehmens bekanntzugeben.

Als Vorbereitung für die spätere Beurteilung des Programms und seiner Maßnahmen müssen bereits im Rahmen der Planung passende **Beurteilungsparameter** festgelegt werden. Dazu gehören die Formulierung von Erwartungen (siehe 1.), die Identifikation passender Metriken (siehe 2.) und Skalen (siehe 3.) sowie die Auswahl geeigneter Datenerhebungsmethoden (siehe 4.):

1. Auf Grundlage des Bedarfs an Awareness-Maßnahmen, der in der vorherigen Phase festgestellt wurde (siehe Kapitel 4.5), können konkrete **Erwartungen** an diese Maßnahmen formuliert werden. Die Erwartungen können bei der Auswahl der Maßnahmen hilfreich sein – einem Unternehmen steht nämlich eine Vielzahl möglicher Maßnahmen zur Verfügung und jede Möglichkeit zu ihrer Eingrenzung ist von Vorteil. Damit Erwartungen bei der Auswahl einbezogen werden können, müssen bereits Daten über die betrachteten Maßnahmen vorliegen

(z. B. aus anderen Unternehmen oder unabhängigen Quellen) – nur so kann eingeschätzt werden, ob die Maßnahmen die Erwartungen voraussichtlich erfüllen werden. Da die Erwartungen jedoch oft stark auf das eigene Unternehmen bezogen sind, können die hierzu benötigten Daten häufig erst dann gesammelt werden, wenn die Maßnahmen bereits im Unternehmen implementiert wurden. Die Formulierung von Erwartungen im Rahmen der Planungsphase ist aber nicht nur für die Auswahl der Maßnahmen wichtig, sondern ermöglicht es auch, wichtige Punkte bei der Gestaltung und Implementierung der Maßnahmen zu berücksichtigen. Sollte das Unternehmen erst nach der Durchführung der Maßnahmen eigene Erwartungen formulieren und die Maßnahmen entsprechend beurteilen wollen, kann es passieren, dass die hierzu benötigten Daten noch nicht gesammelt wurden und dies auch nicht mehr nachgeholt werden kann (z. B. wenn eine Lernkurve bei den Teilnehmern betrachtet werden soll und Daten über vergangene Lernsituationen nicht mehr rekonstruiert werden können). Außerdem sind manche Maßnahmen womöglich grundlegend ungeeignet, um bestimmte Erwartungen zu erfüllen oder im Hinblick auf bestimmte Erwartungen beurteilt zu werden (z. B. kann die Verteilung von Broschüren kaum zur Erhöhung der praktischen Erfahrung in der Informationssicherheit beitragen). Bei der Formulierung von Erwartungen sollten, soweit möglich, Details ausformuliert werden (z. B. ist eine hohe Effektivität immer erstrebenswert, sie kann aber unterschiedlich verstanden werden: in manchen Unternehmen ist es hinreichend, wenn die Kosten der Maßnahmen durch eine Risikoreduzierung wiedereingespielt werden, während andere vielleicht sogar die vollständige Eliminierung bestimmter Risiken erwarten). Eine exemplarische Auflistung von üblichen Erwartungen an Awareness-Maßnahmen umfasst:

– Die **Effektivität** steht dafür, dass die Maßnahmen zweckmäßig sein müssen. Sie sollen speziell den Zweck erfüllen, die Awareness für Informationssicherheit im Unternehmen zu erhöhen. Wenn eine Maßnahme diesen Zweck nicht zu erfüllen vermag, ist sie nicht effektiv. Wenn z. B. die Mitarbeiter aufgrund fehlenden Hintergrundwissens den Inhalten einer Schulungsveranstaltung nicht folgen können, wären die Erwartungen bezüglich Effektivität nicht erfüllt. Auch eine fehlende Zielgruppenorientierung (z. B. bei der Thematisierung von sicherer Softwareentwicklung außerhalb der IT-Abteilung) würde die Effektivität einer Maßnahme reduzieren.

– Die **Effizienz** ist aus wirtschaftlicher Sicht sehr bedeutend, denn nur durch einen effizienten Umgang mit Arbeitsleistung, Betriebsmitteln und Rohstoffen kann für das Unternehmen eine Gewinnspanne geschaffen werden. Nur wenn bei allen Arbeitsprozessen im Unternehmen auf Effizienz geachtet wird, kann das Unternehmen dauerhaft profitabel sein. Auch die Awareness-Maßnahmen sollten aus der Perspektive der Effizienz betrachtet werden. Wenn die Ausgaben für die Maßnahmen geringer sind als die erwarteten Schäden, die ohne diese Maßnahmen auftreten würden, ist der

Einsatz der Maßnahmen aus wirtschaftlicher Sicht sinnvoll – und damit effizient.

– Die **Compliance** bezieht sich auf die Einhaltung von allen vorgeschriebenen Regeln (z. B. aus Gesetzen und Verträgen). Mit geeigneten Maßnahmen kann ein Unternehmen die Regeln zur Awareness einhalten. Diese Regeln können auch vom Unternehmen selbst vorgegeben worden sein (z. B. durch interne Richtlinien). Um eine Compliance zu erreichen, müssen im Rahmen der Maßnahmen alle Regeln befolgt werden (z. B. wäre die Implementierung von Maßnahmen, die alle zwei Jahre stattfinden, nicht konform zum PCI DSS). Es sollte aber auch darauf geachtet werden, dass bei der Einhaltung von Awareness-Regeln nicht unbeabsichtigt gegen andere Regeln verstoßen wird (z. B. wären Live-Demonstrationen mit produktiven Kundendaten ein Verstoß gegen das BDSG). Einerseits muss also darauf geachtet werden, dass die Maßnahmen konform zu vorhandenen Regeln sind, und andererseits, dass sie im Rahmen der Implementierung keine regelwidrigen Tätigkeiten oder Zustände herbeiführen.

– Die **Kontrollierbarkeit** bedeutet, dass die Maßnahmen so gestaltet werden müssen, dass sie zeitlich und inhaltlich kontrolliert werden können (z. B. durch organisatorische Vorgesetzte oder mithilfe von Fortschrittsberichten). Es muss eine Planung mit Meilensteinen vorliegen, sodass ein Vorgesetzter bei Bedarf z. B. Prioritäten ändern kann, um die Implementierung der Maßnahmen zu beschleunigen oder zu verzögern. Auch sollte nachgehalten werden, wie weit die Maßnahmen und, falls vorhanden, das zugehörige übergeordnete Awareness-Programm fortgeschritten sind. Die Maßnahmen wären unter anderem dann schlecht kontrollierbar, wenn wichtige Schritte wie Planung und Implementierung durch eine externe Organisation erfolgen, ohne dass zuvor Vereinbarungen in Bezug auf Berichterstattung an den Auftraggeber und seine Einflussmöglichkeiten getroffen wurden.

– Die **Nachvollziehbarkeit** gewährleistet, dass die implementierten Maßnahmen für Kollegen und Außenstehende nachvollziehbar sind. Zu diesem Zweck sollten Maßnahmen dokumentiert und protokolliert werden. Um ein Awareness-Programm erfolgreich umzusetzen, muss nachvollzogen werden können, welche Maßnahmen zu welchem Zeitpunkt und mit welchen Teilnehmern stattgefunden haben. Andernfalls besteht die Gefahr, dass sich z. B. Inhalte überschneiden oder in einer ungünstigen Reihenfolge kommuniziert werden oder dass nicht alle Mitarbeiter einbezogen werden. Die Nachvollziehbarkeit hilft auch, eventuelle Probleme zu identifizieren (z. B. Verzögerungen aufgrund von Ressourcen-Engpässen). Aus Sicht der Compliance ist die Nachvollziehbarkeit ebenfalls wichtig: Wenn z. B. eine jährliche Maßnahme vorgeschrieben ist, genügt es nicht, den Mitarbeitern lediglich die Teilnahme an der Maßnahme zu ermöglichen – außerdem muss die Teilnahme nachweisbar protokolliert werden.

– Die **Akzeptanz** einer Maßnahme ist eine wichtige Voraussetzung, damit die Mitarbeiter an dieser Maßnahme teilnehmen und sich aktiv mit dem Thema Awareness befassen. Maßnahmen, die nicht akzeptiert werden, sind von einer geringen Teilnehmerzahl bedroht – diesem Problem müsste dann mit zusätzlichen disziplinarischen Maßnahmen entgegengewirkt werden. Eine Erwartung an die Akzeptanz kann sich z. B. auf eine bestimmte Quote der Belegschaft beziehen (z. B. kann eine Akzeptanz durch 50 % der Mitarbeiter als Erwartung formuliert werden). Die Akzeptanz kann auch als „Hilfserwartung" verstanden werden, da sie oft zu anderen positiven Konsequenzen führt: Unter anderem können Effektivität und Effizienz einer Maßnahme erhöht werden, wenn sich die Mitarbeiter aufgrund einer hohen Akzeptanz aktiver und konzentrierter beteiligen.

– Die **Qualität** bezieht sich auf bestimmte Eigenschaften, die von den Maßnahmen in einem bestimmten Ausmaß erfüllt werden sollen. Diese Eigenschaften sind oft von der Art der Maßnahme und den verwendeten Medien abhängig. Es kann sich dabei z. B. um eine störungsfreie Bereitstellung von Lernmaterial im Intranet, um eine orthografisch fehlerfreie Verfassung von Broschüren oder um eine gute visuelle Gestaltung von Präsentationen handeln. Was unter Qualität verstanden wird, hängt stark von den individuellen Vorstellungen der Erwartungshalter ab. Während für manche z. B. die grafische Gestaltung von Postern relativ uninteressant ist, solange der Inhalt eindeutig erfasst werden kann, sind andere (z. B. die Mitarbeiter einer Werbeagentur) eher daran interessiert, dass bestimmte grafische Qualitätsmerkmale eingehalten werden. Eine hohe Qualität schützt auch oft vor nachgelagerten Aufwänden zur Fehlerbehebung und Nachbesserung. Unter anderem können grobe inhaltliche Fehler durch eine hohe Qualität besser vermieden werden (z. B. die Verwechslung von Vertraulichkeitsklassen, wie „intern" und „vertraulich"), bevor sie zu Verwirrungen und Missverständnissen bei den Adressaten führen.

– Die Erhöhung der **Sicherheit** ist das grundlegende Ziel von Awareness-Maßnahmen. Dass eine Maßnahme diesem Ziel durch die Erhöhung des Awareness-Niveaus gerecht werden soll, lässt sich auch mit der Erwartung zur Effektivität ausdrücken. Eine weitere Erwartung zum Thema Sicherheit, die nicht auf das Awareness-Niveau ausgerichtet ist, bezieht sich auf die Umstände bei der Durchführung einer Maßnahme. Sowohl die Sicherheit von Informationen als auch die von Personen und Vermögenswerten sollten durch die Maßnahme nicht beeinträchtigt werden. Unter anderem dürfen vertrauliche Informationen während einer Maßnahme nicht von unbefugten Personen eingesehen werden. Dies wäre nicht gewährleistet, wenn z. B. in einer Schulung von Mitarbeitern aus unterschiedlichen Abteilungen ein Szenario mit produktiven Daten veranschaulicht würde. Auch die Verfügbarkeit und Integrität sind zu schützen – z. B. wäre ein Systemausfall wegen einer Live-Demonstration eines Hacking-Angriffs sehr ungünstig. An erster Stelle sollte jedoch stets die physische Sicherheit der Mitarbeiter stehen – z. B. wäre eine Veranstaltung in der prallen Mittagssonne ohne Sonnenschutz zu vermeiden.

2. Aus den oben beschrieben Erwartungen müssen anschließend geeignete **Metriken** abgeleitet werden, um für jede Erwartung einen Beurteilungsmaßstab zu schaffen. Sollte einer Erwartung keine Metrik zugeordnet werden können, ist eine objektive Beurteilung nicht möglich. Beispielsweise kann die Effizienz einer Maßnahme nicht beurteilt werden, wenn nicht definiert wurde, ob Ressourcenverbrauch, Kapitaleinsatz, Zeitbedarf oder etwas anderes betrachtet werden sollen. Es gibt eine Vielzahl an einsetzbaren Metriken. Daher sollte bei der Auswahl der Metriken bereits darauf geachtet werden, dass später auch passende Daten zur Interpretation gesammelt werden können. So würde es z. B. wenig Sinn machen, die Reaktionszeit von Mitarbeitern auf eine Virenfundmeldung als Metrik verwenden zu wollen, wenn diesbezügliche Zeitmessungen im Unternehmen nicht vorgenommen werden und auch nur schwierig umzusetzen wären. Beispiele für geeignete Metriken sind:

   - Der **Wissensstand** der Teilnehmer kann unter anderem durch gezielte Wissensfragen eruiert werden. Die Metrik würde dann durch das Verhältnis von gestellten Fragen (z. B. im Rahmen eines schriftlichen oder mündlichen Tests) zu korrekt beantworteten Fragen repräsentiert werden.
   - Das **Verhalten** von ausgewählten Mitarbeitern in bestimmten Situationen kann ebenfalls Grundlage einer Metrik sein. Es kann z. B. die Anzahl der Situationen betrachtet werden, in denen sich die Mitarbeiter aus der Sicherheitsperspektive korrekt verhalten haben. Auch hier werden die Veränderungen, die durch die Maßnahme verursacht wurden, betrachtet.
   - Auch die Anzahl der erkannten **Verstöße** gegen Sicherheitsrichtlinien kann Bestandteil einer Metrik sein. Hierbei wird die Anzahl der Verstöße vor einer Maßnahme mit der Anzahl nach dieser Maßnahme in Beziehung gesetzt.
   - In ähnlicher Weise kann die Anzahl der gemeldeten **Sicherheitsereignisse** nach einer Maßnahme mit der vorherigen Anzahl verglichen werden.
   - Die **Kosten** einer Maßnahme werden meist sowieso nachgehalten und ziemlich präzise mit einem bestimmten Geldbetrag angegeben. Wenn sie für eine Metrik genutzt werden sollen, können z. B. die Kosten zur Vorbereitung und Umsetzung einer Maßnahme mit den Kosten, die durch die Risikoreduzierung eingespart wurden, verglichen werden.
   - Die **Zeit**, die für die Vorbereitung und Umsetzung einer Maßnahme erforderlich gewesen ist (inklusive die von den Teilnehmern aufgewandte Zeit),

kann mit der Zeit, die ohne diese Maßnahme aufgrund von Störungen oder Nacharbeiten angefallen wäre, verglichen werden.

- Die **Teilnahmequote** repräsentiert das Verhältnis von Mitarbeitern, die an der Maßnahme teilgenommen haben, zu Mitarbeitern, die durch die Maßnahme insgesamt adressiert werden sollten.
- Die Frequenz, die Anzahl oder der Umfang von **Statusberichten** zu einer Maßnahme können wichtige Metriken sein. Mit ihnen können Maßnahmen untereinander verglichen werden oder mit einer Baseline oder Erwartung in Beziehung gesetzt werden.
- Der Umfang und die Qualität der **Dokumentation** einer Maßnahme können ebenfalls Metriken sein. Je genauer die Dokumentation analysiert wird, desto aufschlussreicher sind die davon abgeleiteten Aussagen.
- Die **Zufriedenheit** eignet sich z. B. zur Beurteilung von Schulungsmaßnahmen, wenn die persönlichen Eindrücke der Teilnehmer berücksichtigt werden sollen.

Welche Metriken zur Messung der formulierten Erwartungen eingesetzt werden, kann individuell entschieden werden und hängt von verschiedenen Faktoren ab. Wenn z. B. bereits in der Vergangenheit Maßnahmen beurteilt wurden, bietet es sich oft an, dieselben Metriken wiederzuverwenden. Auch die Erfahrungen und Präferenzen der Beurteiler spielen eine Rolle. Metriken können oft verschiedenartige Interpretationen zulassen und teilweise auch zu irreführenden oder falschen Aussagen führen (siehe Kapitel 4.9). Daher macht es manchmal Sinn, mehrere Metriken für eine bestimmte Erwartung hinzuzuziehen (z. B. die Zufriedenheit und Teilnahmequote zur Beurteilung einer Maßnahme im Hinblick auf ihre Akzeptanz). Im Gegensatz dazu können viele Metriken auch für mehrere Erwartungen gleichzeitig hinzugezogen werden (z. B. kann die Teilnahmequote sowohl für die Compliance als auch für die Akzeptanz relevant sein).

3. Die Metriken bilden die Voraussetzung für eine gezielte Datensammlung und anschließende Interpretation dieser Daten. Um eine Vergleichbarkeit, und damit eine Aussagekraft der Daten zu schaffen, muss geklärt werden, wie sich einzelne Datenwerte untereinander abgrenzen und wie sie beurteilt werden können. Zu diesem Zweck werden Skalen zugeordnet und Wertebereiche definiert. Die **Skalen** veranschaulichen die Beziehung der Daten untereinander. Man unterscheidet dabei vor allem Nominal-, Ordinal-, Intervall- und Verhältnisskala (wobei die letzten beiden zur Gruppe der Kardinalskalen gehören):

- Die Messung auf einer **Nominalskala** erlaubt die Prüfung auf Gleichheit oder Ungleichheit in Bezug auf vorgegebene Skalenwerte (z. B. Farben). Beim Vergleich von Werten besitzt diese Skala wenige Interpretationsmöglichkeiten. Sie wird eher für begriffliche Zuordnungen verwendet. Wenn man z. B. die Zufriedenheit einer Maßnahme bei den Teilnehmern abfragt und als Antwortmöglichkeiten „ja" und „nein" zulässt, dann sind dies Werte, die sich auf einer Nominalskala befinden. Die Werte an sich können nicht miteinander verglichen werden („ja" ist nicht größer oder kleiner bzw. besser oder schlechter als „nein"). Sie können aber gezählt werden und aufgrund ihrer Häufigkeit gemessen werden.

– Auf einer **Ordinalskala** befinden sich Werte, die in Bezug auf Wertigkeiten verglichen werden können (z. B. „gering", „mittel" und „hoch"). Auch hier kann die Zufriedenheit als Beispiel genommen werden: Wenn diese Werte angeboten werden, kann man unter anderem erkennen, dass „gering" (in Bezug auf Wertigkeit) von „hoch" weiter entfernt ist als von „mittel".

– Bei einer **Intervallskala** sind Rangordnung und Abstand zwischen den Skalenwerten klar definiert. Während bei einer Ordinalskala lediglich eine Rangordnung erkennbar ist, zeigt die Intervallskala zusätzlich den Abstand zwischen den Werten an. Hier werden also konkrete Zahlen eingesetzt (z. B. Datumsangaben). Um nochmal auf das Beispiel Zufriedenheit zurückzukommen: Die Verwendung einer Intervallskala würde bedeuten, dass die Teilnehmer eine beliebige Zahl aus einem vorgegebenen Bereich (auch negative Zahlen wären möglich) verwenden können, um die Zufriedenheit aus ihrer Sicht mit einem Wert zu belegen.

– Die **Verhältnisskala** wird auch Rationalskala oder Proportionalskala genannt. Sie besitzt im Vergleich zur Intervallskala die zusätzliche Eigenschaft, dass sie einen Nullpunkt besitzt. Die Zeitdauer, die Kostenhöhe und die Teilnahmequote einer Maßnahme sind Beispiele für Metriken, die sich dieser Skala bedienen. Hierbei gibt es einen Nullpunkt, der normalerweise nicht unterschritten wird: Zeit und Kosten sind mindestens null und auch die Anzahl der Teilnehmer kann nicht geringer als null sein. Das Vorhandensein des Nullpunkts ermöglicht sinnvolle Divisionen und Multiplikationen. Man kann also z. B. die Aussage treffen, dass eine Maßnahme doppelt so teuer ist wie eine andere Maßnahme.

Welche Skala für eine Metrik verwendet wird, hängt von den festgelegten **Wertebereichen** ab – und die Auswahl der Wertebereiche ist eine individuelle Entscheidung des Unternehmens. Generell kann man zwar sagen, dass eine Nominalskala die wenigsten und eine Verhältnisskala die meisten Interpretationen ermöglicht, jedoch ist die Erhebung von Zahlenwerten oftmals aufwändiger. Beispielsweise kann das Vorhandensein einer Dokumentation zu einer Maßnahme (Nominalskala) relativ einfach überprüft werden, während die Qualität der Dokumentation (Ordinalskala) nicht so leicht in Erfahrung gebracht werden kann. Primär ist es von Bedeutung, dass die gewünschten Interpretationsmöglichkeiten zur Verfügung stehen. Wenn komplexere Daten als nötig erhoben werden, führt das oft zu einem Zusatzaufwand, mit dem kein unmittelbarer Nutzen verbunden ist. Wenn z. B. lediglich erwartet wurde, dass zu einer Maßnahme eine Dokumentation vorhanden ist, würden die Werte „ja" und „nein" (Nominalskala) ausreichen. Die Verwendung der Werte „gering", „mittel" und

„hoch" (Ordinalskala) würde einen höheren Aufwand mit sich bringen, ohne für die Beurteilung der Maßnahme (im Hinblick auf die formulierte Erwartung „Vorhandensein einer Dokumentation") zusätzliche Vorteile zu generieren.

Metriken können zwar eingesetzt werden, um den Erfüllungsgrad einer Erwartung zu repräsentieren, allerdings beziehen sich die Metriken oft auf einen bestimmten Teilaspekt. Dieser **Teilaspekt** kann zu einer unvollständigen oder sogar irreführenden Interpretation führen. Das sollte im Rahmen der späteren Beurteilung unbedingt bedacht werden. Unter anderem kann die Reduzierung von gemeldeten Sicherheitsvorfällen nicht nur darauf hindeuten, dass sich das Sicherheitsniveau im Unternehmen aufgrund einer gestiegenen Awareness verbessert hat, sondern auch darauf, dass die Mitarbeiter aufgrund fehlender Akzeptanz oder geringem Verständnis keine Meldungen vornehmen.

Zusammenfassend gibt es also **Verknüpfungen** zwischen den Erwartungen an eine Maßnahme, passenden Metriken und zugehörigen Skalen (siehe Abb. 4.7). Eine Maßnahme kann in Bezug auf eine Erwartung mit einer oder mehreren Metriken gemessen werden. Eine Metrik kann wiederum für verschiedene Erwartungen relevant sein. Jede Metrik wird mit genau einer Skala verknüpft. Welche Skala jeweils verwendet wird, hängt von den Wertebereichen ab, in denen sich die vorliegenden Daten befinden. Mithilfe der Skala können die Daten, die die Beurteilung einer Maßnahme ermöglichen, mehr oder weniger stark verglichen werden.

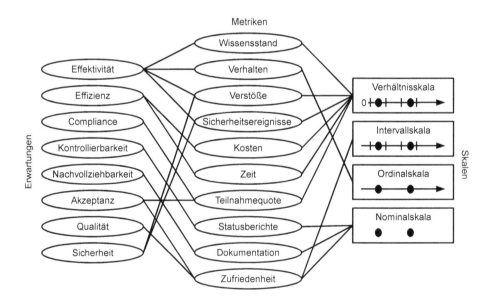

Abb. 4.7: Häufige Verknüpfungen zwischen Erwartungen, Metriken und Skalen

4. Um die oben beschriebenen Metriken anwenden zu können – also um sie zur Beurteilung des Erfolgs einer Maßnahme einsetzen zu können – bedarf es einer Datenbasis. Und die Voraussetzung dafür ist die Erhebung relevanter Daten: Die Methoden zur **Datenerhebung** umfassen unter anderem Teilnahmenachweise, Beurteilungsbögen, Interviews, Tests, Zählungen (von Sicherheitsereignissen und Verstößen), Kalkulationen (von Kostenbeträgen oder Zeitdauern), Übungen und Beobachtungen:

    – **Teilnahmenachweise** sollen dokumentieren, welche Mitarbeiter an einem bestimmten Termin an einer bestimmten Maßnahme teilgenommen haben. Sie können in Papierform oder elektronisch erstellt und aufbewahrt werden. Welche Form am praktikabelsten ist, hängt auch von der Art der Maßnahme ab: Bei computerbasierten Trainings lässt sich ein elektronischer Nachweis, der nach Abschluss des Trainings automatisch generiert wird, einfacher verarbeiten als ein Papierformular, das zusätzlich an die Mitarbeiter herausgegeben und wieder eingesammelt werden muss. Bei einer Präsenzveranstaltung ist hingegen das Herumreichen einer Teilnehmerliste mit Unterschriftsfelder unkomplizierter.

    – Oft verfügt die Personalabteilung über Prozesse zur Beurteilung von Schulungsmaßnahmen – diese Prozesse können auch als Grundlage genutzt werden, um Awareness-Maßnahmen zu beurteilen. Dabei handelt es sich meist um **Beurteilungsbögen**, die von den Teilnehmern nach Abschluss der Maßnahme ausgefüllt und bei der Personalabteilung oder einer anderen zentralen Organisationseinheit eingereicht werden. Sie beinhalten üblicherweise Fragen zur Organisation, zum Ablauf und zu den Inhalten der Maßnahme sowie zur Anwendbarkeit des erworbenen Wissens im Unternehmen. Bei Bedarf können die Fragen individuell angepasst und erweitert werden, z. B. um Sicherheitsaspekte stärker in den Vordergrund zu bringen. Ein Beispiel ist die Frage danach, ob die Teilnehmer ihr Verhalten bei Sicherheitsereignissen aufgrund der Maßnahme verändert haben bzw. verändern werden.

    – **Interviews** sind Befragungen, die auf sehr unterschiedliche Weisen durchgeführt werden können. Dabei muss z. B. entschieden werden, inwieweit Abfolge und Wortlaut der Fragen vorgegeben werden, also wie stark das Interview standardisiert wird. Die Fragen können schriftlich oder mündlich gestellt und beantwortet werden. Bei einer schriftlichen Variante kommen in der Regel Fragebögen zum Einsatz. Wenn die Fragebögen darauf ausgerichtet sind, Beurteilungen von den Teilnehmern einer Maßnahme einzuholen, handelt es sich gleichzeitig um die oben beschriebenen Beurteilungsbögen – sie sind also ebenfalls eine Interviewvariante. Bei Interviews kann außerdem die Anzahl der Interviewer variieren. Neben einem einzelnen Interviewer können auch zwei (Tandem-Interview) oder mehrere Personen (Board-Interview) die Fragen an einen Interviewten stellen.

–   **Tests** können genutzt werden, um gezielte Wissensfragen an die Teilneh-
    mer zu stellen. Die Fragen können in eine Maßnahme eingebettet werden
    (z. B. einzelne Fragen nach jedem Kapitel), direkt bei Abschluss einer Maß-
    nahme oder nach einem zeitlichen Abstand gestellt werden. Je früher die
    Tests erfolgen, desto schneller hat man auswertbare Daten; allerdings kann
    lediglich mit später durchgeführten Tests analysiert werden, ob die
    Awareness-Inhalte auch langfristig im Gedächtnis der Mitarbeiter bleiben.
    Die Tests können computergestützt, papierbasiert oder auch mündlich er-
    folgen. Die computergestützte Variante ermöglicht die einfachste Auswer-
    tung der Daten. Weiterhin können Tests offene und geschlossene Fragen
    enthalten. Letztere besitzen den Vorteil, dass sie durch vorgegebene Ant-
    wortmöglichkeiten unkompliziert ausgewertet werden können; allerdings
    ermöglichen sie, dass die Teilnehmer die Lösungen erraten; außerdem ver-
    hindern sie (im Gegensatz zu offenen Fragen) eine tiefergehende Analyse
    der Antworten, da man keine Daten zu den Begründungen oder Hinter-
    gründen der Mitarbeiter sammeln kann.

–   **Zählungen** werden vorgenommen, um die Anzahl der gemeldeten Sicher-
    heitsereignisse oder der erkannten Verstöße gegen Sicherheitsrichtlinien zu
    ermitteln. Dabei spielen die Zeitpunkte der Zählungen eine wichtige Rolle:
    Vor einer Maßnahme erhält man in der Regel andere Zahlen als nach einer
    Maßnahme, da davon auszugehen ist, dass eine Maßnahme zu Änderungen
    im Sicherheitsverhalten der Mitarbeiter führt. So können z. B. Zählungen zu
    einem Zeitraum vor einer Maßnahme und zu einem Zeitraum danach
    durchgeführt und miteinander ins Verhältnis gesetzt werden. Die Zählun-
    gen sollten, so weit wie möglich, elektronisch gestützt werden. Wenn die
    benötigten Daten elektronisch gespeichert sind und eine auswertbare Form
    besitzen, müssen sie kaum noch aufbereitet werden – eine computerbasier-
    te Auswertung kann dann direkt vorgenommen werden. Wenn sie jedoch
    nur teilweise oder sogar überhaupt nicht elektronisch erfasst sind bzw. eine
    schlecht auswertbare Form besitzen (z. B. eingescannte Formulare zu Si-
    cherheitsereignissen), ist die notwendige Aufbereitung der Daten bedeu-
    tend aufwändiger.

–   **Kalkulationen** von Kostenbeträgen oder Zeitdauern sind wesentliche Me-
    thoden, um Maßnahmen aus der wirtschaftlichen Perspektive beurteilen zu
    können. Grundsätzlich verfolgt ein Unternehmen ökonomische Prinzipien:
    Es ist darauf ausgerichtet, ein gutes Verhältnis zwischen den eingesetzten
    Mitteln und dem dadurch erzielbaren Nutzen zu erreichen. In Bezug auf Si-
    cherheitsmaßnahmen bedeutet dies, dass Kosten und Zeit, um eine Sicher-
    heitsmaßnahme einsatzfähig zu machen und zu betreiben, geringer sein
    sollten als die Kosten eines Sicherheitsvorfalls, der ohne diese Maßnahme
    zu erwarten wäre (siehe auch Kapitel 2.1.7). Um überprüfen zu können, ob
    eine Awareness-Maßnahme wirtschaftlich vorteilhaft ist, müssen alle Auf-

wände dokumentiert und summiert werden. Auch hier gilt, dass eine elektronische Erfassung von relevanten Daten die Aufbereitung stark erleichtert und die Auswertung beschleunigt.

– **Übungen** können ebenfalls gut für die Datenerhebung genutzt werden. Das Verhalten von ausgewählten Mitarbeitern (z. B. Mitglieder des Incident Response Teams) wird dabei in einer speziell durchgeführten Übung analysiert. Die Übung befasst sich mit einer bestimmten Situation, welche die Sicherheit der Informationen im Unternehmen bedroht. Die Übungsteilnehmer werden anschließend daraufhin beobachtet, wie sie mit der Situation umgehen. Dabei spielt es eine wichtige Rolle, ob ihnen die in der Awareness-Maßnahme kommunizierten Informationen noch bekannt sind und ob sie diese Informationen angemessen auf die betrachtete Situation übertragen können. Die Übung kann eher theoretisch oder praktisch orientiert sein. Während z. B. eine Tabletop-Übung lediglich eine gedankliche Auseinandersetzung mit einer theoretisch beschriebenen Situation beinhaltet, sind auch simulierte Angriffe möglich, die von den Übungsleitern sogar unangekündigt durchgeführt und als echte Angriffe dargestellt werden können. Die Daten, die im Rahmen von Übungen erhoben werden können, betreffen unter anderem die Reaktionsgeschwindigkeit und die Entscheidungsqualität der Mitarbeiter, die Einhaltung von Sicherheitsrichtlinien und Arbeitsanweisungen sowie die direkte Berücksichtigung von zuvor kommunizierten Awareness-Inhalten.

– Eine weitere Methode der Datenerhebung stellt die **Beobachtung** dar. Hierbei werden das Verhalten und die Reaktionen der Mitarbeiter im Rahmen ihrer geschäftlichen Aufgabenerfüllung durch einen oder mehrere Beobachter systematisch und zielgerichtet wahrgenommen. Die Beobachtung kann auf verschiedene Arten erfolgen:[53] Die Beobachtung selbst kann offen (für die Mitarbeiter erkennbar) oder verdeckt (die Mitarbeiter wissen nichts von der Beobachtung) sein. Der Beobachter kann wie die anderen Mitarbeiter an den Arbeitsprozessen mitwirken (teilnehmend) oder lediglich beobachten (nicht teilnehmend). Das Beobachtungsschema kann vorab festgelegt (systematisch) oder flexibel hinsichtlich wechselnder Situationen sein (unsystematisch). Die beobachtete Situation kann in einem Labor bzw. Schulungsraum erzeugt werden (künstlich) oder eine unbeeinflusste Situation aus der Praxis sein (natürlich). Der Beobachter und der beobachtete Mitarbeiter können dieselbe Person sein, so dass das eigene Verhalten wahrgenommen und protokolliert wird (Selbstbeobachtung), oder sie können verschiedene Personen sein (Fremdbeobachtung).

---

53 Vgl. Friedrichs 1990, S. 273.

Die Methoden zur Datenerhebung sollten auf die festgelegten Metriken ausgerichtet sein, also Daten in angemessener **Qualität** erheben helfen. Wenn z. B. die Akzeptanz gemessen werden soll, wären umfangreiche Tests und Übungen vermutlich übertrieben – weniger aufwändige Methoden (z. B. die Zählung der Teilnehmer) würden womöglich bereits ausreichen. Ob die Mitarbeiter die kommunizierten Awareness-Inhalte langfristig berücksichtigen, kann nicht mit einem sofortigen Test nach Abschluss einer Maßnahme ermittelt werden, sondern erfordert spätere und mehrmalige Datenerhebungen. Die Methoden sollten neben der Qualität auch den Erwartungen bezüglich Verarbeitungsaufwand und Zeithorizont genügen. Meistens wird ein niedriger **Verarbeitungsaufwand** angestrebt, um Kosten zu sparen. Die Qualität darf dadurch jedoch nicht in Mitleidenschaft gezogen werden. Unter anderem führen offene Fragen zu einem höheren Verarbeitungsaufwand, bieten aber mehr Daten für anspruchsvollere Analysen. Demgegenüber erzeugen hoch standardisierte Methoden zwar weniger Verarbeitungsaufwand, lassen aber kein offenes Feedback der Teilnehmer zu. Eine Möglichkeit, um mit unstrukturierten Daten in großer Menge umzugehen, ist die **Stichprobenentnahme**. Wenn Daten nicht direkt mithilfe von Computern verarbeitet werden können (z. B. weil sie in Papierform vorliegen), kann der Verarbeitungsaufwand bei größeren Datenmengen erheblich sein. Die Stichprobenentnahme sieht vor, dass Daten, Applikationen oder IT-Systeme im Hinblick auf die Datenerhebung so stark eingeschränkt werden, dass die zu verarbeitenden Daten reduziert und besser bewältigt werden können, aber dennoch eine möglichst hohe Aussagekraft und Repräsentativität besitzen.

Der **Zeithorizont** hängt primär davon ab, wie zeitnah nach der Awareness-Maßnahme die Datenerhebung stattfinden soll. Am schnellsten wäre die Datenerhebung, wenn sie direkt in die Maßnahme eingebettet oder sofort im Anschluss erfolgen würde. Zu dieser Zeit haben die Teilnehmer die Informationen im Kurzzeitgedächtnis – Schlussfolgerungen zur langfristigen Berücksichtigung der Inhalte lassen sich dadurch nicht treffen. Allerdings lassen sich auf diese Weise sehr frühzeitige Rückschlüsse zum Verständnis der Inhalte durch die Teilnehmer treffen. Wenn diese Datenerhebungen gravierende Abweichungen zu den erwarteten Ergebnissen ersichtlich machen würden, könnte man schneller darauf reagieren und z. B. ergänzende Maßnahmen anbieten, um das Vorwissen zu stärken oder den Theorie-Praxis-Bezug zu verdeutlichen.

Fallbeispiel
Nachdem das Programm-Team den Bedarf festgestellt hat, kann nun die Planung des Maßnahmen-Pakets erfolgen. Zunächst gilt es, die *Zielvorstellung* und *Kosten-Nutzen-Schätzung* (siehe Initiierung) nochmals in Erinnerung zu rufen. Demnach sind mindestens zwei verschiedenartige Awareness-Maßnahmen vorgesehen. Es sollen zwar alle Mitarbeiter adressiert werden, aber gleichzeitig eine Zielgruppenorientierung vorgenommen werden.
Das *Programm-Team* entscheidet sich, dieselbe Maßnahmenart inhaltlich auf unterschiedliche

Teilnehmergruppen zuzuschneiden, und dadurch individuell ausgerichtete Maßnahmen anzubieten. Die inhaltliche Abdeckung der Themen „Social Engineering" und „Umgang mit Kreditkartendaten" (als Teil der Datenspeicherung und -übertragung) wurde bereits im Rahmen der Anforderungsanaly-se berücksichtigt und führte zur Identifikation eines entsprechenden *Bedarfs* im Unternehmen.

Im weiteren Verlauf des Programms sollen die *Akzeptanz* und *Unterstützung* beibehalten werden – zu diesem Zweck soll die Motivation der Teilnehmer Berücksichtigung finden. Eine Protokollierung der Teilnahme soll aus Compliance-Gründen durchgeführt werden. Falls für die Maßnahmen Produk-te ausgewählt und beschafft werden müssen, sollen zunächst aussagekräftige *Auswahlinformatio-nen* gesammelt und analysiert werden. Eventuell vorhandene *Synergiemöglichkeiten* sollen bereits in der Planung fest für die Implementierung vorgemerkt werden.

Beim Zeitplan für die nächsten zwei Jahre sollen das Feiertagsgeschäft und der Jahresabschluss des Unternehmens nicht beeinträchtigt werden. Spätestens bis Ende des ersten und dritten Quartals soll jeweils eine Maßnahme umgesetzt worden sein. Die Kosten für das Programm sollen die Grenze von 250.000 € nicht erheblich überschreiten.

Für den *Maßnahmenplan* werden Maßnahmen gesucht, die sowohl den offenen Bedarf des Unter-nehmens an Awareness als auch die Rahmenbedingungen aus der Zielvorstellung erfüllen. Das Programm-Team entscheidet sich für den Einsatz von sechs verschiedenen Maßnahmenarten (wo-von zwei bereits im Unternehmen eingesetzt wurden). Dabei soll jede Stufe der Teilnehmeradressie-rung (Aufmerksamkeit, Wissen und Einstellung, Verstärkung sowie Öffentlichkeit) mit mindestens einer Maßnahmenart abgedeckt werden:

1. Mithilfe einer *E-Mail* an alle Mitarbeiter soll eine Aufmerksamkeit für Awareness im Unterneh-men geschaffen werden. Die E-Mail soll im zweiten Monat von einem Geschäftsführer ver-schickt werden. Sie soll mit kurzen und klaren Formulierungen die Risiken aus Sicht der Infor-mationssicherheit thematisieren, die mit unsicherem Verhalten der Mitarbeiter in Verbindung stehen. Sie soll auch kurz umreißen, welche Inhalte im Programm eine Rolle spielen. Die E-Mail soll in reiner Textform erstellt werden, ohne grafische Elemente – dadurch soll eine gute Les-barkeit auf allen Endgeräten, vom Smartphone bis zum Desktop, erreicht werden.

2. Die im Unternehmen bereits bestehende *Schulungsveranstaltung* soll inhaltlich ergänzt wer-den, damit auch die Themen Pharming, Shoulder Surfing sowie Systeme und Netzwerke ange-sprochen werden. Der Inhalt zum Dumpster Diving wird hingegen entfernt, da diesbezüglich keine Anforderungen bestehen. Die dadurch eingesparte Zeit kann für die neuen Themen ein-gesetzt werden; da jedoch drei neue Themen eingefügt werden sollen, muss auch der zeitliche Umfang der Maßnahme erhöht werden. Außerdem sollen die Teilnehmer in Zukunft auf zwei Gruppen aufgeteilt werden – kaufmännisch- und IT-orientierte Mitarbeiter. Das Thema Systeme und Netzwerke soll nur in der IT-Gruppe behandelt werden, dafür sollen sich die kaufmännisch-orientierten Mitarbeiter intensiver mit Social Engineering befassen. Da die Schulungsveran-staltung bisher nur alle zwei Jahre stattgefunden hat, soll die Frequenz auf einmal pro Jahr er-höht werden.

3. Zur Verstärkung soll jedes zweite Quartal ein *Newsletter* verschickt werden, der über aktuelle Sicherheitsbedrohungen berichtet. Das Thema Phishing soll fester Bestandteil in jedem Newsletter sein. Da das Unternehmen allerdings eine Maßnahme pro Quartal zum Thema Phishing gefordert hat, sollen zusätzlich zu den Newslettern auch *Phishing-Tests* durchgeführt werden. Newsletter und Phishing-Tests werden alternierend durchgeführt, sodass in jedem Quartal eine Maßnahme stattfindet.

4. Die Öffentlichkeit soll nach der ersten Schulungsveranstaltung mit einer *Pressemitteilung* adressiert werden. Hierdurch soll das Awareness-Programm grob vorgestellt werden. Außer-dem soll verdeutlicht werden, dass dem Unternehmen die Sicherheit von Kundeninformationen wichtig ist. Die Pressemitteilung soll einige Zeit nach der ersten Schulungsveranstaltung, zum Ende des dritten Quartals, erfolgen.

Um eine bessere Übersicht zur Awareness im Unternehmen zu erzeugen, wird die *Einweisung* neuer Mitarbeiter ebenfalls im Maßnahmenplan aufgeführt. Sie ist aber bereits im Unternehmen etabliert – und daher nicht Bestandteil des Programms. Als Teil der Teilnehmeradressierung würde die Maßnahme primär der Stufe Wissen und Einstellung dienen. Da es sich für neue Mitarbeiter um die erste Maßnahme im Unternehmen handelt, wird bei ihnen auch eine Aufmerksamkeit für Awareness erzeugt, und somit würde auch diese Stufe abgedeckt.

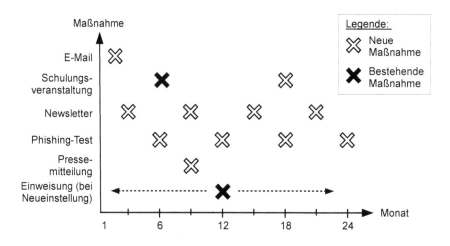

Abb. 4.8: Maßnahmenplan

Da die Maßnahmen von den im Unternehmen tätigen Sicherheitsexperten entwickelt und umgesetzt werden sollen (also nicht extern beschafft werden müssen), findet kein *Auswahlverfahren* statt. Entsprechend wird auch keine Recherche durchgeführt, um Anbieter oder Produkte im Markt zu identifizieren und zu bewerten.

In Bezug auf *Synergien* wird unter anderem geplant, Verbundeffekte beim grafischen Design der Medien zu nutzen: Ein Spezialist aus der Marketing-Abteilung soll damit beauftragt werden, ein einheitliches Design zu erstellen, das an das Corporate Design des Unternehmens angelehnt ist und für Schulungsmaterial, Folien und Newsletter eingesetzt werden soll. Geringe Dichteeffekte sollen bei der Lokation der Schulungsveranstaltungen genutzt werden: Für die unterschiedlichen Teilnehmergruppen wird jeweils derjenige Veranstaltungsraum genutzt, der die geringste Entfernung zu den Arbeitsplätzen der teilnehmenden Mitarbeiter besitzt. Im Hinblick auf eine Zeitreduzierung sollen einige Tätigkeiten zusammengefasst werden: Und zwar sollen die Inhalte von denselben Personen übermittelt werden, die sie auch erstellt haben. Auf diese Weise werden Schnittstellen vermieden. Vor allem bei der Durchführung der Schulungsveranstaltungen bringt dies Vorteile, da keine Übergabe stattfinden muss. Weil der Schulungsleiter die Inhalte bereits sehr gut kennt, braucht er sich nicht extra einzuarbeiten. Er verfügt außerdem über Hintergrundwissen und kann auf Rückfragen oder Änderungsbedarf direkt eingehen.

Die *Beurteilungsparameter* werden festgelegt, um eine spätere Beurteilung der Maßnahmen vorzubereiten. Sie beinhalten bestimmte Erwartungen an die Maßnahmen sowie Metriken und Skalen zur Auswertung von erhobenen Daten. Auch geeignete Methoden für die Datenerhebung müssen gefunden werden. An die Maßnahmen werden folgende *Erwartungen* gestellt:

- Die Maßnahmen sollen *effektiv* sein. Das Awareness-Niveau im Unternehmen soll messbar gesteigert worden sein. Zu diesem Zweck soll der Wissensstand der Mitarbeiter mit Fragebögen und darin eingebetteten Tests gemessen werden. Es wird erwartet, dass der Wissensstand nach der zweiten Schulungsmaßnahme höher ist als direkt im Anschluss an die erste. Auch das Verhalten der Mitarbeiter soll beurteilt werden, und zwar danach, wie die Mitarbeiter auf die vermeintlichen Phishing-E-Mails reagieren. Die Anzahl der Mitarbeiter, die auf Links in den E-Mails des Phishing-Tests klicken, soll mit der Zeit tendenziell abnehmen.
- Anhand des Zeit- und Kostenaufwands bei der Implementierung soll gemessen werden, ob die Maßnahmen *effizient* sind. Solange Zeit und Kosten im Einklang mit der Planung stehen und die Kosten nicht höher sind als der erwartete Nutzen, gilt dies als erfüllt.
- Eine weitere wesentliche Erwartung des Unternehmens ist, dass mithilfe der Maßnahmen die bestehenden *Compliance*-Vorgaben zur Awareness erfüllt werden. Insbesondere im Hinblick auf die PCI-Compliance sollen die Maßnahmen beurteilt werden. Dazu soll die Teilnahmequote der Maßnahmen gemessen werden: Wenn 100 % der Mitarbeiter an den Maßnahmen, die gemäß Compliance-Vorgaben mindestens umgesetzt werden müssen, teilgenommen haben, ist die Erwartung erfüllt.
- Auch die *Akzeptanz* der Maßnahmen durch die Mitarbeiter wird vom Unternehmen als besonders wichtig empfunden. Der Hintergrund ist, dass das Unternehmen eine dauerhafte Beteiligung der Mitarbeiter an zukünftigen Maßnahmen erwartet. Auf diese Weise soll das Awareness-Niveau aufrechterhalten werden und die PCI-Compliance langfristig erfüllt bleiben. Die Messung soll mithilfe von ausgewählten Fragen als Teil des Fragebogens erfolgen. Erwartet wird, dass mindestens 60 % der Mitarbeiter mit den Maßnahmen grundsätzlich zufrieden sind.

Weitere Erwartungen werden nicht formuliert. Unter anderem ist die Kontrollierbarkeit von geringem Interesse, da gravierende Probleme bei der Implementierung oder starke Änderungserfordernisse (also die Hauptgründe für Verzögerungen und sonstige Abweichungen) grundsätzlich nicht erwartet werden. Die Nachvollziehbarkeit ist für das Unternehmen lediglich aus Compliance-Sicht relevant: Sie wird also durch die Erwartung bezüglich Compliance abgedeckt und daher nicht nochmals separat betrachtet. Im Speziellen genügt es dem Unternehmen, dass nachvollzogen werden kann, welche Mitarbeiter zu welcher Zeit an welcher Maßnahme teilgenommen haben. Die Qualität erachtet das Programm-Team als nachrangig und eher als Mittel zum Zweck, um die Akzeptanz und Effektivität zu erhöhen, was beides bereits als Erwartung formuliert wurde. Die Sicherheit im Sinne der Awareness-Erhöhung ist durch die Effektivität bereits abgedeckt; im Sinne der Vermeidung von Sicherheitsproblemen innerhalb der Maßnahmen besitzt das Programm-Team keine Bedenken, da die hausinternen Sicherheitsexperten die Maßnahmen vorbereiten und umsetzen – diese kennen die bestehenden Sicherheitsregeln sehr gut und halten sie grundsätzlich immer ein.

Eine getrennte Beurteilung einzelner Maßnahmen soll, soweit möglich, nicht stattfinden – vielmehr sollen die Maßnahmen als Teil des übergeordneten Programms *zusammen beurteilt* werden. Obwohl im Hinblick auf einzelne Erwartungen (z. B. bei der Akzeptanz) eine Abgrenzung durchaus möglich wäre, überschneiden sich die Auswirkungen der Maßnahmen größtenteils. Unter anderem kann nur schwierig festgestellt werden, ob ein Wissenszuwachs durch einen Newsletter oder eine Schulungsveranstaltung erfolgt ist oder ob Rechercheaufwände für die Inhalte eines Newsletters oder einer Schulungsveranstaltung hilfreich waren.

Die Metriken, Skalen und Datenerhebungsmethoden zu den ausgewählten Maßnahmen sind in Tab. 4.4 aufgeführt. Dabei wird bewusst auf einige häufig eingesetzte *Metriken verzichtet*, unter anderem die Anzahl der Sicherheitsereignisse und Verstöße. Dies ist darin begründet, dass im Programm-Team keine einheitliche Meinung darüber vorliegt, ob eine Zunahme der gemeldeten Sicherheitsereignisse positiv oder negativ zu interpretieren ist. Die Verstöße gegen Sicherheitsrichtlinien

sollten sich eigentlich nicht stark in ihrer Anzahl verändern, da die Einweisung zu den Sicherheitsrichtlinien bereits vor dem Programm stattgefunden hat.

Tab. 4.4: Beurteilungsparameter

Erwartung	Metrik (und Details zur Erwartung)	Skala	Datenerhebung (und Details zur Umsetzung)
Effektivität	Wissensstand (Erhöhung nach zweiter Schulungsmaßnahme)	Verhältnisskala	Fragebögen (Nach jeder Schulungsveranstaltung werden Wissensfragen gestellt.)
	Verhalten (Abnahme von unsicheren Reaktionen auf Phishing)	Nominalskala	Beobachtung (Es wird protokolliert, wie die Empfänger von Phishing-E-Mails reagieren.)
Effizienz	Kosten (planungsgerecht, Kosten-Nutzen-Verhältnis)	Verhältnisskala	Kalkulation (Alle angefallenen Kosten werden summiert.)
	Zeit (planungsgerecht)	Verhältnisskala	Kalkulation (Die Zeit für Vorbereitung und Implementierung wird gemessen.)
Compliance	Teilnahmequote (minimale Vorgaben werden erfüllt)	Verhältnisskala	Zählung (Die Mitarbeiter, die an den Maßnahmen teilnehmen, werden gezählt.)
Akzeptanz	Zufriedenheit (60 % der Mitarbeiter sind zufrieden)	Ordinalskala	Fragebögen (Die Mitarbeiter werden um eine eigene Beurteilung gebeten.)

Der *Tätigkeitsplan* dient dazu, spezifischere Arbeitspakete festzulegen und einzelnen Personen aus
dem Programm-Team zuzuordnen. Zunächst werden die Arbeitspakete auf der höchsten Abstraktionsebene festgelegt und anschließend mit detaillierten Tätigkeiten konkretisiert (siehe Abb. 4.9).
Die übergreifenden Arbeitspakete sind:
- *Beschaffung:* Das Material zur Durchführung und Unterstützung der Maßnahmen muss in angemessener Menge und Qualität beschafft werden. Eine möglichst genaue Bedarfsermittlung ist
  sehr vorteilhaft. Die Anzahl der Teilnehmer ist dabei eine wichtige Grundlage. Falls das Material
  nicht bereits in der Abteilung vorhanden ist, muss eine Bestellung durchgeführt werden. Nach der
  Lieferung wird das Material auf Vollständigkeit und Qualität geprüft. Wenn bei einem externen
  Lieferanten bestellt wurde, muss eine Zahlung vornehmen werden.
- *Gestaltung:* Bei der Gestaltung der einzelnen Maßnahmen sollen geeignete Inhalte erstellt und in
  das gewünschte Format überführt werden. Die Inhalte sollen miteinander in Verbindung stehen,
  sich aber nur wenig überlappen. Die Basis für die Inhalte ist eine Wissensrecherche durch die zuständigen Programm-Mitglieder. Obwohl es sich dabei um Sicherheitsspezialisten handelt, die
  bereits über relevante Kenntnisse verfügen, macht eine Recherche zu neuen Entwicklungen und
  aktuellen Bedrohungen Sinn. Im Rahmen des Grafikdesigns werden die Inhalte in das passende
  Format (unter anderem Präsentationsfolien und Handouts) übertragen und mit den Vorgaben zum
  Corporate Design in Einklang gebracht. Der Druck der Handouts soll erst kurz vor der Maßnahme
  erfolgen, sodass Änderungen noch so spät wie möglich in die Handouts übertragen werden können.
- *Adressierung:* Die vorbereiteten Maßnahmen sollen so eingesetzt werden, dass die zusammen-
  gestellten Inhalte wie geplant an die Adressaten übermittelt werden können. Die E-Mail für die

Steigerung der Aufmerksamkeit, die Newsletter und die Phishing-Test-E-Mails werden elektronisch versandt. Bei den Schulungsveranstaltungen sind die Beteiligten physisch anwesend. Zur Erlangung von Beurteilungsdaten werden Fragebögen an die Teilnehmer der Schulungsveranstaltungen verteilt. Außerdem wird die vorbereitete Mitteilung an bestehende Pressekontakte übermittelt.

- **Beurteilung:** Die Daten, die mithilfe der Fragebögen und im Rahmen des Phishing-Tests erhoben wurden, werden zunächst so aufbereitet, dass sie elektronisch ausgewertet und interpretiert werden können. Die ausgefüllten Fragebögen müssen dazu von der Papierform in elektronische Daten überführt werden. Die Phishing-Daten liegen zwar schon elektronisch vor, müssen aber noch in ein leicht auswertbares Format umgewandelt werden. Anhand der Daten werden Interpretationen zum Erfolg der Maßnahmen getätigt und daraus Verbesserungsansätze abgeleitet.
- **Dokumentation:** In die Dokumentation fließen neben den Planungsdaten vor allem Informationen zu den Inhalten der Maßnahmen, Fortschritten der Implementierung und zur Beurteilung der Maßnahmen ein. Wichtige zusätzliche Tätigkeiten sind die Erhebung von Nachweisen und die Beschreibung von Lessons-learned, die im Rahmen von unerwarteten Problemen entstehen.

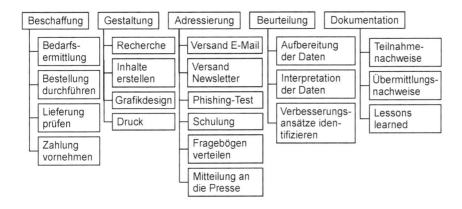

Abb. 4.9: Tätigkeitsplan

Das Programm-Team erstellt im Anschluss an den Tätigkeitplan einen **Zeitplan**, um die voraussichtliche Fertigstellung der einzelnen Tätigkeiten transparent zu machen. Dieser Plan soll als Hilfsmittel bei der Implementierung des Programms eingesetzt werden. Neben einer bedarfsgerechten Ressourcenplanung ermöglicht der Plan auch die zeitnahe Identifikation von Verzögerungen.

Die wesentlichen Tätigkeiten des Programms hängen mit der Gestaltung der Maßnahmen und deren Inhalte sowie der Adressierung der Mitarbeiter zusammen. Daher wird im Folgenden der dafür benötigte **Netzplan** veranschaulicht. Die Beschaffung ist weniger komplex, da lediglich etablierte Beschaffungsprozesse ausgeführt werden. Beurteilung und Dokumentation sind zwar wichtige Tätigkeiten, allerdings ist das Unternehmen in der zeitlichen Umsetzung sehr flexibel, da diese Tätigkeiten keine geplanten Folgetätigkeiten mit sich bringen. Eine Wiederverwendung dieser Informationen würde außerhalb dieses Programms erfolgen.

Für die **Gestaltung** und **Adressierung** wird zunächst überlegt, welche Dauer und welche Abhängigkeiten die spezifisch enthaltenen Tätigkeiten besitzen (siehe Tab. 4.5). Für die Zeitdauer wird die Anzahl an Wochen als Einheit verwendet. Dabei wird jede Tätigkeitsdauer auf die nächste volle Wochenzahl aufgerundet. Die Einweisung bei Neueinstellung wird nicht miteingeplant, da dieser

Prozess bereits im Unternehmen implementiert ist und aufgrund schwankender Einstellungszeiten wenig planbar ist.

Tab. 4.5: Vorbereitung zum Netzplan (Auszug)

Nr.	Tätigkeit	Dauer (Wochen)	Vorgänger	Fixtermin (Woche)
1	Recherche	4	-	-
2	Inhalte erstellen	4	1	-
3	Grafikdesign	4	2	-
4	Druck	1	3	-
5	Versand E-Mail	1	-	8
6	Versand Newsletter (1. Termin)	1	3	12
7	Phishing-Test (1. Termin)	1	3	24
8	Schulungsveranstaltung (1. Termin)	1	4	24
9	Fragebögen verteilen (1. Termin)	1	8	25
10	Pressemitteilung	1	8	36

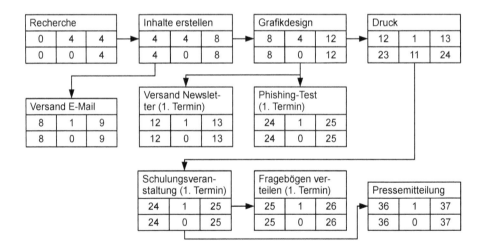

Abb. 4.10: Netzplan (Auszug)

Bei allen Maßnahmen, die mehrfach ausgeführt werden sollen (also die Schulungsveranstaltung, der Newsletter und der Phishing-Test), geht der hier dargestellte *Auszug* des Netzplans nur so weit ins Detail, dass lediglich die erste Ausführung der jeweiligen Maßnahmenart zu sehen ist. Der Grundgedanke dabei ist, dass alle relevanten Tätigkeiten für die Gestaltung der Maßnahmen vor ihrer ersten Ausführung abgeschlossen sein sollen. Auf diese Weise können die Inhalte besser auf die Maßnahmen aufgeteilt und miteinander in Verbindung gebracht werden. Sollte die Gestaltung hingegen immer erst kurz vor jeder einzelnen Maßnahme geschehen, wären die Inhalte wahrscheinlich weniger gut strukturiert und das Gesamtkonzept wäre weniger ausgefeilt.

Der *Kostenplan* beinhaltet eine Auflistung aller voraussichtlich anfallenden Kosten. Mit diesem Plan wird nicht nur die Genehmigung unterstützt, sondern auch eine Überwachung der Kostenentwicklung mithilfe von Trendanalysen während der Implementierung ermöglicht. Die Materialkosten für den Druck der Handouts und Fragebögen werden mit 450 € kalkuliert. Die wesentlichen Kosten entstehen durch den Arbeitsaufwand der beteiligten Personen. Pro Arbeitsstunde wird ein interner Verrechnungssatz in Höhe von 40 € verwendet. Nicht nur die Arbeitsleistung des Programm-Teams zur Vorbereitung, Implementierung, Beurteilung und Dokumentation der Maßnahmen wird dabei berücksichtigt, sondern auch der Zeitaufwand der Mitarbeiter für die Teilnahme an den Maßnahmen: 1.500 Beschäftigte sind im Unternehmen tätig und sollen durch die Maßnahmen adressiert werden.

Die gesamte Arbeitszeit des Programm-Teams, wobei die inhaltliche Gestaltung und die Leitung der Schulungsveranstaltung am zeitintensivsten sind, wird auf 400 Stunden geschätzt. Die Teilnehmer der Maßnahmen investieren im Durchschnitt ungefähr 15 Minuten pro Newsletter und E-Mail, 5 Minuten pro Phishing-Test, 2 Stunden pro Schulungsveranstaltung und 10 Minuten pro Fragebogen. Außerdem wird angenommen, dass die Mitarbeiter durchschnittlich 5 Minuten aufwenden, um die veröffentlichte Pressemitteilung zu lesen.

Der Zeitaufwand für die Einweisung bei Neueinstellungen wird nicht zum Programm gerechnet, da diese Maßnahme (unabhängig vom Programm) bereits im Unternehmen umgesetzt wird. Der Zeitaufwand der Teilnehmer für den Besuch der ersten Schulungsveranstaltung wird ebenfalls nicht als programmbezogen betrachtet, da dieser Zeitaufwand in gleichem Maße für die bestehende Schulungsveranstaltung investiert worden wäre, die in der Vergangenheit jedes zweite Jahr durchgeführt wurde.

Tab. 4.6: Investierte Zeit pro Teilnehmer

Maßnahme	Zeit pro Maßnahmen (Minuten)	Anzahl der Maßnahmen	Gesamtzeit (Minuten)
E-Mail	15	1	15
Newsletter	15	4	60
Phishing-Test	5	4	20
Schulungsveranstaltung (1 von 2 erfolgt außerhalb des Programms)	120	1	120
Fragebogen	10	2	20
Pressemitteilung	5	1	5
Einweisung (erfolgt außerhalb des Programms)	-	-	-
		240	Summe

Insgesamt beträgt die im Rahmen des Programms durchschnittlich investierte Zeit pro Teilnehmer 240 Minuten (siehe Tab. 4.6), also 4 Stunden – dadurch ergibt sich für alle 1.500 Beschäftigten eine Gesamtsumme von 6.000 Stunden. Dabei wird davon ausgegangen, dass sich alle Mitarbeiter mit den Maßnahmen auseinandersetzen, was in Bezug auf das Awareness-Niveau zwar wünschenswert wäre, aber auch die höchsten Kosten verursachen würde. Wenn hingegen einzelne Mitarbeiter die übermittelten Informationen ignorieren würden, würde sich der Zeitaufwand dieser Mitarbeiter entsprechend reduzieren. Zu der kalkulierten Summe wird außerdem die Arbeitszeit des Programm-Teams (400 Stunden) addiert. Die resultierende Arbeitszeit von insgesamt 6.400 Stunden (multipliziert mit dem Stundensatz von 40 €) und die Materialkosten (in Höhe von 450 €) führen zu einem Gesamtaufwand in Höhe von 256.450 €.

Die Planungsdetails werden abschließend in Form einer *Entscheidungsvorlage* zusammengetragen und strukturiert. In der Genehmigungsphase wird dieses Dokument die Basis des durch die Geschäftsführung durchgeführten Entscheidungsverfahrens sein.

4.7 Genehmigung

Die Genehmigungsphase erlaubt eine zusätzliche **Prüfung** des Programms vor der tatsächlichen Umsetzung aller geplanten Tätigkeiten. Auf diese Weise können mögliche Fehler, geänderte Rahmenbedingungen und eventuelle Manipulationen erkannt werden. Außerdem werden die weiteren Budgetanforderungen transparent gemacht, und können dadurch in Bezug auf die finanzielle Machbarkeit überprüft werden.

Die **Zielvorstellung** und **Kosten-Nutzen-Schätzung** werden bei der Entscheidung für oder gegen eine Genehmigung normalerweise stets berücksichtigt, sodass unbegründete Abweichungen zwischen den dort enthaltenen Angaben und den Inhalten der Entscheidungsvorlage zu Rückfragen oder sogar zu einer Ablehnung führen können. Das **Programm-Team** organisiert den Ablauf der Genehmigung. Es präsentiert die Entscheidungsvorlage, gibt eventuelle Endtermine vor und achtet auf eine ausreichende Dokumentation. Eine hohe **Akzeptanz** und **Unterstützung** von Seiten der Geschäftsführung wirken sich oft positiv auf den Zeitbedarf und das Ergebnis der Genehmigungsphase aus.

Die Genehmigungsphase wird in der Regel durch ein speziell dafür erstelltes Dokument unterstützt – die sogenannte **Entscheidungsvorlage**. Mit ihr kann nicht nur die Entscheidung für oder gegen die Genehmigung und anschließende Implementierung des Programms erfolgen – sie kann außerdem eine Auswahlentscheidung herbeiführen, falls mehrere Implementierungs- oder Produktoptionen zur Verfügung stehen. Die Entscheidungsvorlage sollte insbesondere folgende Abschnitte enthalten:

- Das **Deckblatt** dient der Hinterlegung von Metainformationen zur Entscheidungsvorlage. Die Versionsnummer und das Erstellungsdatum sind wichtig, wenn mehrere Versionen im Umlauf sind und die Entscheider sicher sein wollen, dass sie die richtige Version vorliegen haben und dass alle Beteiligten über dasselbe Dokument kommunizieren. Die Änderungshistorie listet alle Änderungen auf, die gegenüber den Vorversionen des Dokuments vorgenommen wurden. Bei einer wiederholten Prüfung der Entscheidungsvorlage können sich die

Entscheider dann auf die Analyse der Änderungen konzentrieren, und dadurch im Gegensatz zur kompletten Überprüfung Zeit sparen. Auch Informationen zu vergangenen Genehmigungsdurchläufen und eventuellen Ablehnungen oder Genehmigungen sollten vermerkt werden (inklusive Datum, Namen der Entscheider und Grund der Ablehnung oder Genehmigung). Auch bereits genehmigte Entscheidungsvorlagen können in Einzelfällen geändert und erneut vorgelegt werden, unter anderem wenn sich Rahmenbedingungen geändert haben (z. B. eine drastische Preiserhöhung eines ausgewählten, aber noch nicht angeschafften Awareness-Produkts).

- Die **Management-Zusammenfassung** enthält eine kurze Beschreibung der wichtigsten Inhalte. Dadurch können sich die Entscheidungsträger in kurzer Zeit einen Eindruck über die zentralen Eckdaten verschaffen. Details sollten in dieser Zusammenfassung sehr sparsam verwendet werden. Stattdessen sollte im Mittelpunkt stehen, wie die anvisierte Lösung für die Erhöhung der Awareness aussieht und welche Konsequenzen aufgrund einer Genehmigung oder Ablehnung zu erwarten sind. Die Zusammenfassung sollte allgemeinverständlich sein, ohne dass die Leser den Rest der Entscheidungsvorlage kennen müssen. Sehr fachspezifische Begriffe sollten vermieden werden, es sei denn, diese Begriffe sind den Entscheidungsträgern gut bekannt. Ausdrucksstarke Abbildungen können die Zusammenfassung verständlicher machen. Die verfügbare Zeit der Geschäftsführer und anderer Manager, die als Entscheidungsträger fungieren, ist meist knapp bemessen. Die Zusammenfassung ist deshalb eine wichtige Hilfestellung, um in kurzer Zeit eine gewisse Aufmerksamkeit zu erzeugen und den Genehmigungsprozess zu beschleunigen.
- Im nächsten Abschnitt der Entscheidungsvorlage können alle relevanten **Details** ausführlich erläutert werden. Vor allem sollte eine eindeutige Problembeschreibung enthalten sein, in welcher auch Fakten über interne und externe Gegebenheiten sowie Erkenntnisse aus den bisher durchlaufenen Phasen aufgeführt werden. Wenn in der Planungsphase ein Auswahlverfahren stattgefunden hat, sollten alle Alternativen, Kriterien und Bewertungen angegeben werden. Dabei sollten so viele Details einfließen, dass die Entscheidungsträger so wenig offene Fragen wie möglich haben. Unter anderem sollte dargestellt werden, warum bestimmte Maßnahmen zu bestimmten Zeiten eingesetzt werden sollen. Dabei können z. B. die verschiedenen Stufen der Teilnehmeradressierung (siehe Kapitel 4.6) erläutert werden.
- Im letzten Teil der Entscheidungsvorlage sollten sich alle relevanten **Anlagen** befinden. Der Zweck der Anlagen ist es, Beweise bereitzustellen (z. B. über Angebote von Beratern oder Preise von Awareness-Produkten) und die Lesbarkeit der vorherigen Kapitel zu erhöhen, indem umfangreiche Hintergrundinformationen in die Anlagen verschoben werden. Auf diese Weise wird der Lesefluss des Dokuments verbessert, ohne dass dem Leser wichtige Informationen vorenthalten werden.

Die **Entscheidung**, die anhand der Entscheidungsvorlage getroffen wird, sollte dokumentiert werden. Sowohl Genehmigungen als auch Ablehnungen müssen nachvollziehbar festgehalten werden. Die Dokumentation von Ablehnungen sollte auch den Grund der Ablehnung aufführen – bei einer Überarbeitung der Entscheidungsvorlage kann der Ablehnungsgrund dann berücksichtigt werden (z. B. sollte eine kostengünstigere Lösung gefunden werden, wenn vorher zu hohe Kosten zu einer Ablehnung geführt haben). Bei einem erneuten Durchlauf des Genehmigungsverfahrens ist die dokumentierte Entscheidung eine zusätzliche Informationsquelle für die Entscheidungsträger, insbesondere wenn die vorherige Entscheidung von anderen Personen getroffen wurde.

Die Genehmigungsphase ist eine wichtige Qualitätskontrolle für das Programm und sollte daher gewissenhaft erfolgen. **Ablehnungen** sind ein probates Mittel, um erwartete Folgeprobleme, die bei einer fragwürdigen oder übereilten Implementierung verursacht werden könnten, zu vermeiden. Die Gründe für eine Ablehnung können unter anderem mit folgenden Szenarien zusammenhängen:

–   Die **Bedarfe** und **Erwartungen** an das Programm wurden nicht hinreichend ausformuliert oder sie haben sich zwischenzeitlich geändert, ohne dass dies angemessen in der Entscheidungsvorlage berücksichtigt wurde – z. B. könnte sich das erwünschte Sicherheitsniveau verschoben haben oder es sind neue Bedrohungen und Risiken bekannt geworden.

–   Interne oder externe **Rahmenbedingungen** wurden nicht berücksichtigt oder haben sich vor kurzem verändert. Unter anderem könnten sich die Preise von betrachteten Produkten drastisch geändert haben oder Berater nicht mehr zur Verfügung stehen. Auch intern im Unternehmen könnte es Änderungen gegeben haben – z. B. aufgrund neuer Geschäftsbereiche oder einer veränderten Auftragslage. Auch Interessenkonflikte könnten bekannt geworden sein – z. B. wenn ein Awareness-Produkt bei einem Unternehmen angekauft werden soll, an dem ein einflussreicher Mitarbeiter eine große Beteiligung besitzt. Gesetze und Standards ändern sich ebenfalls von Zeit zu Zeit, was sich auch auf die Awareness-Anforderungen auswirken kann.

–   Die **Vorbereitungen** zur Erstellung der Entscheidungsvorlage waren unvollständig oder fehlerhaft. Dies kann zu starken Verzerrungen und Verfälschung führen. Wenn z. B. ein kritisches Kriterium im Auswahlverfahren falsch angewandt wurde, kann sich das darauf auswirken, welche Alternative als beste Lösung angesehen wird. Auch eine fehlende Befürwortung des Programms würde sich in der Genehmigungsphase bemerkbar machen. Offensichtliche Fehler (z. B. in der Kalkulation von Punktwerten beim Auswahlverfahren) können dazu führen, dass das Vertrauen der Entscheidungsträger in die Korrektheit der Entscheidungsvorlage verloren geht, selbst wenn sich die Fehler nicht auf die Auswahl der Alternative auswirken. Auch durch die Vernachlässigung von bekannten Studien oder Expertenmeinungen kann die Gültigkeit der Entscheidungsvorlage angezweifelt werden, insbesondere wenn die Autoren auch bei

Rückfragen nicht darauf eingehen. Außerdem wäre eine unzureichende Recherche zum Thema Awareness problematisch, da gut geeignete Lösungsoptionen womöglich gar nicht betrachtet wurden.

– Der **Inhalt** der Entscheidungsvorlage ist unter Umständen nicht umfangreich genug, wenn wesentliche Tätigkeiten und Ergebnisse nicht ausreichend dokumentiert wurden. Da die Entscheidungsträger in der Regel nicht erkennen können, ob die vorangegangenen Phasen tatsächlich lückenhaft ausgeführt wurden oder ob nur die Entscheidungsvorlage nicht sorgfältig erstellt wurde, führt dies meist zur Ablehnung. Auch wenn die Inhalte nicht verständlich sind (z. B. weil sie zu fachspezifisch oder zu allgemein formuliert wurden), kann das zu Nachbesserungsbedarf führen.

– Ein Verdacht auf **Betrug** entsteht dann, wenn bestimmte Indizien dafür in der Entscheidungsvorlage zu erkennen sind. Diskrepanzen in den dargestellten Daten, fehlende oder widersprüchliche Beweise sowie eine problematische oder ungewöhnliche Rollenverteilung bei den involvierten Personen können darauf hindeuten, dass jemand die Ergebnisse vorsätzlich manipuliert hat, um sich einen Vorteil zu verschaffen.

Ein wesentlicher Teil der Genehmigungsphase ist außerdem die Überprüfung, ob sich der Kostenplan für die Implementierung des Programms im Einklang mit dem bewilligten **Budget** für die aktuelle Geschäftsperiode befindet. Andernfalls kann das Programm abgelehnt oder in eine spätere Geschäftsperiode verschoben werden. Außerdem kann die Geschäftsführung zusammen mit dem Controlling eine Umverteilung des Budgets oder eine außerplanmäßige Budgeterhöhung zur Deckung der zusätzlichen Kosten des Programms vornehmen. Durch die Vernetzung des Budgets mit anderen Planungsbereichen (wie Umsatz- und Vertriebsplanung), sind derartige Änderungen allerdings oft schwierig.

Fallbeispiel

Die *Entscheidungsvorlage* ist die wesentliche Grundlage der Genehmigungsphase. Das *Programm-Team* hat sie zum Abschluss der Planung erstellt und zwecks Genehmigung des Programms an die Geschäftsführung übergeben. Sie beinhaltet ein Deckblatt mit Versionsnummer, Datum und Änderungshistorie, eine Management-Zusammenfassung sowie Details und Anlagen, welche unter anderem den konkreten Maßnahmenplan, den Beurteilungsplan, den Tätigkeitsplan sowie den Zeit- und Kostenplan beinhalten.

Die *Management-Zusammenfassung* besteht aus dem folgenden Text: „Dieses Dokument soll eine Entscheidung zum Awareness-Programm unterstützen. Im Fall einer Genehmigung kann das nachfolgend beschriebene Programm im Unternehmen implementiert und in Bezug auf seinen Erfolg beurteilt werden. Alle Mitarbeiter des Unternehmens sollen an Maßnahmen zur Erhöhung der Awareness teilnehmen, damit ihr Verhalten in sicherheitsrelevanten Situationen verbessert wird. Dadurch sollen vor allem Social-Engineering-Angriffe verhindert und die im Unternehmen gespeicherten Kreditkartendaten besser geschützt werden.

Im Rahmen des Programms werden die bestehenden Awareness-Maßnahmen ergänzt bzw. erweitert, um den ermittelten Bedarf des Unternehmens an Awareness zu decken – Risiken rund um

Social Engineering (speziell Phishing, Pharming, Tailgating und Shoulder Surfing), Datenspeicherung und -übertragung, Systeme und Netzwerke, Sicherheitsrichtlinien sowie Compliance sollen reduziert werden. Mithilfe verschiedener Maßnahmen sollen die Teilnehmer stufenweise adressiert werden: Eine E-Mail schafft Aufmerksamkeit für das Programm. Eine jährliche Schulungsveranstaltung dient der Vermittlung von Wissen und der Verbesserung der Einstellung zur Informationssicherheit. Einmal im Quartal sollen Newsletter und Phishing-Tests alternierend für eine Verstärkung sorgen. Mit einer Pressemitteilung soll zudem das Image des Unternehmens in der Öffentlichkeit gesteigert werden. Im Rahmen des Programms sollen Daten zur Effektivität, Effizienz, Compliance und Akzeptanz der Maßnahmen erhoben werden – diese Daten sollen nach der Implementierung zur Beurteilung der Maßnahmen genutzt werden.

Die arbeitsintensivsten Tätigkeiten zur Implementierung des Programms beziehen sich auf die Gestaltung der Maßnahmen und die Adressierung der Teilnehmer. Der kalkulierte Gesamtaufwand in Höhe von 256.450 € wird hauptsächlich durch den Zeitaufwand der Teilnehmer verursacht. Demgegenüber wird bei einem Sicherheitsvorfall, je nach Szenario, ein finanzieller Schaden von 300.000 € oder mehr erwartet. Die Laufzeit des Programms beträgt zwei Jahre. Anschließend können die Maßnahmen aus dem Programm ganz oder teilweise in die regulären Geschäftsprozesse des Unternehmens überführt werden."

Die Fortführung des Programms wird durch die Geschäftsführung *genehmigt*. Bei der Entscheidung wurden die bereits bekannte *Zielvorstellung* und die *Kosten-Nutzen-Schätzung* berücksichtigt. Abweichungen sind nicht vorhanden – sie hätten zu Rückfragen und unter Umständen zur Ablehnung geführt. Da von Seiten der Geschäftsführung eine grundsätzliche *Akzeptanz* und *Unterstützung* für Awareness vorhanden sind, kann die Genehmigung ohne große Verzögerungen oder anderweitige Probleme abgeschlossen werden. Die benötigten Ressourcen können mit der aktuellen Budgetplanung vereinbart werden. Bei der Genehmigung wird die Entscheidungsvorlage mit Datum, Namen und Unterschriften der Genehmiger versehen und zur langfristigen *Dokumentation* ins zentrale Archivierungssystem des Unternehmens überführt.

4.8 Implementierung

In der Implementierungsphase werden alle geplanten Tätigkeiten so planungstreu wie möglich durchgeführt. Voraussetzung dafür ist, dass die Implementierung vorher genehmigt wurde. Sollte dies geschehen sein, können die geplanten **Maßnahmen** erstellt und den Adressaten verfügbar gemacht werden. Auch die Beurteilungsparameter spielen dabei eine wichtige Rolle: Nur wenn die gewünschten Methoden zur Beurteilung in die Maßnahmen integriert wurden, können die benötigten **Beurteilungsdaten** für die folgende Beurteilungsphase erhoben werden.

Für eine erfolgreiche Implementierung muss der Tätigkeitsplan so umgesetzt werden, dass Zeit- und Kostenplan sowie Qualitätserwartungen eingehalten werden. Allerdings sind **Abweichungen** von den Plänen nicht ungewöhnlich. Sie sind unter anderem durch unvorhergesehene Schwankungen in Bezug auf Kosten, Zeit oder Qualität der Tätigkeiten begründet:

- Die **Kosten** der Implementierung können unerwartet ansteigen. Auch wenn die finanziellen Mittel noch nicht ausgeschöpft und das verfügbare Budget noch nicht überschritten wurde, sollten Kostenanstiege frühzeitig erkannt und analysiert werden. Andernfalls werden früher oder später Probleme mit der Finanzierung der Tätigkeiten auftreten – z. B. wäre es problematisch, wenn die ausgewählten Medien für die Maßnahmen viel teurer als geplant wären und die finanziellen Mittel bereits nach der Anschaffung der Medien fast ausgeschöpft wären; die Verteilung und der Einsatz dieser Medien könnten dann nicht mehr mit den bewilligten Mitteln finanziert werden.

— Abweichungen in Bezug auf die geplante **Zeit** können durch unerwartete Verzögerungen in der Ausführung der Tätigkeiten verursacht werden. Insbesondere wenn die meisten auszuführenden Tätigkeiten mit einem geringen oder keinem zeitlichen Puffer versehen wurden, können sich Verzögerungen auf die gesamte Implementierungsdauer auswirken. Tätigkeiten, die sich auf dem kritischen Pfad befinden (siehe Netzplantechnik in Kapitel 4.6), sollten besonders sorgfältig kontrolliert werden.

— Die **Qualität** der Implementierungsergebnisse kann geringer ausfallen als erwünscht. Einbußen in der Qualität führen meist zu kosten- und zeitintensiven Nacharbeiten. Daraus entstehen wiederum unerwünschte Auswirkungen auf die Entwicklung des Kosten- und Zeitbedarfs während der Implementierung. Qualitätsprobleme, die nicht ausgebessert werden, können die Ergebnisse des gesamten Programms negativ beeinflussen: Unter anderem kann die Wissensvermittlung weniger effektiv sein, bestimmte Erfolgsfaktoren des Lernens können ungenutzt bleiben und das resultierende Awareness-Niveau der Mitarbeiter kann hinter den anfänglichen Erwartungen zurückbleiben.

Um potenzielle Abweichungen während der Implementierung möglichst frühzeitig zu erkennen, können sogenannte **Trendanalysen** eingesetzt werden. Auf diese Weise können die Tätigkeiten während der Ausführung hinsichtlich Kosten, Zeit und Qualität überwacht werden.

Zur Überwachung der Kostenentwicklung kann die **Kosten-Trendanalyse** eingesetzt werden. Hier werden die geplanten Kosten als Baseline verwendet und die tatsächlichen Kosten dann mit dieser Baseline verglichen. Abweichungen werden sichtbar und Trends in der Kostenentwicklung können frühzeitig erkannt werden. Darauf basierend können passend Gegenmaßnahmen eingeleitet und deren Auswirkungen im Kostenverlauf beobachtet werden.

In der grafischen Darstellung der Kosten-Trendanalyse (siehe Abb. 4.11) wird die horizontale Achse für die Zeit und die vertikale Achse für die Höhe der Kosten verwendet. Optional kann eine zweite vertikale Achse verwendet werden, um den prozentualen Kostenanstieg aufzuzeigen: Die angefallenen Einzelkosten ab der zweiten Zeiteinheit werden dabei ins Verhältnis mit den bisher angefallenen Gesamtkosten gesetzt. Wenn in der Kosten-Trendanalyse ersichtlich wird, dass die tatsächlichen Kosten weit über den geplanten Kosten liegen, sind womöglich unerwartete Probleme aufgetreten. Auch ein sprunghafter Kostenanstieg sollte genauer betrachtet werden. Auf Grundlage des bisherigen Kostenverlaufs kann antizipiert werden, ob und wann mit einer Budgetüberschreitung zu rechnen ist.

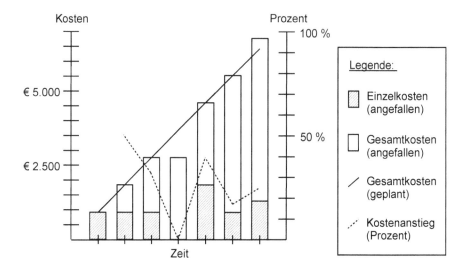

Abb. 4.11: Schema einer Kosten-Trendanalyse

Um eventuelle Verzögerungen bei der Implementierung des Programms sichtbar zu machen, können die Meilensteine (also geplante Fertigstellungstermine für wichtige Zwischenergebnisse) analysiert werden. Die **Meilenstein-Trendanalyse** dient der grafischen Darstellung der geplanten Termine unter Berücksichtigung von aufgetretenen Verzögerungen.

Grafisch wird die Meilenstein-Trendanalyse normalerweise in Form eines Dreiecks dargestellt (siehe Abb. 4.12). Auf der horizontalen Achse befinden sich die Zeitpunkte, an denen über den Fortschritt des Programms berichtet wird (z. B. Tage oder Wochen). Auf der vertikalen Achse werden die geplanten Fertigstellungstermine vermerkt – üblicherweise in derselben Einheit wie die Termine zur Berichterstattung. Meilensteine können mit verschiedenen Formen oder Farben gekennzeichnet werden. An jedem Berichterstattungstermin werden die aktuellsten Plantermine für die Fertigstellung eingetragen. Dadurch entsteht ein Muster: Wenn die eingetragenen Plantermine horizontal verlaufen, wird die anfängliche Planung eingehalten. Wenn sie nach oben ansteigen, sind Verzögerungen eingetreten. Sollten sie nach unten abfallen, wird sogar mit einer vorzeitigen Fertigstellung der Tätigkeiten gerechnet.

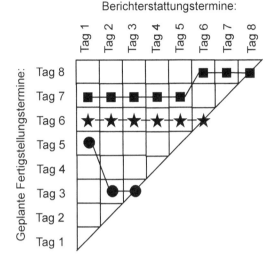

Abb. 4.12: Schema einer Meilenstein-Trendanalyse

Auch eine **Qualitäts-Trendanalyse** kann sinnvoll sein. Da die Qualität der Implementierung jedoch von diversen Faktoren bestimmt wird, ist es meist empfehlenswert, sich bei der Analyse auf wesentliche Faktoren zu konzentrieren. Unter anderem kann ein bestimmtes Beurteilungskriterium ausgewählt und genutzt werden, um bereits während der Implementierung die Effektivität oder andere qualitätsrelevante Faktoren einschätzen zu können.

Die graphische Visualisierung kann mithilfe eines Diagramms vorgenommen werden (z. B. ein Linien-, Balken- oder Kerzendiagramm). Welche Art von Diagramm dafür am besten geeignet ist, kann nicht pauschal vorgegeben werden, sondern hängt mit dem betrachteten Faktor und dem zugehörigen Informationsbedarf zusammen. Wenn z. B. mehrere Schulungsveranstaltungen mit integrierten Tests durchgeführt werden, können die Testergebnisse mit einem vereinfachten Kerzendiagramm dargestellt werden (siehe Abb. 4.13). Der Körper der Kerze, in Form eines horizontalen Strichs, kann dann die durchschnittlich korrekt beantwortete Anzahl der Fragen pro Teilnehmer anzeigen. Der vertikale Strich zeigt den Abstand zwischen dem besten und schlechtesten Testergebnis an. Anhand des Verlaufs kann man Trends erkennen, die darauf hindeuten können, dass die Qualität der Schulungsveranstaltungen ab- oder zunimmt.

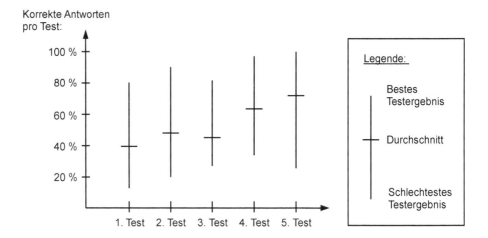

Abb. 4.13: Beispiel zu einer Qualitäts-Trendanalyse

Bei der Anwendung von Trendanalysen stellt sich die Frage, wie intensiv die Veränderungen und Fortschritte bei der Implementierung überwacht werden sollen. Welche **Überwachungsintensität** in Bezug auf Kosten, Zeit und Qualität sinnvoll ist, hängt vor allem von der Komplexität des Programms und den bisherigen Erfahrungen des Unternehmens ab (siehe Abb. 4.14). Außerdem können, sofern gewünscht, auch andere Kriterien für die Festlegung der Überwachungsintensität genutzt werden, z. B. die möglichen Konsequenzen bei Verzögerungen (wie der Verlust einer Zertifizierung).

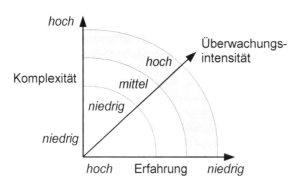

Abb. 4.14: Überwachungsintensität

– Wenn das Programm eine niedrige Komplexität aufweist und Maßnahmen zur Awareness bereits mehrfach im Unternehmen geplant und umgesetzt wurden, ist eine **niedrige** Überwachungsintensität in der Regel ausreichend. Im Unternehmen bestehen hohe Erfahrungen zur Awareness und die Implementierung kann meist mit geringer Überwachung gut beherrscht werden.

– Bei einer hohen Komplexität des Awareness-Programms (z. B. wenn eine Vielzahl unterschiedlicher Maßnahmen zur Adressierung unterschiedlicher Zielgruppen eingesetzt werden soll) ist grundsätzlich eine erhöhte Überwachungsintensität zu empfehlen. Sollte im Unternehmen jedoch eine hohe Erfahrung zur Awareness vorliegen, kann man davon ausgehen, dass die Implementierung dennoch relativ gut beherrscht werden kann. Die optimale Überwachungsintensität befindet sich folglich im **mittleren** Bereich.

– Bei einer niedrigen Komplexität sollte man die Überwachung nicht zu stark vernachlässigen. Insbesondere bei geringer Erfahrung können unerwartete Probleme auftauchen, welche die gesamte Implementierung gefährden können. Z. B. könnte man annehmen, dass die Durchführung einer einzigen Schulungsveranstaltung kaum Hürden mit sich bringen kann. Allerdings wäre eine sehr geringe Teilnahmequote unter Umständen äußerst problematisch – und womöglich auch mit Folgemaßnahmen nur schwer auszugleichen. Hier ist also ebenfalls eine **mittlere** Überwachungsintensität angebracht.

– Eine hohe Komplexität des Programms verbunden mit niedriger Erfahrung im Unternehmen führt oft zu einer hohen Unsicherheit – mit Problemen während der Implementierung sollte gerechnet werden. Eine schnelle Reaktion auf damit verbundene Abweichungen ist essenziell, um den Erfolg des Programms nicht zu gefährden. Daher ist hier eine **hohe** Überwachungsintensität stark zu empfehlen. Bei erfolgreichem Abschluss des Programms kann das Unternehmen wichtige neuen Erfahrungen sammeln und sich für zukünftige Programme besser wappnen.

Wenn **Abweichungen** von der Planung erkannt werden, sollten zunächst deren Ursachen identifiziert werden. Diese können vielfältig sein – z. B. Fehler, Ressourcen-Engpässe oder geänderte Rahmenbedingungen. Unter anderem können Fehldrucke von Awareness-Material oder ungeplante Abwesenheiten von Schulungsleitern zu starken Verzögerungen führen. Die Auswirkungen der Abweichungen sollten möglichst genau kalkuliert werden – z. B. die Höhe der zusätzlich benötigten Finanzmittel oder die zeitlichen Verschiebungen.

Anschließend erfolgt eine überlegte **Bewältigung** der Konsequenzen, die mit diesen Abweichungen verbunden sind. Zunächst sollten die zuständigen Stakeholder des Programms einbezogen werden. Welche Stakeholder dies sind, hängt auch von der Art der Abweichungen ab. Wenn z. B. finanzielle Schwierigkeiten auftreten, sollte ein Vertreter des Controllings einbezogen werden; wenn vertragliche Probleme entstehen, sollte die Rechtsabteilung integriert werden. Anschließend können geeignete Gegenmaßnahmen gefunden werden, um die negativen Konsequenzen zu beseitigen oder zumindest zu reduzieren. Mit kurzfristigen Gegenmaßnahmen können Probleme eingegrenzt werden und weitere Abweichungen verhindert werden. Beispielsweise kann entschieden werden, zunächst keine weiteren Materialbeschaffungen vorzunehmen, nachdem die Einkaufspreise beim Lieferanten drastisch erhöht wurden. Langfristige Gegenmaßnahmen dienen der möglichst starken Reduzierung von negativen Konsequenzen. Im besten Fall führen diese Maßnahmen sogar dazu, dass die weitere Implementierung effizienter durchgeführt werden kann als erwartet. Beim Beispiel der Preiserhöhungen durch den Lieferanten könnte ein Wechsel zu einem anderen Lieferanten vorgenommen werden, sodass für vergleichbares Material sogar noch geringere Kosten anfallen als anfangs geplant. Die daraus entstandenen Erfahrungen sollten in Form von Lessons-learned dokumentiert werden. Um zu vermeiden, dass die Erfahrungen ausschließlich in den Köpfen der beteiligten Personen gespeichert bleiben, sollte eine schriftliche Dokumentation an einem zentralen Ort (z. B. in einer Awareness-Datenbank) erfolgen.

Nach Abschluss der Implementierungsphase sollten vor allem alle Änderungen, die durch das implementierte Programm verursacht wurden, und alle relevanten Informationen über die Implementierung nachhaltig **dokumentiert** werden. Unter anderem können die Inhalte von Maßnahmen oft in späteren Programmen wiederverwendet oder zumindest zur Einschätzung des im Unternehmen vorhandenen Vorwissens hinzugezogen werden. Eine spätere Analyse von Lessons-learned sorgt dafür, dass dieselben Fehler und Probleme in Zukunft besser vermieden werden können. Datenbanken über Konfigurationen und Inventare müssen aktualisiert werden, insbesondere nach der Einführung von neuen Lernprogrammen, Intranet-Seiten oder anderen dauerhaft integrierten Medien. Unter Umständen wurden im Rahmen des Programms auch Änderungen von bestimmten Prozessen im Unternehmen ausgelöst (z. B. die Ergänzung des Einstellungsprozesses für neue Mitarbeiter mit einer Einweisung zu den Sicherheitsrichtlinien). Besonders wichtig ist zudem die lückenlose Dokumentation von Nachweisen zur Erfüllung von Compliance-Anforderungen. Falls ein Unternehmen durch unabhängige Auditoren überprüft wird, genügt es z. B. nicht, die Teilnahme an einer Awareness-Maßnahme lediglich angeboten zu haben. Vielmehr muss in angemessener Weise dafür gesorgt worden sein, dass möglichst alle Mitarbeiter an der Maßnahme teilnehmen. Außerdem muss nachgewiesen werden können, welche Mitarbeiter an welchem Zeitpunkt tatsächlich daran teilgenommen haben.

Fallbeispiel

Im Rahmen der Implementierung legt das *Programm-Team* zunächst fest, wie stark die Tätigkeiten in Bezug auf mögliche Abweichungen von den vorliegenden Plänen – also Maßnahmen-, Tätigkeits-, Zeit- und Kostenplan – überwacht werden sollen. Die festgelegte *Überwachungsintensität* hängt von der Komplexität des Programms und den vorhandenen Erfahrungen im Unternehmen ab: Die Komplexität des Programms ist zwar aufgrund der unterschiedlichen Maßnahmen und Teilnehmeradressierungen durchaus anspruchsvoll, aber immer noch gut überschaubar. Das Unternehmen hat bereits einzelne Maßnahmen zur Awareness umgesetzt, wenn auch noch kein umfassendes Programm. Die beteiligten Sicherheitsexperten besitzen grundlegende Erfahrungen zum Thema Awareness, die sie während ihrer Ausbildung und in unterschiedlichen Unternehmen, in denen sie bereits tätig waren, gesammelt haben. Die Komplexität des Programms und die Erfahrung im Unternehmen werden beide als mittel angesehen. Folglich wird eine mittlere Überwachungsintensität als sinnvoll betrachtet.

Die **Tätigkeiten** werden anschließend gemäß Tätigkeitsplan durchgeführt. Je höher die allgemeine **Akzeptanz** und **Unterstützung** für Awareness sind, desto reibungsloser können die Tätigkeiten erledigt werden. Aufgrund der mittleren Überwachungsintensität soll einmal im Quartal eine Berichterstattung über die bereits angefallenen Kosten und die verbrauchte Arbeitszeit erfolgen. Über die Qualität der Maßnahmen soll immer dann berichtet werden, wenn Phishing-Tests oder Fragebögen ausgewertet worden sind.

In der **Beschaffung** wird zunächst das benötigte Material ermittelt. Es handelt sich lediglich um Papier und Druckerpatronen. Für die ca. 1.500 Mitarbeiter des Unternehmens sollen jeweils zwei Handouts mit 10 Seiten für die Schulungsveranstaltungen (beidseitiger Druck) und zwei einseitige Fragebögen gedruckt werden. Für die Einweisung der voraussichtlich 100 Neueinstellungen innerhalb der nächsten zwei Jahre soll jeweils ein Handout mit vier Seiten (ebenfalls beidseitig) gedruckt werden. Dies ergibt insgesamt einen Bedarf an 18.200 Blatt Papier (37 Packungen à 500 Blatt: 150 €) und drei Tonerkartuschen (300 €). Die Bestellung wird über die interne Beschaffungsabteilung des Unternehmens abgewickelt.

Für die **Gestaltung** werden zunächst verschiedene Recherchen durch das Programm-Team durchgeführt. Ein besonderes Augenmerk liegt dabei auf den aktuellen Bedrohungen, vor allem bezogen auf die Einzelhändler-Branche. Für jede Maßnahme aus dem Maßnahmenplan werden geeignete Inhalte zusammengestellt. Dabei wird darauf geachtet, dass die gewünschten Themen (Phishing, Pharming, Tailgating, Shoulder Surfing, Datenspeicherung und -übertragung, Systeme und Netzwerke, Sicherheitsrichtlinien sowie Compliance) vertreten sind. Beim Grafikdesign werden die Inhalte so aufbereitet, dass sie dem Corporate Design des Einzelhändlers entsprechen und gleichzeitig ein eigenes Logo für die Awareness im Unternehmen besitzen. Damit soll für das Programm ein Wiedererkennungsmerkmal geschaffen werden. Auch für die Phishing-E-Mails wird teilweise das Corporate Design mit kleinen Abweichungen angewandt. Den Empfängern dieser E-Mails soll die Echtheit nur vorgegaukelt werden. Die Abweichungen sollen Indizien für einen vermeintlichen Phishing-Angriff darstellen. Der Druck der papierbasierten Materialien erfolgt jeweils eine Woche vor der geplanten Verteilung, damit inhaltliche Änderungen noch so spät wie möglich ohne Probleme vorgenommen werden können.

Die gestalteten Inhalte werden im Rahmen der **Adressierung** an die Teilnehmer übermittelt – hier kommen die geplanten **Maßnahmen** zum Einsatz. Zunächst wird die geplante E-Mail an alle Mitarbeiter versandt, um die Aufmerksamkeit zu steigern. Die Newsletter und die Phishing-Test-E-Mails werden ebenfalls wie geplant übermittelt. Sobald die Empfänger auf einen Link in einer Phishing-Test-E-Mail klicken, wird dies in einer zentralen Datenbank protokolliert. Für die Schulungsveranstaltungen werden jeweils zwei Termine für die kaufmännischen und die IT-orientierten Mitarbeiter angeboten. Nach einiger Zeit fällt bei der Überprüfung der Teilnehmerlisten auf, dass viele Adressaten nicht an der Schulungsveranstaltung teilgenommen haben. Auf Nachfrage bei den Vorgesetzten wird festgestellt, dass eine hohe Personalauslastung in den Filialen zu Terminkonflikten und zu Abwesenheiten bei der Schulungsveranstaltung geführt haben. Das Programm-Team behebt diesen Konflikt, indem es Alternativtermine für die Schulungsveranstaltungen der kaufmännischen Mitarbeiter anbietet – die angebotenen Termine für diese Mitarbeiter werden von zwei auf vier erhöht. Dadurch wird zwar der Zweitaufwand des Schulungsleiters ebenfalls erhöht, die Teilnahmequote kann im Anschluss jedoch auf fast 100 % gesteigert werden.

Die Implementierung umfasst auch vorbereitende Tätigkeiten für die spätere **Beurteilung** der Maßnahmen – basierend auf den festgelegten *Beurteilungsparametern*. Dazu gehören alle Tätigkeiten rund um die Erhebung und -aufbereitung von *Beurteilungsdaten*. Im Speziellen werden Daten über die Reaktion der Mitarbeiter nach dem Empfang der Phishing-Test-E-Mails erfasst. Außerdem werden die ausgefüllten Fragebögen eingesammelt und, im Fall einer geringen Rückgabequote, aktiv eingefordert. Alle relevanten Daten werden anschließend in ein strukturiertes, auswertbares Format überführt.

In die *Dokumentation* werden während der gesamten Implementierungsphase Informationen eingefügt: Die Inhalte der Maßnahmen werden dokumentiert, um später nachvollziehen zu können, welches Wissen an die Adressaten vermittelt worden ist. Auch die Fortschritte zu den Tätigkeiten, inklusive der Statusberichte, werden angehängt. Eventuell identifizierte Planungsabweichungen und Probleme werden aufgeführt und beschrieben. Dabei wird unter anderem hervorgehoben, dass die Anzahl der angebotenen Schulungstermine für die Filialmitarbeiter nicht ausreichend gewesen ist und dementsprechend erhöht wurde.

Parallel zu den oben aufgeführten Tätigkeiten werden regelmäßig *Trendanalysen* durchgeführt. Immer wenn neue Daten in Bezug auf Zeit, Kosten oder Qualität vorliegen, werden die Analysen fortgeführt. Starke Abweichungen von der Planung und andere Auffälligkeiten werden hervorgehoben genauer untersucht (siehe Pfeile in Abb. 4.15).

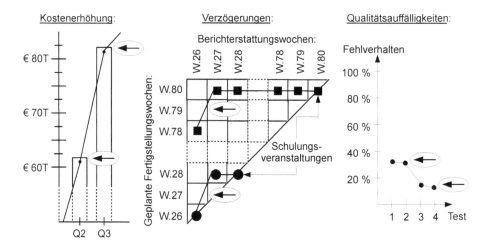

Abb. 4.15: Trendanalysen zum Fallbeispiel (Auszüge)

Mit der Kosten-Trendanalyse werden unerwartete *Kostenerhöhungen* erkannt: Die tatsächlichen Kosten lagen während und unmittelbar nach den Schulungsveranstaltungen geringfügig über den geplanten Kosten. Dies ist einerseits darin begründet, dass pro Veranstaltung ein weiterer Termin angeboten wurde, der von einem Sicherheitsexperten geleitet werden musste: Pro Zusatztermin sind zwei weitere Arbeitsstunden mit einem Verrechnungssatz von je 40 € aufgewandt worden (in Quartal 2 also insgesamt 80 €). Andererseits ist beim Einlesen der Fragebögen ebenfalls ein Zusatzaufwand entstanden: Die Fragebögen wurden eingescannt, die Antworten der Teilnehmer mit einer Software ausgelesen und anschließend in ein auswertbares, elektronisches Format überführt. Allerdings erfasste die Software handschriftliche Anmerkungen nicht automatisch, sodass ein Mitarbeiter die Original-Fragebögen nochmals betrachten musste. Auf diese Weise konnten unerwartete

Antworten und Kommentare identifiziert und, wenn sinnvoll, nachträglich in die elektronisch gespeicherten Daten übernommen werden. Hierzu wurden pro Veranstaltung drei zusätzliche Arbeitsstunden benötigt (in Quartal 2 insgesamt 120 €). Das Problem mit dem Einlesen der Fragebögen wurde in der Dokumentation als Lesson-learned kenntlich gemacht. Bei einem zukünftigen Awareness-Programm könnte das Problem z. B. durch ein elektronisches Ausfüllen der Fragebögen am Computer umgangen werden.

Insgesamt führen die zusätzlichen fünf Arbeitsstunden zum Ende des zweiten Quartals zu einer ungeplanten Kostenerhöhung in Höhe von 200 €, wodurch die tatsächlich angefallenen Kosten ab dem zweiten Quartal dauerhaft höher sind als erwartet. Diese Kostenerhöhung ist im Angesicht der geplanten Kosten eher geringfügig. Dennoch wird vom Programm-Team beobachtet, ob sich in den Folgequartalen ein negativer Trend abzeichnet und womöglich noch verstärkt, was hier jedoch nicht der Fall ist. Lediglich zur zweiten Schulungsveranstaltung wird ein weiterer Zusatzaufwand in derselben Höhe verzeichnet (wieder begründet durch die zusätzlichen Schulungstermine und die nachträgliche Sichtung der Fragebögen).

Mit den Zusatzterminen für die Schulungsveranstaltungen gehen *Verzögerungen* einher, die sich in der Meilenstein-Trendanalyse bemerkbar machen. Während die erste Verzögerung erst zum geplanten Meilensteintermin in der Woche 26 bekannt wird, kann die zweite Verzögerung zu diesem Zeitpunkt bereits antizipiert werden, und ist damit schon frühzeitig (ebenfalls ab der Woche 26) bekannt. Die Verzögerungen dieser beiden Meilensteine haben keine Auswirkungen auf andere Meilensteine oder auf das Programmende.

Mit den Ergebnissen der Phishing-Tests wird eine Qualitäts-Trendanalyse durchgeführt. Tendenziell sinkt die Anzahl der Mitarbeiter, die einen vermeintlich schädlichen Link angeklickt haben. Allerdings gibt es *Qualitätsauffälligkeiten*: Die Veränderungen zwischen dem ersten und zweiten sowie zwischen dem dritten und vierten Testergebnis sind nur marginal. Dies kann ein wichtiges Indiz dafür sein, dass die implementierten Maßnahmen womöglich nicht so effektiv sind wie erwartet. Diese beiden Auffälligkeiten sind allerdings nicht hinreichend, um Änderungen an den Maßnahmen bereits während der Implementierung des Programms zu fordern. Sie sollen in der Beurteilungsphase jedoch genauer analysiert werden.

4.9 Beurteilung

Die Beurteilungsphase dient der Identifikation von **Verbesserungsansätzen** und der Dokumentation von **Lessons-learned**. Zu diesem Zweck werden die vorliegenden Beurteilungsdaten aufbereitet und interpretiert.

Nur mit einem durchdachten Vorgehen und geeigneten **Vorbereitungen** können gute Ergebnisse in der Beurteilungsphase erzielt werden. Bereits in der Planungsphase wurden neben den Erwartungen, Metriken und Skalen auch bereits die Methoden zur Datenerhebung festgelegt. Da diese Methoden stark von den anderen Parametern abhängen, machte es Sinn, sie schon in die Planung zu integrieren. Dies hatte Auswirkungen auf die Implementierung, da die erwünschten Daten größtenteils aktiv erhoben werden müssen und in einigen Fällen nur zu bestimmten Zeitpunkten abgefragt werden können (z. B. bei der Eruierung der Teilnehmer-Fortschritte im Zeitverlauf). Im Rahmen der Implementierung wurden die Datenerhebungsmethoden platziert und eingesetzt sowie eventuell aufgetretene Trendverläufe in Bezug auf Kosten, Zeit und Qualität dokumentiert. Aufgrund dieser Vorbereitungen stehen bereits beim Eintritt in die Beurteilungsphase umfassende Beurteilungs- und Trend-Daten zur Verfügung, sodass man sich nun auf die Aufbereitung und Interpretation dieser Daten konzentrieren kann.

Die **Aufbereitung** der Daten beinhaltet vor allem die Umwandlung der Daten in ein auswertbares Format und, wenn sinnvoll, eine Verdichtung der Daten. In diesem Zusammenhang sollte auch überprüft werden, ob die erhobenen Daten eine ausreichende Validität besitzen, also inwieweit sie vollständig sind und syntaktisch und semantisch korrekt sind: Sie sind vollständig, wenn alle Daten, die erhoben werden sollten, auch tatsächlich erhoben wurden. Teilweise können Indizien genutzt werden, um auf die Vollständigkeit zu schließen (z. B. der Abgleich zwischen der Anzahl der an einer Schulungsveranstaltung teilgenommenen Mitarbeiter mit der Anzahl der zurückgegebenen Fragebögen, die zuvor dort verteilt wurden). Für die Prüfung der syntaktischen Korrektheit ist ein Verständnis der Dateninhalte erforderlich – ein Fehler liegt z. B. dann vor, wenn eine Multiple-Choice-Frage im Fragebogen nur A, B und C als Antworten vorsieht und in den Daten dennoch die Antwort D enthalten ist. Um die semantische Korrektheit einschätzen zu können, müssen die Dateninhalte genauer überprüft werden, unter anderem im Hinblick auf Dubletten und Abweichungen von Datentypen und Wertebereichen. Auch Querverweise zu anderen Daten können vorgenommen werden, z. B. um zu überprüfen, ob derselbe Mitarbeiter in unterschiedlichen Datensätzen immer derselben Abteilung zugeordnet ist.

Die **Interpretation** dient der Ableitung von Schlussfolgerungen aus den erhobenen Daten, um eine Maßnahme bzw. ein Programm in Bezug auf die gestellten Erwartungen beurteilen zu können. Bei der Interpretation sollte bedacht werden, dass es zu Wechselwirkungen und Verfälschungen – und in der Folge zu unvollständigen oder sogar irreführenden Interpretationen – kommen kann. Für die oben genannten Metriken (siehe Kapitel 4.6) werden im Folgenden einige Interpretationsmöglichkeiten aufgeführt:

- Datenerhebungen zum **Wissensstand** der Teilnehmer sollten im Anschluss an eine Maßnahme erfolgen, um feststellen zu können, ob das in der Maßnahme kommunizierte Wissen durch die Teilnehmer im Gedächtnis behalten wurde. Dabei spielen Zeitpunkt und Anspruch der Fragen eine Rolle:
    - Es sollte überlegt werden, ob eine Maßnahme als erfolgreich angesehen wird, wenn ein bestimmter Prozentsatz der Fragen korrekt beantwortet wird oder wenn ein Wissenszuwachs erkennbar wird. In letzterem Fall ist eine Vergleichsbasis notwendig. Derselbe Test müsste auch vor der Maßnahme durchgeführt werden, um einen Vorher-nachher-Vergleich der Testergebnisse zu ermöglichen. Andernfalls besteht keine Kenntnis darüber, welches Wissen die Teilnehmer schon vor der Maßnahme besessen haben und welches erst durch die Maßnahme erlangt worden ist.
    - Der Anspruch der Fragen ist gering, wenn die Inhalte aus der Maßnahme unverändert abgefragt werden und wenn Multiple-Choice-Fragen verwen-

det werden. Ein höherer Anspruch ist gegeben, wenn die Fragen so gestaltet werden, dass die Inhalte auf neue Situationen oder praktische Anwendungen projiziert werden müssen, und wenn die Fragen offen formuliert werden. Letzteres verlangt eine aufwändigere Vorbereitung und eine kompliziertere Auswertung. Allerdings kann dadurch eher ein Eindruck darüber erlangt werden, ob die Inhalte tatsächlich von den Teilnehmern verstanden wurden und in den Tests nicht nur Satzbausteine wiederholt oder die Antworten sogar nur erraten wurden.

– Die Beurteilung einer Maßnahme anhand des **Verhaltens** der Mitarbeiter, die an dieser Maßnahme teilgenommen haben, ist ebenfalls nicht trivial. Genauso wie beim Wissensstand ist der Zeitpunkt der zugehörigen Datenerhebung wichtig: Eine zusätzliche Datenerhebung vor der Maßnahme schafft eine Vergleichsbasis. Wenn die Datenerhebung zum Verhalten mithilfe der Beobachtung (siehe Kapitel 4.6) erfolgen soll, sollte berücksichtigt werden, dass die Subjektivität des Beobachters und eventuelle Verhaltensanpassungen während der Beobachtung zu einer negativen Beeinträchtigung der Daten führen können: Die Wahrnehmung erfolgt direkt durch einen Beobachter und ist daher von einer potenziell hohen Subjektivität geprägt, wodurch Fehler oder starke Verzerrungen in den Daten auftreten können. Verhaltensanpassungen können durch Mitarbeiter erfolgen, wenn sie bemerken, dass sie beobachtet werden – sie achten dann womöglich viel stärker auf Sicherheitsaspekte als wenn sie unbeobachtet arbeiten würden. Die erhobenen Daten sind in diesen Fällen nicht mehr repräsentativ.

– Die Anzahl der erkannten **Verstöße** gegen Sicherheitsrichtlinien kann im Anschluss an eine Maßnahme fallen oder steigen – beides kann als Erhöhung der Awareness interpretiert werden. Grundsätzlich sollten die Verstöße bei einer höheren Awareness abnehmen. Verhalten, das gegen Regeln aus den Sicherheitsrichtlinien verstößt, ist oft durch Unwissenheit oder Nachlässigkeit begründet. Nachdem die Mitarbeiter im Rahmen einer Maßnahme besser über Regeln und die Auswirkungen von Verstößen informiert wurden, sollte die Anzahl der Verstöße geringer sein als vor dieser Maßnahme. Gleichzeitig führt eine höhere Awareness aber auch dazu, dass die Mitarbeiter die Sicherheitsrichtlinien besser kennen und verstehen, und deshalb Verstöße eindeutiger identifizieren können und häufiger melden. Die Verstöße sollten also abnehmen, aber die Erkennungsrate sollte steigen. Ein wichtiger Faktor ist deshalb auch die Art der Erkennung. Wenn sie hauptsächlich automatisiert (z. B. mithilfe von Device Control Software und anderer Sicherheitssoftware) oder durch Sicherheitsexperten erfolgt, wird die Maßnahme wenig Einfluss auf die Erkennungsrate haben – sie wird eher stabil bleiben. In diesem Fall bedeuten weniger erkannte Verstöße, dass es tatsächlich weniger Verstöße gegeben hat, was wahrscheinlich in einer gestiegenen Awareness begründet ist. Wenn die Erkennung hingegen stark auf den Meldungen der Mitarbeiter basiert, sollte die Maßnahme einen positiven Einfluss auf die Erkennungsrate besitzen und die Dunkelziffer der Verstöße reduziert werden. Eine Zunahme an erkannten Verstößen bedeutet dann nicht unbedingt, dass es tatsächlich mehr Verstöße gab, sondern vielleicht dass lediglich mehr erkannt wurden. In diesem Fall kann die Zunahme positiv – also als gestiegene Awareness – interpretiert werden.

— Wenn die Anzahl der gemeldeten **Sicherheitsereignisse** nach der Maßnahme steigt, deutet dies in der Regel darauf hin, dass die Mitarbeiter eine höhere Awareness für Sicherheit besitzen. Dies bedeutet, dass bestimmte Sicherheitsereignisse in der Vergangenheit womöglich gar nicht erkannt wurden; erst durch die Wissensaufnahme im Rahmen der Maßnahme sind die Mitarbeiter imstande, diese zu erkennen. Z. B. könnte es sein, dass ein Mitarbeiter von einem Geschäftspartner regelmäßig Datenträger erhält, die beim Zugriff über den Computer zu einer Virenmeldung führen. In der Vergangenheit hat der Mitarbeiter die Meldung vielleicht als harmlos empfunden und ignoriert. Nach der Maßnahme kontaktiert er bei derartigen Meldungen das Sicherheitsteam des Unternehmens. In Bezug auf intern verursachte Sicherheitsereignisse gilt dasselbe wie bei den oben beschriebenen Verstößen. Eine Zunahme kann sowohl positiv als auch negativ beurteilt werden. Intern verursachte Sicherheitsereignisse haben sogar oft eine starke Verbindung zu Verstößen, da Sicherheitsereignisse häufig durch Verstöße verursacht werden. Wenn ein Mitarbeiter z. B. gegen die Regel verstößt, keine externen Datenträger an den Rechner anzuschließen, könnte die Konsequenz ein Virenfund sein; oder wenn jemand seinen Arbeitsplatz nach Arbeitsende nicht aufräumt (Clean Desk) und seine Bürotür nicht abschließt, könnten vertrauliche Dokumente kompromittiert werden oder abhandenkommen. Die Anzahl der Ereignisse ist also nicht zweifelsfrei interpretierbar, sondern eher als Indiz bzw. Ausgangspukt für weitere Analysen anzusehen.

— Eine Maßnahme ist im Hinblick auf ihre **Kosten** als effizient zu beurteilen, wenn die Kosten für die Maßnahme geringer sind als die durch die Risikoreduzierung eingesparten Kosten. Hierbei ergeben sich allerdings Ungenauigkeiten, die auf der Wahrscheinlichkeitsrechnung basieren: Die Reduzierung von Risiken bedeutet, dass ein erwarteter Schaden abnimmt. Dabei sind die Eintrittswahrscheinlichkeit und die Schadenshöhe relevant (siehe auch Kapitel 2.1.4). Wahrscheinlichkeiten sind lediglich Schätzungen darüber, ob ein bestimmtes Ereignis eintritt – sie sind also mit einer gewissen Subjektivität verbunden. Wenn z. B. angenommen wird, dass die Eintrittswahrscheinlichkeit sehr hoch ist, bedeutet dies trotzdem nicht, dass das betroffene Ereignis auch tatsächlich eintreten wird. Auch die voraussichtliche Schadenshöhe ist oft nicht eindeutig bestimmbar. Insbesondere bei Vermögensobjekten, die stark mit diversen Unternehmensprozessen verbunden sind, kann der genaue Schaden schwer vorhergesagt werden. Manche Systeme (z. B. ein Warenwirtschaftssystem) sind mit vielen Kernprozessen verbunden. Eine Störung eines solchen Systems könnte zu erheblichen Umsatzverlusten und sogar Imageschäden führen. Der zukünftig entgangene Gewinn wäre im Voraus nur schwer zu bestimmen.

- Die **Zeit**, die für die Vorbereitung und Umsetzung einer Maßnahme erforderlich ist, kann mit der Zeit, die für Störungsbeseitigungen und Nacharbeiten (aufgrund des Verzichts auf diese Maßnahme) angefallen wäre, verglichen werden. Allerdings hängt der Zeitbedarf von verschiedenen Faktoren ab. Um eine Vergleichsbasis zu schaffen, müssen dieselben Rahmenbedingungen angewandt werden (z. B. sollte in beiden Szenarien mit der Verfügbarkeit derselben Sicherheitsexperten kalkuliert werden). Andernfalls wäre ein Vergleich nicht aussagekräftig (z. B. wenn für Störungsbeseitigungen und Nacharbeiten viel mehr Personal zur Verfügung steht als für die Vorbereitung und Umsetzung der Maßnahmen). Neben der Zeit sollten daher auch die Kosten betrachtet werden. Dadurch, dass eine kürzere Bearbeitungszeit oft mit höheren Kosten verbunden ist, besteht zwischen Kosten und Zeit stets eine Wechselwirkung.

- Die **Teilnahmequote** ist insbesondere bei der Einhaltung von Regularien von großer Bedeutung, da dort eine Teilnahme der Mitarbeiter oft explizit vorgeschrieben wird und bei Bedarf gegenüber Auditoren auch nachgewiesen werden muss. Sie ermöglicht allerdings keine weiteren Rückschlüsse – z. B. darüber, ob die Teilnehmer die Inhalte verstanden haben oder ob sich ihr sicherheitsrelevantes Verhalten im Anschluss verbessert hat. Die Teilnahmequote sollte also nicht als einzige Metrik verwendet werden, um eine Maßnahme zu beurteilen. Vielmehr sollte sie neben der Sicherstellung von Compliance-Vorgaben lediglich als Indiz wahrgenommen werden, das erst in Verbindung mit anderen Metriken eine gewisse Aussagekraft besitzt – z. B. kann eine geringe Teilnahmequote in Verbindung mit einer niedrigen Arbeitsauslastung der Mitarbeiter auf eine geringe Akzeptanz von Seiten der Mitarbeiter hindeuten; demgegenüber ist eine hohe Teilnahmequote noch kein hinreichendes Indiz, um von einer hohen Akzeptanz zu sprechen.

- **Statusberichte** sind ein wichtiges Werkzeug, um Maßnahmen kontrollierbar zu machen. Je mehr Statusberichte verfasst werden und je informativer deren Inhalte sind, desto besser kann eine Maßnahme kontrolliert werden. Wenn z. B. bekannt wird, dass die meisten eingeladenen Mitarbeiter bereits im Vorfeld geäußert haben, dass sie nicht an einer Maßnahme teilnehmen können, kann dies in den Statusbericht eingehen. In der Folge kann z. B. der Termin verschoben oder die Situation an die Vorgesetzten eskaliert werden. Je nachdem, wie die Metrik in Bezug auf Statusberichte definiert wird, sind die Schlussfolgerungen daraus mehr oder weniger aussagekräftig. Eine häufige Erstellung von Statusberichten bedeutet z. B. nicht, dass diese auch einen hohen Informationswert für den Empfänger besitzen. Womöglich sind die Inhalte nämlich nicht ausreichend: Beispielsweise konzentrieren sich in der Praxis viele Statusberichte auf Informationen über die Termintreue, was zur umfassenden Kontrolle der Vorbereitung und Implementierung einer Maßnahme nicht ausreicht – auch über gravierende Budgetüberschreitungen, Probleme bei der Implementierung sowie Akzeptanz- und Verständnisprobleme bei den Teilnehmern sollte frühzeitig berichtet werden.

– Eine gute **Dokumentation** ist erforderlich, um eine Maßnahme vor allem in Bezug auf ihre Umsetzung und Inhalte nachvollziehbar zu machen. Wenn nach der Maßnahme z. B. nicht mehr nachvollzogen werden kann, welche Inhalte thematisiert wurden, sind Folgetätigkeiten schwierig: Unter anderem können Methoden zur Datenerhebung, die mit den Inhalten zusammenhängen, nur dann erstellt werden, wenn die Inhalte zumindest grob bekannt sind – z. B. kann der Wissensstand der Teilnehmer kaum abgefragt werden, wenn nicht transparent ist, welches Wissen vermittelt worden ist; nachfolgende Maßnahmen werden oft so gestaltet, dass sie die vorgehenden Maßnahmen referenzieren und inhaltlich darauf aufbauen. Diese Möglichkeiten werden verwehrt, wenn die Inhalte unbekannt sind. Informationen, die in die Dokumentation einfließen, können dazu dienen, Lessons-learned zu generieren, sodass bereits gemachte Fehler nicht mehr wiederholt werden – z. B. sollte es nicht in zwei aufeinanderfolgenden Jahren passieren, dass alle Mitarbeiter genau in der geschäftsreichsten Zeit zu einer Maßnahme eingeladen werden. Grundsätzlich ist also eine umfangreiche und qualitativ hochwertige Dokumentation wünschenswert. Je genauer eine Dokumentation analysiert wird, desto aussagekräftiger sind die Schlussfolgerungen mit diesbezüglichen Metriken. Unter anderem ist der Umfang einer Dokumentation allein betrachtet noch kein hinreichendes Indiz dafür, dass wichtige Informationen einbezogen wurden.

– Eine hohe **Zufriedenheit** der Teilnehmer mit einer Maßnahme ist ein starkes Indiz dafür, dass die Maßnahme und die Inhalte akzeptiert und bei ihrer Arbeit berücksichtigt werden. Gleichzeitig können aus den Informationen zur Zufriedenheit Hinweise auf Verbesserungsmöglichkeiten für die Planung und Umsetzung von Folgemaßnahmen abgeleitet werden. Die Artikulation der Zufriedenheit durch die Teilnehmer ist jedoch von einer gewissen Subjektivität geprägt. Insbesondere auf eventuelle Verzerrungen sollte bei der Auswertung geachtet werden – im Speziellen stehen diese **Verzerrungen** oft mit den folgenden Faktoren in Zusammenhang:

  – **Konsistenz:** Die Teilnehmer bewerten ähnliche Maßnahmen (z. B. alle Schulungsveranstaltungen) stets gleich, oder zumindest ähnlich, auch wenn sie in einigen Aspekten (z. B. im Inhalt) stark voneinander abweichen.

  – **Erinnerung:** Informationen über Maßnahmen, die in der Vergangenheit gesammelt wurden (z. B. ein paar Tage oder Wochen zuvor), werden durch die Teilnehmer positiver oder negativer in Erinnerung gerufen als angemessen. Außerdem können ältere Informationen im Gedächtnis der Teilnehmer inakkurat oder unvollständig gespeichert sein, was ebenfalls zu Verzerrungen führt.

- **Aktualität:** Informationen, die erst vor kurzem gesammelt wurden, haben bei der Beurteilung der Teilnehmer ein größeres Gewicht als ältere Informationen. Wenn z. B. mehrere Maßnahmen aufeinanderfolgten und die letzte Maßnahme als sehr schlecht wahrgenommen wurde, werden die vorherigen Maßnahmen oft ebenso negativ bewertet – oder zumindest negativer als wenn die letzte Maßnahme durch die Teilnehmer als besser empfunden worden wäre. Der Hintergrund ist, dass das Kurzzeitgedächtnis bei den Teilnehmern oft ein größeres Gewicht in der Bewertung besitzt als das Langzeitgedächtnis.
- **Tendenzen:** Ein Teilnehmer kann bei all seinen Bewertungen einer bestimmten Tendenz unterliegen. Er kann alle Maßnahmen, an denen er teilnimmt, mit einer Tendenz zur Milde, Mitte oder Härte bewerten. Seine Bewertungen würden in diesem Fall alle nahe beieinander liegen und eine geringe Varianz aufweisen. Der Vergleich verschiedener Maßnahmen aus der Perspektive des Teilnehmers wäre dadurch eingeschränkt.

Außerdem ist es wichtig, Fragen für Fragebögen oder andere Interview-Methoden durchdacht zu erstellen – eine bewusste oder unbewusste **Beeinflussung** der Teilnehmer sollte so weit wie möglich verhindert werden. Wenn z. B. Skalen für die Antworten verwendet werden, gehen die Befragten in der Regel davon aus, dass die angegebenen Skalen sinnvoll sind und die tatsächliche Verteilung widerspiegeln. Sollte eine Skala z. B. im oberen Bereich übermäßig stark differenziert sein (z. B. bei der Frage „Wieviel Prozent der Inhalte war verständlich für Sie?" mit den Antwortmöglichkeiten „weniger als 80%", „zwischen 80 und 90 %" und „zwischen 91 und 100 %"), gehen die Befragten in der Regel davon aus, dass die meisten Personen eine Antwort im oberen Bereich (im Beispiel also 80 bis 100 %) auswählen, und verzerren ihre Antwort entsprechend.

Fallbeispiel

Während der Implementierung der Maßnahmen wurden Daten erhoben, die nun im Rahmen der Beurteilung aufbereitet und interpretiert werden sollen. Auch hier profitiert das *Programm-Team* von einer hohen *Akzeptanz* und *Unterstützung* der beteiligten Mitarbeiter. Die konkret erhobenen *Beurteilungsdaten* beinhalten die Antworten aus den Fragebögen, die Zählungen der Teilnehmer, die Ergebnisse der Phishing-Tests sowie Kosten- und Zeitkalkulationen – inklusive der Hervorhebung von Indizien, die auf mögliche *Trends* hindeuten.

Bei der *Aufbereitung* wird dafür gesorgt, dass die Daten in elektronischer, auswertbarer Form vorliegen und in einem validen und verdichten Zustand sind. Die Fragebögen wurden bereits eingescannt und ihre Antworten ausgelesen. Auch die Inhalte der Teilnehmerlisten zu den Schulungsveranstaltungen werden in ein elektronisches Format überführt, was durch die alphabetische und strukturierte Form relativ schnell erledigt wird. Außerdem liegen bereits weitere Daten elektronisch vor, darunter Empfangslisten von E-Mails und Newslettern, die Ergebnisse der Phishing-Tests, die angefallenen Kosten und der benötigte Zeitbedarf für die Maßnahmen.

Die *Validität* wird durch diverse Datenprüfungen sichergestellt – unter anderem werden dabei folgende Prüfungsfragen gestellt:

- Sind die Daten vollständig? – Speziell: Ist die Anzahl der elektronischen Datensätze genauso hoch wie die Anzahl der papierbasierten Fragebögen? Ist für jede Maßnahme eine Zählung der Teilnehmer bzw. Empfänger durchgeführt worden? Liegen Daten über das Fehlverhalten von Mitarbeitern aus jedem Phishing-Test vor? Sind Kosten- und Zeitaufwände zu allen Tätigkeiten bekannt?
- Sind Dubletten vorhanden? – Speziell: Sind Datensätze vorhanden, die den Anschein erwecken, dass derselbe Fragebogen mehrmals eingelesen wurde? Gibt es Mitarbeiter, die bei derselben Maßnahme mehr als einmal als Teilnehmer oder Empfänger vermerkt sind? Sind Kosten- und Zeitaufwände zu derselben Tätigkeit mehrfach in der Datenbank gespeichert?
- Wurden die korrekten Datentypen und Wertebereiche eingehalten? – Speziell: Wurden zu Ja-Nein-Fragen unpassende Werte gespeichert? Wurden in numerischen Datenfeldern Buchstaben gespeichert? Wurden negative Werte oder Kommazahlen dort gespeichert, wo sie nicht erlaubt sind?
- Sind in Querverweisen zu anderen Daten Widersprüche zu erkennen? – Speziell: Gibt es starke Unterschiede zwischen der Teilnehmerzahl und der Anzahl der Beschäftigten? Stimmen die Namen aus den Teilnehmerlisten mit den Namenslisten der Personalabteilung überein? Gibt es extreme Abweichungen zwischen den aktuellen und vorangegangenen Testergebnissen oder Teilnehmerbeurteilungen?
- Enthalten die Daten andere Indizien für inhaltliche Fehler? – Speziell: Sind die Datenwerte (unerklärlicherweise) in der Nähe eines Extremwerts konzentriert (z. B. liegt das Fehlverhalten bei allen Phishing-Tests nahe 0 % oder 100 %)? Weichen die Daten stark von den Erwartungen ab (z. B. eine Teilnehmerquote unter 50 % oder ein Gesamtkostenaufwand, der bei lediglich 20 % des ursprünglichen Planwerts liegt)?

Eine **Verdichtung** von Daten kann dort vorgenommen werden, wo redundante oder irrelevante Daten aus der Datenmenge entfernt werden können. Bei den vorliegenden Daten werden unter anderem mehrere Metadaten entfernt (z. B. die Datumsangaben zum Scan der Fragebögen und die IP-Adressen der Newsletter-Empfänger). Beim Empfang der Newsletter und E-Mails ist lediglich die Anzahl der erfolgreich adressierten Mitarbeiter relevant – die Namen, Standorte und Empfangszeitpunkte werden ausgeblendet. Bei den Antworten aus den Fragebögen stehen ebenfalls die kumulierten Werte im Vordergrund – es ist nicht relevant, welcher einzelne Mitarbeiter welche Frage wie beantwortet hat, sondern wie viel Prozent der Mitarbeiter die jeweiligen Fragen in einer bestimmten Weise beantwortet haben.

Für die anschließende **Interpretation** der validierten und verdichteten Daten spielen die in der Planungsphase festgelegten Beurteilungsparameter eine grundlegende Rolle. Dort wurden Erwartungen in Bezug auf Effektivität, Effizienz, Compliance und Akzeptanz formuliert. Bei der diesbezüglichen Interpretation der Daten sind außerdem die ausgewählten Metriken und Skalen relevant.

- Die **Effektivität** der Maßnahmen (wie geplant werden die Maßnahmen im Gesamten und nicht einzeln beurteilt) wird anhand des Wissensstands und des Verhaltens der Mitarbeiter gemessen. Bei den Wissensfragen, die von den Mitarbeitern mithilfe der Fragebögen beantwortet wurden, gab es nach der zweiten Schulungsmaßnahme eine höhere Anzahl korrekter Antworten (70 %) als nach der ersten (55 %). Daten zum Verhalten der Mitarbeiter wurden im Zusammenhang mit der Reaktion auf die E-Mails des Phishing-Tests gesammelt. Die Anzahl der Mitarbeiter, die auf die Links in den E-Mails geklickt haben, hat tendenziell abgenommen, und zwar von 32 % im ersten Test auf 30 % im zweiten, 14 % im dritten und 10 % im vierten. Die geringe Abnahme des Fehlverhaltens zwischen dem ersten und zweiten sowie zwischen dem dritten und vierten Test wird darin vermutet, dass der zweite und vierte Test im Dezember stattfanden und die Mitarbeiter aufgrund des stressigen Weihnachtsgeschäfts die E-Mails weniger aufmerksam betrachtet haben. Insgesamt werden die Erwartungen an die Effektivität der Maßnahmen als erfüllt angesehen.

- Die Erwartungen an die *Effizienz* gelten als erfüllt, wenn die Zeit- und Kostenplanung eingehalten werden. Die tatsächlichen Kosten werden kalkuliert, indem alle angefallenen Kosten summiert werden. Durch die Erhöhung des Terminangebots für die Schulungsveranstaltungen und die Nacharbeiten beim Auslesen der Fragebögen sind zusätzliche Kosten in Höhe von insgesamt 400 € (pro Veranstaltung 200 €) angefallen. Die geplanten Gesamtkosten wurden dabei um weniger als 1 % überschritten, was keine Auswirkung auf die Gültigkeit der Kosten-Nutzen-Betrachtung hat. Im Hinblick auf die Zeit wird untersucht, ob die Pläne für die Tätigkeiten rund um die Vorbereitung und Implementierung der Maßnahmen zeitlich überschritten wurden. Die geplante Fertigstellung für die beiden Schulungstermine wurde jeweils um zwei Wochen verzögert. Da diese Verzögerungen allerdings keine Auswirkungen auf andere Termine oder auf das Programmende hatten, werden sie nicht als effizienzhemmend beurteilt. Folglich sieht das Programm-Team auch die Erwartungen in Bezug auf die Effizienz erfüllt.
- Aus Sicht der *Compliance* wird erwartet, dass alle Mitarbeiter an mindestens denjenigen Maßnahmen teilnehmen, die gemäß Compliance-Vorgaben gefordert werden. Der Einzelhändler hat im Rahmen der Anforderungsanalyse folgende Vorgaben identifiziert: Maßnahmen müssen bei der Einstellung vorgenommen werden, jährliche Auffrischungen müssen erfolgen und unterschiedliche Methoden müssen kombiniert werden. Dementsprechend werden Zählungen der Teilnehmer vorgenommen und mit der Gesamtzahl der Beschäftigten im Unternehmen ins Verhältnis gesetzt. Bei der Einweisung für neue Mitarbeiter ist eine Quote von 100 % erforderlich, was auch erreicht wurde. Wegen den Vorgaben zur jährlichen Auffrischung und zur Kombination von Maßnahmen sollten alle Mitarbeiter an mindestens zwei verschiedenartigen Maßnahmen pro Jahr teilgenommen haben. Zu diesem Zweck werden die Teilnehmer- bzw. Empfängerlisten analysiert. Im Zusammenhang mit den E-Mails werden Lesebestätigungen betrachtet. Über den Zugriff auf die Intranet-Seite mit der Pressemitteilung liegen Protokolle vor. Und die Teilnahme der Schulungsveranstaltung wurde mit Teilnehmerlisten nachgehalten. Die Daten aller Maßnahmen derselben Art werden jahresweise zusammengeführt. Anschließend wird für jeden der beiden 12-Monatszeiträume analysiert, wie viele Mitarbeiter an mindestens zwei verschiedenartigen Maßnahmen teilgenommen haben. Dabei wird festgestellt, dass lediglich 95 % der Mitarbeiter an zwei verschiedenartigen Maßnahmen pro Jahr teilgenommen haben. Bei genauerer Analyse wird erkannt, dass von den fehlenden 5 % keine Lesebestätigungen zu den E-Mails vorliegen. Anhand einer Stichprobenkontrolle wird festgestellt, dass diese Mitarbeiter die betreffenden E-Mails zwar erhalten und gelesen haben, jedoch grundsätzlich keine Lesebestätigungen versenden, wenn sie vom E-Mail-Client gefragt werden, oder sogar den Versand von Lesebestätigungen in ihrem Client deaktiviert haben. Aus diesem Grund werden behelfsweise die Übermittlungsbestätigungen genutzt, die der Mailserver der Empfänger automatisch versendet hat, als die E-Mails im Postfach abgelegt wurden. Anschließend werden die Datenanalysen erneut durchgeführt. Hierbei wird eine Abdeckung von 100 % nachgewiesen. Insgesamt kann daher auch die Erwartung aus Compliance-Sicht als erfüllt angesehen werden. Dass es problematisch sein kann, von den Empfängern Lesebestätigungen zu erhalten, wurde nicht vorhergesehen. Diese Information wird zu den Lessons-learned in der Dokumentation hinzugefügt (als Verbesserung die automatische Versendung von Lesebestätigungen unternehmensweit zu aktivieren, wäre allerdings ungünstig, da viele Spammer die Anforderung von Lesebestätigungen nutzen, um an gültige E-Mail-Adressen zu gelangen. Ein anderer Verbesserungsansatz wäre ein frühzeitiger Hinweis an alle Mitarbeiter, dass Lesebestätigungen innerhalb des Awareness-Programms für wichtige Datenauswertungen benötigt werden).
- Die *Akzeptanz* wird mithilfe der Daten, die aus den Fragebögen ausgelesen wurden, gemessen. Die Fragebögen wurden von den Mitarbeitern nach den beiden Schulungsveranstaltungen ausgefüllt. Unter anderem wurden die Mitarbeiter gefragt, wie zufrieden sie generell mit dem Awareness-Programm sind. Diese Frage konnte auf einer Skala von 1 bis 5 beantwortet werden

(wobei 1 und 2 bedeuten, dass sie unzufrieden sind, und 3 bis 5, dass sie mehr oder weniger zufrieden sind). Die Auszählungen ergeben, dass nach der ersten Schulungsveranstaltung 55 % der Mitarbeiter und nach der zweiten 65 % die Frage mit 3 oder höher beantwortet haben. Der erste Wert liegt unter den geforderten 60 %. Da der zweite Wert aber aktueller ist und vermutlich durch eine geänderte Auffassung der Mitarbeiter begründet ist, wird lediglich der zweite Wert ins Verhältnis mit den erwarteten 60 % gesetzt. Die Zufriedenheit ist demnach hoch genug, um die Erwartung zu erfüllen. Die Rücklaufquote der Fragebögen lag jedoch nur bei 94 %. Die 6 % der Mitarbeiter, die den Fragebogen nicht zurückgegeben haben, könnten womöglich unzufrieden mit dem Programm gewesen sein. In diesem Fall wäre die Erwartung nicht erfüllt. Da die Zufriedenheit dieser Mitarbeiter aber nicht bekannt ist, kann darüber nur spekuliert werden. Das Programm-Team entscheidet, die Zufriedenheitsquote, die auf den zurückgegebenen Fragebögen basiert, als repräsentativ für die gesamte Belegschaft anzusehen. Demnach wird angenommen, dass 65 % aller Mitarbeiter generell zufrieden mit dem Programm sind – was die Erwartung erfüllt.

Zusammenfassend werden alle Erwartungen an das Programm als erfüllt angesehen. Daraus ergibt sich zwar keine dringende Verbesserungsnotwendigkeit für die Maßnahmen, allerdings konnten einige *Verbesserungsansätze* in Form von Lessons-learned identifiziert werden. Beim zukünftigen Einsatz gleicher oder ähnlicher Maßnahmen lassen sich so einige Verbesserungen integrieren. Diese Erkenntnisse werden der abschließenden *Dokumentation* hinzugefügt; anschließend wird sie für eine spätere Verwendung an zentraler Stelle im Unternehmen abgelegt.

5 Zusammenfassung

Angriffe, die auf eine Kompromittierung, Manipulation oder Beschädigung von Informationen oder Systemen eines Unternehmens ausgerichtet sind, können – falls erfolgreich – zu sehr unangenehmen Folgen führen. Mithilfe der Informationssicherheit können solche Angriffe weitgehend verhindert und die Auswirkungen erfolgreicher Angriffe stark reduziert werden. Trotz, oder gerade wegen, der starken IT-Durchdringung in vielen Unternehmen hat das Verhalten der Mitarbeiter einen wesentlichen Einfluss auf die Sicherheit. Fast jede Tätigkeit wird durch IT-Systeme gestützt und ist mit der Erzeugung, Änderung oder Übertragung digitaler Informationen verbunden. Unwissenheit und Nachlässigkeit können eine Abfolge von unerwünschten Ereignissen auslösen, mit der Folge, dass die IT-Infrastruktur ausfällt, sensitive Daten ausgespäht werden, finanzielle Transaktionen manipuliert werden oder andere negative Konsequenzen auftreten.

Die **Security Awareness** (kurz Awareness) ist darauf ausgerichtet, die Unwissenheit und Nachlässigkeit beim Verhalten der Mitarbeiter zu reduzieren und damit verbundene negative Auswirkungen zu verhindern – ein Unternehmen kann sich mit Awareness also besser schützen. Auch aus regulatorischer Sicht ist Awareness ein wichtiger Bestandteil der Informationssicherheit: Viele Unternehmen sind mehr oder weniger zur Umsetzung entsprechender Maßnahmen verpflichtet.

Awareness-Maßnahmen dienen der Erhöhung der Awareness im Unternehmen. Sie sind oft Teil eines Awareness-Programms, das aus verschiedenen Phasen besteht (inklusive Planung und Implementierung). Idealtypisch werden bei einem solchen Programm die in diesem Buch beschriebenen Phasen durchlaufen – in der Praxis werden sie jedoch des Öfteren nicht klar voneinander abgegrenzt oder nur rudimentär behandelt. Beispielsweise wäre vorstellbar, dass nur eine einzelne Maßnahme programmmäßig umgesetzt werden soll und dafür lediglich ein Teil der Phasen tangiert wird.

Unabhängig vom Umfang und von der Tiefe eines Awareness-Programms ist ein **Verständnis** über Awareness allerdings eine wichtige Voraussetzung für Erfolg: Ein umfassendes Verständnis erleichtert es erheblich, eine Maßnahme oder ein komplexes Programm erfolgreich vorzubereiten und umzusetzen. Um die Awareness zu verstehen, sollte sie aus verschiedenen Perspektiven (z. B. im Hinblick auf Risiken, Unternehmensziele und Wirtschaftlichkeit) betrachtet werden.

Im Folgenden werden die **Kernaussagen** des Buchs nochmals zusammengefasst. Auch die Verbindungen von den Grundlagen und Hintergründen der Awareness zu den Phasen eines Awareness-Programms im Unternehmen werden verdeutlicht (siehe Abb. 5.1). Bis auf die Orientierungsphase, die lediglich dem Überblick der nachfolgenden Phasen dient, ist für jede Phase ein tieferes Verständnis über fachliche Grundlagen und Awareness-Maßnahmen sehr hilfreich.

https://doi.org/10.1515/9783110668261-005

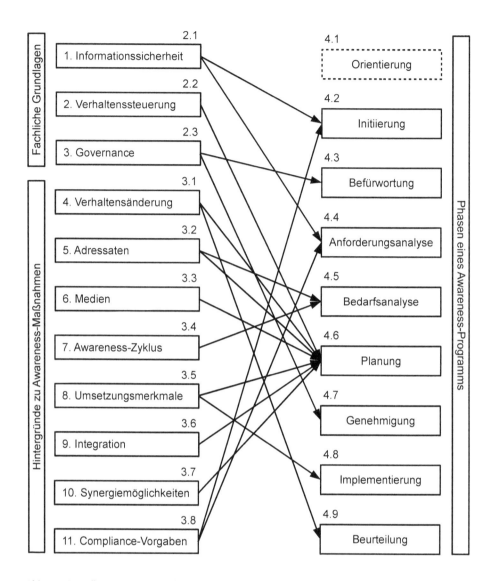

Abb. 5.1: Grundlagen, Hintergründe und Programmphasen (mit Kapitelreferenzen)

1. Die fachlichen Grundlagen zur **Informationssicherheit** sind fundamental, um den Hintergrund von Bedrohungen und Risiken rund um Informationen zu verstehen und die Awareness als wichtige Sicherheitsmaßnahme zu erkennen. Aber nicht jede Bedrohung bedeutet eine unmittelbare Gefahr für das Unternehmen – und selbst wenn, sind manche Gefahren vernachlässigbar. Das Risikomanagement macht dies transparent: Hierbei wird überlegt, wie das Unternehmen durch die erkannten Bedrohungen tatsächlich gefährdet wird. Daraus

resultieren Entscheidungen zur Risikobewältigung, die den Sicherheitsbedarf eines Unternehmens festlegen helfen. Die Erfüllung dieses Bedarfs geschieht mit Sicherheitsmaßnahmen, unter denen sich auch Awareness-Maßnahmen befinden sollten. Wirtschaftliche Aspekte spielen insofern eine Rolle, dass Risiken auch finanziell bewertet werden können und ein Unternehmen für Sicherheitsmaßnahmen in der Regel nicht mehr investieren möchte als es durch Risiken zu verlieren erwartet. Die Hintergründe zur Informationssicherheit sind vor allem für die Initiierung eines Awareness-Programms relevant: Die Entscheidung, ein Programm zu initiieren, sollte vom Verständnis darüber geprägt sein, was Awareness bedeutet und wie sie zur Verbesserung des Sicherheitsniveaus im Unternehmen beiträgt. Aufgrund der Ausführungen zur Risikobeurteilung ist dieser Abschnitt auch für die Phase der Anforderungsanalyse bedeutsam.

2. Die Grundlagen zur **Verhaltenssteuerung** sind hilfreich, um zu verstehen, wie das Verhalten von Mitarbeitern im Unternehmen beeinflusst werden kann. Genau darum geht es bei der Awareness: Verhalten beeinflussen, um die Sicherheit zu erhöhen. Informationen über Lernprozesse, also wie sie funktionieren und was hinter den sogenannten Lerntheorien steckt, erleichtern die Auswahl und Gestaltung von Awareness-Maßnahmen. Auch die Unternehmenskultur, inklusive ihrer Artefakte, Werte und Grundannahmen, beeinflusst die Awareness: Unter anderem ist die Berücksichtigung von zwischenmenschlichen Beziehungen im Unternehmen von Bedeutung. Mit dem Wissen über Kommunikationsarten können infrage kommende Maßnahmen besser identifiziert und voneinander abgegrenzt werden. Die Erfolgsfaktoren für das Lernen sind wichtig, damit die geplanten Awareness-Maßnahmen erfolgreich sind – die Inhalte sind daher wesentlich für die Planung eines Awareness-Programms.

3. Die Ausführungen zur **Governance** der Awareness zeigen, dass die Awareness Teil der Steuerung und Regelung des Geschäftsbetriebs ist. Aus den Perspektiven der funktionellen und institutionellen Governance wird klar, welche Verknüpfungen die Awareness zur Unternehmensführung besitzt. In jedem Entscheidungsbereich der Governance sollten auch Überlegungen zur Awareness getroffen werden. Die Machtposition der Entscheidungsträger und die Entscheidungsfaktoren beeinflussen nicht nur die Governance im Allgemeinen, sondern auch die Awareness im Speziellen. Ziele sind ein wichtiges Hilfsmittel der Unternehmensführung – und Zieldefinitionen für die Awareness sind ein grundlegender Bestandteil eines Awareness-Programms. Hier ist nicht nur das Wissen über die Konkretisierung von Zielen vorteilhaft, sondern auch über die Hintergründe von Visionen, Strategien und Taktiken, die alle stark mit den Zielen verknüpft sind. Im Rahmen eines Awareness-Programms wird die Zielformulierung grob in der Initiierung und detaillierter in der Planung durchgeführt. Der Einfluss der Unternehmensführung auf ein Awareness-Programm ist in den Phasen Befürwortung und Genehmigung am größten. Daher tritt der Zusam-

menhang zwischen Governance (als Teil der Unternehmensführung) und Awareness hier am stärksten in den Vordergrund.

4. Wenn man für die Erhöhung der Awareness eine **Verhaltensänderung** von Mitarbeitern anstrebt, ist das Wissen über verschiedene Verhaltensausprägungen bedeutsam. Das sicherheitsrelevante Verhalten der Mitarbeiter setzt sich aus dem Regel-, Risiko- und Problemverhalten zusammen. Dazwischen existieren nicht zu vernachlässigende Wechselwirkungen – z. B. zwischen dem Risiko- und Problemverhalten (nur wenn Mitarbeiter Risiken sinnvoll reduzieren möchten, ohne unnötig risikoavers zu sein, kann mit Problemen effizient umgegangen werden). Die verschiedenen Aspekte des Verhaltens sollten in der Planungsphase (insbesondere bei der inhaltlichen Planung von Awareness-Maßnahmen) berücksichtigt werden. Auch bei der nachträglichen Beurteilung von Maßnahmen sind Verhaltensänderungen relevant: Unter anderem kann das Verhalten von Mitarbeitern vor ihrer Teilnahme an den Maßnahmen mit dem nach der Teilnahme verglichen werden.

5. Die **Adressaten** von Awareness-Maßnahmen sind in erster Linie interne und externe Mitarbeiter eines Unternehmens. Aber auch bei anderen Personengruppen (wie Dienstleister, Lieferanten, Eigentümer oder Kunden) kann sich eine Erhöhung der Awareness positiv auf das Sicherheitsniveau des eigenen Unternehmens auswirken. Da verschiedene Personengruppen auch verschiedene Tätigkeiten im Unternehmen ausführen oder verschiedene Einflüsse auf das Unternehmen besitzen, sollten die Inhalte der Awareness-Maßnahmen daran angepasst werden. Die Gruppierung der Personen sollte sich nicht nur auf die oberste Ebene beschränken, sondern auch innerhalb einzelner Bereiche und Abteilungen stattfinden: Beispielsweise sollten interne Mitarbeiter, die sich mit Vertriebsabläufen befassen, zum sicheren Umgang mit Kundendaten geschult werden, während Softwareentwickler über sicheren Quellcode, und Administratoren über die Härtung von Systemen aufgeklärt werden sollten. Auch andere Personengruppen können weiter differenziert werden: Unter anderem sollten Kunden, die Bestellvorgänge nur über Telefon oder Briefpost auslösen, anders über Sicherheit informiert werden als Internetnutzer. Die resultierende Zielgruppenorientierung ist für die Bedarfsanalyse und Planung wichtig: In der Bedarfsanalyse wird eruiert, für welche Zielgruppen ein noch unerfüllter Awareness-Bedarf existiert, und in der Planung werden die zielgruppengerechten Inhalte zusammengestellt.

6. Die unterschiedlichsten **Medien** können zur Erhöhung der Awareness eingesetzt werden. Aus allgemeiner Sicht kann man zwischen Printmedien, elektronischen und audiovisuellen Medien differenzieren. Darunter gibt es zahlreiche spezifischere Ausprägungen (z. B. papierbehaftete Broschüren, Handzettel und Poster). Die Kenntnis, welche Medien in der Awareness häufig vertreten sind, wie sie eingesetzt werden können und ob sie besondere Vor- und Nachteile besitzen, ist für die Planungsphase eines Awareness-Programms sehr

hilfreich: Nur wenn die Medien gezielt ausgewählt und implementiert werden, stellt sich der erwartete Erfolg des Programms ein.

7. Der **Awareness-Zyklus** veranschaulicht, wie ein Adressat verschiedene Phasen der Awareness stufenweise durchläuft. Vom Einstieg ins Unternehmen bis zum Ausstieg wird einem Adressaten das Thema Informationssicherheit Schritt für Schritt nähergebracht, inklusive Phasen der Reflexion und Anwendung. Wie die Awareness aus Sicht einzelner Personen durchlaufen wird, ist vor allem für die Bedarfsanalyse relevant. Wenn z. B. viele Mitarbeiter erst vor Kurzem ins Unternehmen eingestiegen sind, besteht ein anderer Bedarf an Awareness, als wenn die Mitarbeiter bereits an mehreren Maßnahmen teilgenommen haben und die Inhalte bereits mehrfach reflektiert und angewandt haben.

8. Die **Umsetzungsmerkmale** für Awareness-Maßnahmen im Unternehmen umfassen die drei Hauptmerkmale Auslagerungsgrad, Auslösung und Gruppierung. Je nachdem, wie die Umsetzungsmerkmale einer Maßnahme ausgeprägt sind, ergeben sich andere Umstände für die Implementierung. Aber auch in der Planung gibt es bereits wesentliche Einflüsse der Umsetzungsmerkmale auf das Awareness-Programm: Unter anderem verursacht die Entscheidung für eine hohe Auslagerung der Tätigkeiten hohe Kosten, welche im ungünstigen Fall zu Budgetüberschreitungen führen können. Die Auslösung hat ebenfalls planerischen Einfluss – z. B. hängt die Erfüllung von Regularien oft mit bestimmten Terminen zusammen; dies sollte in den Zeitplan einfließen. Auch die Gruppierung von Adressaten (z. B. anhand ihrer Funktionen) wirkt sich auf die Planung aus: Die Inhalte der Maßnahmen können nämlich besser an die jeweiligen Zielgruppen angepasst werden, wenn die Gruppierung bekannt ist.

9. Eine überlegte **Integration** der Awareness ins Unternehmen ist eine Voraussetzung, um ein nachhaltiges Awareness-Niveau zu schaffen. Dabei sollten die institutionellen, funktionellen, finanziellen und instrumentellen Integrationsmöglichkeiten betrachtet werden. Die Integration spielt bei einem Awareness-Programm aber nicht nur dann eine Rolle, wenn das Programm ganz oder teilweise in dauerhafte Prozesse überführt werden soll – auch lediglich temporäre Maßnahmen können von einer Integration profitieren (z. B. wenn dadurch das Budget erhöht wird oder ein Regelsystem geschaffen wird, das die Teilnehmer besser motiviert). Überlegungen zur Integration können z. B. in der Planung stattfinden. Allerdings sollten diese Überlegungen auch unabhängig von einem abgegrenzten Awareness-Programm stattfinden, damit eine langfristige Verankerung von Awareness im Unternehmen erreicht wird.

10. Die **Synergiemöglichkeiten** bieten die Gelegenheit, Synergieeffekte im Rahmen eines Awareness-Programms zu nutzen. Sie können entstehen, wenn verschiedene Tätigkeiten oder Ressourcen kombiniert oder vielseitig eingesetzt werden. Ansätze für Synergien können unter den Aspekten Kosten, Zeit und Qualität gefunden werden (z. B. können Kosten durch einen gemeinsamen Einkauf von Material eingespart werden oder der Zeitbedarf wird durch Kooperati-

onen reduziert). Synergien sind ein probates Mittel, um Kosten und Zeit zu reduzieren und die Qualität von Maßnahmen zu erhöhen. Synergiemöglichkeiten sollten in der Planungsphase betrachtet werden. Sie ermöglichen, mit den beschränkten Ressourcen eines Unternehmens einen größeren Erfolg für die Awareness zu erreichen. Die Entscheidungsvorlage (ein Ergebnis der Planung) kann durch die positiven Effekte von Synergien aufgewertet werden.

11. Die **Compliance-Vorgaben**, die sich auf die Awareness im Unternehmen beziehen, sind vor allem dann relevant, wenn ein Unternehmen die entsprechenden Regelwerke einhalten muss oder möchte (bzw. eine Einhaltung in der nahen Zukunft erforderlich sein könnte). Je nachdem, wo und in welcher Branche das Unternehmen tätig ist, sind inländische und zum Teil auch ausländische Gesetze anwendbar. Daneben existieren Standards, die aufgrund drohender Strafen und Sanktionen ebenfalls als verpflichtend angesehen werden können. Best Practices haben sich bereits mehrfach in der Praxis bewährt und versprechen positive Effekte auf die Abläufe im Unternehmen. Im Hinblick auf die Awareness thematisieren die Vorgaben aus den unterschiedlichen Regelwerken unter anderem die Behandlung von Spezialthemen, Zielgruppenorientierung und Variation von Maßnahmen. Die Compliance-Vorgaben sollten direkt in die Anforderungsanalyse eines Awareness-Programms eingehen. Compliance kann sogar der primäre Grund dafür sein, dass ein Awareness-Programm überhaupt erst initiiert worden ist.

Ein **Awareness-Programm** erleichtert die strukturierte Vorbereitung und Umsetzung von Awareness-Maßnahmen. Idealtypisch besteht das Programm aus neun Phasen – sie beinhalten Arbeitsschritte, die zu bestimmten Ergebnissen führen, welche in anderen, nachfolgenden Phasen wiederum als Grundlage fungieren (siehe Tab. 5.1). Dabei können auch Grundlagen einbezogen werden, die bereits vorliegen oder außerhalb des Programms erstellt wurden.

Tab. 5.1: Wichtige Grundlagen und Ergebnisse der Programmphasen

Grundlage (o) / Ergebnis (x):	4.1 Orientierung	4.2 Initiierung	4.3 Befürwortung	4.4 Anforderungsanalyse	4.5 Bedarfsanalyse	4.6 Planung	4.7 Genehmigung	4.8 Implementierung	4.9 Beurteilung
Faktoren		o							
Zielvorstellung		x	o	o		o	o		
Kosten-Nutzen-Schätzung		x	o			o	o		
Programm-Team		x	o	o	o	o	o	o	o
Akzeptanz			x	o	o	o	o	o	o
Unterstützung			x	o	o	o	o	o	o
Risikobeurteilung				o					
Themen				o					
Anforderungen				x	o				
Status quo					o				
Bedarf					x	o			
Auswahlinformationen						o			
Synergiemöglichkeiten						o			
Maßnahmenplan						x		o	
Tätigkeitsplan						x		o	
Zeitplan						x		o	
Kostenplan						x		o	
Beurteilungsparameter						x		o	
Entscheidungsvorlage						x	o		
Dokumentation							x	o / x	x
Maßnahmen								x	
Beurteilungsdaten								x	o
Trends								x	o
Verbesserungsansätze									x

Der Lebenszyklus eines Awareness-Programms beginnt mit der **Orientierung** (siehe Tab. 5.2). Hierbei soll ein Überblick über die nachfolgenden Phasen gewonnen werden. Im zugehörigen Kapitel wird nicht nur der sequenzielle Ablauf der Phasen beschrieben, sondern auch, inwiefern Änderungen dieses Ablaufs sinnvoll sind (z. B. durch Parallelisierung oder Zusammenfassung). Auch häufige Fehler werden thematisiert, um möglichst früh ein Bewusstsein darüber zu vermitteln und die Fehlerwahrscheinlichkeit im weiteren Ablauf zu reduzieren.

Tab. 5.2: Grundlagen und Ergebnisse der Phase 1 – Orientierung

Grundlagen:	Nicht vorhanden
Ergebnisse:	Nicht vorhanden

In der zweiten Phase, der **Initiierung** (siehe Tab. 5.3), wird auf Grundlage von internen oder externen Faktoren die Entscheidung für ein Awareness-Programm getroffen. Die Ergebnisse sind eine Zielvorstellung (die zwar so spezifisch wie möglich sein sollte, aber in dieser frühen Phase noch relativ grob gehalten werden muss) und eine Kosten-Nutzen-Schätzung (um den Vorteil des Programms aus wirtschaftlicher Sicht grob hervorzuheben). Außerdem erfolgt die Zusammensetzung des Programm-Teams, das zu späterer Zeit bei Bedarf noch erweitert werden kann.

Tab. 5.3: Grundlagen und Ergebnisse der Phase 2 – Initiierung

Grundlagen:	Faktoren		
Ergebnisse:	Zielvorstellung	Kosten-Nutzen-Schätzung	Programm-Team

In der **Befürwortung** (siehe Tab. 5.4) werden Mitglieder der Geschäftsführung angesprochen, damit sie sich für das Awareness-Programm einsetzen und es gegenüber den Stakeholdern des Unternehmens positiv darstellen. Damit die ausgewählten Befürworter das Awareness-Programm auch selbst als notwendig und sinnvoll auffassen, muss das Programm-Team ihnen erstmal die Ziele und den Nutzen des Programms überzeugend vermitteln. Die Ergebnisse der Befürwortung sind eine erhöhte Akzeptanz und Unterstützung durch die Stakeholder in allen nachfolgenden Phasen. Die Stakeholder wissen, dass das Programm durch die Geschäftsführung erwünscht und unterstützt wird. Dadurch wird die Motivation zur Mitarbeit und Teilnahme an den damit verbundenen Tätigkeiten erhöht.

Tab. 5.4: Grundlagen und Ergebnisse der Phase 3 – Befürwortung

Grundlagen:	Zielvorstellung	Kosten-Nutzen	Programm-Team
Ergebnisse:	Akzeptanz	Unterstützung	

Die **Anforderungsanalyse** (siehe Tab. 5.5) dient der Identifikation und Untersuchung von externen und internen Anforderungen. Häufig sind extern vorgegebene Regularien und die allgemeine Bedrohungslage des Unternehmens in dieser Phase besonders relevant – die Zielvorstellung gibt eine diesbezügliche Richtung vor. Basierend auf einer Risikobeurteilung, die unter Einbeziehung von Schlüsselpersonen aus dem Unternehmen (und mit ihrer Akzeptanz und Unterstützung) erstellt wird, kann das Programm-Team die Anforderungen aus risikobasierter Sicht auswählen und priorisieren. Die Themen, die für die Risikobeurteilung betrachtet werden, hängen von der Infrastruktur, der Prozesslandschaft, dem Geschäftsfeld und der Informationsverarbeitung des Unternehmens ab; Beispiele sind Social Engineering, Zugangs- und Zugriffsschutz und Compliance. Am Ende der Phase liegen die priorisierten Anforderungen vor. Sie bilden die Grundlage für die Bedarfsanalyse.

Tab. 5.5: Grundlagen und Ergebnisse der Phase 4 – Anforderungsanalyse

Grundlagen:	Zielvorstellung	Programm-Team	Akzeptanz
	Unterstützung	Risikobeurteilung	Themen
Ergebnisse:	Anforderungen		

Nachdem die Anforderungen und ihre Wichtigkeit für die Awareness im Unternehmen festgestellt worden sind, leitet das Programm-Team in der **Bedarfsanalyse** (siehe Tab. 5.6) den Bedarf an Awareness-Maßnahmen davon ab. Der Status quo der Awareness im Unternehmen wird mithilfe bestimmter Stakeholder (und mit ihrer Akzeptanz und Unterstützung), wie die Personalabteilung, in Erfahrung gebracht. Er ist ausschlaggebend, um die zusätzlich erforderlichen Maßnahmen richtig abzugrenzen: Wenn in der Vergangenheit bereits Maßnahmen durchgeführt wurden, die eine Verbindung zu den vorliegenden Anforderungen haben, ist der Bedarf an zusätzlichen Maßnahmen zumindest teilweise schon abgedeckt. Die Abweichungen zwischen den Anforderungen und dem Status quo zeigen den noch offenen Bedarf an Awareness. Im Detail wird dabei festgestellt, welche Inhalte in welcher Häufigkeit und Frequenz an welche Zielgruppen vermittelt werden sollen. Mit diesen Informationen können in den nächsten Phasen die Maßnahmen bedarfsgerecht vorbereitet und umgesetzt werden.

Tab. 5.6: Grundlagen und Ergebnisse der Phase 5 – Bedarfsanalyse

Grundlagen:	Programm-Team	Akzeptanz	Unterstützung
	Anforderungen	Status quo	
Ergebnisse:	Bedarf		

Die **Planungsphase** (siehe Tab. 5.7) ist in der Regel die umfangreichste Phase des Programms. Auf Grundlage der bisherigen Ergebnisse werden die Awareness-Maßnahmen inhaltlich und organisatorisch geplant. Das Programm-Team ist darauf fokussiert, den offenen Bedarf zu decken und die vorliegende Zielvorstellung mittels konkreter Vorgaben in Bezug auf Inhalte, Zeit- und Kosten planerisch umzusetzen. Die existierende Kosten-Nutzen-Schätzung wird dabei ebenfalls berücksichtigt. Synergiemöglichkeiten werden, sofern sinnvoll, in der Planung genutzt bzw. zur Nutzung vorgemerkt. Auswahlinformationen (speziell über Kriterien und Alternativen) sind die Grundlage für die Auswahl einer oder mehrerer Maßnahmen und ihrer Komponenten: Es können z. B. Informationen rund um Lernprogramme oder Schulungsanbieter recherchiert und ausgewertet werden. Die Akzeptanz und Unterstützung der beteiligten Mitarbeiter erleichtern die Planungstätigkeiten. Die Ergebnisse dieser Phase sind ein Maßnahmenplan (zur Deckung des Bedarfs an Awareness), ein Tätigkeitsplan (für die Erstellung von Medien und die Umsetzung der Maßnahmen), ein Zeit- und Kostenplan sowie eine Entscheidungsvorlage (für die Genehmigungsphase). Außerdem werden in der Planung die Beurteilungsparameter festgelegt, um den Erfolg der Awareness-Maßnahmen in der späteren Beurteilungsphase untersuchen zu können.

Tab. 5.7: Grundlagen und Ergebnisse der Phase 6 – Planung

Grundlagen:	Zielvorstellung	Kosten-Nutzen-Schätzung	Programm-Team
	Akzeptanz	Unterstützung	Bedarf
	Auswahlinformationen	Synergiemöglichkeiten	
Ergebnisse:	Maßnahmenplan	Tätigkeitsplan	Zeitplan
	Kostenplan	Beurteilungsparameter	Entscheidungsvorlage

In der **Genehmigungsphase** (siehe Tab. 5.8) präsentiert das Programm-Team der Geschäftsführung die ausgearbeitete Entscheidungsvorlage. Anschließend untersucht die Geschäftsführung in Anbetracht der vorliegenden Zielvorstellung und Kosten-Nutzen-Schätzung, ob die in der Entscheidungsvorlage enthaltenen Planungsdaten nachvollziehbar und machbar für das Unternehmen sind. Die Akzeptanz und Unterstützung durch die Geschäftsführung verhelfen zu einem reibungsloseren und schnelleren Verfahren: Das Verfahren wird höher priorisiert und ist weniger stark von Verständnisproblemen oder kritischen Rückfragen geprägt; um die Qualität des Verfahrens nicht zu beeinträchtigen, sollte jedoch ein zu übereiltes oder leichtfertiges Verfahren vermieden werden. Die resultierende Entscheidung kann zu einer Ablehnung oder Genehmigung führen. In jedem Fall muss diese Entscheidung ausreichend dokumentiert werden.

Tab. 5.8: Grundlagen und Ergebnisse der Phase 7 – Genehmigung

Grundlagen:	Zielvorstellung	Kosten-Nutzen-Schätzung	Programm-Team
	Akzeptanz	Unterstützung	Entscheidungsvorlage
Ergebnisse:	Dokumentation		

Die **Implementierung** (siehe Tab. 5.9) startet erst, wenn sie in der vorherigen Phase genehmigt wurde und darüber eine entsprechende Dokumentation vorliegt. Sollte die Implementierung hingegen abgelehnt werden, kann sie noch nicht beginnen – in diesem Fall müssen zunächst die Planung überarbeitet und die Genehmigungsphase wiederholt werden. In der Implementierung sorgt das Programm-Team für die Umsetzung des Maßnahmen- und Tätigkeitsplans in die Praxis, sodass die Maßnahmen unter Einhaltung von Zeit- und Kostenplan verfügbar gemacht werden. Dabei müssen auch die Beurteilungsparameter berücksichtigt werden (z. B. durch die Einbettung von Tests). Die dadurch generierten Beurteilungsdaten sind eine wichtige Grundlage für die folgende Beurteilungsphase. Die Akzeptanz und Unterstützung der Mitarbeiter, die an der Umsetzung mitwirken oder an den Maßnahmen teilnehmen, reduzieren die Wahrscheinlichkeit, dass Abweichungen von den bestehenden Plänen auftreten. Sollten dennoch Abweichungen vorkommen, ist eine frühzeitige Erkennung sehr hilfreich. Zu diesem Zweck werden Trendanalysen durchgeführt – sie machen unerwünschte Entwicklungen von Zeit, Kosten oder Qualität transparent. Die implementierten Maßnahmen, die Änderungen an der Infrastruktur des Unternehmens und mögliche Lessons-learned sollten möglichst präzise dokumentiert werden.

Tab. 5.9: Grundlagen und Ergebnisse der Phase 8 – Implementierung

Grundlagen:	Programm-Team	Akzeptanz	Unterstützung
	Maßnahmenplan	Tätigkeitsplan	Zeitplan
	Kostenplan	Beurteilungsparameter	Dokumentation
Ergebnisse:	Dokumentation	Maßnahmen	Beurteilungsdaten
	Trends		

Die **Beurteilung** (siehe Tab. 5.10) wird durchgeführt, wenn das Programm-Team die zuvor gesammelten Beurteilungsdaten aufbereitet und interpretiert (bei der Einbeziehung von weiteren Mitarbeitern wirken sich die Akzeptanz und Unterstützung wieder positiv aus). Auch Informationen über während der Implementierung entstandene Trends können ausgewertet werden. Mit den daraus erarbeiteten Schlussfolgerungen kann das Programm-Team Verbesserungsansätze ableiten, um die Maßnahmen im Rahmen zukünftiger Initiativen oder, falls notwendig, umgehend zu verbessern. Auch die Dokumentation sollte ergänzt werden, unter anderem können, falls noch nicht geschehen, Lessons-learned identifiziert und beschrieben werden. Der Erfolg zukünftiger Programme kann erhöht werden, wenn dieses Wissen später wiederverwendet werden kann. Das Ende der Beurteilungsphase sollte an alle Beteiligten in geeigneter Weise kommuniziert werden, damit allgemein bekannt ist, wann das Programm offiziell beendet wurde.

Tab. 5.10: Grundlagen und Ergebnisse der Phase 9 – Beurteilung

Grundlagen:	Programm-Team	Akzeptanz	Unterstützung
	Beurteilungsdaten	Trends	
Ergebnisse:	Dokumentation	Verbesserungsansätze	

Literaturverzeichnis

Alberts C. J./Dorofee, A. J./Stevens, J./Woody, C. (2005) OCTAVE-S Implementation Guide, Version 1.0, https://resources.sei.cmu.edu/asset_files/Handbook/2005_002_001_14273.pdf, abgerufen am 26.03.2019.

Axelos (2010) Management of Risk: Guidance for Practitioners, 3. Auflage, 2010.

BaFin (2017) Rundschreiben 10/2017 (BA) – Bankaufsichtliche Anforderungen an die IT (BAIT), https://www.bafin.de/SharedDocs/Downloads/DE/Rundschreiben/dl_rs_1710_ba_BAIT.html, abgerufen am 16.04.2019.

BaFin (2018) Rundschreiben 10/2018 (VA) – Versicherungsaufsichtliche Anforderungen an die IT (VAIT), https://www.bafin.de/SharedDocs/Veroeffentlichungen/DE/Rundschreiben/2018/rs_18_10_vait_va.html, abgerufen am 16.04.2019.

Beims, M. (2010) IT-Service Management in der Praxis mit ITIL 3 – Zielfindung, Methoden, Realisierung, 2. Auflage, München 2010.

BSI (2017a) BSI-Standard 200-1: Managementsysteme für Informationssicherheit, Version 1.0, 2017, https://www.bsi.bund.de/SharedDocs/Downloads/DE/BSI/Grundschutz/Kompendium/standard_200_1.html, abgerufen am 16.04.2019.

BSI (2017b) BSI-Standard 200-2: IT-Grundschutz-Methodik, Version 1.0, 2017, https://www.bsi.bund.de/DE/Themen/ITGrundschutz/ITGrundschutzStandards/Standard202/ITGStandard202_node.html, abgerufen am 28.03.2019.

Caralli, R. A./Stevens, J. F./Young, L. R./Wilson, W. R. (2007) Introducing OCTAVE Allegro: Improving the Information Security Risk Assessment Process, http://resources.sei.cmu.edu/asset_files/TechnicalReport/2007_005_001_14885.pdf, abgerufen am 26.03.2019.

Doran, G. T. (1981) There's a S.M.A.R.T. way to write management's goals and objectives, in: Management Review, Jg. 70, Ausg. 11, 1981, S. 35–36.

Ellis, A./Beattie, G. (1986) The Psychology of Language and Communication, East Sussex, 1986.

Fox, D. (1990) Security Awareness, Oder: Die Wiederentdeckung des Menschen in der IT-Sicherheit, in: Datenschutz und Datensicherheit (DuD) 11/2003, S. 676–680.

Friedrichs, J. (1990): Methoden empirischer Sozialforschung, 14. Auflage, Opladen 1990.

Garcia, M. L./Bray, O. H. (1997) Fundamentals of Technology Roadmapping, Strategic Business Development Department, Sandia National Laboratories, 1997, https://prod-ng.sandia.gov/techlib-noauth/access-control.cgi/1997/970665.pdf, abgerufen am 26.05.2019.

Huber, A. (2011) Personalmanagement, München 2011.

ISACA (2015) Risk Management Student Book. http://www.isaca.org/restricted/Documents/Academic-Advocates/Risk-Management-Student-Book_res_Eng_0415.pdf, abgerufen am 26.03.2019.

ISO (2013a) ISO/IEC 27001: Information technology – Security techniques – Information security management systems – Requirements, 2. Edition, Genf 2013.

ISO (2013b) ISO/IEC 27002: Information technology – Security techniques – Code of practice for information security controls, 2. Edition, Genf 2013.

ISO (2011) ISO/IEC 25010, Systems and software engineering – Systems and software Quality Requirements and Evaluation (SQuaRE) – System and software quality models, http://www.iso.org/iso/catalogue_detail.htm?csnumber=35733, abgerufen am 28.03.2019.

Intel (2009) Prioritizing Information Security Risks with Threat Agent Risk Assessment, 2009 https://media10.connectedsocialmedia.com/intel/10/5725/Intel_IT_Business_Value_Prioritizing_Info_Security_Risks_with_TARA.pdf, abgerufen am 26.03.2019.

Kaplan, R. S.; Norton, D. P. (1992) The Balanced Scorecard – Measures that Drive Performance, in: Harvard Business Review, Jg. 70, Nr. 1, Jan/Feb 1992, S. 71–79.

https://doi.org/10.1515/9783110668261-006

Kaufhold, M. (2006) Kompetenz und Kompetenzerfassung: Analyse und Beurteilung von Verfahren der Kompetenzerfassung, Dissertation, Wiesbaden 2006.

Kern, G. H. (2012) Lernen im Projekt, Andragogische Besonderheiten mitarbeiter-zentrierten Lernens im Kontext betrieblicher Projektwirtschaft, Dissertation, https://opus4.kobv.de/opus4-ku-eichstaett/frontdoor/index/index/year/2012/docId/54, abgerufen am 30.03.2019.

Marquis H (2008) 10 Steps to Do It Yourself CRAMM, http://www.itsmsolutions.com/newsletters/DITYvol4iss50.htm, abgerufen am 26.03.2019.

Mell, P.; Grance, T. (2011) NIST Special Publication 800-145: The NIST Definition of Cloud Computing, https://nvlpubs.nist.gov/nistpubs/legacy/sp/nistspecialpublication800-145.pdf, abgerufen am 20.03.2019.

Müller, R. (2011). Project Governance, in: European Journal for the Informatics Professional, Jg. 7, Nr. 5, Dezember 2011, S. 87–90.

NIST (2013) NIST Special Publication 800-53 – Security and Privacy Controls for Federal Information Systems and Organizations, Revision 4, 2013, https://nvlpubs.nist.gov/nistpubs/specialpublications/nist.sp.800-53r4.pdf, abgerufen am 16.04.2019.

NIST (2018) Guide for Applying the Risk Management Framework to Federal Information Systems – A Security Life Cycle Approach, NIST Special Publication 800-37, Revision 2, 2018, https://nvlpubs.nist.gov/nistpubs/SpecialPublications/NIST.SP.800-37r2.pdf, abgerufen am 26.03.2019.

OECD (2015) Digital Security Risk Management for Economic and Social Prosperity, OECD Recommendation and Companion Document, 2015, http://www.oecd.org/sti/ieconomy/digital-security-risk-management.pdf, abgerufen am 24.03.2019.

Paechter, M. (1996) Auditive und visuelle Texte in Lernsoftware: Herleitung und empirische Prüfung eines didaktischen Konzepts zum Einsatz auditiver und visueller Texte in Lernsoftware, Dissertation, Münster, New York, München und Berlin 1996.

PCI SSC (2013) Information Supplement: PCI DSS Cloud Computing Guidelines, Version 2.0, https://www.pcisecuritystandards.org/pdfs/PCI_DSS_v2_Cloud_Guidelines.pdf, abgerufen am 20.03.2019.

PCI SSC (2018) Zahlungskartenbranche (PCI) Datensicherheitsstandard, Version 3.2.1, 2018, https://de.pcisecuritystandards.org/_onelink_/pcisecurity/en2de/minisite/en/docs/PCI_DSS_v3-2-1_DE.PDF, abgerufen am 16.04.2019.

Peltier, T. R. (2014) Risk Management: The Facilitated Risk Analysis and Assessment Process. In: Peltier, T. R. (Hrsg.) Information Security Fundamentals, 2. Auflage, Boca Raton, S 43–82.

Porter, M. E. (1985) Competitive Advantage: Creating and Sustaining Superior Performance, New York 1985.

Resch, O. (2012) Stakeholdermanagement in IT-Projekten. In: Kammerer, S.; Amberg, M.; Lang, M. (Hrsg.): Führung im IT-Projekt: Fachliche und soziale Kompetenzen für den Projekterfolg, Düsseldorf 2012.

Saaty, T.L. (1994) How to Make a Decision: The Analytic Hierarchy Process. In: Interfaces, Jg. 24, Nr. 6, 1994, S. 19–43.

Saaty, T.L. (2000) Fundamentals of Decision Making and Priority Theory with the Analytic Hierarchy Process, 2. Auflage, Pittsburgh 2000.

Schein, E. H. (2010) Organizational Culture and Leadership, 4. Auflage, San Francisco 2010.

The Open Group (2009) Technical Standard – Risk Taxonomy, http://pubs.opengroup.org/onlinepubs/9699919899/toc.pdf, abgerufen am 26.03.2019.

TSO (2011) ITIL Service Operation, 2011 edition, Norwich 2011.

Weill, P. (2004) Don't Just Lead, Govern: How Top-Performing Firms Govern IT, in: MIS Quarterly Executive, Jg. 8, Nr. 1, März 2004, S. 1–17.

Zangemeister, C. (1976) Nutzwertanalyse in der Systemtechnik: Eine Methodik zur multidimensionalen Bewertung und Auswahl von Projektalternativen, 4. Auflage, München 1976.

Index

https://doi.org/10.1515/9783110668261-007

www.ingramcontent.com/pod-product-compliance
Lightning Source LLC
Chambersburg PA
CBHW062106050326

40690CB00016B/3230